大学生与法

DAXUESHENG YU FA

谢玉萍　林冬妹　编著

暨南大学出版社
JINAN UNIVERSITY PRESS
中国·广州

图书在版编目（CIP）数据

大学生与法/谢玉萍，林冬妹编著.—广州：暨南大学出版社，2009.3（2010.4 重印）
ISBN 978－7－81135－201－6

Ⅰ.大… Ⅱ.①谢… ②林… Ⅲ.法律—中国—青年读物 Ⅳ.D92—49

中国版本图书馆 CIP 数据核字（2009）第 026622 号

出版发行：暨南大学出版社

地　址：中国广州暨南大学
电　话：总编室（8620）85221601
营销部（8620）85225284　85228291　85220693（邮购）
传　真：（8620）85221583（办公室）　85223774（营销部）
邮　编：510630
网　址：http：//www.jnupress.com　http：//press.jnu.edu.cn

排　版：广州星辰文化发展部照排中心
印　刷：暨南大学印刷厂

开　本：787mm×960mm　1/16
印　张：19.25
字　数：380 千
版　次：2009 年 3 月第 1 次
印　次：2010 年 4 月第 2 次
印　数：3001—5000 册

定　价：30.00 元

第二版前言

四年前，为了满足大学生深入学习法律知识的需要，同时也为了满足高等学校思想政治教育课程改革的需要，我们编写了公选课适用教材《大学生与法》。四年来，选修此课程的同学不断增加，已经或正准备开设这门课程的高等院校也越来越多。据我们调查，在开设过此课程的学校，《大学生与法》属于最多同学选修并且是最受欢迎的公选课课程。当首版教材无法满足广大师生的需要时，第二版的《大学生与法》以新的体例和内容与大家见面了。

修订后的《大学生与法》仍以大学生学习生活中相关的法律问题为主线，系统介绍与大学生关系密切的法律法规，点评透析近年来发生在大学生群体身边的法律案例。但体例有所创新，内容也与时俱进，吸收了相关的新增法律法规和法学界的部分新观点。

在体例上，新版教材由首版时的两部分改为三部分：第一部分是基本内容篇；第二部分是案例点评篇；第三部分是案例探讨篇。精选的案例更新率超过三分之二。

在内容上，新版教材针对大学生的思想实际和行为特点，较详尽介绍了调整大学生行为规范的常用法律法规，包括大学生在校园内外的学习生活、婚恋家庭生活、参政议政活动、民商事活动、知识产权保护和就业求职过程中涉及的法律法规，以及犯罪与刑罚制度、权利救济制度和社会法律服务制度，共十章。在原版的基础上，将近年来新增或修改后的重要法律法规，如物权法、就业促进法、劳动合同法、《高等学校学生管理规定》等，有机融入到相关的章节中，使新法得以及时传播。精选过的点评和探讨的案例均取材于现实，立足于大学生主体，案例内容涉及教育法、政治法、民商法、婚姻法、继承法、劳动和社会保障法、诉讼程序法、刑法和教育行政规章等，具有鲜明的现实性和针对性。

我们坚信，修订后的《大学生与法》更加符合大学生们学法、用法、提升法律素质的需求，更有助于他们正确认识和处理好在求学过程中碰到的各种涉法问题，从而顺利度过大学阶段的美好时光，实现健康成长和顺利成才的目标。

参加本书编写人员分工如下：

谢玉萍（华南师范大学）负责第一章、第五章、第六章、第八章、第九章内容的修改及案例点评和案例探讨整合；

林冬妹（广东水利水电职业技术学院）负责第三章和第十章内容的修改及案例点评；

吴志华（华南师范大学）负责第二章内容的修改及案例点评；

黄宏灯（华南师范大学）负责第四章内容的修改及案例点评；

张海华（华南师范大学）负责第七章内容的修改及案例点评；

蒋达勇（华南师范大学）负责案例点评。

本书的出版得到了华南师范大学政治与行政学院理论部领导的悉心关怀和指导，也得到了暨南大学出版社的热心支持，在此一并表示衷心感谢！受水平、时间和文字篇幅的限制，书中内容和观点如出现错漏、偏颇等不足之处，恳请读者批评指正。

编　者

2009 年 3 月

目　录

第一章　接受高等教育与法

了解高等教育的培养目标和学业标准，遵守高等学校学生的管理制度，明确高等学校与学生之间的法律关系，特别是关于大学生的权利和义务的规定，对于每一个进入大学接受高等教育的学生顺利完成学业和健康成长都是十分必要的。

一、高等教育的培养目标和学业标准

1. 普通高等学历教育的培养目标

普通高等学历教育是指学生通过参加国家高等教育招生考试，在全日制普通高等院校接受一定年限的学习，学业达到国家规定的标准之后，学校颁发给学生国家予以承认的学历和学位证书的教育。

教育法规定我国的教育方针是："教育必须为社会主义现代化建设服务，必须与生产劳动相结合，培养德、智、体等方面全面发展的社会主义事业的建设者和接班人。"高等教育法为了贯彻国家的教育方针，对高等教育的培养目标作了明确规定。高等教育法第五条规定："高等教育的任务是培养具有创新精神和实践能力的高级专门人才，发展科学技术文化，促进社会主义现代化建设。"其中，"培养具有创新精神和实践能力的高级专门人才"即为我国高等教育的培养目标。我国高等教育的培养目标表明，高等教育不仅要培养德、智、体等方面全面发展的社会主义事业的建设者和接班人，而且，因为高等教育是传授高深知识的场所，因此它所培养的人还必须是具有创新精神和实践能力的高级专门人才和管理人才，能够在社会主义现代化建设中发挥积极作用。因此，高等学校的学生应在学校的培养和自己的努力之下，逐步使自己成为具有创新精神和实践能力的高级专门人才。

2. 普通高等学历教育的学业标准

我国普通高等学历教育按层次的不同由低到高分为专科教育、本科教育和研究生教育。其中，研究生教育又分为硕士研究生教育和博士研究生教育。不同层次的学历教育具有不同的学业标准。按照我国高等教育法的规定，不同层次的学历教育必须分别达到以下不同的学业标准：

(1) 专科教育。

专科教育的基本修业年限为两至三年。专科教育应当使学生掌握本专业必备的基础理论、专门知识，具有从事本专业实际工作的基本技能。学生在学业上达到了这一标准之后，可以获得相应的专科学历证书，即大专毕业文凭。

(2) 本科教育。

本科教育的基本修业年限为四至五年。本科教育应当使学生比较系统地掌握本学科坚实的基础理论、系统的专门知识，掌握相应的技能、方法和相关知识，具有从事本专业实际工作和研究工作的初步能力。学生在学业上达到了这一标准之后，可以获得相应的本科学历证书；如果同时达到了我国学位条例规定的学士学位标准，还可以获得学士学位证书。

(3) 硕士研究生教育。

硕士研究生教育的基本修业年限为两至三年。硕士研究生教育应当使学生掌握本学科坚实的基础理论、系统的专业知识，掌握相应的技能、方法和相关知识，具有从事本专业实际工作和科学研究工作的能力。学生在学业上达到了这一标准并通过了硕士论文答辩，可以获得硕士毕业学历证书和硕士学位证书。

(4) 博士研究生教育。

博士研究生教育的基本修业年限为三至四年。博士研究生教育应当使学生掌握本学科坚实、宽广的基础理论、系统深入的专业知识、相应的技能和方法，具有从事本学科创造性科学研究工作和实践工作的能力。学生在学业上达到了这一标准并通过博士论文答辩，可以获得博士学历证书和博士学位证书。

普通高等院校和高职院校的学生，如果目前处于较低层次的学历教育阶段，而想将来进一步到更高阶段继续接受教育，既可以通过考试一级一级地升学，也可以按国家有关规定，跳跃式升学。逐步升学的模式是：本科毕业时直接考研，考取后攻读硕士学位，再进一步考博士研究生。跳跃式升学的模式是：专科学生可以不读本科，在专科毕业两年后直接报考硕士研究生，继而再报考博士研究生；也可以不先考硕士研究生，在获取硕士同等学力（指参加硕士学位主要课程班并获得结业证书）后直接考博士研究生。此外，还有本、硕连读的模式，是指由本科阶段直接保送进入硕士生阶段学习的一种培养方式。相应的还有硕博连读，就是硕士生直接保送到博士生阶段学习。普通本科生需要撰写本科毕业论文方可毕业，毕业后，需要通过研究生入学考试方能进入硕士阶段学习。撰写毕业论文和准备研究生入学考试需要花费大量的时间与精力，而本硕连读可以直接保送优秀本科生进入硕士阶段学习，不必参加硕士生入学考试，不必撰写本科毕业论文，有利于学生专心学习专业知识，早日完成硕士阶段的学业。所以有些高校规定本、硕连读或硕、博连读可以比正常学制提前一年毕业，有利于早出人才、快出人才。

3. 高等职业教育的培养目标

高等教育法规定高职教育属于高等教育；职业教育法规定高职教育属于职业教育；教育法第十七条根据不同的阶段，把教育分为学前、初等、中等、高等四个层次。从这个角度讲，高职教育应该属于高等教育范畴的职业教育，“职业性”应是其培养目标定位的内涵。按照1997年联合国教科文组织颁布的《国际教育标准分类》，高等职业教育属于技术性为主的高等教育（5B），即“课程内容是面向实际的，是分具体职业的，主要目的是让学生获得从事某个职业或行业或某类职业或行业所需的实际技能和知识，完成这一级学业的学生，一般具备进入劳务市场所需的能力和资格”。据此，教育部提出了高职教育要“培养高素质技能性人才”的目标定位。这一定位突出了高职教育的本质特征，既是解决我国现代化建设紧缺高素质技能性人才的需要，也是贯彻“就业为导向”这一方针的需要，更是高职院校明确目标定位、深化教育教学改革、办出特色的需要。

二、高等学校学生的管理制度

1. 高等学校学生管理规定概述

我国普通高等学校学生的有关管理规定源于教育部颁发的一系列规章，同时也包括各个高校自行制定的各种规章制度，简称校规。校规作为一种自治规则和内部管理规范，是对法律规范的一种补充或完善，具有预先设定性、一定的权威性和强制性。但校规必须以合法为前提，高校所制定的校规必须明确、清晰，不得与法律、法规相抵触，不得违背法律、法规的原则和精神。如要制定更高的标准，应有相应的权利救济。

教育部颁发的有关规章主要有：《普通高等学校学生管理规定》、《高等学校学生行为准则》、《普通高等学校学生安全教育及管理暂行规定》、《高等学校校园秩序管理若干规定》等。另外，有部分规定直接与在校大学生有关，如《高等学校招生全国统一考试管理处罚暂行规定》等。这些规章和制度是高校教学秩序正常运行的有效保障，也是对大学生权利保护以及行为约束的有力措施。每个大学生都应熟悉这些规章和制度并自觉遵守。

根据教育行政规章和校规，普通高等学校学生的有关管理规定主要有学籍管理、校园秩序管理、奖励与处分制度等。

2. 学籍管理

学籍是国家及有关部门承认普通高等学校在校大学生身份的法律凭证。只有取得并一直保持有学籍的学生，才具有在校学生的权利和义务，其考核成绩才有效，才有可能在完成学业之后取得国家承认的学历证书。因此，每个大学生都应十分重视自己的学籍管理情况。

（1）学籍的取得及保持程序。

学籍在新生到校办理入学手续后取得。新生入学后，学校在三个月内按照招生规定对其学生进行复查，复查合格者予以注册，即取得学籍。以后，在每学期开学时，学生必须按时到校办理入学手续，即报到注册；不能如期注册者，应当履行暂缓注册手续。所以，每个学生在寒暑假返校后第一件重要的事就是按时注册。

(2) 学籍的维持及丧失。

学籍的维持指学生在规定的学习年限中，学业成绩合格并遵纪守法，使学籍能够一直保持到毕业。换言之，学生倘若学业成绩达不到规定的要求，或者严重违反了学校的规章制度，就会被学校取消学籍。2005 年颁行的《普通高等学校学生管理规定》第二十七条规定了应予退学的六种情况，分别是：学业成绩未达到学校要求或者在学校规定年限内（含休学）未完成学业的；休学期满，在学校规定期限内未提出复学申请或申请复学经复查不合格的；经学校指定医院诊断，患有疾病或者意外伤残无法继续在学校学习的；未请假离校连续两周未参加学校规定的教学活动的；超过学校规定期限未注册而又无正当事由的；本人申请退学的。该规定第 54 条则规定了学生如果具有包括让人替考、替他人考试、作弊行为严重等七种情形的，学校可以给予开除学籍处分。从学校宣布开除学籍之日起，学生丧失学籍。

(3) 学籍的正常结束。

具有学籍的学生，德育、体育合格，修完或提前修完教学计划规定的全部课程，考核合格或修满规定的学分，准予毕业，发给毕业证书。本科生按照国家学位条例规定的条件授予学士学位证书。

与原有的规定不同，新的《普通高等学校学生管理规定》在落实学籍管理权方面实行了“六个取消”：取消对学生转专业的程序、时间要求；取消对具体校务管理的要求；取消对学生学习活动统一时间的限制；取消国家对考试、补考、成绩评定方式以及因学业成绩留级、降级、重修、退学的不及格课程门数方面的规定；取消学生在校最长学习时限的规定；取消“公共体育课不及格不准毕业，作结业处理”的规定。这些方面均由学校根据本校的实际情况作出具体的规定。在学籍管理方面还权于校，切实落实学校的办学自主权，为学校尊重学生个性差异奠定了科学的基础。

3. 校园秩序管理

高等学校的校园是教书育人的场所。维护校园内正常的教学、科研、生活秩序，不断优化育人环境，必须加强学校校园管理。自觉遵守校园管理规定，是高等学校每一个师生员工的责任。

(1) 进出校门的规定。

进出学校的人员必须持有本校的学生证、工作证、听课证或者学校颁发的其他进入学校的有效证件或凭证。没有上述证件的来访者，必须经过登记或经学校同意之后方能进入学校。

(2) 学生宿舍的管理规定。

学生一般不得在学生宿舍留宿校外人员，遇有特殊情况留宿校外人员的，应当报请学校有关部门许可，并且进行留宿登记，留宿人离校应注销登记。不得在学生宿舍内留宿异性。

(3) 张贴、散发文字性物品的规定。

在校园内张贴告示、通知、启示、广告等，应当张贴在学校指定或许可的地点。散发宣传品、印刷品应当经过学校有关部门的同意。对于张贴、散发反对我国宪法确立的根本制度、损害国家利益或者侮辱诽谤他人的公开张贴物、宣传品和印刷品的当事人，由司法机关依法追究其法律责任。

(4) 举行集会演讲、组建社团等公共活动的规定。

在校内举行集会、讲演等公共活动，组织者必须在 72 小时前向学校有关部门提出申请，并在申请中说明活动的详细情况，经学校许可之后方可进行。集会、演讲等应符合我国的教育方针和相应的法津、法规，不得违反我国宪法确立的根本制度，不得干扰学校的教学、科研和生活秩序，不得损害国家财产和其他公民的权利。师生员工组织成立社会团体，应当按照《社会团体登记管理条例》的规定办理。任何组织和个人不得在学校进行宗教活动。

(5) 有关校内治安管理的规定。

禁止打架斗殴、赌博、吸毒，传播、复制、贩卖非法书刊和音像制品等违反治安管理规定的行为。学生使用计算机网络应当遵循国家和学校关于网络使用的规定，不得登陆非法网站、传播有害信息，大学生不得参与非法传销和进行邪教、封建迷信活动，以及其他有损大学生形象和社会公德的活动。

4. 奖励与处分制度

奖励是对品学兼优的学生的鼓励，它可以激励学生去争取更大的成绩；处分是对犯有错误的学生的惩处和教育，它有助于学生认识错误，改过自新。《普通高等学校学生管理规定》中对学生的奖励与处分有着较为明确的规定。

(1) 奖励制度。

对在思想品德、学业成绩、锻炼身体、课外活动等方面表现突出的学生，可分别授予“三好学生”称号或其他单项荣誉称号。奖励实行精神鼓励和物质鼓励相结合、以精神鼓励为主的办法。表扬方式有口头表扬或通报表扬，奖励有发给奖状、证书、奖品或奖学金等。

(2) 处分制度。

对犯有错误的学生，学校可以视其情节轻重给予批评教育或纪律处分。纪律处分的形式有警告、严重警告、记过、留校察看、开除学籍等五种。其中，开除学籍是最严厉的处分。《普通高等学校学生管理规定》第五十四条规定了学校可给予开除学籍处分的七种情形：违反宪法，反对四项基本原则，破坏安定团结、扰乱社会秩序的；触犯国家法律，构成刑事犯罪的；违反治安管理的规定受到处罚，性质恶劣的；由他人代替考试、替他人参加考试、组织作弊、使用通讯设备作弊及其他作弊行为严重的；剽窃、抄袭他人研究成果，情节严重的；违反学校规定，严重影响学校教育教学秩序、生活秩序以及公共场所管理秩序，侵害其他个人、组织合法权益，造成严重后果的；屡次违反学校规定受到纪律处分，经教育不改的。

处分权是学校自主管理的需要。但学校在行使处分权时，应当遵循两个法治原则：比例原则和正当程序原则。学校在行使处分权时，应当充分考虑教书育人目的与管理手段之间的适度比例，不能因小过而重罚，罚与过不相当，责过失衡；应当注重保护受教育者的合法权益。同时，学校在对学生作出处分行为时必须遵循正当法律程序，包括事先告知学生，向学生说明行为的根据和理由，听取学生的陈述、申辩，允许其要求听证；事后为学生提供相应的救济途径，以保证所作出的处分行为公开、公正、公平。

三、高等学校学生的权利和义务

作为公民，大学生享有法定的普通公民的权利，应当履行法定的普通公民的义务，并要为自己的一切行为承担完全的法律责任。作为正在接受高等教育的特殊群体，大学生还享有特定的权利并需要履行相应的义务，这些特定的权利和义务在我国的宪法、教育法、高等教育法，特别是教育部规章中均有较明确的规定。大学生的合法权益受法律保护，同时，按照权利和义务相一致的原则，学生的义务也必须依法履行。每一个大学生都应当树立正确的权利和义务观，正确对待自己的权利和义务。

1. 高等学校学生的权利

(1) 平等接受教育和服务的权利。

平等权是我国宪法赋予公民的一项基本人权，学生平等地接受教育和服务的机会是不因一些个别因素（如民族、种族、性别、年龄、职业、财产状况、宗教信仰）而转移的。我国宪法第四十六条、教育法第九条和第三十六条第一款均作了授权性规定或禁止性规定。教育法第三十六条、第三十七条、第三十八条还专门对几个弱势或特殊群体（女生、贫困生、残疾人）作了保护性规定，为其平等受教育权的实现提供了法律依据；高等教育法第五十五条、第五十六条以及《普通高等学校本、专科学生实行奖学金、贷款制度的办法》，则为贫困学生平等受教育权的实现提供了更加切实的保障。随着国家的奖、助、贷、补、减多元化资助框架基本形成，社会化资助模式的完善，经济条件不好的学生受教育权会得到更好的实现。

(2) 依法参与学校民主管理的权利。

高等教育法总则部分规定了高等学校应当实行民主管理，《普通高等学校学生管理规定》第四十一条进一步规定了学校应当建立和完善学生参与民主管理的组织形式，支持和保障学生依法参与学校民主管理。据此，各高校在制定学校章程时，应具体规定学生参与学校民主管理的权利范围、组织机构、参与方式和保障措施，作为学生参与管理的依据。高校应当通过学代会、听证会、意见箱等形式广泛吸收学生对管理的意见和建议，并接受学生的监督。这不仅有利于高校对学生管理，同时也是高校对学生权益的一种保护。

(3) 学习条件利用的权利。

学习条件利用权是学生基本的权利，每个学生均可参加教育教学计划安排的各种活动，合理使用学校提供的教学资源。学校组织的各种教育教学活动，如授课、讲座、课堂讨论、实验、实习、见习、考试等，任何组织和个人均不得以任何借口非法剥夺。对学校提供的教育教学设备、设施、图书资料等教学资源，每个学生都有平等使用的权利。

(4) 参加校园活动的权利。

这是指学生参加社会服务、勤工助学，在校内组织、参加学生团体及文娱体育等活动的权利。我国高等教育法规定，高等学校的学生可以自行在本校范围内组织演讲协会、书法协会等学生社团组织，不需要向民政部门申请和登记。但高等学校的学生组织和学生团体必须在法律、法规规定的范围内活动，并且服从学校的领导和管理。

(5) 申请奖学金、助学金、助学贷款的权利。

奖学金是为了鼓励所有学生在校就读期间争取在学业上和思想上取得较大进步，由学校、国家、社会团体、企事业组织等为品学兼优的学生设立的。奖学金有的数额较大，如国家设立的优秀贫困生奖学金，也有的数额较小。奖学金有两种功能：一是对学生在经济方面进行鼓励；二是学生在校期间品学兼优表现的一种凭证。因此，学校在评定奖学金时应做到在评定条件面前人人平等，择优评选。助学贷款主要是为贫困学生而设置的。凡符合规定条件的贫困学生都可以申请助学贷款，学校也有义务帮助贫困生开展勤工俭学活动。

(6) 获得公正评价的权利。

这是指学生在思想品德、学业成绩等方面获得公正的评价，完成学校规定学业后获得相应的学业证书、学位证书的权利。思想品德评价包括政治觉悟、道德品质、遵守纪律等的评价。学业成绩评价是学校对学生在受教育的某一阶段学习情况的概括，包括平时学习情况、课程考试成绩记录、成绩总评等。教师和学校在对学生进行评价时标准要统一，要采取公正、客观的态度，一视同仁，不分亲疏。学生有权要求获得公正的评价，并对各种不公正的评价有通过正当途径要求予以更正的权利。学业证书包括毕业证书、结业证书和肄业证书，是学校对学生在整个学习阶段的学业成绩和品行的最终评定。学位证书是反映学生学术水平的评定证书。当学生在完成了规定的学业之后，学校应根据国家的有关规定以及国家的学位条例给学生颁发这两个证书。学生有权获得这两个对自己的学生生涯具有重要意义的证书。

(7) 申诉、起诉的权利。

这是指学生对学校给予的处分或处理有异议，向学校或教育行政部门提出申诉，对学校、教职员工侵犯其人身权、财产权等合法权益，提出申诉或者依法提起诉讼的权利。教育法第四十二条规定，大学生对行政处罚不满有申诉权。《普通高等学校学生管理规定》将申诉制度固定化、程序化，当学生违反了学校的规章制度，学校可以给予各种处分；倘若学生对学校所给予的处分不服，就可以向学校以及主管学校的省级教育行政管理部门提出申诉。当学校或教职员工侵犯了学生的人身权、财产权等合法权益时，学生可以在校内提出申诉，也可以依法向司法部门提起诉讼。

学校或教职员工较为常见的侵犯学生的人身权、财产权的情况主要有：学校违反国家有关规定向学生乱收费；学校在教育和管理过程中处理不当而侵犯了学生的名誉权；教师在招生过程中收取学生的贿赂；教师滥用权力侵犯学生的人身权，如体罚；教师侵犯学生的著作权、发明权等知识产权。对于学校和教师的这些违法行为，按照我国教育法的规定，学生既可以向教育行政管理部门提出申诉，亦可向人民法院提起诉讼。

(8) 法律、法规规定的其他权利。

这项权利是指学生除了享有上述权利之外，还享有其他法律、法规所规定的各种权利。这些法律、法规所规定的适用于一般公民的权利也同样适用于学生，学生都可以依法享有。

2. 高等学校学生的义务

大学生享有法定权利的同时，也应履行一定的法定义务。按照我国教育法和高等教育法的规定，高等学校的学生必须履行下述义务：

(1) 遵守宪法、法律、法规的义务。

宪法、法律、法规是所有社会组织和公民都必须遵守的基本行为准则，大学生也不能例外，必须严格遵守。

(2) 遵守学校管理制度的义务。

学校的管理制度是学校教育教学活动有序进行的基本保证。每个学生都应遵守学校的各项规章制度，包括遵守学校的学籍管理、体育管理、图书管理、卫生管理、校园秩序管理等各种规章制度。

(3) 努力学习，完成规定学业的义务。

学生的天职是学习，学生最重要的任务是努力学习科学文化知识，完成规定的学业，把自己培养成为具有创新精神和实践能力的高级专门人才。因此，学生应该学习目的明确，学习态度端正，刻苦认真，勤于思考，积极参加教学与实践活动，完成规定的学分，以优异的成绩回报社会和家庭。

⑷ 按规定缴纳学费及有关费用的义务，履行按时归还助学贷款的义务。

高等教育属于非义务教育，学校可以并应当收取适量的学费。我国高等教育从1994年起逐步实行收费制度，到1997年，所有高校统一实行收费制度。在这种制度下，高等学校的学生有义务按照国家规定缴纳学费，未按学校规定缴纳学费的不予注册。当然，学生所缴纳的学费只是维持学习所必需开销的一部分，国家还承担了相当大比例的部分。对于家庭较为贫困的学生，学校通过减免学费和实行国家助学贷款等方式来解决他们的学费问题。获得助学贷款的学生，有义务按时按量归还。

⑸ 遵守学生行为规范，尊敬师长，养成良好的思想品德和行为习惯的义务。

学生作为一个受教育者，首先应严格遵守《高等学校学生行为准则》，自觉按这一准则中的各种具体规定来约束自己的行为；其次，应尊敬师长。教师承担着教书育人的重任，他们是辛勤的园丁，把自己全部的心血倾注于学生的成长过程之中，理应受到学生的尊重；再次，应该具有良好的思想品德和行为习惯。良好的思想品德和行为习惯是学生未来的立足之本，也是作为一个社会成员的基本素养。

⑹ 法律、法规规定的其他义务。

这是学生作为一个普通公民应尽的义务。

四、高等学校与学生之间的法律关系

高等学校与学生之间既是教育与被教育的关系，也是管理与被管理的关系，学校有权对学生进行管理，学生也有义务服从学校的管理。对于高校管理与学生之间形成的法律关系，我国现行法律、法规对此尚未作出具体明确的规定。但法理学界提出过各种不同的主张，如“特别权力关系”、“外部行政法律关系”、“民事法律关系”和“教育契约关系”等。我们认为，高校与学生的法律关系是一种混合关系，最基本的是行政法律关系，其次在某些领域还存在着民事法律关系。

1. 高校与学生的行政法律关系

高校作为法律、法规授权的行政主体，与学生之间的行政法律关系在客观上有其特殊性。我们应当吸收宪法注重人权保障的法治和宪政精神，来区分高校与学生间的外部行政法律关系和内部行政法律关系，以求在保护学生合法权益和照顾普通高校教育管理工作特殊性之间达到平衡。一方面为了照顾高校的育人目的，承认其行使教育必需的自主管理权，但与学生间的内部行政法律关系是必要的，即在合理的限度内，不改变学生仍然作为学生的身份与维系学校和学生关系继续存在的前提下，一般避免司法介入；另一方面，高校的自主管理权不得侵犯学生的宪法性权利，凡涉及学生受教育权问题，以及涉及学生和学校关系产生、变更和消灭的学籍管理、纪律处分或由此连带涉及的学历和学位证书发放等决定，应当认定为行政处理，适用法律保留原则和司法救济。

(1) 学籍管理。

学籍管理中的入学注册设定了学生和高校的法律关系，成绩考核、升级、留级、降级、休学、停学、复学等则变更了学生与普通高校已有法律关系的内容，退学则消灭了学生与学校已有的法律关系。而学籍管理的方式主要是制度管理，即校方根据法律、法规的规定，通过建立一套规范、严密、科学的规章制度来规范每一位在校学生。制度管理的特点在于它的权威性和不容置辩性，任何个体在制度面前都处于绝对服从的地位。这样，学籍管理中，普通高校和学生就处于一种管理者和被管理者的不对等的外部行政法律关系中，高校的学籍管理行为应接受司法审查。

(2) 学历证书的颁发和学位证书的授予。

学历证书的颁发和学位证书的授予实际上是对学生法律地位（具体表现为权能和资格）的一种设定。在我国，对于拥护中国共产党的领导，拥护社会主义制度并通过了相应的学科考试，达到相应要求与标准的学生，其所在普通高校应该按照相关法律的规定，颁发学历证书和授予学位证书，而没有自由裁量的余地，学生对该结果必须服从。正因为如此，行政法学界一般认为高校颁发学历证书和授予学位证书的行为是行政确认，应为司法审查的对象。

(3) 档案管理。

档案管理是普通高校对其已经作出的某一个行政行为（如成绩评定、纪律处分）的一种补充性行为，虽然不具有行政法律效果，但对普通高校学生具有较大的潜在影响，实际上体现了已作出的相关行政行为在法律上的约束力。据此分析，档案管理当属行政事实行为。尽管我国目前把行政事实行为排除在司法审查之外，但依据行政法治原则，普通高校的档案管理行为应纳入司法审查的范围。

(4) 奖励和处分。

奖励和处分都是普通高校对学生在校情况的一种比较正式的评价。考虑到高校教学管理的特殊性，可把警告、严重警告和记过等处分视为高校内部行政行为，不构成司法审查的对象，而把影响学生法律地位的留校察看、开除学籍等处分视为行政处理，适用法律保留原则和司法救济。

(5) 与教学、研究有关的专业知识的管理。

普通高校教学计划的制订、课程安排、教科书的指定、教师授课等，因其具有较强的专业技术性，且不直接涉及学生的法律地位，在符合国家有关强制性标准的范围内，高校有自主决定权。与此相关的管理应视为普通高校的内部行政行为，司法一般不应介入。

2. 普通高校与学生的民事法律关系

普通高校和学生首先分别作为法人和公民而存在，他们作为平等的民事主体享有财产权、人身权、债权、知识产权等民事权利，并承担相应的义务。结合有关法律的规定和高校管理实践，高校与学生的管理关系主要有以下几种情况：

(1) 公产管理。

根据教育法第三十一条第三款、第四十二条第一款，高等教育法第三十八条的规定，普通高校的校园设施、教学设施、图书馆等既是学校的财产，也是学生在校学习所必需的物质条件，学生对他们有使用权，学校也有维护、管理的权利。如果学生破坏这些公产，学校可基于所有权而要求其赔偿。

(2) 学生公寓租用。

虽然学生公寓也是学校的财产，但学生对公寓的利用不同于对学校教学设施等公物的利用：一方面表现为学生在一定时期内对该公寓（可能仅是一张床位）具有专有使用权；另一方面表现在随着普通高校后勤社会化改革，学生公寓利用关系越来越带有等价利益交换性质。因此，把其界定为民法上的租用关系更符合实际。

(3) 饮食服务。

普通高校提供的饮食服务，遵循等价有偿的原则，不涉及行政权，不具有公益性。

(4) 学生校园伤害赔偿。

因普通高校对其财物管理不善、饮食服务瑕疵或在教学活动中发生的事故等导致学生人身、财产受到侵害的，如房屋倒塌，因防火安全制度不健全而导致的火灾，因提供的教学设备、生活服务设施等不符合国家有关标准而导致学生伤亡等，学校应负民事侵权之赔偿责任。

总之，高校在管理大学生的过程中既存在行政法律关系，也有民事、契约关系。我国高等教育法第三十条规定："高等学校自批准之日起取得法人资格。高等学校的校长为高等学校的法定代表人。"就其依法治校和对学生的管理而言，具有行政主体地位；就其独立法人身份从事各种民事活动而言，则具有民事主体资格。在我国的司法实践中，高校往往被作为法律法规授权的组织来对待。根据教育法律法规授权，高校是具有行政主体资格的组织，行使特定的行政权力或公共管理权力。因此，高校作为一个特殊行政公务主体对学生作出的涉及宪法基本权利（主要指受教育权）的处分行为（如开除学籍、拒绝颁发相应的学业证书、学位证书等），以及其他一些严重影响学生的基本权利的行为，均应该纳入行政行为的范畴，学生可以诉诸各种行之有效的解决机制获得救济（包括接受司法审查）。而涉及学生的非"重要性"权利的处分行为，如警告、通报批评、记过等，应通过校内申诉途径来获得救济，司法途径不应介入。在民事契约关系方面，高校作为一个独立的法人主体，其以民事主体身份参加民事活动产生的民事纠纷，应通过现行的民法通则等民事法律法规调整，通过民事救济途径来解决。

五、国家助学贷款制度

高等学校实行收费制度以后，一部分贫困家庭的学生交纳学费有困难。为了帮助高等学校中经济确有困难的学生解决学费问题，国家实行了助学贷款制度。国家助学贷款是由政府主导、财政贴息，银行、教育行政部门与高校共同操作的专门帮助高校贫困家庭学生的银行贷款。借款学生不需要办理贷款担保或抵押，但需要承诺按期还款，并承担相关法律责任。借款学生通过学校向银行申请贷款，用于弥补在校学习期间学费、住宿费和生活费的不足，毕业后分期偿还。国家助学贷款是一种信誉贷款，贷款期限比较长，大学学习期间的贷款利息全部由政府支付。金融机构有义务执行国家的政策法规，不履行职责者将受到相应的处罚。目前我国有中国工商银行、中国农业银行、中国银行、中国建设银行等多家银行开办此项业务。

1. 国家助学贷款的对象、条件和金额

国家助学贷款的对象为高等学校中家庭经济确有困难的全日制本、专科学生以及研究生。申请贷款的学生必须符合下述条件：具有完全的民事行为能力（未成年人须经其法定监护人书面同意）；诚实守信、遵纪守法，无违法违纪行为；学习成绩较好，能够正常完成学业；在校期间所获得的收入不足以支付完成学业所需基本费用（包括学费、基本生活费）；严格遵守国家、经办银行以及国家助学贷款的各项规定，承诺正确使用所贷款项并按规定履行还贷义务；符合中国人民银行公布的贷款通则规定的其他条件。

学费的贷款金额最高不超过借款学生所在学校的学费收取标准，生活费的贷款金额最高不超过学校所在地区的基本生活费标准。由于各学校学费收取标准和各地区基本生活费标准不同，学生贷款的最高数额也不完全相同。一般情况下，学生通过申请国家助学贷款，每年可得到 6 000 元左右的贷款。

2. 国家助学贷款的期限、利率和贴息

国家助学贷款的期限一般不超过 10 年，是否展期由贷款人与借款人商定。贷款学生本科毕业后继续攻读研究生及第二学位的，在读期间贷款期限相应延长，贷款本息在研究生及第二学位毕业后 6 年内还清。经办银行根据学生申请，具体确定每笔贷款的期限。国家助学贷款利率按中国人民银行规定的同期贷款利率执行，不上浮。为体现国家对经济困难学生的优惠政策，减轻学生还贷负担，财政部门对接受国家助学贷款的学生给予还款利息补贴。学生所贷款利息实行借款学生在校期间的贷款利息全部由财政补贴，毕业后全部自付的办法，借款学生毕业后开始计付利息。学生如果毕业后没有找到工作，可以在毕业以后一到两年内开始还款，最长的还款期限延长到 6 年。

3. 国家助学贷款的申请程序

银行不直接受理在校学生的贷款申请。贷款银行原则上每年集中受理一次国家助学贷款申请，借款学生须在新学年开学前后10天内凭本人有效证件向学校的指定部门（一般为学生处）提出贷款申请，领取并如实填写国家助学贷款申请表、申请国家助学贷款承诺书等有关材料。国家助学贷款的担保可以是保证担保、抵押担保、质押担保和信用助学贷款四种形式。

4. 国家助学贷款的审批程序

(1) 各学校指定专门机构统一管理本校国家助学贷款工作，负责对申请贷款的学生进行初审。

(2) 学校按期向学生贷款管理中心（全国学生贷款管理中心设在教育部，负责中央部委所属高校的国家助学贷款事务管理工作；各省、自治区、直辖市学生贷款管理中心设在各省、自治区、直辖市教育行政部门，负责本地区所属高校的国家助学贷款事务管理工作）报送全校年度贷款申请报告。

(3) 根据学生贷款管理中心核准贷款申请额度，报送经办银行。

(4) 经办银行对借款学生申请资料的完整性、真实性及贷款担保的合法性和有效性进行调查核实，并将审查后同意发放贷款的学生名单及金额通知借款学生所在学校，由学校统一组织借款学生办理填写借款合同文本、借款凭证等有关手续。

(5) 经办银行对收到借款学生办理的借款手续并经审查无误后，根据贷款审批程序予以审批，审批后编制放款通知书，通知借款学生所在学校。

5. 国家助学贷款的发放和还款方式

国家助学贷款实行一次申请、一次授信、分期发放的方式，即学生可以与银行一次签订多个学年的贷款合同，但银行要分年发放。一个学年内的学费、住宿费贷款，银行应一次性发放给学生；一个学年内的生活费贷款，银行（或学校）按10个月逐月发放给学生。

借款学生和经办银行应在签订借款合同时约定还款方式和还款时间。采取灵活的还本付息方式，可提前还贷，也可利随本清或分次偿还（按年、按季或按月），具体方式由贷款人和借款人商定并载入合同。还款时间最迟在毕业后第一年开始，学生所借贷款本息应当在毕业后6年内还清。为保证国家助学贷款的回收，借款学生毕业前必须与经办银行重新确认或变更借款合同，并根据贷款银行的要求重新办理相应的担保手续。如借款学生不办理确认手续，学校暂缓为其办理毕业手续。借款学生应在约定的还款日期前，将贷款本金和利息存入原开设的活期储蓄账户内，贷款银行在约定的还款日主动从账户中扣收。如借款学生未按合同约定偿还贷款本息，贷款银行将向借款学生发出催款通知书，依法追究违约责任，并计收罚息。对逾期未还清国家助学贷款本息的毕业生，其接受单位或工作单位负有协助经办银行催收贷款的义务，并在其工作变动时，提前告知经办银行；经办银行有权向其现工作单位和原工作单位追索所欠贷款。

6. 国家助学贷款的还款约束

在享受政策优惠的同时，借款学生将受到更严格的还款约束。

对没有按照协议约定的期限、数额归还国家助学贷款的学生，经办银行应对违约贷款金额计收罚息，并将其违约行为载入金融机构征信系统，金融机构不再为其办理新的贷款和其他授信业务，如留学、创业、购车、购房、信用卡等。国家助学贷款管理中心会将经办银行提供的违约借款学生名单在新闻媒体及全国高等学校毕业生学历查询系统网站公布。

学校将建立学生信用档案，督促借款学生及时归还贷款本息。借款学生毕业时，学校有关部门应在组织学生与经办银行办理还款确认手续后，方可为借款学生办理毕业手续，并将其贷款情况载入学生个人档案。学校将配合经办银行催收贷款，负责在一年内向经办银行提供借款学生第一次就业的有效联系地址；学生没有就业的，提供其家庭的有效联系地址。

国家助学贷款是国家利用金融手段完善我国普通高校资助政策体系，加大对普通高校贫困家庭学生资助力度所采取的一项重大措施，是国家对经济困难学生的殷切关怀，每一个符合条件的学生都有机会申请，学生在受到国家贷款的资助后一定要讲信用，不断强化还贷意识，按照贷款协议及时还贷。

思考题

1. 大学生具有哪些权利和义务？
2. 大学生哪些权利容易受到侵犯？
3. 考试作弊应受到何种处罚？

第二章 参政议政与法

一、公民参政议政概述

（一）公民参政议政的含义

公民参政议政是公民参与国家政治生活的泛称，也称为"参政"。其基本含义是指公民依据法律所赋予的权利和手段，采取一定的方式和途径，积极主动地介入国家社会政治生活，从而影响政府决策的政治行为。也就是说，公民有权参加国家政权，参与国家事务的管理，参与国家方针、政策、法律、法规的制定与执行；有权就国家政治、经济、文化、社会生活中的重大问题提出意见和建议。其根本依据是，我国是人民民主专政的社会主义国家，国家的一切权力属于人民，社会主义民主政治的本质是人民真正成为国家和社会的主人。因而我国公民应享有广泛而丰富的参政议政权（参政权）。参政权是公民参政议政的前提条件，是公民享有的一项基本政治权利。新中国成立以来，我国通过宪法和法律不断丰富和保障公民的参政议政权，并形成了具有中国特色的参政议政制度。

（二）公民参政议政的意义

1. 公民参政议政是实现人民当家作主、建设政治文明的需要

江泽民同志在党的十六大报告中指出："发展社会主义民主政治，建设社会主义政治文明，是全面建设小康社会的重要目标。"要实现这一重要目标，必须"健全民主制度，丰富民主形式，扩大公民有序的政治参与"。人民当家作主是社会主义民主的本质，随着我国社会的不断发展，人民群众参与管理国家和社会事务的愿望和要求日益增强，发展社会主义民主与建设社会主义政治文明，最重要的是扩大人民群众有序的政治参与及畅通社会利益表达渠道，促进社会和谐发展。公民的呼唤和需求是政治文明演进的真正动力，公民的参政议政构成政治文明建设的基础力量。

2. 公民参政议政是建设和发展和谐社会的客观需要

社会主义和谐社会应当是一个稳定有序的社会，公民广泛地参政议政对于保持宽松稳定、团结和谐的政治环境和构建社会主义和谐社会很有意义，它是贯彻落实科学发展观、全面建设小康社会的时代需求，是巩固发展安定团结的政治局面、构建社会主义和谐社会的政治保障。社会主义社会是物质文明、政治文明和精神文明全面发展的社会，人民群众既有物质文化方面的需求，也有参政议政的政治需求；

只有满足了人民群众日益增长的参与政治生活的需求，社会不安定因素才会消除，和谐、稳定、有序的社会才会建立。

3. 公民参政议政是实现政治权利的需要

宪法和法律赋予公民政治权利和自由，而实现权利和自由的最直接途径就是参政议政。人民参加国家政权，管理国家和社会事务，管理经济和文化事业这些内容，用法律规定还只是一种可能性，只有让人民以主人翁精神，积极主动地依法直接行使民主权利，参与讨论和决定身边的经济、政治和社会事务，政治权利和自由才能变为现实。

二、公民参政权的基本内容

参政权是指公民依法参与国家生活的自由度。这里的国家生活主要是指政治生活，因此参政权一般被称为政治权利和政治自由，它主要包括选举权、被选举权、政治自由权、批评权、建议权、申诉权、控告权、检举权、信访权、取得赔偿权、民主管理权等。其中政治自由权包括言论、出版、集会、结社、游行、示威的自由等。这些权利和自由统称为参政权，有时也被称作民主权，我国宪法第二十七条、第三十四条、第三十五条、第四十一条等对它们作了明确规定。

（一）选举权与被选举权

选举权和被选举权是为公民参加各级权力机关或代表机关创设的权利。它是一种由宪法规定的公民的基本权利。我国宪法第三十四条规定："中华人民共和国年满十八周岁的公民，不分民族、种族、性别、职业、家庭出身、宗教信仰、教育程度、财产状况、居住期限，都有选举权和被选举权；但是依照法律被剥夺政治权利的人除外。"这是我国公民选举权和被选举权的宪法依据。

1. 选举权

选举权是指符合法定条件的公民（或者其选举的代表）选举代议机关代表和国家特定公职人员的权利；在我国，只要年满 18 周岁而没有依照刑法被剥夺政治权利的公民，都平等地享有选举权。但选举权并不局限于投票权，选举权的内容应当包括：对候选人进行了解的权利（了解候选人的能力、品质等情况，可称为了解权或知情权）、获得候选人承诺的权利（由候选人向选民或代表宣明其愿意担任代议机关代表或国家特定公职人员，并向选民或代表承诺代表人民利益，对人民负责）、投票权（选民或代表通过对候选人的了解，自主决定是否支持候选人）以及对当选的代议机关代表和国家特定公职人员的罢免权（也包含投票权的内容）。

2. 被选举权

被选举权是指符合法定条件的公民依法被选举为代议机关代表或者国家特定公职人员的权利。被选举权也不局限于当选权。被选举权是一项积极的权利，是符合法定条件的公民可以积极地予以主张从而得以实现的权利，当选为代议机关代表或者特定国家公职人员，仅仅是有被选举权的公民行使被选举权的一种结果。被选举权作为符合法定条件的公民平等地享有的权利，在选举活动的不同阶段有不同的表现形态——通常表现为参选权（表明担任代议机关代表和国家特定公职人员的意愿，参与选举）、竞选权（通过宣传自己的观点和主张以及资历与能力的方式，争取选民或代表支持，与其他参选者或候选人竞争相应职位）、候选权（参选者经过竞选，作为正式候选人由选民或代表进行选举）、当选权（获得足够选民或代表的支持从而当选为代议机关代表或国家特定公职人员）、任职权（当选后，就任相应职务）等形态。

（二）政治自由权

我国宪法第三十五条规定："中华人民共和国公民有言论、出版、集会、结社、游行、示威的自由。"这些自由可称为表现行为的自由，指的是人们通过一定的方式将自己内心的精神作用公诸外部的精神活动的自由。在现实的政治生活中，言论、出版、集会、结社、游行和示威的自由即表达政治意愿的权利，也是实现参政权的行动表现，而且在现代国家的政治生活中逐渐获得重要的地位。

1. 言论（口头表达）和出版（文字表达）的自由

二者均以语言形态而出现，故有时被概称为"言论自由"。广义的言论自由还包括绘画、摄影、影视、音乐、广播、电脑网络等形形色色的表现行为的自由。但行使言论自由权时也有着多种界限，主要有：不能侵犯他人的名誉权，否则可能构成诽谤；不能侵犯他人的隐私权，否则可能构成侵权行为；不能煽动或教唆他人实施违法行为；不能泄漏国家机密；限制或禁止猥亵性、淫秽性言论等。

2. 集会和结社的自由

集会指的是特定或不特定的多数人在一定的场所聚集形成一时性的集合体的活动。结社指的是特定的多数人形成具有共同目的的持续性的结合体的活动。集会和结社的自由属于一种参加群体性行动的自由，是为了实现一定的目的所形成的精神上的结合，人们通过互相交流意见，形成群体的意志并将之公之于外部的自由。对集会自由的保障：一方面国家或公共权力不能对集会的目的和行为进行肆意的干涉；另一方面国家或公共权力不应肆意拒绝提供道路、公园、广场、会堂等一定的场所或公共设施。对结社自由保障：一方面个人是否结成团体、加入团体或退出团体，完全出于其个人的意愿，国家或公共权力不应予以肆意的干涉；另一方面对于团体通过内部的意见交流形成团体的公共意志，并公诸外部的活动，国家或公共权力也不应予以肆意的干涉。

3. 游行和示威的自由

游行是指特定或不特定的多数人，为了广泛地向世人陈诉或宣明一定的政治上或经济上的要求或愿望而在道路或露天场所进行的活动。示威是指特定或不特定的多数人在露天场所或道路上以游行、集会、静坐等方式，对特定的对象表达意愿、提出抗议或表示支持等活动。游行与示威的自由具有强烈的实践行动性质，往往引发国家或公共权力对其的警戒，故必须面对一定的限制。我国集会游行示威法规定，对集会、游行和示威必须事先申报并获得批准，对活动的时间、场所、方式等方面也采取相应的监察管理制度。

（三）监督权

监督权指的是公民监督国家机关及工作人员活动的权利。我国宪法第四十一条规定："中华人民共和国公民对于任何国家机关和国家工作人员，有提出批评和建议的权利；对于任何国家机关和国家工作人员的违法行为，有向有关国家机关提出申诉、控告或检举的权利，但是不得捏造或者歪曲事实进行诬告陷害。"宪法对监督权的保障也作了规定，一是规定公民在行使监督权时不得捏造或歪曲事实进行诬告陷害；二是规定"对于公民的申诉、控告或者检举，有关国家机关必须查清事实，负责处理。任何人不得压制和打击报复"。

（四）信访权

在参政权中，信访权是一种较为特殊的政治权利。信访权是公民以信访的方式向各级国家机关及其工作人员（主要是领导人）反映问题，提出要求和建议，进行申诉、控告和检举，促使有关部门处理或解决并给予答复的权利。从严格的意义上讲，它是由建议、申诉、控告和检举的权利所延伸出的一种权利，是对维权渠道堵塞的一种补救措施。一般认为，我国宪法第四十一条和第二十七条第二款的规定"一切国家机关和国家工作人员必须依靠人民的支持，经常保持同人民的密切联系，倾听人民的意见和建议，接受人民的监督，努力为人民服务"，此为信访权的宪法渊源。长期以来，民众直接凭借信访制度来获得和实现其信访权，从而实现公民监督权，这已成为我国民主政治的重要特色之一。

三、公民参政权的法律保障

为了使公民能够有序进而有效地行使宪法规定的参政权，我国制定了一系列的法律法规对公民的参政议政活动进行调整，以确保公民参政权的实现。现行的调整公民参政议政活动的法律法规主要有《中华人民共和国全国人民代表大会组织法》、《中华人民共和国选举法》、《中华人民共和国集会游行示威法》和《信访条例》，由此形成了一系列规范公民参政议政行为的法律制度。

(一) 选举制度

选举制度是指法律规定的关于选举国家代表机关和国家公职人员的各项制度的总称。我国的选举制度是人民代表大会制度的基础，体现一切国家权力属于人民的宪法精神，保障人民参与国家管理的基本权利。根据宪法和选举法的规定，我国的选举制度的内容包括选举的基本原则、选举的组织机构、选举的民主程序和方法以及罢免程序等。

1. 选举的主要基本原则

(1) 选举权的普遍性原则。

我国选举法规定：年满18周岁的公民，不分民族、种族、性别、职业、家庭出身、宗教信仰、教育程度、财产状况和居住期限，都有选举权和被选举权。依法被剥夺政治权利的人没有选举权和被选举权。

(2) 选举权的平等性原则。

我国选举法规定，每个选民在每次选举中只能在一个地方享有一个投票权；城市和农村、少数民族和汉族每一代表所代表的人口数量不同。

(3) 直接选举和间接选举并用的原则。

我国选举法规定：不设区的市、市辖区、县、自治县、乡、民族乡、镇的人民代表大会代表由选民直接选举产生；全国人民代表大会和省、自治区、直辖市、设区的市、自治州的人民代表大会代表由下一级人民代表大会选举产生。

(4) 秘密投票的原则（也称无记名投票原则）。

我国选举法规定，全国和地方各级人民代表大会代表的选举，一律采用无记名投票的方法。秘密投票为选民自由表示意愿提供了重要的保障条件。

2. 选举的组织机构和民主程序

(1) 选举机构。

选举机构具体负责选举事务的管理工作，它的设置要体现民主、公正的原则。我国的选举机构体系包括：全国人民代表大会常务委员会主持全国人民代表大会的选举；省、自治区、直辖市、设区的市、自治州的人民代表大会常务委员会主持本级人民代表大会代表的选举，并指导行政区域内县级以下人民代表大会的选举工作；不设区的市、市辖区、县、自治县设选举委员会，在本级人民代表大会常务委员会领导下主持本级人民代表大会代表的选举；乡、民族乡、镇设立选举委员会，受不设区的市、市辖区、县、自治县的人民代表大会常务委员会的领导。选举委员会是组织和管理选举工作的机构，有权监督选举的整个过程。选区是以一定数量的人口为基础划分的区域，是选民选举产生人民代表的基本单位。选举法规定，不设区的市、市辖区、县、自治县、乡、民族乡、镇的人民代表大会的代表名额分配到选区，按选区进行选举。选区可以按居住状况划分，也可以按生产单位、事业单位、工作单位划分。

(2) 选民登记。

选民登记是公民取得选民资格的基本程序。根据选举法的规定，选民登记按选区进行，它是依法对选民资格确认的程序。凡年满 18 周岁未被剥夺政治权利的公民都应列入选民名单。我国的选民登记采用一次性登记的方法，经登记确认的选民资格长期有效。选民名单应在选举日前 20 天公布，并发给选民证。对选民名单有意见，可向选举委员会提出申诉，选举委员会对申诉意见应在 3 天内作出处理决定，申诉人对处理决定不服时，可在选举日 5 天前向人民法院起诉，法院适用特别程序审理，法院判决为最后决定，公民必须服从。

(3) 代表候选人的提名。

选举法规定，全国和地方各级人民代表大会代表候选人按选区或选举单位提名产生。各政党、各人民团体可以联合或单独推荐代表候选人，选民或代表 10 名以上联名，也可以推荐代表候选人。候选人提名过程中实行差额选举原则，全国和地方各级人民代表大会代表候选人的名额应多于应选代表的名额。选举法还规定，推荐者应向选举委员会或者大会主席团介绍候选人的情况。

选举法修正案规定，由选民直接选举的人民代表大会代表候选人，由各选区选民和各政党、各人民团体提名推荐。选举委员会汇总后，在选举日的 15 日以前公布，并由各该选区的选民小组反复讨论、协商，确定正式代表候选人名单。如果所提候选人名额过多，经选民小组反复讨论、协商，仍不能对正式代表候选人形成较为一致意见的，可以进行预选。根据预选时得票多少的顺序，确定正式代表候选人名单。正式代表候选人名单在选举日的 5 日以前公布。

选举法修正案不仅将预选制度引进基层人大代表选举中，而且针对原选举法介绍候选人的方式过于简单，选民难以了解候选人的情况，增加规定："选举委员会可以组织代表候选人与选民见面，回答选民的问题。"

(4) 选举投票。

选举投票是选民行使选举权的集中体现。在选民直接选举人民代表大会代表时，各选区应该设立投票站或者召开选举大会投票，由选举委员会主持。间接选举的投票由该级人民代表大会主席团主持。选举结束后，进入选举结果的确认程序，其内容包括：确定选举是否有效；确定代表候选人当选；宣布选举结果。

3. 罢免程序

选民或者选举单位都有权罢免自己选出的代表。关于罢免程序的启动，经十届全国人大十二次会议修改后的选举法规定："对于县级的人民代表大会代表，原选区选民五十人以上联名，对于乡级的人民代表大会代表，原选区选民三十人以上联名，可以向县级的人民代表大会常务委员会书面提出罢免要求。”

罢免要求应当写明罢免理由。被提出罢免的代表有权在选民会议上提出申辩意见，也可以书面提出申辩意见。县级的人民代表大会常务委员会应当将罢免要求和被提出罢免的代表的书面申辩意见印发原选区选民。表决罢免要求，由县级的人民代表大会常务委员会派有关负责人员主持。罢免代表采用无记名投票的表决方式。罢免县级和乡级的人民代表大会代表，须经原选区过半数的选民通过。罢免由县级以上的地方各级人民代表大会选出的代表，须经各该级人民代表大会过半数的代表通过；在代表大会闭会期间，须经常务委员会组成人员的过半数通过。罢免的决议须报送上一级人民代表大会常务委员会备案。

4. 对破坏选举的制裁

为保障选民和代表自由行使选举权和被选举权，严惩贿选行为，确保纯洁选举，选举法修正案规定，有下列违法行为之一，违反治安管理规定的，依法给予行政处罚；构成犯罪的，依法追究刑事责任：为获得选票，以金钱或者其他财物贿赂选民或者代表的；用暴力、威胁、欺骗等非法手段破坏选举或者妨害选民和代表自由行使选举权和被选举权的；伪造选举文件、虚报选举票数或者有其他违法行为的；对于控告、检举选举中违法行为的人，或者对于提出要求罢免代表的人进行压制、报复的。国家工作人员有上述行为的，还应当依法给予行政处分。违法当选的，其当选无效。

（二）集会游行示威法

集会、游行、示威是宪法赋予公民的政治权利和自由。由于既要充分保障公民的政治权利和自由，又要维护社会稳定和公共秩序，故根据宪法规定，于 1989 年 10 月 31 日七届全国人大常委会十次会议公布实施《中华人民共和国集会游行示威法》（以下简称集会游行示威法），对公民集会、游行、示威权利行使的保障及其限制、主管机关、申请和许可、举行及法律责任都作了明确规定。

1. 基本原则

我国公民的游行、示威应当遵循以下基本原则：

(1) 政府依法保障原则。

对公民行使集会、游行、示威的权利，各级人民政府应当依法予以保障。

(2) 权利义务相一致原则。

公民行使权利时，必须遵守宪法和法律，不得损害国家、社会、集体的利益和其他公民合法自由和权利。

(3) 和平进行原则。

集会、游行、示威应当和平进行，不得携带武器、管制刀具和爆炸物，不得使用暴力或煽动使用暴力。

2. 申请、许可和举行

集会、游行、示威的主管机关是举行集会、游行、示威的市、县公安局与市公安分局，举行集会、游行、示威，必须依法向主管机关提出申请。活动负责人必须在举行日期的5日前向主管机关递交书面申请，申请载明集会、游行、示威的目的、方式、标语、口号、人数、起止时间、地点、路线等。主管机关应在申请举行日期2日前将许可或不许可的决定书面通知其负责人。

有下列情形之一者，不予许可：反对宪法所规定的基本原则的；危害国家统一、主权和领土完整的；煽动民族分裂的；有充分根据认定申请举行的集会、游行、示威将直接危害公共安全或者严重破坏社会秩序的。另外，公民不得在其居住地以外的城市发动、组织、参加当地公民的集会、游行、示威；外国人在中国境内未经主管机关批准不得参加中国公民举行的集会、游行、示威。

3. 法律责任

举行集会、游行、示威不得违反治安管理法规，不得进行犯罪活动或者煽动犯罪。违者依照治安管理处罚条例有关规定予以处罚；有犯罪行为的，依法追究刑事责任。

有下列情形之一的，公安机关可以对其负责人和直接责任人员处以警告或者15日以下拘留：未依照集会游行示威法规定申请或者申请未许可的；未按照主管机关许可的目的、方式、标语、口号，起止时间、地点、路线进行，不听劝阻的。

对公安机关的拘留处罚决定不服的，可以自接到处罚通知之日起5日内，向上一级公安机关提出申诉，上一级公安机关应当自接到申请之日起5日内作出裁决；对裁决不服的，可以自裁决通知之日起5日内向人民法院提起诉讼。

（三）信访制度

信访是指公民、法人或者其他组织采用书信、电子邮件、传真、电话、走访等形式，向各级人民政府、县级以上人民政府工作部门反映情况，提出建议、意见或者投诉请求，依法由有关行政机关处理的活动。信访制度在缓解社会冲突、抑制权力腐败、实现群众监督和汇集社会信息方面具有独特的政治功能。在许多时候，它成为公民实现其自身基本权利（尤其是参政权）的重要途径和方式。随着现代法治的发展，信访制度作为一种国家政治制度，被全面纳入法制的轨道，与司法制度相融合，成为其重要的补充，已成为一种可以预见的发展趋势。为了确保公民信访权的有效行使，国务院颁布了《信访条例》（以下简称条例），该条例于2005年5月1日起施行。其主要内容包括：

1. 信访工作原则

按照以人为本、构建和谐社会和加强民主法制建设的要求，既要有效保护人民群众的合法权益，又要建立良好信访秩序、确保社会稳定。信访工作应当在各级人民政府领导下，坚持属地管理、分级负责，谁主管、谁负责，依法、及时、就地解决问题与疏导教育相结合的原则。

2. 信访机构和工作机制

县级以上人民政府应当设立信访工作机构；县级以上人民政府工作部门及乡、镇人民政府应当按照有利工作、方便信访人的原则，确定负责信访工作的机构或者人员，具体负责信访工作。

为建立高效透明、便于监督的信访工作新机制，条例规定：国家信访工作机构应充分利用现有政务信息网络资源，建立全国信访信息系统，为信访人在当地提出信访事项、查询信访事项办理情况提供便利；县级以上地方人民政府应当充分利用现有政务信息网络资源，建立或确定本地区的信访信息系统，并与上、下级政府及其部门的信访信息系统实现互联互通。这样规定，一方面方便信访群众在当地提出信访事项，并查询其所提出信访事项的办理进展情况；另一方面，方便上级行政机关及其负责人了解各地方有哪些信访事项并及时督促信访事项的处理解决，也可避免各级行政机关对同一信访事项重复受理、办理。

3. 信访渠道

公民有提出建议和申诉的权利。畅通信访渠道是保障公民的建议权和申诉权，加强党和政府及时了解社情民意并迅速化解社会矛盾的重要措施。一是各级人民政府、县级以上人民政府工作部门应当为信访人采用条例规定的形式反映情况，提出建议、意见或者投诉请求提供便利条件；二是各级人民政府、县级以上人民政府工作部门应当向社会公布信访工作机构的通信地址、电子信箱、投诉电话、信访接待的时间和地点、查询信访事项处理进展及结果的方式等相关事项；三是设区的市级、县级人民政府及其工作部门，乡、镇人民政府应当建立行政机关负责人信访接待日制度，由行政机关负责人协调处理信访事项。

4. 信访办理期限

信访办理期限最长不得超过 90 日，复核不得超过 30 日，信访程序为受理—办理—复核。条例第三十三条规定：“信访事项应当自受理之日起 60 日内办结；情况复杂的，经本行政机关负责人批准，可以适当延长办理期限，但延长期限不得超过 30 日，并告知信访人延期理由。”第三十四条规定：“信访人对行政机关作出的信访事项处理意见不服的，可以自收到书面答复之日起 30 日内请求原办理行政机关的上一级行政机关复查。收到复查请求的行政机关应当自收到复查请求之日起 30 日内提出复查意见，并予以书面答复。”第三十五条规定：“信访人对复查意见不服的，可以自收到书面答复之日起 30 日内向复查机关的上一级行政机关请求复核。收到复核请求的行政机关应当自收到复核请求之日起 30 日内提出复核意见。”

5. 法律责任

(1) 信访人的责任。

条例规定，公民的建议权和申诉权受法律保护，但公民在行使自己权利的同时，有遵守法律法规的义务，不得损害国家、社会、集体的利益和其他公民的合法权利。该条例这方面主要内容是：一是对围堵、冲击国家机关，拦截公务车辆，堵塞、阻断交通，携带危险物品或者管制器具，侮辱、殴打、威胁国家机关工作人员，煽动、串联、胁迫、以财物诱使、幕后操纵他人信访和以信访为名借机敛财六类行为作了禁止性规定，并与刑法等法律作了衔接，规定由公安机关依法采取必要的现场处置措施，给予治安管理处罚，构成犯罪的，依法追究刑事责任。二是规定信访人提出信访事项，一般应当采用书信、电子邮件、传真等书面形式；信访人采用走访形式提出信访事项应当向依法有权处理的本级或者上一级机关提出，并到有关机关设立或者指定的接待场所提出，违者经劝阻、批评和教育无效的，由公安机关予以警告、训诫或者制止。三是规定信访人提出的信访事项应当客观真实，对其所提供的材料内容的真实性负责，不得捏造、歪曲事实，不得诬告、陷害他人，并规定了相应的法律责任。

(2) 行政机关及其工作人员的责任。

条例规定：一是对信访工作中的失职、渎职行为，严格依照有关法律、行政法规和条例的规定，追究有关责任人员的责任，并在一定范围内予以通报；各级人民政府应当将信访工作绩效纳入公务员考核体系。二是因行政机关超越或者滥用职权，应当作为而不作为，适用法律、法规错误或者违反法定程序，侵害信访人合法权益，或者拒不执行有权处理的行政机关作出的支持信访请求意见，侵害信访人合法权益，造成严重后果的，对直接负责的主管人员和其他直接责任人员依法给予行政处分；构成犯罪的，依法追究刑事责任。三是行政机关及其工作人员办理信访事项，应当恪尽职守，秉公办事，及时妥善处理，不得推诿、敷衍、拖延；违反规定的，要依法追究相关责任人员的法律责任。四是任何组织和个人不得打击报复信访人。条例第四十六条规定："打击报复信访人，构成犯罪的，依法追究刑事责任；尚不构成犯罪的，依法给予行政处分或者纪律处分。"

四、大学生参政议政

(一) 参政议政是青年学生的优良传统

在中国近现代史上，知识分子就有"先天下之忧而忧"的忧国忧民、参政议政的传统，从"公车上书"、"五四"新文化运动到"一二·九"等反对外族侵略和欺凌的爱国运动，再到当代的反腐倡廉、历次重大事件（如我国驻南斯拉夫大使馆被炸事件、钓鱼岛事件、日本修改教科书事件等）的爱国抗议行动等都是典型的青年大学生（知识分子的后备军）参政议政行动。这些运动或行动在我国政治文明发展史上具有深远的意义，其倡导者是当代青年大学生参与政治、推动民主政治发展的楷模。青年大学生有其独有的特点：一是青年大学生一般有着较强的政治敏锐感，一直走在为民族解放、民族振兴而奋斗的前列，他们往往以国家利益和民族利益的代表自居，关心带有全局性和普遍性的社会政治问题；二是校园是知识传播的场所，是现代最新信息、最新观念的荟萃之地，也是人类思想交流最自由的空间，在这种环境中，青年大学生很容易产生一种强烈的社会责任感，正是在这种责任感的推动下，青年大学生经常主动关心、过问国家大事，参与政治生活；三是学生参与的规模较大，以团体参与为主，容易形成全校性、全市性甚至全国性的学生运动，并在社会上造成一定的影响。这些传统和特点决定着青年大学生有参政议政的优势，随着民主步伐的加快，这些优良传统将进一步发扬光大。

（二）积极参政议政是当代大学生的社会责任

1. 大学生参政议政既对自己负责，也对社会负责

宪法和法律规定了公民有选举权和被选举权、政治自由权、批评和建议权、监督权等政治权利和自由，这是大学参政议政的法律保障，但是要实现自身的权利，维护自身的利益，还必须靠学生自己的努力。当代大学生的政治参与或参政议政的意识不断增强，实现政治权利的愿望日益凸显，更进一步把参政议政、实现政治权利看成是自身的利益。而每一个人都是他自身利益最深切的了解者和最忠实的关心者，自然对于影响自身利益的一切公共决定格外关注，并期望能直接或间接参与。既然宪法和法律赋予公民政治权利和自由，公民就有责任对国家政治、经济、文化、社会等各方面的事务进行自由的讨论和表达，对执政者各种可能的行为和政策有权利知情、质询，对于违反宪法、法律或其他规定，或者违反社会公德等不当行为的政府及其官员，有责任批评、监督、检举，甚至依法罢免。公民只有积极参政，才是真正对国家、对社会、对人民负责。可见，参政议政既是实现自身政治权利的需要，也是作为公民的大学生应尽的责任。

2. 大学生参政议政是实现政治文明的必然要求

实现政治文明、建设民主政治、推动法治社会步伐的伟大决策，是我党、我国各族人民共同作出的选择。奋斗目标一旦确定，实现目标当然就由社会全体成员负责，无一例外，每一个体对国家、对社会都负有不可推卸的责任，“天下兴亡，匹夫有责”。社会是由一个个的个体组成，社会的抉择是主体人作出的，社会现实是由人的行为构成，要使社会呈现出生机勃勃的健康状态而不是病态丛生，就必然要求每个主体人的行为是奋发的、健康的、负责任的。而青年大学生是社会的未来，

是国家将来的栋梁，加之青年特有的对社会的批判性、开拓性，以及对政治的敏锐性，这就决定了实现我国政治文明的目标离不开青年大学生的主动的、积极的参与；反过来，参政议政也是当代大学生的神圣职责。

（三）大学生参政议政的基本途径

参政议政的途径和方式多种多样，直接参与和间接参与是常用的最基本的方式。直接参与是公民用自己的行为直接影响政府的决策，而不经过其他中间环节。反之，公民的参与经过其他中间环节才对政府决策产生影响的，就是公民的间接参与。在现代社会中，随着国家规模的扩大和政治事务的日益专业化，公民直接参与政治受到越来越多的限制，大量公民参与只能以间接方式进行。广大的大学生可以通过以下途径发挥参政议政的作用：

1. 通过加入政党参政议政

政党是现代社会中担负利益表达和利益聚合的最具效率的政治组织，它对整个政治过程的影响都非常明显和直接。因而在现代社会中，公民如果参加了政党组织的各种活动，实际上也就是间接参与了政治。我国是中国共产党领导的多党合作的政治协商制度，公民加入中国共产党并参加党的活动，包括参与制定方针、政策的活动，本身就是参政议政的活动；当然，也可以参加其他政党或组织，例如我国的民主党派及其组织——政协，其基本职能就是民主监督、参政议政。因此，大学生积极主动参加政党组织和活动，是参政议政的很好途径。

2. 通过行使选举权参政议政

大部分学生较少接触社会，少有亲身的体验，对于民情世风的体认、公共事务的了解及基本的政治经验都欠缺，所以被选为人大代表的虽有，但比例极小。大部分学生作为公民的一分子，只能投好自己神圣的一票，选好代表去代大家参与立法活动，从而间接地参与法律的制定与修改。大学生如果对社会、国家的某些重大问题有好的立法建议，可以向人大代表提出，然后由人大代表向人民代表大会提出法律草案使之进入立法程序，这样大学生的心声、愿望、建议就会反映到立法中去。

3. 通过参与立法讨论参政议政

《中华人民共和国立法法》规定，人大代表或相应的组织按立法程序提出了重要法律草案后，立法机关可以按一定的程序对法律草案予以公布，进行讨论，征求意见（如婚姻法修正案、物权法草案等）。立法法还规定，公民有提出违宪审查的建议权。依据前者，作为公民的大学生们可以积极参与立法讨论，提出自己的意见；依据后者，作为公民的大学生们也可以主动提出立法建议。当然，这些意见或建议是否被立法机关采纳还要看它们的价值，而提出这些意见或建议本身就是参与立法、参政议政。

4. 通过自荐参选人大代表参政议政

在选举文化的熏陶下，当代大学生越来越注重行使自己的参政权。一些人已不满足于通过网络、信件、电话等方式参政议政，更热衷于直接成为人大代表的参政议政方式。例如，北京邮电大学讲师许志永自荐当选为选区人大代表的成功之举，进一步激发了大学生参政议政的热情。2003 年 11 月 9 日，北大未名 BBS 的三角地挂出硕士生殷俊竞选海淀区人大代表自荐书，之后的两天内，英语系大四学生欧阳闻捷等三名学生也在网上发出了各自的竞选宣言，而在 11 月 10 日水木清华的 BBS 上，法学院学生陈俊豪也贴出了竞选宣言。可见，“毛遂自荐”参选人大代表已成为大学生时尚的参政方式。

5. 通过互联网等媒体参政议政

互联网的普及正在改变着人们的生活方式，包括政治生活方式。互联网已在民众的政治、经济和社会生活中扮演着不可或缺的角色，成为中国公民行使知情权、参与权、表达权和监督权的重要渠道。

作为大学生公民，应通过网络途径，充分利用自身的政治敏锐性强、参与意识强烈、知识面广等优越条件，积极主动地参政议政，参与管理国家和社会事务，监督政府及其工作人员的行政行为。譬如，现在各级政府都设立了政府信息网，作为熟悉网络知识的大学生，更应该充分发挥自身优势，在做好调查研究的基础上客观地发表自己的意见和建议，表达自己或群体的意愿，从而影响政府决策。政治参与和言论自由等宪法权利很大程度上是通过互联网、新闻媒体实现的。新闻媒体被称为“第四种权力”，实践证明，媒体舆论参与是一种非常实用和有效的参政议政方式，大学生可以结合所学知识充分利用这一途径。

当然，公民通过网络参政议政、监督政府时，也要有公民的责任意识，不能在匿名的保护下随便发表不实言论，要对自己的言行负责，如不能超越法律许可的范围，曝光一些被谴责者的照片、家庭住址、电话等个人信息，这会在一定程度上侵犯他人的人身权。毋庸置疑的是，超越法律许可范围针对普通公众的“人肉搜索”、“网络谩骂”等必须承担相应的法律责任。

6. 通过参议制、听政和诉讼等方式参政议政

除上述途径外，高校还可以通过举办学生参议制、校园听证会、校长在线、“直通车”等鼓励大学生参与学校的管理，从食堂饭菜定价、教学质量监督，到奖学金公正性评定、学生违纪处理等许多事务，学校都可以让学生参与。近几年来，大学生维权诉讼案例或者争议案例时有发生，如北京科技大学学生田永诉母校拒颁毕业证、学位证行政诉讼案；深圳大学《学生行为道德规范管理条例》草案的争议案；大学生在读期间是否准予结婚、怀孕是否予以退学、是否准予在校外租房等争议。虽然大学生某些行为是错误的，但大学生敢于对认为不合理的校规、决定或法规提出异议，对促进依法治校有良好影响，在一定程度上可以推动学校规章制度

的健全，甚至可以促进法律法规的完善。

总之，大学生可以通过各种途径参政议政，以实现参政权。当然，大学生参政权的充分实现，有赖于国家民主化建设的加强和各级政府对公民的参政权的重视。国家应当尽最大努力利用各种渠道让公民知情、参与，如人大会议旁听、政务公开、价格听证、政论性论坛（如广州市的“公仆与市民”、“羊城论坛”、“假如我是市长”）、市（区）长专线、媒体公告等，使公民能更有效地直接或间接参政议政。

思考题

1. 什么是选举权、被选举权？
2. 大学生应如何参政议政？
3. 如何看待“网民人大代表”？

第三章　从事民事活动与法

民事活动由民事法律规范调整，民事法律规范是人们从事各种民事活动的主要法律依据。我国的民法是调整平等主体的自然人、法人和其他组织之间的财产关系和人身关系的法律规范的总称，包括民事主体制度、民事法律行为和代理制度、民事权利制度、民事责任制度和诉讼时效制度等基本内容。

一、民事主体制度

民法通则将民事法律关系的主体概括为两大类，即自然人和法人，同时也列举了其他一些以组织形态生存的主体，如合伙企业等。

（一）自然人

所谓自然人，即依自然规律出生之人。自然人从事民事活动，享有民事权利和承担民事义务，必须具有民事权利能力和民事行为能力。

1. 自然人的民事权利能力

自然人的民事权利能力是法律赋予自然人享有民事权利，承担民事义务的资格，也就是法律上的人格和主体资格。民法通则第九条规定：“公民从出生时起到死亡时止，具有民事权利能力，依法享有民事权利，承担民事义务。”因此，自然人的民事权利能力始于出生，终于死亡，终生享有。

自然人的出生是指胎儿与母体完全分离并能独立呼吸。尚未出生的胎儿不具备民事权利能力，但可以享有某些法益。如我国继承法为照顾已在孕育中而未出生的胎儿将来的利益，规定在遗产分割时应当保留胎儿的继承份额。

自然人的死亡分生理的自然死亡和法律宣告死亡两种。自然人的权利能力随死亡而告终。法律对死去的人的某些人身性质的权利，如著作权等，于主体死亡后的一定时期内仍加以保护。

2. 自然人的民事行为能力

自然人的民事行为能力是指自然人通过自己的行为取得民事权利和承担民事义务的能力或资格。一般来说，民事行为能力包括两个内容：能以自己的行为独立地行使民事权利和履行民事义务的能力；对自己的违法行为承担民事责任的能力。

民法通则根据自然人的年龄和智力情况，将自然人的民事行为能力分为三类：

完全民事行为能力人、限制民事行为能力人和无民事行为能力人。

⑴ 完全民事行为能力人。

民法通则规定18周岁以上并且精神健康的公民为完全民事行为能力人。此外，16周岁以上不满18周岁的公民，以自己的劳动收入作为生活的主要来源的，视为完全民事行为能力人。

⑵ 限制民事行为能力人。

民法通则规定10周岁以上18周岁以下的未成年人和不能完全辨认自己行为的精神病人为限制民事行为能力人，可以进行与自己的年龄、智力状况和精神健康状况相适应的民事活动，其他民事活动由其法定代理人代理，或者在征得其法定代理人的同意后进行。

⑶ 无民事行为能力人。

民法通则规定不满10周岁的未成年人和不能辨认自己行为的精神病人为无民事行为能力人，由他们的法定代理人代理民事活动。

3. 宣告失踪和宣告死亡

宣告失踪和宣告死亡是与自然人的民事权利能力相关的制度，旨在解决自然人下落不明而造成的民事权利长期不确定的问题。

⑴ 宣告失踪。

民法通则第二十条规定："公民下落不明满2年的，利害关系人可以向人民法院申请宣告他为失踪人。""战争期间下落不明的，下落不明的时间从战争结束之日起计算。"符合上述条件的，经利害关系人申请，并经审查、确认，人民法院可以公开宣告他为失踪人。失踪人的财产由他的配偶、父母、成年子女或者关系密切的其他亲属、朋友代管。代管若出现争议，则由人民法院指定其他人代管。失踪人欠下的税款、债务和应付的其他费用，则由代管人从失踪人财产中支付。

⑵ 宣告死亡。

自然人被宣告死亡的法定条件是：自然人下落不明满4年；因意外事故下落不明，从事故发生之日起满2年；战争期间下落不明的，下落不明的时间从战争结束之日起计算。在上述情况下，利害关系人可以向人民法院申请宣告该人死亡。人民法院宣告确定死亡的日期，是失踪人死亡的日期，也是被宣告死亡人民事权利能力终止的日期。宣告死亡的法律后果和法律效力与自然死亡相同。被宣告死亡人的财产作为遗产处理，继承人依继承法的规定取得应得的财产。其婚姻关系终止，配偶依照法律规定可以再婚。

⑶ 被宣告失踪和宣告死亡的人重新出现。

被宣告失踪的人重新出现或者确知他的下落，经本人或者利害关系人申请，人民法院应当撤销对他的失踪宣告。原来由代管人代管的财产视具体情况依法进行处理。被宣告死亡的人重新出现或者确知他没有死亡，经本人或者利害关系人申请，人民法院应当撤销对他的死亡宣告。被撤销死亡宣告的人有权请求返还财产，依照继承法取得他的财产的公民或组织，应当返还原物，原物已不存在的，应当给予适当的补偿。至于其尚存配偶已与他人结婚的，不得对此提出异议。

4. 监　护

监护是监护人对无民事行为能力人或限制民事行为能力人的人身、财产和其他合法权益的监督和保护。实施监护的人是监护人，受监护的人是被监护人。未成年人的监护人是未成年人的父母，未成年人的父母已经死亡或者没有监护能力的，由下列人员中有监护能力的人担任监护人：祖父母、外祖父母；兄、姐；关系密切的其他亲属、朋友愿意承担监护责任的，应经未成年人的父母所在单位或者未成年人住所地的居民委员会、村民委员会同意。精神病人的监护人是：配偶；父母；成年子女；其他近亲属；关系密切的其他亲属、朋友愿意承担监护责任的，应经精神病人所在单位或者住所地的居民委员会、村民委员会同意。对于担任监护人有争议的，可由所在单位、居委会或村委会在近亲属中指定。对指定有不服的，可以提起诉讼，由人民法院裁决。

监护人的职责是要保护被监护人的人身、财产及其他合法的权益，监护人不能随意处理被监护人的财产，除非是为了被监护人的利益。监护人还应及时教育和管理好被监护人，使被监护人能遵纪守法，若被监护人做出违法行为给他人造成损害，监护人应承担被监护人应负的民事责任，应对造成的损失负责赔偿。监护人如果不履行监护职责或者侵犯了被监护人的合法利益，应当承担法律责任。

（二）法　人

1. 法人的概念和成立条件

法人是具有民事权利能力和民事行为能力，依法独立享有民事权利和承担民事义务的组织。法人应当具备下列条件：①依法成立。②有必要的财产或经费。必要的财产或经费是法人参加民事活动的前提。学校作为事业单位法人，必须有自己的经费，或由国家拨付、或由社会捐助。③有自己的名称、组织机构和场所。法人的名称使得法人与其他法人相区别。法人对自己的名称享有专用权。组织机构即法人的经营管理机构，是法人参加民事活动所必需的。法人要从事生产经营，就必须有自己的固定场所。④能独立承担民事责任。

符合以上条件，再履行有关的设立程序就能成为法人。法人以其主要办事机构为住所。

2. 法人的民事权利能力和民事行为能力

(1) 法人的民事权利能力。

法人的民事权利能力是法人依法享有民事权利和承担民事义务，成为民事主体的资格。

法人不是真正的“人”，其法律人格是一种高度抽象的结果。同时，法人的民事权利能力仅仅是法人参加民事活动，享有权利和承担义务的资格，并不具有自然人人格所具有的相同意义。因此，法人的民事权利能力与自然人的民事权利能力有以下区别：①民事权利能力的开始和终止条件不同。自然人的民事权利能力始于自然人出生，终于自然人死亡。法人的民事权利能力从法人成立时开始，至法人消灭时终止。②法律对民事权利能力的限制不同。自然人的民事权利能力一律平等，在民事权利能力的内容上，自然人相互之间毫无差别，自然人的民事权利能力不受自然人自身条件（如年龄、民族、财产多寡等）的限制。但法人的民事权利能力要受其目的和业务范围的限制。不同性质的法人，其民事权利能力的内容不同。如不同的企业有不同的业务经营范围，一个企业有权利参加的民事活动，另一个企业就有可能没有资格参加，由此也决定了企业相互之间在民事权利能力具体内容上也有区别。③民事权利能力的内容范围不同。在民事权利享有的具体范围上，自然人能够享有的财产权利，法人一般都可以享有。但自然人基于其人格或者身份而享有的某些特定的民事权利（如生命健康权、肖像权、财产继承权等），法人则不能享有。而某些专属法人享有的民事权利（如国有财产的经营管理权等），自然人个人不能享有。

⑵ 法人的民事行为能力。

法人的民事行为能力是指法人能够以自己的行为取得民事权利和承担民事义务，成为民事主体的资格。与自然人的民事行为能力相比，法人的民事行为能力有如下的特点：法人的民事行为能力享有的时间与其权利能力享有的时间一致；法人的民事行为能力的范围与其权利能力范围一致。也就是说，法人的上述两种能力始于成立，终于解散。

3. 法人的分类

法人的分类标准非常多，我国民法通则根据法人所从事的业务活动将法人分为企业法人与机关、事业单位和社会团体法人（又称非企业法人）。我国的学校和其他教育机构属于后者中的事业单位法人，法定代表人一般为校长。

二、民事法律行为和代理制度

（一）民事法律行为的概念和特征

民事法律行为是公民或法人设立、变更、终止民事权利和义务的合法行为。民事法律行为是一种重要的法律事实，具有三个基本特征：

1. 民事法律行为是民事主体实施的以发生一定的民事法律效果为目的的行为

只有民事主体实施的，能够引起民事法律后果的行为才是民事法律行为。其他主体所为的行为虽然有时也产生法律后果，但不是民事法律行为，如法院的裁决等。这一特征使民事法律行为与侵权行为、事实行为等非表意的行为区别开来。

2. 民事法律行为是以意思表示为核心要素的行为

所谓意思表示，是指表意人将其期望发生某种法律效果的内心意思以一定的方式表现于外部的行为。如有外出购物或外出旅游的意思，这是内心意思；实际去商场购物和随旅游团去旅游，这就是意思表示。意思表示是法律行为不可缺少的内容。

3. 民事法律行为是合法行为

合法性是民事法律行为突出的特征。也就是说，民事法律行为实现的效果不能违背法律和社会公共利益的要求。

（二）民事法律行为的有效条件

1. 实质要件

民法通则第五十五条规定，民事法律行为有效的实质要件有三项：行为人具有相应的民事行为能力；行为人意思表示真实；行为不违反法律和社会公共利益。通常认为，民事法律行为除了上述三要件以外，还需要标的的可能和确定。

2. 形式要件

在大多数情况下，民事法律行为符合实质要件就发生法律效力，但在某些情况下，民事法律行为还需要具备形式要件才能生效。民事法律行为常见的形式有口头形式、书面形式、推定形式、沉默形式等。法律规定用特定形式的，应依照法律的规定。

(1) 口头形式。

即时清结的合同可采用口头形式。但口头合同由于缺乏文字根据，在当事人发生纠纷时难以取证，不易分清责任。

(2) 书面形式。

其包括一般书面形式和特殊书面形式。一般书面形式通常包括合同书、授权委托书、信件、电报电传、电子邮件等；特殊书面形式通常包括公证、鉴证、审核、登记、公告。

(3) 推定形式。

推定形式是指当事人通过有目的、有意义的积极行为将其内心意思表现于外部，使他人可以根据常识、交易习惯或相互间的默契，推知当事人已作某种意思表示，从而使法律行为成立。如租期满后，承租人继续交纳房租，出租人接受之，由此可推知当事人双方做出了延长租期的法律行为。

(4) 沉默形式。

沉默形式指既无语言表示又无行为的消极状态。沉默不是意思表示，不能成立法律行为，只有在法律有特别规定时，当事人的沉默才被赋予一定的表示意义，并产生成立法律行为的效果。如民法通则第六十六条规定：“本人知道他人以本人名义实施民事行为而不作否认表示的，视为同意。”

（三）附条件和附期限的民事法律行为

1. 附条件的法律行为

附条件的法律行为是指将未来发生的或不发生的不确定事实作为民事法律行为效力的条件。所附的条件不能是已经发生的事实，应该是将发生的事实；条件应是不确定的事实，能够准确预料到的不算在内；条件应该是合法的，不能以违法和违反道德的事实为条件，否则被认为是没有附条件；条件应该具有可能性。

条件的种类有：①延缓条件。指民事法律行为的效力只在限制约定的事实出现时才产生。②解除条件。指对民事法律行为效力存续的限制，当该事实出现时，已生效的民事法律行为即时终止。

2. 附期限的法律行为

附期限的法律行为是指当事人以意思表示决定该行为效力开始或终止的时间界限的法律行为。期限与条件是不相同的，任何期限都是确定的、必然要到来的，而条件的成就与否却是不确定的。

期限的种类有：①延缓期限。民事法律行为成立后并未发挥生效力，只要期限到来该行为就会生效。②解除期限。指民事法律行为成立后即时发挥效力，当期限到来时，该行为的效力归于消灭。

（四）无效的和可变更、可撤销的民事行为

1. 无效的民事行为

无效的民事行为是指不具备民事法律行为的有效条件，不发生预期法律效果的民事行为。无效的民事行为是一种自始无效、当然无效、确定无效和绝对无效的民事行为，从行为开始时就没有法律约束力。无效的民事行为包括：无民事行为能力人实施的民事行为；限制民事行为能力人依法不能独立实施的民事行为；一方以欺诈、胁迫的手段或者乘人之危，使对方在违背真实意思的情况下所为的民事行为；恶意串通，损害国家、集体或第三人利益的民事行为；违反法律或社会公共利益的民事行为；以合法形式掩盖非法目的的民事行为。

《中华人民共和国合同法》缩小了无效的范围，规定一方以欺诈、胁迫的手段订立的合同，只有损害了国家利益才无效，对乘人之危订立的合同不认定为无效。同时，增加了无效免责条款规定，即造成对方人身伤害和因故意或者重大过失造成对方财产损失的免责条款无效。

2. 可变更、可撤销的民事行为

可变更、可撤销的民事行为是指行为人的意思与表示不一致及意思表示不自由，导致非真实意思表示，法律赋予表意人变更、撤销权的民事行为。可变更、可撤销的民事行为包括：因重大误解的民事行为；显失公平的民事行为；一方以欺诈、胁迫的手段或者乘人之危，使对方在违背真实意思的情况下签订的未损害国家利益的合同行为。

3. 民事行为的部分无效或变更

如果一项民事行为中，内容存在的缺陷、无效或可变更撤销只是局部的，而对于并不存在缺陷的其他部分，还可以进行独立的设立、变更或终止的民事法律关系，这部分则仍然属于有效部分。民法通则规定，民事行为部分无效，不影响其他部分效力的，其他部分仍然有效。

4. 民事行为被确认无效或被撤销的法律后果

民事行为被确认为无效或被撤销后，从行为开始时就不发生法律效力。无效或被撤销的民事行为发生如下法律后果：①返还财产。当事人因该行为取得的财产应返还给受损失的一方。②赔偿损失。有过错的一方应向无过错的一方赔偿因确认行为无效或撤销而产生的损失。双方都有错的，各自负担自己应承担的责任。③其他法律后果。如果当事人双方恶意串通，实施的民事行为损害了国家、集体或第三人的利益时，必须追缴双方所获得的财产，收归国家、集体所有或者返还给第三人。

（五）代理

1. 代理的概念、范围和类型

代理是指代理人在代理权限内，以被代理人的名义实施的民事法律行为，由此产生的法律后果由被代理人承担。被代理人对代理人的代理行为承担民事责任。

可以代理的行为很广泛，无论是自然人还是法人，都可以通过代理人的代理活动实施民事法律行为。如：订立各种合同、代办房屋产权登记、法人登记、商标注册等行政行为；代为进行税务登记、交纳税款等财政行为；代理进行民事诉讼的诉讼行为等。

以下民事行为不能代理：具有人身性质的行为，如立遗嘱、婚姻登记、收养子女等；法律规定或者双方当事人约定应当由特定人亲自进行的行为；内容违法的民事行为。

根据代理权产生的根据不同，代理可分为：

（1）委托代理。

委托代理是按照被代理人的委托行使代理权的代理。委托代理可以用书面形式，也可以用口头形式，但法律规定用书面形式的，应当用书面形式。授权委托书是产生委托代理的法律依据，内容要明确，写明代理人的姓名或名称，所代理的事项、权限和时间等，并由委托人签名或盖章，委托书即生效。

(2) 法定代理。

法定代理是代理人依照法律的规定行使代理权的代理。这是一种由法律根据一定的社会关系的存在而设立的代理，如监护人代理被监护人进行的各种民事活动。

(3) 指定代理。

指定代理是代理人按照人民法院或者指定单位的指定行使代理权的代理。

2. 代理关系中的民事责任

一般来说，代理人以被代理人的名义进行民事活动，行为后果一概由被代理人承担。但是，在代理活动中，也可能出现一些应当由代理人承担民事责任的情形。例如，代理人未履行代理职责，致使被代理人的利益遭到损害的，代理人要负赔偿责任；代理人不顾被代理人的利益，串通第三者为自己牟利，致使被代理人的利益遭到损害的，则由代理人和第三者负连带责任。

3. 代理权的终止

(1) 委托代理终止情形。

委托代理终止的情形有：代理期满或者代理事务完成；被代理人取消委托或者代理人辞去委托；代理人死亡；代理人丧失民事行为能力；作为被代理人或者代理人的法人终止。

(2) 法定代理或指定代理终止情形。

法定代理或指定代理终止的情形有：被代理人取得或者恢复民事行为能力；被代理人或代理人死亡；代理人丧失民事行为能力；指定代理的人民法院或者指定单位取消指定；由其他原因引起的被代理人和代理人之间的监护关系消灭。

三、民事权利制度

民事权利是民事法律规定或确认的民事主体的权利。权利人可以在法定范围内享有某种权益或实施一定的行为，也可以请求义务人为一定行为或不为一定的行为。

民事权利根据其性质、内容与作用，可以按不同的标准作不同的分类。以民事权利所体现的利益的性质为标准，可分为人身权、财产权、知识产权和继承权等。人身权以人身利益为内容；财产权以财产利益为内容，如物权、债权、继承权（继承权就其内容来看属于财产权，通常继承权是基于身份而取得的）；知识产权具有财产权与人身权双重性质，本书单设一章介绍。

（一）人身权

1. 人身权的概念和特征

人身权是指法律赋予民事主体的，与其人身不可分离亦不可转让的，没有直接财产内容的法定的民事权利。人身权具有以下法律特征：

（1）人身权是民事主体固有的民事权利。

具体体现在人身权的固有性、客观性和专属性。人身权与特定的人身紧密联系，不可分离，不能以任何方式转让、出售、继承或赠与。

（2）人身权是没有直接的财产内容的民事权利。

人身权是一种非财产的权利，人身权以人的生命、健康、自由、肖像、名誉等为客体，本身没有经济内容（经济价值），它不以满足人们的物质利益需要为宗旨，追求的是“人”（包括法律上拟制的人，如法人和非法人集合体、组织、团体等无生命之“人”）的精神需要的满足。

（3）人身权虽无直接财产内容但又与财产权紧密联系。

表现在人身权的确认和享有的前提和条件是有某种财产权利的存在；特别是企业法人的名称权，同时就具有财产权的内容。当人身权受到伤害时，相应的财产权往往也会受到伤害。对人身权的伤害虽然只是非财产性的，但依法可能会引出财产性的赔偿问题。

2. 人身权的分类

根据人身所依据的社会关系，一般将人身权分为人格权和身份权。

（1）人格权。

人格权是指民事主体依法固有的、为维护自身人格所必需的、以人格利益为客体的权利。人格权的范围非常广泛，在学理上通常将人格权的内容概括为人格独立、人格自由、人格平等和人格尊严四个方面。

人格权具体包括：

① 生命权。生命权是以自然人的生命安全的利益为内容的权利，是自然人维持生命和维护生命的权利，是自然人得以成为“人”的最基本的人格权，有别于身体权、健康权等。

② 身体权。身体权是指自然人保持其身体组织完整并支配其肢体、器官和其他身体组织的权利。身体权区别于其他人格权的特征在于，它以身体及其利益为客体，在内容上表现为：第一，保持身体组织的完整性，禁止他人的不法侵害；第二，支配其身体组织，包括肢体、器官、血液等；第三，损害赔偿请求权。

③ 健康权。健康权是指自然人保持身体机能正常和维护健康利益的权利。健康以身体为物质载体，破坏身体完整性，通常会导致对健康的损害，如伤害自然人的肢体。

④ 姓名权与名称权。姓名权是自然人决定、使用和依照规定改变自己姓名的权利，包括姓名决定权、姓名使用权、姓名改变权。名称权是指自然人以外的其他民事主体依法享有的决定、使用、改变、转让自己的名称并排除他人非法干涉的一种人格权。名称权属于具有直接财产利益的人格权，这主要表现在商业名称上。比如一些效益好、信誉高的名牌企业，其名称就具有较高的经济价值。

⑤ 肖像权。肖像权是指自然人对自己的肖像享有再现、使用并排斥他人侵害的权利。肖像权就是自然人所享有的对自己的肖像上所体现的人格利益为内容的一种人格权。肖像上所体现的人格利益包括精神利益和物质利益两部分。

⑥ 名誉权。名誉权是指民事主体就自己获得的社会评价享有利益并排除他人侵害的权利。与其他人格权相比，名誉权具有如下法律特征：名誉权的主体包括所有民事主体；名誉权的客体是名誉利益；名誉权不具有财产性，但与财产利益有关系。

⑦ 隐私权。隐私权是指自然人享有的私人生活安宁与私人信息和活动，依法受到保护，不受他人侵扰、知悉、使用、披露和公开的权利。

⑧ 自由权。一般意义的自由权实际上包括两部分：一是政治自由权，它在我国宪法中有明确的规定，包括通常所说的言论、出版、结社、集会、游行、示威自由以及宗教信仰自由等；二是民事自由权，它主要是通过作为基本法律的民法予以具体规定，属于私法上的权利，包括婚姻自由、契约自由、人身自由等。

⑨ 婚姻自主权。婚姻自主权是指自然人依照法律规定，自己作主决定其婚姻的缔结和解除，不受其他任何人强迫或干涉的人格权。

⑵ 身份权。

身份权是民事主体基于某种特定的身份而依法享有的一种民事权利。具体讲，是民事主体因一定的资格、地位或从事某种活动的结果而发生的，为维护民事主体的特定身份所必需的人身权。身份权与人格权一起共同构成了人身权法律体系。这两种人身权有相同之处，也有明显的区别。相同之处：都为专属权、支配权，都不具有直接的财产性。不同之处：法律作用不同；是否为民事主体固有的民事权利不同；是否是民事主体的必备权利不同；权利客体不同。身份权包括亲权、亲属权、配偶权、监护权、荣誉权和财产继承权等。此外，身份权还包括知识产权中的身份权利，如发明权、发现权、专利权、著作权、商标权等。

① 亲权。亲权是父母对未成年子女的人身和财产的管教、保护的权利（也可以说义务）。亲权是基于父母身份而取得的一种身份权，父母身份丧失会带来亲权的丧失；亲权的权利义务具有统一性；亲权具有专属性；亲权是为了保护未成年子女利益而设定的权利；亲权具有绝对性和支配性。

② 亲属权。亲属权是指民事主体因血缘、收养等关系产生的特定身份而享有的民事权利。亲属有广义和狭义之分，广义的亲属包括血亲、配偶和姻亲，狭义的亲属不包括配偶关系，仅指血亲和姻亲。

③ 配偶权。配偶权是夫妻之间相互享有的身份权。

④ 监护权。监护权是指公民取得监护人资格而依法享有的权利。

⑤ 荣誉权。荣誉权是指自然人、法人或其他团体获得、保持、利用荣誉并享有其所生利益的权利。荣誉在汉语中的含义是指光荣的名誉，即荣誉是一种正面的、积极的名誉。由此可知，荣誉与名誉一样，是社会对自然人、法人的一种评价。但荣誉又不同于名誉，它不是与生俱有的，须符合特定的条件才能获得，也可以依照一定的程序予以取消；而名誉则无法取消。

（二）物权

1. 物权的概念、特征和分类

我国物权法所称物权，是指权利人依法对特定的物享有直接支配和排他的权利，包括所有权、用益物权和担保物权。

物权具有以下法律特征：

(1) 物权是支配权。

物权是权利人直接支配的权利，物权人可以依自己的意志就标的物直接行使权利，无须他人的意思或义务人的行为的介入。

(2) 物权是绝对权。

物权的权利人是特定的，义务人是不特定的，且义务内容是不作为，即只要不侵犯物权人行使权利就履行义务，所以物权是一种绝对权。

(3) 物权是财产权。

物权是一种具有物质内容的、直接体现为财产利益的权利，财产利益包括对物的利用、物的归属和就物的价值设立的担保。

(4) 物权的客体是物。

(5) 物权具有排他性。

首先，物权的权利人可以对抗一切不特定的人，所以物权是一种对世权；其次，同一物上不许有内容不相容的物权并存（最典型的就是一个物上不可以有两个所有权，但可以同时有一个所有权和几个抵押权并存），即“一物一权”。

我国物权法把物权分为三类：所有权、用益物权、担保物权。

2. 所有权

(1) 所有权的含义。

所有权是指所有人依法可以对物进行占有、使用、收益和处分的权利。物权法把所有权分为国家所有权、集体所有权、个人所有权和其他主体所有权四种。所有权的绝对性、排他性和永久性的权利体现在物权法第三十九、四十条中：“所有权人对自己的不动产或者动产，依法享有占有、使用、收益和处分的权利。”“所有权人有权在自己的不动产或者动产上设立用益物权和担保物权。用益物权人、担保物权人行使权利，不得损害所有权人的权益。”

(2) 所有权的取得方式。

所有权的取得方式有两种，即原始取得和继受取得。原始取得是民事主体根据法律规定首次取得所有权或不以原所有权人的权利和意志为根据取得物的所有权。生产、孳息、没收、添附等均导致原始取得的发生。继受取得又称传来取得，是指民事主体根据原所有权人的意愿接受所有权转移而取得物的所有权。通过买卖、赠与、继承等法律事实的发生取得所有权的方式均是继受取得。在所有权继受取得中，所有权转移的时间是一个非常重要的问题，它不仅表示新所有权人自何时诞生，同时也表明标的物意外毁损灭失风险转移的时间。物权法规定，“不动产物权的设立、变更、转让和消灭，经依法登记，发生效力；未经登记，不发生效力。”“动产物权的设立和转让，自交付时发生效力，但法律另有规定的除外。”“船舶、航空器和机动车等物权的设立、变更、转让和消灭，未经登记，不得对抗善意第三人。”

(3) 所有权的取得的特别规定。

①善意取得制度。善意取得是指无处分权人将不动产或者动产转让给受让人，如果受让人取得该财产是出于善意，可以依据法律的规定取得该财产的所有权或其他物权，原所有人不得要求受让人返还。也可将善意取得概括为：如果第三人对前手交易的瑕疵不知情或者不应知情时，其对标的物的取得即不受原权利人的追夺。在物权法上，除所有权（动产所有权、不动产所有权）可以适用善意取得外，动产质权、留置权也可以适用善意取得。我国物权法第一百零六条规定了适用善意取得必须具备的三个条件：一是受让人受让该不动产或者动产时是善意的；二是以合理的价格转让； 三是转让的不动产或者动产依照法律规定应当登记的已经登记，不需要登记的已经交付给受让人。善意取得制度建立的目的在于保护占有或登记的公信力，保护财产交易安全，维护商品交易的正常秩序，促进市场经济的有序发展。

②遗失物拾得制度。对该项制度，物权法在民法通则的基础上，更加详尽地规定了拾得人的权利与义务。拾得人拾得遗失物，应当返还权利人。一方面，拾得人有及时通知权利人领取，或者送交公安等有关部门，妥善保管遗失物，返还遗失物及其孳息的义务。另一方面，拾得人也有遗失物必要费用请求权，要求权利人按承诺履行义务的权利和在权利人拒绝履行义务时依法行使的留置权。但拾得人侵占遗失物的，无权请求保管遗失物等支出的费用，也无权请求权利人按照承诺履行义务。此外，物权法第九章还规定：遗失物自发布招领公告之日起六个月内无人认领的，归国家所有；拾得漂流物、发现埋藏物或者隐藏物的，参照拾得遗失物的有关规定。文物保护法等法律另有规定的，依照其规定。一旦发生拾得遗失物被拾得人转让给他人的情况，物权法第一百零七条规定，遗失人有权追回遗失物。该遗失物通过转让被他人占有的，遗失人有权向无处分权人请求损害赔偿，或者自知道或者应当知道受让人之日起两年内向受让人请求返还原物，但受让人通过拍卖或者向具

有经营资格的经营者购得该遗失物的，遗失人请求返还原物时应当支付受让人所付的费用。遗失人向受让人支付所付费用后，有权向无处分权人追偿。

(4) 共有。

共有是所有权的特殊状态。共有是指同一财产属于两个或两个以上的公民或法人所有的权利。共有权分为按份共有和共同共有两种：按份共有是指对共有财产按各自的份额分担义务和分享权利；共同共有是指两个以上的所有人对全部共有财产平等地分担义务和分享权利。按份共有人在将自己的份额分出或转让时，不得损害其他共有人的利益，在同等条件下，其他共有人有优先购买的权利。

(5) 相邻权。

相邻权基于相邻关系而产生的一种权利。相邻关系简单地讲，就是不动产的相邻各方因行使所有权或使用权而发生的权利义务关系。在日常生活中，邻里之间因为盖房影响采光、日照的情况；因用水、排水、通行、铺设管线等利用相邻不动产的情况经常出现；民法通则和物权法均明确规定了处理相邻关系的原则：不动产的相邻权利人应当按照有利生产、方便生活、团结互助、公平合理的原则，正确处理相邻关系，为相邻各方解决纠纷和获得救济提供了法律依据。此外，物权法还作出了当“法律、法规没有规定时，可以按照当地习惯处理相邻关系”的规定。不动产权利人应当尽量避免对相邻的不动产权利人造成损害；造成损害的，应当给予补偿。

3. 用益物权

用益物权是用益物权人对他人所有的不动产或者动产，依法享有占有、使用和收益的权利。与财产所有权、担保物权相比较，用益物权具有其独特性：是他物权、限制物权和有期限物权；主要以不动产为标的；其成立和实现以占有他人之物为前提；用益物权为独立物权。

我国物权法规定了五种常见的用益物权：

(1) 土地承包经营权。

土地承包经营权是指农业生产经营者为种植、养殖、畜牧等目的，对其依法承包的土地享有的占有、使用、收益的权利。

土地承包经营权自土地承包经营权合同生效时设立；土地承包经营权人将土地承包经营权互换、转让，当事人要求登记的，应当向县级以上地方人民政府申请土地承包经营权变更登记；未经登记，不得对抗善意第三人。耕地的承包期为 30 年，草地的承包期为 30 年至 50 年，林地的承包期为 30 年至 70 年，特殊林木的林地承包期经国务院林业行政主管部门批准可以延长；承包期内发包人不得收回承包地，除非法律另有规定；承包期内发包人不得调整承包地，因自然灾害严重毁损承包地等特殊情形，需要适当调整承包耕地和草地的，应当依照农村土地承包法等法律规定办理。

(2) 建设用地使用权。

建设用地使用权是指土地使用权人为营造建筑物或者其他工作物而使用国有土地的权利。建设用地使用权人依法对国家所有的土地享有占有、使用和收益的权利，有权利用该土地建造建筑物、构筑物及其附属设施。

建设用地使用权可以通过出让、划拨、转让和自动续期四种方式取得。建设用地使用权可以分层设立，可以在土地的地表、地上或者地下分别设立。新设立的建设用地使用权不得损害已设立的用益物权。

(3) 宅基地使用权。

宅基地使用权是指农民为了建造住宅及其设施而占有和使用集体所有的土地的权利。宅基地是农民集体无偿分配给农户住宅用地。宅基地使用权的取得、行使和转让，适用土地管理法等法律和国家有关规定。按现行土地法律，宅基地使用权人无权自由转让宅基地使用权。

宅基地使用权人依法对集体所有的土地享有占有和使用的权利，有权依法利用该土地建造住宅及其附属设施；宅基地因自然灾害等原因灭失的，宅基地使用权消灭，对失去宅基地的村民，应当重新分配宅基地；已经登记的宅基地使用权转让或者消灭的，应当及时办理变更登记或者注销登记。

(4) 地役权。

地役权是指地役权人按照合同约定，利用他人的不动产，以提高自己的不动产的效益的权利。如承包经营养殖、耕作、运输、排灌挖渠等，必然产生地役关系。地役权的设立是一种权利的行使，是权利人以不动产的使用价值换取交换价值的一种获得经济利益的自愿行为。地役权成为独立的他物权，突破了我国民法通则以往一概通过相邻关系来处理有关问题的做法。如甲厂原有东门可以出入，后想借用乙厂的道路通过而开西门。甲厂与乙厂约定，甲厂向乙厂适当支付使用费，乙厂允许甲厂人员通行。这时甲厂即取得地役权。

(5) 自然资源使用权。

主要包括海域使用权、探矿权、采矿权、取水权、养殖权。这些用益物权均适用《海域使用权管理规定》、矿产资源法、野生动物保护法、水法等特别法的规定，特别法没有规定的，适用物权法。

4. 担保物权

(1) 担保物权的概念。

担保物权是以担保债务的清偿为目的，以债务或者第三人的特定物或权利设定的他物权。“担保物权人在债务人不履行到期债务或者发生当事人约定的实现担保物权的情形，依法享有就担保财产优先受偿的权利，但法律另有规定的除外。”

(2) 担保物权的特征。

担保物权的特征主要有从属性、变价性和优先性。

从属性。担保物权以主债权的存在或者将来存在而存在，若主债权不存在，担保物权也不成立期待性，债务人如果履行了债务，担保物权就自动消灭。在债务履行期没到来之前，担保物权不能实现，只有债务到期而债务人不能履行债务时，才能实现担保物权。

变价性。债务人不能到期履行债务时，担保物权人有权请求拍卖、变卖担保财产或将担保财产折价抵偿。

优先性。对于担保财产，担保人有权比一般的债权人优先受偿。

(3) 担保物权的分类。

提保物权主要分为抵押权、质权、留置三类。

抵押权。抵押权是指抵押权人对由抵押人（债务人或第三人）占有的财产的变价处分权或优先受偿权。

质权。质权是指质权人占有质押人（债务人或第三人）的动产或者让与的财产凭证并对该财产拥有变价处分权和优先受偿权。质权又分为动产质权和权利质权。

留置权。留置权是一种特殊的担保权，发生在债权人已经合法地占有债务人的动产的场合，这些场合形成于债权人与债务人特定的债权债务关系。

（三）债　权

1. 债的概念和法律特征

民法意义上的债是指特定当事人之间的一种民事法律关系。在这种民事法律关系中，一方享有请求他方为一定行为或不为一定行为的权利，而他方负有为一定行为或不为一定行为的义务，享有权利的人称为债权人，承担义务的人为债务人。债的特征：

(1) 债为特定当事人之间的民事法律关系；债的主体不论是权利主体还是义务主体都只能是特定的，也就是说，债权人只能向特定的债务人主张权利。

(2) 债是以特定行为（给付）为客体的民事法律关系。

债作为一种特定人之间的法律关系，以当事人之间请求为特定行为内容，因而债是以请求权为特征的一种法律关系。

(3) 债是以请求债务人给付为内容的民事法律关系。

在债的关系中，债权人有权请求债务人为给付，无权支配债务人的人身、行为，因而债以请求债务人给付为内容。

(4) 债是能够用货币衡量评价的财产法律关系。

债的关系所包含的债权、债务，都能用货币衡量评价，故债是财产法律关系。这一特征把债同人身权区别开来，后者不可用货币衡量评价。

2. 债的发生原因

债的发生意味着新的法律关系的产生，所以债的产生须依据一定的法律事实。

债的发生原因是指引起债产生的法律事实，又称债的发生根据。它包括以下几种：

(1) 合同。

合同是产生债最常见、最重要的原因。

(2) 缔约上的过失。

这是指当事人在缔约过程中具有过失，从而导致合同不成立、无效、被撤销或不被追认，使他方当事人受到损害的情况，由此产生了缔约上的过失责任。该责任成立，使过错的一方负有向受害的一方赔偿的义务，受害的一方享有请求过失的一方赔偿的权利，形成债的关系。

(3) 单方法律行为。

其又称单务约束，是指表意人向相对人做出的为自己设定某种义务，使相对人取得某种权利的意思表示。它之所以可以引起债的关系的发生，在于依当事人意思自治原则，当事人可基于某种物质或精神上的需要，为自己设定单方义务，同时放弃对于相对人给付对价的请求。遗赠、设定幸运奖，均为单方允诺的例证。

(4) 侵权行为。

侵权行为是指行为人不法侵害他人的财产权利或人身权利的行为。侵权行为一旦发生，也能在特定的当事人间产生权利义务关系，即受害人有要求加害人赔偿损失的权利，加害人有应受害人要求赔偿损失的义务。

(5) 不当得利。

凡是没有法律或合同上的根据，基于造成他人损害而取得的利益为不当得利。依法律规定，取得不当利益的一方当事人应将其所取得的利益返还给受损失的一方，受损失一方当事人有权请求取得利益的一方返还其不当得到的利益。因此，不当得利为债的发生原因，基于不当得利而产生的债称为不当得利之债。

(6) 无因管理。

这是指没有法律上或合同上的义务，为避免他人利益遭受损失，自愿为他人管理事务或财物的行为。在无因管理发生后，管理人和受益人之间产生债的法律关系，管理人是债权人，受益人是债务人，他负有向管理人偿还该项管理费用的义务。

(7) 其他原因。

其他的法律事实也会引起债的发生。例如，拾得遗失物会在拾得人与遗失物的所有人之间产生债权债务关系；因防止、制止他人合法权益受侵害而实施救助行为，会在因实施行为受损害的受损人与受益人间产生债权债务关系；因遗赠会在受赠人与遗嘱执行人间产生债权债务关系。

3. 债的担保

债的担保是督促债务人履行债务，保障债权得以实现的法律措施。债的担保主要有以下几种：①人保，即人的担保，也称保证。②物保，即物的担保，是指以债务人或其他人的特定财产作为抵偿债务的标的，在债务人不履行债务时，债权人可以将该财产换价，并从中优先受清偿。其方式主要有抵押、质押、留置。③金钱的担保，是指在债务以外交付一定数额的金钱，该金钱的得失与债务是否履行联系在一起，从而促使当事人积极履行债务，保障债权实现的制度。其方式主要有定金。各种形式的担保方式有相应的法律规定。

(1) 保证。

保证是指保证人和债权人约定，当债务人不履行债务时，保证人按照约定履行债务，承担责任的行为。保证合同是一种从属于主合同的担保合同，必须以书面约定为凭证。国家机关、学校、医院等不得为保证人。

(2) 抵押。

抵押是指债务人或第三人不转移对财产的占有，将财产作为债权的担保。债务人不履行债务时，债权人有权依法以该财产折价或者以拍卖、变卖该财产的价款优先受偿。提供财产的一方称为抵押人，接受抵押财产的一方称为抵押权人。

我国担保法第三十四条规定了可以用来抵押的财产的范围，具体包括：抵押人所有的房屋和其他地上定着物；抵押人所有的机器、交通运输工具和其他财产；抵押人依法有权处分的国有土地使用权、房屋和其他地上定着物；抵押人依法有权处分的国有机器、交通运输工具和其他财产；抵押人依法承包并经发包方同意抵押的荒山、荒丘、荒滩等荒地的土地使用权；依法可以抵押的其他财产。

应当注意的是，农村的房产、城市的公房、个人购买的不完全产权住房、用银行住房贷款购买的住房、产权有争议的房产与已被列为拆迁范围的房产，被依法查封、扣押、监管的或其他形式限制的房产等不能用作国家助学贷款的担保抵押物。

(3) 质押。

质押是指债务人或第三人将其动产或权利的凭证移交债权人占有，将该动产或者权利作为债权的担保。债务人不履行债务时，债权人有权以该动产或权利折价或者以拍卖、变卖该动产或权利的价款优先受偿。

(4) 留置。

留置是指合同的一方当事人由于对方不履行合同义务，对已经占有的对方财产采取的扣留处置措施。扣留期限届满，对方当事人仍不履行合同义务时，留置人有权依法变卖扣留的财产，并从价款中优先得到清偿。

(5) 定金。

定金是为确保合同履行方向对方支付的货币。给付定金的一方不履行合同的，无权请求返还定金；接受定金的一方不履行合同的，应当双倍返还定金。定金的数额由当事人约定，但不得超过主合同标的额的 20%。

四、合同制度

合同是平等主体的自然人、法人、其他组织之间设立、变更、终止民事权利义务关系的协议。在各种民事活动中，因合同行为而发生的债权债务关系是最普遍也是最大量的。

（一）合同的订立和一般条款

1. 合同的订立

合同的订立是当事人相互作出意思表示并就合同条款达成一致的过程。这一过程分为要约和承诺两个阶段。

（1）要约。

要约是希望和他人订立合同的意思表示。商业贸易中常称为发盘。发出要约的当事人为要约人，受领要约的当事人为受要约人（简称受约人）。要约的内容必须具体、确定，否则可能只是要约邀请。要约到达受约人时生效，生效的要约具有法律约束力。

（2）承诺。

承诺是受要约人无条件同意要约的意思表示。商业贸易中又称为接盘。承诺的内容应当与要约的内容一致，不得对要约内容进行实质性更改，否则，视为拒绝原要约并构成新要约。承诺到达要约人时生效。承诺生效，表明双方当事人意思表示一致，合同即告成立。

合同的订立需要借助一定的形式。合同形式是当事人意思表示的外部表现形式，它是当事人意思的外化，是合同内容的载体。按我国合同法，合同的形式通常有口头、书面、推定和沉默形式四种。

2. 合同的一般条款

合同的内容由当事人协商确定，一个合同要做到具体明确，一般应包括以下条款：

（1）当事人的名称或者姓名和住所。

当事人是合同的主体，合同中如果不写明当事人，就无法确定权利义务的承担者，发生纠纷时也难以解决。

（2）标的。

标的是合同当事人权利义务指向的对象。没有标的，合同关系无法建立。因而标的是一切合同的必备条款。标的的种类可以多种多样，既包括各种有形财产和无形财产，也包括劳务和工作成果等。

(3) 数量。

此处数量是指标的的数量，它直接决定合同权利义务的大小。数量的计量单位要明确、具体，要选择使用共同接受的计量单位、计量方法和计量工具。

(4) 质量。

质量是标的的具体化，包括品种、规格、型号、等级、性能、效用、工艺等。合同中对标的的质量应尽可能规定准确、细致，有强制标准的，应按强制标准执行。

(5) 价款或报酬。

价款或报酬是合同标的的价值在法律上的表现。价款是取得标的的一方给他方的对价，报酬是一方给予他方完成某项工作或提供某项服务的报偿。合同中可以直接写明价款或报酬的数额，也可以只写明价款或报酬的计算方法。

(6) 履行期限、地点和方式。

履行期限指履行合同义务的时间界限；履行地点指履行合同义务的地点，履行地点关系到合同费用的负担及合同纠纷案件的法院管辖等，应做到明确、具体；履行方式指履行合同义务的方式，按履行期限，可分为一次履行或分期履行，按标的的交付方式，可分为送货式、邮寄式、代办托运、购货方自提等。

(7) 违约责任。

违约责任是当事人为了保证合同的履行，依照法律或双方的约定，当出现违反合同情况时，违约方应承担的责任。违约责任主要有继续履行、采取补救措施和赔偿损失三种方式。

(8) 解决争议的方法。

解决争议的方法指合同争议的解决途径，对合同条款发生争议时的解释及法律适用等。解决争议的主要途径有：双方协商和解、第三人调解、仲裁、诉讼。尤其是合同当事人决定采用仲裁方式解决纠纷时，一定要在合同中约定仲裁条款或另行签订仲裁协议。另外，争议的解决方法条款具有独立性，即使合同被撤销或宣布无效，解决争议的条款仍然有效。

(二) 合同的履行

1. 合同的履行原则

合同的履行是指当事人各方按照合同的约定全面履行自己所承担义务的行为。当事人签订合同就是为了履行合同，因此合同的履行是合同法的核心。当事人各方在履行合同时应遵守下列原则：全面履行原则、诚信履行原则、适当履行原则。

2. 合同有关条款不明确时的履行方法

合同有关条款不能确定，当事人又不能通过协商达成补充协议时，按以下规定履行：

⑴ 质量要求不明确的，按国家标准、行业标准履行；没有国家标准、行业标准的，按通常标准或符合合同目的的特定标准履行。

⑵ 价款或报酬不明确的，按照订立合同时履行地的市场价格履行；依法应执行政府定价或政府指导价的，按规定履行。

⑶ 履行地点不明确的，给付货币的，在接受货币一方所在地履行；交付不动产的，在不动产所在地履行；其他标的，在履行义务一方所在地履行。

⑷ 履行期限不明确的，债务人可以随时履行，债权人也可以随时要求履行，但应当给对方必要的准备时间。

⑸ 履行方式不明确的，按照有利于实现合同目的的方式履行。

⑹ 履行费用负担不明确的，由履行义务一方负担。

3. 双务合同履行中的抗辩权

双务合同履行中的抗辩权，是在符合法定条件时，当事人一方对抗对方当事人的履行请求权，暂时拒绝履行其债务的权利。它包括同时履行抗辩权、后履行抗辩权和不安抗辩权。

⑴ 同时履行抗辩权。

在履行没有约定先后履行顺序的合同时，当事人一方在对方履行以前，有权拒绝其履行要求。同时履行抗辩权的适用条件是：基于同一双务合同；合同未约定履行的先后顺序；对方当事人未履行债务或未按照约定正确履行债务；对方当事人履行债务是可能的。

⑵ 不安抗辩权。

双务合同成立后，应当先履行的当事人有证据证明后履行方将不履行合同义务或有不履行合同义务的可能时，有权中止履行合同义务。按合同法的规定，应当先履行义务的当事人有确切证据证明对方有下列情况之一的，可以中止履行义务：①经营状况严重恶化；②转移财产、抽逃资金以逃避债务；③丧失商业信誉；④有丧失或者可能丧失履行债务能力的其他情形。当事人中止履行，应当及时通知对方，对方提供适当担保时，应当恢复履行。

⑶ 后履行抗辩权。

双方合同中应当先履行的一方当事人未履行或者不适当履行义务，后履行的一方当事人有权拒绝其相应的履行要求。

（三）合同的变更和转让

1. 合同的变更

合同的变更是指在合同有效成立后，合同当事人不变，仅合同的内容发生变化的情形。

合同的变更程序就是双方当事人对合同的变更协商一致。合同的变更原则上向将来发生法律效力，未变更的权利义务继续有效，已经履行的债务不因合同的变更而失去法律依据。合同的变更不影响当事人要求赔偿的权利。

2. 合同的转让

合同的转让是指合同的内容不变，由合同当事人一方依法将其合同的权利或义务全部或部分转让给第三人的行为。合同转让包括三种情形：

(1) 合同权利的转让。

债权人可以将合同的全部或部分权利转让给第三人，但根据合同性质、当事人约定、法律规定不得转让的除外。合同权利的转让适用以下法律规定：债权人转让权利的，应当通知债务人，未经通知，该转让对债务人不发生效力；债权人转让权利的，受让人取得与债权有关的从权利，但该从权利专属于债权人自身的除外；债务人接到债权转让通知后，债务人对让与人的抗辩可以向受让人主张；债务人接到债权转让的通知时，债务人对让与人享有债权，并且债务人的债权先于转让的债权到期或同时到期，债务人可以向受让人主张抵消。

(2) 合同义务的转移。

合同债务人经债权人同意可以将合同的全部或部分义务转移给第三人。合同义务的转移适用以下法律规定：债务人转移义务的，新债务人可以主张原债务对债权人的抗辩；债务人转移义务的，新债务人应当承担与主债务有关的从债务，但该从债务专属于原债务人自身的除外。

(3) 合同权利和义务的一并转让。

当事人一方经对方同意，可以将自己在合同中的权利和义务一并转让给第三人。合同权利和义务的一并转让适用合同权利转让及合同义务转移的相关法律规定。

（四）合同的终止

合同的终止是指依法生效的合同因具备法定或约定情形，合同债权、债务归于消灭，债权人不再享有合同权利，债务人也不必再履行合同义务。当出现以下情形之一时，合同终止：

1. 债务已经按约定履行

这是合同终止最常见、最主要的形式。

2. 合同解除

合同解除的原因有两种，一是约定解除，即当事人协商一致，解除合同；二是法定解除，即当出现法定的解除合同的情形时，合同解除。合同解除的法定情形大致有：出现不可抗力致使合同目的不能实现；在履行期限届满前，当事人一方明确表示或以自己的行为表示将不履行主要债务；当事人一方迟延履行主要债务，经催告后在合理期限内仍未履行；当事人一方迟延履行债务或有其他违约行为致使合同目的不能实现；法律规定的其他情形。

3. 债务相互抵消

当事人互负到期债务，该债务的标的物种类、品质相同的，任何一方可以主张将自己的债务与对方的债务抵消；标的物种类、品质不相同的，经双方协商一致，也可以抵消。

4. 债务人依法将标的物提存

提存是指由于债权人的原因而使债务人无法向其履行债务，债务人将债的标的物提交给提存机关而消灭债务的一种制度。按合同法的规定，有下列情形之一，债务人可以将标的物提存：债权人无正当理由拒绝受领；债权人下落不明；债权人死亡未确定继承人或债权人丧失民事行为能力未确定监护人；法律规定的其他情形。标的物提存后，毁损、灭失的风险由债权人承担。提存期间，标的物的孳息归债权人所有。提存费用由债权人负担。债权人领取提存物的权利自提存之日起 5 年内不行使而消灭，提存物扣除提存费用后归国家所有。

5. 债权人免除债务

债权人放弃自己的债权，免除债务人的全部或部分债务而使合同终止。

6. 债权债务同归于一人

债权债务同归于一人，又称作混同。例如，债权人和债务人双方合并成为一个新企业，债权人的债权和债务人的债务同时被第三人继承等。债权债务同归于一人，当然导致合同关系消灭。

7. 其他情形

依据法律的规定或当事人的约定。

五、民事责任制度

民事责任是指民事主体因违反合同或者不履行其他民事义务所应承担的民事法律后果。它具有强制性、财产性、补偿性等特征。

（一）确认民事责任的原则

1. 过错责任原则

这是指以行为人的过错作为归责的根据和最终要件，行为人主观上具有故意或过失才承担民事责任的原则。民法通则第一百零六条关于“公民、法人由于过错侵害国家的、集体的财产，侵害他人财产、人身的，应当承担民事责任”的规定体现了过错责任原则，即凡是行为人在主观上有过错的，都应当承担民事责任。

2. 无过错责任原则

这是指不论行为人主观上是否有过错，只要其行为与损害后果之间存在因果关系，就应承担民事责任的归责原则。

3. 过错推定责任原则

这是指只要受害人能够证明所受损害是加害人的行为或者物件所致，就推定加害人存在过错并应当承担民事责任的原则。加害人不能通过简单地证明自己没有过错而免责，只有证明存在法定的抗辩事由，才能证明自己没有过错。

4. 公平责任原则

公平责任原则又称衡平责任原则，指在当事人双方对损害的发生均无过错，法律又无特别规定适用无过错责任原则时，由法院根据公平观念，责令加害人对受害人的财产损害给予适当的补偿，由当事人合理地分担损失的一种归责原则。例如，民法通则第一百三十二条规定："当事人对造成损害都没有过错的，可以根据实际情况，由当事人分担民事责任。"

（二）免除民事责任的条件

由于存在法律规定事由，行为人对其不能履行合同或者造成他人损害可以免除民事责任。免除民事责任的条件主要有：

1. 不可抗力

这是指不能预见、不能避免且不能克服的客观情况。因不可抗力造成他人损害的，一般不承担民事责任，但法律另有规定的除外。

2. 正当防卫

这是指为了使国家、公共利益、本人或者他人的人身、财产和其他权利免受正在进行的不法侵害，对实施侵害的人所采取的制止不法侵害的行为。

3. 紧急避险

这是指为了使国家、公共利益、本人或者他人的人身、财产和其他权利免受正在发生的危险，不得已采取的损害较小合法权益以保护较大合法权益的行为。

4. 受害人的故意

这是指受害人对侵权行为的发生或者侵权损害后果的进一步扩大存在故意。

5. 受害人的同意

这是指受害人在侵权行为或者损害后果发生之前自愿作出的自己承担某种损害后果的明确的意思表示。

（三）违约和侵权的民事责任

1. 违约的民事责任

违约的民事责任是指合同当事人违反合同，未履行或未完全履行合同义务，按合同规定应当承担的法律责任。

违约责任的具体表现有：一方不履行或不适当履行合同；延迟履行合同；双方

都违约。

违约责任形式可以有以下几种：继续履行；采取补救措施；赔偿损失；支付违约金。

2. 一般侵权的民事责任

一般侵权的民事责任指民事主体对其一般侵权行为所应承担的民事责任，一般侵权的民事责任适用过错责任归责原则。承担一般侵权民事责任必须具备以下四个要件：

(1) 损害事实。

损害事实是指侵权行为给受害人造成不利的后果。损害事实的发生是确定民事责任的首要条件。根据行为人所侵害的权利人的权利性质和后果，损害可分为财产损害和精神损害。

(2) 行为违法。

行为违法指行为人的行为具有违法性。一个人的行为如果不具有违法性，即使造成损害，不能也不应该承担民事责任。根据我国民法通则第一百零六条的规定，民事违法行为主要有三类：一是违反合同或不履行其他义务；二是侵犯国家、集体的财产；三是侵犯他人的财产和人身权利。

(3) 因果关系。

因果关系是指侵权人实施的违法行为和损害后果之间存在因果上的联系。这种因果关系是行为人对损害事实承担民事责任的必备条件之一。

(4) 主观过错。

主观过错指主观行为人有过错。过错是行为人承担民事责任的主观要件，是当事人实施行为时的主观心理状态，包括故意和过失两种形式。除法律有特别规定外，行为人只有在有过错的情况下，才能对自己行为所造成的损害后果负责。

3. 特殊侵权的民事责任

特殊侵权的民事责任是指行为人只有具备法律规定的特殊条件时才承担的侵权民事责任。特殊的侵权民事责任适用无过错责任、过错推定责任和公平责任归责原则。根据民法通则和相关的法律规定，特殊侵权的民事责任包括：

(1) 国家机关及国家机关工作人员的职务侵权行为。

该职务侵权行为为典型的无过错责任，只要国家机关和国家机关工作人员的行为侵害公民的合法权益，国家机关就必须承担侵权责任。

(2) 产品缺陷致人损害的侵权行为。

根据民法通则、产品质量法和消费者权益保护法的规定，因产品质量不合格造成他人人身和财产损害的，产品制造者、销售者要承担责任。

(3) 高度危险作业致人损害的侵权行为。

从事高空、高压、易燃、易爆、剧毒、放射性、高速运输工具等对周围环境有高度危险的作业造成他人损害的，作业人应当承担民事侵权责任，除非受害者的损害是由受害者自己的故意行为造成的。

(4) 环境污染致人损害的侵权行为。

如果个人企业或其他经济组织等的行为造成了环境污染，致使他人受到损害，污染环境者要承担民事责任。除非责任人以足够的理由证明自己已经采取了足以杜绝污染的措施。

(5) 地面施工致人损害的侵权行为。

在公共场所、道旁或者通道上挖坑、修缮安装地下设施等，行为人如果没有设置安全标志或采取安全措施致使他人受到损害的，施工行为人要承担民事责任。

(6) 工作物致人损害的侵权行为。

如果建筑物、建筑物上的搁置物以及悬挂物发生倒塌、脱落、坠落造成他人损害的，它的所有人或者管理人应当承担民事责任，但是能够证明自己没有过错的可以免责。

(7) 饲养的动物致人损害的侵权行为。

饲养的动物造成他人损害的，动物饲养人或者管理人应当承担民事责任。受害者的过错或者第三者的过错造成受害者的损害可以成为动物饲养人或管理人的免责事由。

(8) 无民事行为能力人和限制民事行为能力人致人损害的侵权行为。

(9) 正当防卫超过必要限度造成不应有损害的，防卫人应当承担民事责任。

(10) 紧急避险责任。

紧急避险造成无辜第三者损害的，紧急避险人应当承担适当的民事责任。

4. 共同侵权的民事责任

共同侵权的民事责任是民事主体的共同侵权行为所导致的民事责任。共同侵权行为是指两人或两人以上共同侵权造成他人损害的行为，又分为共同加害行为和共同危险行为。

(1) 共同加害行为。

共同加害行为是指两个或以上的行为人基于共同的故意或过失，共同实施损害行为，致使他人人身或财产受损。民法通则第一百三十条规定：“两人以上共同侵权造成他人损害的，应当承担连带责任。”民法通则实施意见第一百四十八条规定：“教唆、帮助他人实施侵权行为的人，为共同侵权人，应当承担连带民事责任。教唆、帮助无民事行为能力人实施侵权行为的人，为侵权人，应当承担民事责任。教唆、帮助限制民事行为能力人实施侵权行为的人，为共同侵权人，应当承担主要民事责任。”

所谓教唆，是指通过语言或行为，怂恿、利诱他人实施侵权行为的人。教唆行为是加害行为得以发生的主导原因，必然是行为人出于故意的行为。所谓帮助，是指通过提供工具、给予鼓励的方式，从物质或精神上协助他人完成加害行为的人。

帮助行为是侵权行为得以完成的辅助原因，其可以是出于故意，也可以是基于过失。无论是教唆行为还是帮助行为，均构成共同加害行为，应当承担连带责任。

(2) 共同危险行为。

共同危险行为是指两个或两个以上的行为人，共同实施了侵害他人的危险行为，造成了损害后果，但不能准确判定谁为加害人的情况。如甲乙共同向空中抛掷石块，导致了丙受伤，经验明丙的伤害是被其中一块石块击中所致，但加害人与受害人均不能证明是甲还是乙的石块将丙击伤，甲乙二人的行为即是共同危险行为。确立共同危险行为，可以更充分地保护受害人，不会因实际加害人的无法确定而使受害人的权利无法得到救济，同时也能更有效地遏制侵权行为。

（四）承担民事责任的方式

我国民法通则第一百三十四条规定，承担民事责任的方式主要包括：停止侵害；排除妨碍；消除危险；返还财产；恢复原状；修理、重作、更换；赔偿损失；支付违约金；消除影响、恢复名誉；赔礼道歉。

这十种承担民事责任的方式可以单独适用，也可以合并适用。

六、诉讼时效制度

诉讼时效是权利人如果持续不行使民事权利，期间届满时则会丧失请求法院保护其民事权利的法律制度。因此，权利人在诉讼期间届满时将会丧失胜诉权，权利人要达到维护自身权利的目的必须重视诉讼时效。

（一）诉讼时效的分类

1. 一般诉讼时效

一般诉讼时效又称为普通诉讼时效。民法通则第一百三十五条规定：“向人民法院请求保护民事权利的诉讼时效期间为 2 年，法律另有规定的除外。”2 年时间是我国一般诉讼时效的期限，它适用于没有特殊诉讼时效规定的所有民事诉讼。

2. 特殊诉讼时效

特殊诉讼时效是指法律规定的仅适用于某些特殊民事法律关系的诉讼时效。我国民事立法对特殊诉讼时效的规定有以下三种：

(1) 短期诉讼时效。

这是指时效期间不足 2 年的诉讼时效。适用于一些特殊的民事责任的处理。民法通则规定，诉讼时效期间为 1 年的有四种情况：身体受到伤害要求赔偿的；出售质量不合格的商品未声明的；延付或者拒付租金的；寄存财物被丢失或者损毁的。

⑵ 长期诉讼时效。

这是介于短期诉讼时效和最长诉讼时效之间的一种诉讼时效。它主要适用于一些调查取证费时耗力的疑难案件或涉外经济纠纷。我国合同法第一百二十九条规定，因国际货物买卖合同和技术进出口合同发生纠纷，要求保护权利的诉讼时效期间为 4 年。

⑶ 最长诉讼时效。这是指诉讼时效期间为 20 年的诉讼时效。民法通则第一百三十七条规定："从权利被侵害之日起超过 20 年的，人民法院不予保护。"

（二）诉讼时效状态

1. 诉讼时效的起始

诉讼时效期间从知道或者应当知道权利被侵害时起计算。一般来说，是从权利人知道或者应当知道权利受到侵害，能够行使请求权之日开始计算。

2. 诉讼时效的中止

诉讼时效的中止也称诉讼时效的暂停。这是指在诉讼时效期间的最后 6 个月内，由于不可抗力，或其他意想不到的障碍，使权利人不能行使请求权，这时诉讼时效中止，如自然灾害或战争等。诉讼时效中止的，从中止时效的原因消除之日起，诉讼时效期间继续计算。

3. 诉讼时效的中断

诉讼时效中断也称诉讼时效的停止。这是指在诉讼时效进行中，权利人提起诉讼，当事人一方提出要求或者义务人同意履行义务，或因一定法定事由，致使以前经过的时效期间归于无效而中断。从中断时起，诉讼时效期间重新计算。

4. 诉讼时效的延长

当诉讼时效届满以后，遇有特殊情况，权利人因有正当理由，法院审查确实，可以适当延长时效。民法通则第一百三十七条规定："诉讼时效期间从知道或者应当知道权利被侵害时起计算。但是，从权利被侵害之日起超过 20 年的，人民法院不予保护。有特殊情况的，人民法院可以延长诉讼时效期间。"

思考题

1. 民事主体的民事行为与民事法律行为有何区别？
2. 民事权利有哪些？
3. 如何理解民事责任的归责原则？
4. 可以免除民事主体的民事责任的法定情形有哪些？

第四章　从事商事活动与法

大学生通过创办实业解决就业，主要是通过申办各类经济组织参与经济活动。因此，大学生有必要在创业前熟悉我国各类经济组织相关的法律制度，为以后创业夯实法律基础。

一、申办个体工商户

个体工商户是经依法核准登记，从事工商业经营活动的个体经济组织。大学毕业生申办个体工商户营业执照时可以享有政策优惠。按国家工商总局的规定，高校毕业生申请个体工商户设立登记时，应向登记机关出具毕业证书、身份证明、报到证。登记机关核准后，依法办理登记注册手续，在报到证上注明登记注册的时间，加盖登记机关印章后退回本人，并在个体工商户营业执照经营者姓名后面注明“高校毕业生”字样，高校毕业生凭个体工商户营业执照享受有关优惠政策。

（一）个体工商户的设立条件

个体工商户的设立条件不高。从现行的法规、政策看，要求具备的条件是：一是申请人符合要求，有经营能力的城镇待业人员、失业人员、农村村民以及国家政策允许的其他人员，可以申请从事个体工商业经营；二是有合法的名称或字号；三是有一定的资金；四是有固定的经营场所和必要的设备。其中，自有的经营场所应提供产权证明，租赁的经营场所应提供产权证明和租赁合同并且租赁期必须在 1 年以上；摆摊设点的应当提交交通管理或街道有关部门批准的占地证明；在市场经营的应提交市场管理部门出具的摊位证明。

（二）个体工商户的登记程序

市、县工商行政管理局以及大中城市工商行政管理分局负责本辖区内的个体工商户登记。登记机关根据需要可以委托工商所进行个体工商户登记。登记程序包括申请、受理、审批、核准、颁发营业执照。个体工商户开业登记项目包括字号名称、经营者姓名和住所、资金数额、从业人数、经营范围、经营方式、经营场所。

申请个体工商户设立登记，应当提交下列文件：申请人签署的个体工商户设立登记申请书；申请人身份证明；经营场所证明；国家法律、法规规定提交的其他文件。从事法律、行政法规规定须报经有关部门审批的业务的，应当提交有关部门的批准文件。例如，经营音像制品、报纸、期刊、图书，须经区（县）文化管理部门审批。

对于申请材料齐全、符合法定形式的，登记机关应当受理，发给申请人受理通知书。登记机关可以当场登记，非当场登记的，登记机关应当自受理申请之日起15日内作出是否准予登记的决定。

登记机关作出准予登记的，应当发给申请人准予个体工商户登记通知书，并在10日内向申请人颁发、送达个体工商户营业执照。不予登记的，应当发给申请人不予个体工商户登记通知书。

（三）个体工商户的权利和义务

1. 个体工商户的权利

个体工商户经依法登记后，即开始享有作为个体工商户的各项权利和应履行的义务。按我国相关法律的规定，个体工商户享有下列权利：生产经营场所不被非法侵占的权利；合法经营受法律保护的权利；获得金融机构服务的权利；拒绝非法摊派的权利。

2. 个体工商户的义务

个体工商户享有各项权利的同时，也必须依法履行下列义务：在规定的时间内办理验照；守法经营；依法纳税。需要说明的是，财政部、发改委、国家工商总局决定从2008年9月1日起在全国统一停止征收个体工商户管理费。因此，任何收取或变相收取个体工商户工商管理费的行为都是违法的，经营者有权拒绝。

（四）个体工商户的法律责任

个体工商户可以个人经营，也可以家庭经营。经营者对个体工商户经营活动产生的债务承担无限责任。个人经营的，以个人全部财产承担责任；家庭经营的，以家庭全部财产承担责任。

个体工商户从事非法经营活动的，由工商行政管理机关根据不同情况分别给予下列行政处罚：警告；罚款；没收违法所得；责令停产停业；吊销营业执照。上述处罚，可以单独适用，也可以并处。

个体工商户经营期间，有下列情形之一的，登记机关应当依法办理注销登记手续；个人经营的个体工商户，经营者死亡或者丧失行为能力的；个体工商户登记被依法撤销或者个体工商户营业执照被依法吊销的；因不可抗力导致个体工商户无法经营的；法律、法规规定的应当注销个体工商户登记的其他情形。

二、申办个人独资企业

（一）个人独资企业的概念与特点

《中华人民共和国个人独资企业法》（以下简称个人独资企业法）于1999年8月30日由第九届全国人民代表大会常务委员会第十一次会议通过，自2000年1月1日起施行。

个人独资企业是指依照个人独资企业法在中国境内设立，由1个自然人投资，财产为投资人个人所有，投资人以其个人财产对企业债务承担无限责任的经营实体。与公司、合伙企业相比，个人独资企业具有以下特征：

1. 从投资主体看

个人独资企业是由1个自然人投资开办的企业。自然人在这里指的是中国公民。

2. 从财产看

个人独资企业的财产为投资人个人所有，投资人对个人独资企业的财产享有完全的所有权。因此，个人独资企业是投资人的经营实体，而不是财产实体。

3. 从责任形式看

投资人以其个人全部财产对企业债务承担无限责任。投资人在设立企业时以家庭共有财产登记出资的，家庭共有财产对企业债务承担无限责任。

4. 从内部机构设置看

个人独资企业内部机构设置简单，经营管理方式灵活，法律对其内部机构设置和经营管理方式不像对公司和其他企业那样加以严格规定。

5. 从法律地位看

个人独资企业不具有法人资格，无独立承担民事责任的能力，企业责任与投资人个人责任融为一体。尽管不具有法人资格，个人独资企业作为独立的民事主体，可以以自己的名义从事民事活动。

（二）个人独资企业的设立条件

相对于合伙企业与公司，个人独资企业的设立条件要求不高，登记程序也较为简便。根据个人独资企业法第八条的规定，设立个人独资企业应具备以下条件：

1. 投资人为一个自然人，并且只能是中国公民

法律、法规禁止从事营利性活动的人，不得作为投资人申请设立个人独资企业。

2. 有合法的企业名称

个人独资企业的名称应当符合企业名称登记管理的有关规定，与其责任形式及

从事的营业相符合，不得有“有限”、“有限责任”、“公司”字样。

3. 有投资人申报的出资

设立个人独资企业与设立公司不同，没有法定最低注册资本限额的限制。投资人不必向登记机关出具验资证明，登记机关也不审核投资人的出资是否实际缴付。这对于刚毕业、资本金匮乏的大学生而言，有一定的优势。设立个人独资企业可以用货币出资，也可以用实物、土地使用权、知识产权或其他财产形式出资。采用非货币形式出资的，应折算成货币数额，但不要求经法定机构评估。

4. 有固定的生产经营场所和必要的生产经营条件

个人独资企业以其主要办事机构所在地为住所。

5. 有必要的从业人员

即要有与其生产、经营规模相适应的从业人员。

（三）个人独资企业的设立程序

1. 提出申请

申请设立个人独资企业，应当由投资人或者其委托的代理人向个人独资企业所在地的登记机关提交由投资人签署的个人独资企业设立申请书；投资人身份证明、企业住所证明、国家工商总局规定提交的其他文件。从事法律、行政法规规定须报经有关部门审批的业务的，应当提交有关部门的批准文件。委托代理人申请设立登记时，应当出具投资人的委托书和代理人的合法证明。

2. 受理与登记

登记机关应当在收齐设立申请资料之日起 15 日内，对符合规定条件的予以登记，发给营业执照；对不符合规定条件的，不予登记，并给予书面答复，说明理由。

个人独资企业营业执照的签发日期为个人独资企业成立日期。个人独资企业存续期间，变更企业名称、企业住所、经营范围及方式的，应当在作出变更决定之日起 15 日内向原登记机关申请变更登记；变更投资人姓名和居所、出资额和出资方式的，应当在变更事由发生之日起 15 日内向原登记机关申请变更登记。

（四）个人独资企业的经营范围

个人独资企业可以在法律、法规和政策规定的范围内从事各种经营活动。具体的经营范围主要包括：工业、建筑业、交通运输业、商业、饮食业、服务业、修理业、科技咨询业、文化产业、艺术业、旅游业、体育业、食品业、医疗业、农业服务，其他法律、法规、政策允许经营的业务。

（五）个人独资企业的解散和清算

个人独资企业有下列情形之一的，应当解散：投资人决定解散；投资人死亡或者被宣告死亡，无继承人或者继承人决定放弃继承；被依法吊销营业执照；法律、行政法规规定的其他情形。

个人独资企业解散，由投资人自行清算或者由债权人申请人民法院指定清算人进行清算。投资人自行清算的，应当在清算前15日内书面通知债权人，无法通知的，应当予以公告。债权人应当在接到通知之日起30日内，未接到通知的应当在公告之日起60日内，向投资人申报其债权。清算期间，个人独资企业不得开展与清算目的无关的经营活动。在清偿债务前，投资人不得转移、隐匿财产。

个人独资企业解散的，财产应当按照下列顺序清偿：所欠职工工资和社会保险费用；所欠税款；其他债务。个人独资企业财产不足以清偿债务的，投资人应当以其个人的其他财产予以清偿。但债权人在5年内未向债务人提出偿债请求的，该责任消灭。

个人独资企业清算结束后，投资人或者人民法院指定的清算人应当编制清算报告，并于15日内到登记机关办理注销登记。

（六）违反个人独资企业法的法律责任

(1) 未经登记机关依法核准登记并领取营业执照，以个人独资企业名义从事经营活动的，由登记机关责令停止经营活动，处以3 000元以下的罚款。

(2) 个人独资企业办理登记时，提交虚假文件或者采取其他欺骗手段，取得企业登记的，由登记机关责令改正，处以5 000元以下的罚款；情节严重的，并处吊销营业执照。

(3) 个人独资企业使用的名称与其在登记机关登记的名称不相符合的，责令限期改正，处以2 000元以下的罚款。

(4) 个人独资企业登记事项发生变更，未依照规定办理变更登记的，由登记机关责令限期改正；逾期不办理的，处以2 000元以下的罚款。

(5) 个人独资企业不按规定时间将分支机构登记情况报该分支机构隶属的个人独资企业的登记机关备案的，由登记机关责令限期改正；逾期不备案的，处以2 000元以下的罚款。

(6) 个人独资企业在年度检验中，隐瞒真实情况，弄虚作假的，由登记机关责令改正，处以3 000元以下的罚款。

(7) 个人独资企业营业执照遗失，不在报刊上声明作废的；或营业执照遗失或者毁损，不向登记机关申请补领或者更换的，由登记机关处以500元以下的罚款。

(8) 个人独资企业未将营业执照正本置放在企业住所醒目位置的，由登记机关责令限期改正；逾期不改正的，处以500元以下的罚款。

(9) 个人独资企业涂改、出租、转让营业执照的，由登记机关责令改正，没收违法所得，处以3 000元以下的罚款；情节严重的，吊销营业执照。承租、受让营业执照从事经营活动的，由登记机关收缴营业执照，责令停止经营活动，处以5 000元以下的罚款。伪造营业执照的，由登记机关责令停业，没收违法所得，处以5 000元以下的罚款；构成犯罪的，依法追究刑事责任。

（10）个人独资企业成立后，无正当理由超过6个月未开业，或者开业后自行停业连续6个月的，吊销营业执照。

投资人违反个人独资企业法规定，应当承担民事责任和缴纳罚款、罚金。其财产不足以支付的，或者被判处没收财产的，适用民事优先原则，应当先承担民事责任。

三、申办合伙企业

（一）合伙企业的概念与类型

《中华人民共和国合伙企业法》（以下简称合伙企业法）于1997年2月23日第八届全国人民代表大会常务委员会第二十四次会议通过。2006年8月27日第十届全国人民代表大会常务委员会第二十三次会议修订，修订后的《中华人民共和国合伙企业法》自2007年6月1日起施行。

合伙企业是指由自然人、法人和其他组织依照合伙企业法在中国境内设立的普通合伙企业和有限合伙企业。合伙企业不具有法人资格。

合伙企业由2个以上合伙人投资设立。合伙人根据其承担的责任形式不同，分为普通合伙人和有限合伙人。普通合伙人是指依法对合伙企业债务承担无限（或无限连带）责任的合伙人。有限合伙人是指依法对合伙企业债务以其认缴的出资额为限承担有限责任的合伙人。

合伙企业根据合伙人责任形式的不同，分为普通合伙企业和有限合伙企业。普通合伙企业是指由普通合伙人组成，合伙人对合伙企业债务承担无限连带责任的合伙企业。有限合伙企业是指由至少1个普通合伙人和至少1个有限合伙人组成，普通合伙人对合伙企业债务承担无限（或无限连带）责任，有限合伙人以其认缴的出资额为限对合伙企业债务承担责任（即有限责任）的合伙企业。

（二）合伙企业的设立条件

根据合伙企业法第十四条的规定，无论是设立普通合伙企业，还是设立有限合伙企业，都应当具备下列条件：

（1）有2个以上合伙人。

合伙人为自然人的，应当具有完全民事行为能力。国有独资公司、国有企业、上市公司以及公益性的事业单位、社会团体只能作为有限合伙人，不得成为普通合伙人。

(2) 有书面合伙协议。

合伙协议是合伙人对合伙企业基本问题的约定，是合伙企业赖以建立的核心法律文件。合伙协议经全体合伙人签名、盖章后生效。合伙人按照合伙协议享有权利，履行义务。

合伙协议应当载明下列事项：合伙企业的名称和主要经营场所的地点；合伙目的和合伙经营范围；合伙人的姓名或者名称、住所；合伙人的出资方式、数额和缴付期限；利润分配、亏损分担方式；合伙事务的执行；入伙与退伙；争议解决办法；合伙企业的解散与清算；违约责任。

修改或者补充合伙协议，应当经全体合伙人一致同意；但是，合伙协议另有约定的除外。合伙协议未约定或者约定不明确的事项，由合伙人协商决定；协商不成的，依照合伙企业法和其他有关法律、行政法规的规定处理。

(3) 有合伙人认缴或者实际缴付的出资。

合伙企业法对设立合伙企业没有法定最低注册资本要求。合伙人的出资形式可以多元化，包括货币、实物、知识产权、土地使用权、其他财产权利、劳务等。以非货币形式出资的，可由全体合伙人协商作价或由法定机构评估。合伙人以劳务出资的，其评估办法由全体合伙人协商确定，并在合伙协议中载明。

(4) 有合伙企业的名称和生产经营场所。

普通合伙企业名称中应当标明“普通合伙”字样。

(5) 法律、行政法规规定的其他条件。

（三）合伙企业事务的执行

合伙企业事务的执行方式可以选择由全体合伙人共同执行、委托执行和授权执行。委托执行是指按照合伙协议的约定或者经全体合伙人决定，委托一个或者数个合伙人对外代表合伙企业，执行合伙事务。采用委托执行方式的，其他合伙人不再执行合伙事务。不执行合伙事务的合伙人有权监督执行事务合伙人执行合伙事务的情况。

合伙企业对合伙人执行合伙事务以及对外代表合伙企业权利的限制，不得对抗善意第三人。

合伙人对合伙企业有关事项作出决议，按照合伙协议约定的表决办法办理。合伙协议未约定或者约定不明确的，实行合伙人一人一票并经全体合伙人过半数通过的表决办法。合伙企业法对合伙企业的表决办法另有规定的，从其规定。

除合伙协议另有约定外，合伙企业的下列事项应当经全体合伙人一致同意：改变合伙企业的名称；改变合伙企业的经营范围、主要经营场所的地点；处分合伙企业的不动产；转让或者处分合伙企业的知识产权和其他财产权利；以合伙企业名义为他人提供担保；聘任合伙人以外的人担任合伙企业的经营管理人员。

（四）合伙企业的财产

合伙企业的财产由合伙人的出资、以合伙企业名义取得的收益和依法取得的其他财产构成。合伙人在合伙企业清算前，除合伙企业法另有规定外，不得请求分割合伙企业的财产。

合伙人在合伙期间可以依法转让其合伙份额。由于合伙企业具有典型的人合性特点，合伙企业法对合伙份额的转让作了如下规定：除合伙协议另有约定外，合伙人向合伙人以外的人转让其在合伙企业中的全部或者部分财产份额时，须经其他合伙人一致同意。合伙人之间转让在合伙企业中的全部或者部分财产份额时，应当通知其他合伙人。合伙人向合伙人以外的人转让其在合伙企业中的财产份额的，在同等条件下，其他合伙人有优先购买权。合伙人以外的人依法受让合伙人在合伙企业中的财产份额的，经修改合伙协议即成为合伙企业的合伙人，享有权利，履行义务。

（五）入伙与退伙

1. 入伙

入伙是指在合伙企业存续期间，合伙人以外的第三人加入合伙，从而取得合伙人资格的行为。新合伙人入伙，除合伙协议另有约定外，应当经全体合伙人一致同意，并依法订立书面入伙协议。订立入伙协议时，原合伙人应当向新合伙人如实告知原合伙企业的经营状况和财务状况。新合伙人与原合伙人享有同等权利，承担同等责任。新普通合伙人对入伙前合伙企业的债务承担无限连带责任。

2. 退伙

退伙是指合伙人退出合伙企业，从而丧失合伙人资格的行为。根据退伙的事由，退伙可分为自愿退伙与法定退伙。

自愿退伙是指基于合伙人自愿的意思表示而退伙。自愿退伙又可以分为协议退伙和通知退伙。

关于协议退伙，合伙企业法第四十五条规定，合伙协议约定合伙期限的，在合伙企业存续期间，有下列情形之一的，合伙人可以退伙：合伙协议约定的退伙事由出现；经全体合伙人一致同意；发生合伙人难以继续参加合伙的事由；其他合伙人严重违反合伙协议约定的义务。

关于通知退伙，合伙企业法第四十六条规定，合伙协议未约定合伙期限的，合伙人在不给合伙企业事务执行造成不利影响的情况下，可以退伙，但应当提前30日通知其他合伙人。合伙人违反上述规定退伙的，应当赔偿由此给合伙企业造成的损失。

法定退伙是指合伙人出现法律规定的事由而退伙。法定退伙可分为当然退伙与除名。

关于当然退伙，合伙企业法第四十八条规定，合伙人有下列情形之一的，当然退伙：作为合伙人的自然人死亡或者被依法宣告死亡；个人丧失偿债能力；作为合伙人的法人或者其他组织依法被吊销营业执照、责令关闭、撤销，或者被宣告破产；法律规定或者合伙协议约定合伙人必须具有相关资格而丧失该资格；合伙人在合伙企业中的全部财产份额被人民法院强制执行。

关于除名，合伙企业法第四十九条规定，合伙人有下列情形之一的，经其他合伙人一致同意，可以决议将其除名：未履行出资义务；因故意或者重大过失给合伙企业造成损失；执行合伙事务时有不正当行为；发生合伙协议约定的事由。

对合伙人的除名决议应当书面通知被除名人。被除名人接到除名通知之日，除名生效，被除名人退伙。被除名人对除名决议有异议的，可以自接到除名通知之日起 30 日内向人民法院起诉。

合伙人退伙，其他合伙人应当与该退伙人按照退伙时的合伙企业财产状况进行结算，退还退伙人的财产份额。退伙人对给合伙企业造成的损失负有赔偿责任的，相应扣减其应当赔偿的数额。

普通合伙人退伙对基于其退伙前的原因发生的合伙企业债务，承担无限连带责任。

3. 合伙人的责任形式转化与合伙份额的继承问题

除上述退伙规定外，合伙企业法还对下列两种情况作了规定：

第一种，普通合伙人被依法认定为无民事行为能力人或者限制民事行为能力人的，经其他合伙人一致同意，可以依法转为有限合伙人，普通合伙企业依法转为有限合伙企业。其他合伙人未能一致同意的，该无民事行为能力或者限制民事行为能力的合伙人退伙。

第二种，合伙人死亡或者被依法宣告死亡的，对该合伙人在合伙企业中的财产份额享有合法继承权的继承人，按照合伙协议的约定或者经全体合伙人一致同意，从继承开始之日起，取得该合伙企业的合伙人资格。有下列情形之一的，合伙企业应当向合伙人的继承人退还被继承合伙人的财产份额：继承人不愿意成为合伙人；法律规定或者合伙协议约定合伙人必须具有相关资格，而该继承人未取得该资格；合伙协议约定不能成为合伙人的其他情形。

普通合伙人的继承人为无民事行为能力人或者限制民事行为能力人的，经全体合伙人一致同意，可以依法成为有限合伙人，普通合伙企业依法转为有限合伙企业。全体合伙人未能一致同意的，合伙企业应当将被继承合伙人的财产份额退还该继承人。

（六）特殊的普通合伙企业

随着社会对各项专业服务需求的迅速增长，专业服务机构的规模不断扩大，合伙人数目大增，以至于合伙人之间并不熟悉甚至不认识，各自的业务也不重合，因而让合伙人对其并不熟悉的合伙人造成的债务无条件地承担无限连带责任，有失公平。自 20 世纪 60 年代以后，针对专业服务机构的诉讼显著增加，合伙人要求合理规范合伙人责任的呼声也越来越高。因此，许多国家进行专门立法，规定采用普通合伙形式的专业服务机构的普通合伙人可以对特定的合伙企业债务承担有限责任，以使专业服务机构的合伙人避免承担过度风险，西方国家开始出现特殊普通合伙企业。

特殊普通合伙企业是普通合伙企业的一种特殊形式。以专业知识和专门技能为客户提供有偿服务的专业服务机构（如会计师事务所、审计师事务所）可设立为特殊的普通合伙企业。在特殊的普通合伙企业中，一个合伙人或者数个合伙人在执业活动中因故意或者重大过失造成合伙企业债务的，应当承担无限责任或者无限连带责任，其他合伙人以其在合伙企业中的财产份额为限承担责任。合伙人在执业活动中非因故意或者重大过失造成的合伙企业债务以及合伙企业的其他债务，由全体合伙人承担无限连带责任。

我国的合伙企业法在第二章第六节规定了“特殊的普通合伙企业”制度，对专业服务机构中合伙人的责任作出了特别规定，这是特殊普通合伙企业制度的关键内容。

特殊普通合伙企业在名称中应当标明“特殊普通合伙”字样，以便交易的第三人知悉合伙企业的性质及其责任形式。

合伙人执业活动中因故意或者重大过失造成的合伙企业债务，以合伙企业财产对外承担责任后，该合伙人应当按照合伙协议的约定对给合伙企业造成的损失承担赔偿责任。

为了保护债权人的利益，合伙企业法专门规定了对特殊普通合伙企业债权人的保护制度，要求特殊普通合伙企业应当建立执业风险基金、办理职业保险。

（七）有限合伙企业

有限合伙企业的许多规定与普通合伙企业相同。下面主要介绍有限合伙企业的特殊规定。

1. 在设立条件方面

(1) 合伙人。

有限合伙企业由 2 个以上 50 个以下合伙人设立，并且至少应当有 1 个普通合伙人。

(2) 企业名称。

有限合伙企业名称中应当标明“有限合伙”字样。

(3) 合伙协议。

合伙协议除载明普通合伙企业的合伙协议内容外，还应当载明下列事项：普通合伙人和有限合伙人的姓名或者名称、住所；执行事务合伙人应具备的条件和选择程序；执行事务合伙人权限与违约处理办法；执行事务合伙人的除名条件和更换程序；有限合伙人入伙、退伙的条件、程序以及相关责任；有限合伙人和普通合伙人相互转变程序。

(4) 出资形式。

有限合伙人不得以劳务出资。

2. 在合伙事务执行方面

合伙人基于责任风险不同，可能会影响其对企业的责任感。合伙企业法规定有限合伙企业由普通合伙人执行合伙事务，有限合伙人不执行合伙事务，不得对外代表有限合伙企业。第三人有理由相信有限合伙人为普通合伙人并与其交易的，该有限合伙人对该笔交易承担与普通合伙人同样的责任。有限合伙人未经授权以有限合伙企业名义与他人进行交易，给有限合伙企业或者其他合伙人造成损失的，该有限合伙人应当承担赔偿责任。

3. 合伙人与合伙企业形式的变更

除合伙协议另有约定外，普通合伙人转变为有限合伙人，或者有限合伙人转变为普通合伙人，应当经全体合伙人一致同意。

有限合伙人转变为普通合伙人的，对其作为有限合伙人期间有限合伙企业发生的债务承担无限连带责任。普通合伙人转变为有限合伙人的，对其作为普通合伙人期间合伙企业发生的债务承担无限连带责任。

有限合伙企业仅剩有限合伙人的，应当解散；有限合伙企业仅剩普通合伙人的，转为普通合伙企业。

四、申办有限责任公司

《中华人民共和国公司法》（以下简称公司法）于1993年12月29日第八届全国人民代表大会常务委员会第五次会议通过。1999年12月25日第九届全国人民代表大会常务委员会第十三次会议通过了第一次修正案；2004年8月28日第十届全国人民代表大会常务委员会第十一次会议通过了第二次修正案；2005年10月27日第十届全国人民代表大会常务委员会第十八次会议通过了第三次修正案，修订后的公司法自2006年1月1日起施行。

（一）有限责任公司的设立条件

我国公司法规定的公司有两类，即有限责任公司和股份有限责任公司。有限责任公司又称有限公司，是指由股东出资，股东以其认缴的出资额为限对公司承担责任，公司以其全部资产对公司债务承担责任的企业法人。设立有限责任公司，应当具备以下条件：

1. 股东符合法定人数

有限责任公司由 50 个以下股东出资设立。股东可以是自然人股东，也可以是法人股东。值得注意的是，2005 年修订的公司法删除了设立有限责任公司必须有“2 个以上股东”的要求，标志着我国公司法确立了一人公司制度。

2. 股东出资达到法定最低资本限额

有限责任公司注册资本的最低限额为人民币 3 万元。法律、行政法规对有限责任公司注册资本的最低限额有较高规定的，从其规定。公司的注册资本是在公司登记机关登记的全体股东认缴的出资额。公司全体股东的首次出资额不得低于注册资本的 20%，也不得低于法定的注册资本最低限额，其余部分由股东自公司成立之日起 2 年内缴足；其中，投资公司可以在 5 年内缴足。

股东对公司的出资可以多元化，可以用货币形式出资，也可以用非货币形式出资。全体股东的货币出资金额不得低于有限责任公司注册资本的 30%；非货币形式的出资包括实物、知识产权、土地使用权、股权等可以用货币估价并可以依法转让的非货币财产。但是，法律、行政法规规定不得作为出资的财产除外。非货币财产出资应当经法定机构评估作价，核实财产，不得高估或者低估作价。

2005 年修订的公司法降低了设立有限责任公司注册资本最低限额要求，采用了法定资本制与授权资本制的有机结合，有利于鼓励资本能力较弱的大学生毕业生通过开办公司进行创业。

3. 股东共同制定公司章程

有限责任公司的章程应当载明下列事项：公司名称和住所；公司经营范围；公司注册资本；股东姓名或者名称；股东的出资方式、出资额和出资时间；公司的机构及其产生办法、职权、议事规则；公司法定代表人；股东会会议认为需要规定的其他事项。全体股东应当在公司章程上签名、盖章。

4. 有公司名称，建立符合有限责任公司要求的组织机构

有限责任公司的名称应符合企业法人登记管理法规的规定，并标明“有限责任”字样。有限责任公司的组织机构也要符合公司法的要求。

5. 有公司住所

公司住所是指公司主要办事机构所在地。公司住所可以是自有产权的，也可以是租赁的。

（二）有限责任公司的设立程序

1. 发起人发起

有限责任公司的设立通常先由投资者签署发起协议，对拟定设立的投资者、出资比例、公司名称等相关事项作出约定。

2. 申请公司名称预先核准

根据《公司登记管理条例》，设立公司应当申请名称预先核准。公司登记机关在受理后10日内作出答复。经过核准的，由公司登记机关发给《企业名称预先核准通知书》，保留期为6个月。

3. 订立公司章程

由全体股东共同制定和签署公司章程。未经全体股东签署，公司章程不发生法律效力。

4. 报请审批

审批程序不是所有有限责任公司设立的必经程序。只有法律、法规规定实行核准主义设立的公司，才必须报请有关审批机关审批。

5. 缴纳出资

股东应当按期足额缴纳公司章程中规定的各自所认缴的出资额。股东以货币出资的，应当将货币出资足额存入拟设立的有限责任公司在银行开设的临时账户；以非货币财产出资的，应当依法办理其财产权转移手续。股东不按上述规定缴纳出资的，除应当向公司足额缴纳外，还应当向已按期足额缴纳出资的股东承担违约责任。有限责任公司成立后，发现作为设立公司出资的非货币财产的实际价额显著低于公司章程所定价额的，应当由交付该出资的股东补足其差额，公司设立时的其他股东承担连带责任。股东缴纳出资后，必须经依法设立的验资机构验资并出具证明。有限责任公司成立后，应当向股东签发出资证明书。

6. 登记注册

公司登记机关收齐申请人提交的全部文件后，发给公司登记受理通知书，并在30日内作出核准登记或者不予登记的决定。核准登记的，应当自核准登记之日起15日内通知申请人，发给企业法人营业执照；不予登记的，应当自作出决定之日起15日内通知申请人，发给《公司登记驳回通知书》。

公司企业法人营业执照签发日期为有限责任公司成立日期。公司凭公司登记机关核发的企业法人营业执照刻制印章、开立银行账户，申请纳税登记。

设立有限责任公司的同时设立分公司的，应就所设分公司向公司登记机关申请登记，取得营业执照。

（三）有限责任公司股东的权利和义务

股东权利是基于股东向公司出资而依法对公司享有的各种权益。根据公司法的规定，股东享有下列权利：出席股东会议权和行使表决权；选举权和被选举权；红利分配请求权；剩余财产分配请求权；增资优先认购权；出资转让权；知情权与质询权；股东诉权；退股权；解散公司请求权；公司章程规定的其他权利。

下面对2005年修订的公司法新增的几项股东权利作简略说明。

1. 关于知情权

公司法第三十四条规定，股东有权查阅、复制公司章程、股东会会议记录、董事会会议决议、监事会会议决议、财务会计报告；股东可以要求查阅公司会计账簿。股东书面请求查阅公司会计账簿而公司拒绝提供查阅的，股东可以请求人民法院要求公司提供查阅。该股东权利为公司中小股东的知情权提供了法律保障。

2. 关于股东诉权

股东诉权包括股东直接诉权和股东代位诉权。

(1) 股东直接诉权。

股东直接诉权是指公司法第二十二条规定的，股东会或者董事会的会议召集程序、表决方式违反法律、行政法规或者公司章程，或者决议内容违反公司章程的，股东可以自决议作出之日起 60 日内，请求人民法院撤销。

(2) 股东代位诉权。

股东代位诉权是指董事、监事、高管发生侵害公司利益之情形，而有权的公司监事怠于维护公司利益时，股东有权为了公司的利益以自己的名义直接向人民法院提起诉讼。我国公司法第一百五十二条规定，公司的董事、高级管理人员执行公司职务时违反法律、行政法规或者公司章程的规定，给公司造成损失的，股东可以书面请求监事会或者不设监事会的公司监事向人民法院提起诉讼。公司的监事执行公司职务时违反法律、行政法规或者公司章程的规定，给公司造成损失的，股东可以书面请求董事会或者不设董事会的公司执行董事向人民法院提起诉讼。董事会或执行董事、监事会或执行监事收到股东书面请求后拒绝提起诉讼，或者自收到请求之日起 30 日内未提起诉讼，或者情况紧急、不立即提起诉讼将会使公司利益受到难以弥补的损害的，股东有权为了公司的利益以自己的名义直接向人民法院提起诉讼。股东诉权有利于强化对中小股东权益的保护。

3. 关于退股权

一般而言，股东完成对公司的出资后，不得退股。但并非绝对，公司法赋予股东特定条件下的退股权。公司法第七十五条规定，对股东会下列决议投反对票的股东可以请求公司按照合理的价格收购其股权：公司连续 5 年不向股东分配利润，而公司该 5 年连续赢利，并且符合分配利润条件的；公司合并、分立、转让主要财产的；公司章程规定的营业期限届满或者章程规定的其他解散事由出现，股东会会议通过决议修改章程使公司存续的。自股东会会议决议通过之日起 60 日内，股东与公司不能达成股权收购协议的，股东可以自股东会会议决议通过之日起 90 日内向人民法院提起诉讼。退股权也同样有利于对中小股东利益的保护。

4. 关于解散公司请求权

公司法第一百八十三条规定，公司经营管理发生严重困难，继续存续会使股东利益受到重大损失，通过其他途径不能解决的，持有公司全部股东表决权 10%以上的股东，可以请求人民法院解散公司。该规定破解了以往董事会、股东会就公司解散事项不能达成公司解散协议的僵局，可以避免公司财务状况继续恶化，减少股东损失。

股东的义务主要包括：

(1) 缴纳出资。

履行出资义务是投资人取得股东资格的前提条件，只有履行出资义务才能取得股东资格，行使股东权利。

(2) 负债义务。

有限责任公司的股东仅以其出资额为限对公司承担责任而不对公司负其他财产责任。

(3) 诚信义务。

股东对公司应遵守诚实信用原则，忠实于公司，不得使自己处于与公司利益冲突的境地。

(4) 注意义务。

股东执行公司事务应当谨慎，以免因自己的过失给公司造成损失。

（四）有限责任公司的组织机构

1. 股东会

有限责任公司股东会是由全体股东组成的公司的权力机构，行使下列职权：决定公司的经营方针和投资计划；选举和更换非由职工代表担任的董事、监事，决定有关董事、监事的报酬事项；审议批准董事会的报告；审议批准监事会或者监事的报告；审议批准公司的年度财务预算方案、决算方案；审议批准公司的利润分配方案和弥补亏损方案；对公司增加或者减少注册资本作出决议；对发行公司债券作出决议；对公司合并、分立、变更公司形式、解散和清算等事项作出决议；修改公司章程；公司章程规定的其他职权。

对上述所列事项股东以书面形式一致表示同意的，可以不召开股东会会议，直接作出决定，并由全体股东在决定文件上签名、盖章。

股东会不是公司的常设机构，行使职权的形式是召开股东会会议。股东会会议分为定期会议和临时会议。首次股东会会议由出资最多的股东召集和主持。定期会议按照公司章程的规定按时召开。代表 1/10 以上表决权的股东，1/3 以上的董事，监事会或者不设监事会的公司的监事提议召开临时会议的，应当召开临时会议。

股东会会议由股东按照出资比例行使表决权。但是，公司章程另有规定的除外。股东会的议事方式和表决程序，除公司法有规定的外，由公司章程规定。股东会会议作出修改公司章程、增加或者减少注册资本的决议，以及公司合并、分立、解散或者变更公司形式的决议，必须经代表 2/3 以上表决权的股东通过。

2. 董事会

有限责任公司设董事会，成员为 3 至 13 人。两个以上的国有企业或者其他两个以上的国有投资主体投资设立的有限责任公司，其董事会成员中应当有公司职工代表，其他有限责任公司董事会成员中也可以有公司职工代表。董事会中的职工代表由公司职工通过职工代表大会、职工大会或者其他形式民主选举产生。董事会设董事长 1 人，可以设副董事长。董事长、副董事长的产生办法由公司章程规定。

董事任期由公司章程规定，但每届任期不得超过 3 年。董事任期届满，连选可以连任。董事任期届满未及时改选，或者董事在任期内辞职导致董事会成员低于法定人数的，在改选出的董事就任前，原董事仍应当依照法律、行政法规和公司章程的规定履行董事职务。

董事会对股东会负责，行使下列职权：召集股东会会议，并向股东会报告工作；执行股东会的决议；制订公司的经营计划和投资方案；制订公司的年度财务预算方案、决算方案；制订公司的利润分配方案和弥补亏损方案；制订公司增加或者减少注册资本以及发行公司债券的方案；制订公司合并、分立、变更公司形式、解散的方案；决定公司内部管理机构的设置；决定聘任或者解聘公司经理及其报酬事项，并根据经理的提名决定聘任或者解聘公司副经理、财务负责人及其报酬事项；制定公司的基本管理制度；公司章程规定的其他职权。

董事会的议事方式和表决程序，除公司法有规定的外，由公司章程规定。董事会应当对所议事项的决定作成会议记录，出席会议的董事应当在会议记录上签名。董事会决议的表决，实行一人一票。

3. 经理

有限责任公司可以设经理，由董事会决定聘任或者解聘，对董事会负责。经理行使下列职权：主持公司的生产经营管理工作，组织实施董事会决议；组织实施公司年度经营计划和投资方案；拟订公司内部管理机构设置方案；拟订公司的基本管理制度；制定公司的具体规章；提请聘任或者解聘公司副经理、财务负责人；决定聘任或者解聘除应由董事会决定聘任或者解聘以外的负责管理人员；董事会授予的其他职权。公司章程对经理职权另有规定的，从其规定。

公司法规定，股东人数较少或者规模较小的有限责任公司，可以不设立董事会，而只设 1 名执行董事。执行董事可以兼任公司经理，执行董事的职权由公司章程规定。

4. 监事会

有限责任公司设立监事会，成员不得少于 3 人。股东人数较少或者规模较小的，可以设 1 至 2 名监事，不设立监事会。监事会应当包括股东代表和适当比例的公司职工代表，其中职工代表的比例不得低于 1/3，具体比例由公司章程规定。监事会中的职工代表由公司职工通过职工代表大会、职工大会或者其他形式民主选举产生。监事会设主席1人，由全体监事过半数选举产生。董事、高级管理人员不得兼任监事。

监事的任期每届为3年。监事任期届满，连选可以连任。监事任期届满未及时改选，或者监事在任期内辞职导致监事会成员低于法定人数的，在改选出的监事就任前，原监事仍应当依照法律、行政法规和公司章程的规定，履行监事职务。

监事会、不设监事会的公司监事行使下列职权：检查公司财务；对董事、高级管理人员执行公司职务的行为进行监督，对违反法律、行政法规、公司章程或者股东会决议的董事、高级管理人员提出罢免的建议；当董事、高级管理人员的行为损害公司的利益时，要求董事、高级管理人员予以纠正；提议召开临时股东会会议，在董事会不履行召集和主持股东会会议职责时召集和主持股东会会议；向股东会会议提出提案；依法对董事、高级管理人员提起诉讼；公司章程规定的其他职权。

监事可以列席董事会会议，并对董事会决议事项提出质询或者建议。监事会、不设监事会的公司监事发现公司经营情况异常，可以进行调查；必要时，可以聘请会计师事务所等协助其工作，费用由公司承担。

监事会每年度至少召开一次会议，监事可以提议召开临时监事会会议。监事会的议事方式和表决程序，除公司法有规定的外，由公司章程规定。监事会决议应当经半数以上监事通过。监事会应当对所议事项的决定形成会议记录，出席会议的监事应当在会议记录上签名。

（五）一人有限责任公司

一人有限责任公司，是指只有一个自然人股东或者一个法人股东的有限责任公司。我国公司法对一人有限责任公司实行法定资本制，规定一人有限责任公司的注册资本最低限额为人民币10万元，并且要求股东应当一次足额缴纳公司章程规定的出资额。同时，我国公司法对一人公司实行再投资限制，规定一个自然人只能投资设立一个一人有限责任公司，该一人有限责任公司不能投资设立新的一人有限责任公司。

（六）公司法人人格否认制度

公司法人人格否认又称“刺破公司面纱”或“揭开公司面纱”，是指为阻止公司独立人格的滥用，保护公司债权人利益及社会公共利益，就具体法律关系中的特定事实，否认公司与其背后的股东各自独立的人格及股东的有限责任，责令公司的股东对公司债权人或公共利益直接负责，以实现公平、正义目标的要求而设置的一种法律制度。它已发展成为英美法系国家和大陆法系国家共同认可的维系公司法人人格制度的一项原则。

公司法人人格否认法理的适用，虽然表现为无视公司的独立人格，揭开公司的面纱，让公司背后的股东站出来直接对公司债务负责，但是，从实质上分析，该法理的适用结果不外乎是对公司股东有限责任的一种排除，或称之为股东有限责任的例外。

我国公司法第二十条规定，公司股东应当遵守法律、行政法规和公司章程，依法行使股东权利，不得滥用股东权利损害公司或者其他股东的利益；不得滥用公司法人独立地位和股东有限责任损害公司债权人的利益。公司股东滥用股东权利给公司或者其他股东造成损失的，应当依法承担赔偿责任。公司股东滥用公司法人独立地位和股东有限责任，逃避债务，严重损害公司债权人利益的，应当对公司债务承担连带责任。

对于一人有限责任公司，我国公司法同样规定了法人人格否认制度。公司法第六十四条规定，一人有限责任公司应当在每一会计年度终了时编制财务会计报告，并经会计师事务所审计。一人有限责任公司的股东不能证明公司财产独立于股东自己财产的，应当对公司债务承担连带责任。

五、消费权益的维护

（一）消费者的界定

《中华人民共和国消费者权益保护法》（以下简称消费者权益保护法）于 1993 年 10 月 31 日由第八届全国人民代表大会常务委员会第四次会议通过，自 1994 年 1 月 1 日起施行。

消费者权益保护法第二条规定：“消费者为生活消费需要购买、使用商品或者接受服务，其权益受本法保护；本法未作规定的，受其他有关法律、法规保护。”可见，在我国，消费者是指为生活消费需要购买、使用商品或者接受服务的个人。其具体含义有以下三个方面：

第一，消费者仅限于个人，即自然人。消费者权益保护法的宗旨是保护处于弱势地位的个体消费者的正当权益。单位、团体购买生活资料或接受服务，其终极消费是单位员工或团体成员的，可以适用消费者权益保护法。

第二，消费者必须是购买、使用商品或接受服务的个人。但购买商品与实际使用商品、支付费用与接受服务的，并不要求是同一个人。

第三，消费者必须是为了生活消费需要，而不是为了其他目的而购买、使用商品或接受服务的个人。我国消费者权益保护法在界定消费者概念时区分了“生活需要”与“生产需要”。但该法第五十四条规定：“农民购买、使用直接用于农业生产的生产资料，参照本法执行。”

（二）消费者的权利

消费者权利是消费主体在消费领域享有的各项权益的统称。消费者权利由多种利益因素构成，主要包括物质利益、精神利益、安全健康利益等。消费者的合法权益是指消费者所享有的，由法律确认的，受法律保护的各项权利。我国消费者权益保护法规定，消费者享有以下九方面的权利：

1. 安全权

消费者在购买、使用商品和接受服务时享有人身、财产安全不受损害的权利。消费者有权要求经营者提供的商品和服务符合保障人身、财产安全的要求。这是消费者最基本的也是最重要的权利。

2. 知情权

消费者享有知悉其购买、使用的商品或者接受的服务的真实情况的权利。消费者有权根据商品或者服务的不同情况，要求经营者提供商品的价格、产地、生产者、用途、性能、规格、等级、主要成分、生产日期、有效期限、检验合格证明、使用方法说明书、售后服务，或者服务的内容、规格、费用等有关情况。

3. 选择权

消费者享有自主选择商品或者服务的权利。消费者有权自主选择提供商品或者服务的经营者，自主选择商品品种或者服务方式，自主决定购买或者不购买任何一种商品、接受或者不接受任何一项服务。消费者在自主选择商品或者服务时，有权进行比较、鉴别和挑选。

4. 公平交易权

消费者享有公平交易的权利。消费者在购买商品或者接受服务时，有权获得质量保障、价格合理、计量正确等公平交易条件，有权拒绝经营者的强制交易行为。

5. 求偿权

消费者因购买、使用商品或者接受服务受到人身、财产损害的，享有依法获得赔偿的权利。

6. 结社权

消费者享有依法成立维护自身合法权益的社会团体的权利，如各地成立的消费者协会。

7. 获取知识权

消费者享有获得有关消费和消费者权益保护方面的知识的权利。

8. 受尊重权

消费者在购买、使用商品和接受服务时，享有其人格尊严、民族风俗习惯得到尊重的权利。

9. 监督权

消费者享有对商品和服务以及保护消费者权利工作进行监督的权利。消费者有权检举、控告侵害消费者权益的行为和国家机关及其工作人员在保护消费者权益工作中的违法失职行为，有权对保护消费者权益工作提出批评、建议。

（三）经营者的义务

在消费法律关系中，与消费者的权利对应的是经营者的义务。为了有效地保护消费者的权利，约束经营者的经营行为，我国消费者权益保护法不仅专章规定了消费者的权利，还专章规定了经营者的义务。

1. 履行法定及约定义务

经营者向消费者提供商品或者服务，应当依照产品质量法和其他有关法律、法规的规定履行义务。经营者和消费者有约定的，应当按照约定履行义务，但双方的约定不得违背法律、法规的规定。

2. 保障消费者人身及财产安全

经营者应当保证其提供的商品或者服务符合保障人身、财产安全的要求。对可能危及人身、财产安全的商品和服务，应当向消费者作出真实的说明和明确的警示，并说明和标明正确使用商品或者接受服务的方法以及防止危害发生的方法。经营者发现其提供的商品或者服务存在严重缺陷，即使正确使用商品或者接受服务仍然可能对人身、财产安全造成危害的，应当立即向有关行政部门报告和告知消费者，并采取防止危害发生的措施。

3. 听取消费者的意见和接受消费者监督

经营者应当听取消费者对其提供的商品或者服务的意见，接受消费者的监督。

4. 提供真实信息

经营者应当向消费者提供有关商品或者服务的真实信息，不得作引人误解的虚假宣传。经营者对消费者就其提供的商品或者服务的质量和使用方法等问题提出的询问，应当作出真实、明确的答复。商店提供商品应当明码标价。

5. 标明经营者真实名称和标记

经营者应当标明其真实名称和标记。租赁他人柜台或者场地的经营者，也应当标明其真实名称和标记。

6. 出具购货凭证或服务单据

经营者提供商品或者服务，应当按照国家有关规定或者商业惯例向消费者出具购货凭证或者服务单据。消费者索要购货凭证或者服务单据的，经营者必须出具。

7. 提供符合要求的商品和服务

经营者应当保证在正常使用商品或者接受服务的情况下所提供的商品或者服务应当具有的质量、性能、用途和有效期限；但消费者在购买该商品或者接受该服务前已经知道其存在瑕疵的除外。经营者以广告、产品说明、实物样品或者其他方式表明商品或者服务的质量状况的，应当保证其提供的商品或者服务的实际质量与表明的质量状况相符。

8. 履行“三包”和其他责任

经营者提供商品或者服务，按照国家规定或者与消费者的约定，承担包修、包换、包退或者其他责任的，应当按照国家规定或者约定履行，不得故意拖延或者无理拒绝。

9. 公平合理交易

经营者不得以格式合同、通知、声明、店堂告示等方式作出对消费者不公平、不合理的规定，或者减轻、免除其损害消费合法权益应当承担的民事责任。格式合同、通知、声明、店堂告示等含有以上所列内容的，其内容无效。

10. 禁止侵犯消费者人身权利

经营者不得对消费者进行侮辱、诽谤，不得搜查消费者的身体及其携带的物品，不得侵犯消费者的人身自由。

（四）消费者权益争议的解决

消费者权益争议属于民事纠纷，可以通过以下途径解决：

1. 与经营者协商和解

协商和解是消费者与经营者在平等自愿的基础上，本着互谅互让的原则，就有关争议进行协商达成解决方案。协商和解具有节约成本、和谐的优点。

2. 请求消费者协会调解

消费者协会是依法成立的对商品和服务进行社会监督的保护消费者合法权益的社会团体。消费者协会履行下列职能：向消费者提供消费信息和咨询服务；参与有关行政部门对商品和服务的监督、检查；就有关消费者合法权益的问题，向有关行政部门反映、查询，提出建议；受理消费者的投诉，并对投诉事项进行调查、调解；投诉事项涉及商品和服务质量问题的，可以提请鉴定部门鉴定，鉴定部门应当告知鉴定结论；就损害消费者合法权益的行为，支持受损害的消费者提起诉讼；对损害消费者合法权益的行为，通过大众传播媒介予以揭露、批评。消费者协会调解消费者权益争议应当遵循自愿合法原则。

3. 向有关行政部门申诉

各级工商行政管理部门和其他有关行政部门（如质监、卫生行政管理部门）应当依照法律、行政法规的规定，在各自的职责范围内保护消费者的合法权益。对于消费者的申诉，有关部门应该听取意见，及时调查处理。

4. 根据仲裁协议提请仲裁

消费者可以根据与经营者达成的书面仲裁协议向仲裁委员会提请仲裁。

5. 向人民法院提起诉讼

人民法院对符合《中华人民共和国民事诉讼法》起诉条件的消费者权益争议，应当受理。

(五) 经营者的民事责任

1. 经营者承担民事责任的情形

经营者提供商品或者服务有下列情况之一的，除消费者权益保护法另有规定外，应当依照产品质量法和其他有关法律、法规的规定，承担民事责任：商品存在缺陷的；不具备商品应当具备的使用性能而出售时未作说明的；不符合在商品或者其包装上注明采用的商品标准的；不符合商品说明、实物样品等方式表明的质量状况的；生产国家明令淘汰的商品或者销售失效、变质的商品的；销售的商品数量不足的；服务的内容和费用违反约定的；对消费者提出的修理、重作、更换、退货、补足商品数量、退还货款和服务费用或者赔偿损失的要求，故意拖延或者无理拒绝的；法律、法规规定的其他损害消费者权益的情形。

2. 民事责任主体的确定和民事责任的归属

(1) 消费者在购买、使用商品时，其合法权益受到损害的，可以向销售者要求赔偿。销售者赔偿后，属于生产者的责任或者属于向销售者提供商品的其他销售者的责任的，销售者有权向生产者或者其他销售者追偿。

(2) 消费者或者其他受害人因商品缺陷造成人身、财产损害的，可以向销售者要求赔偿，也可以向生产者要求赔偿。属于生产者责任的，销售者赔偿后，有权向生产者追偿。属于销售者责任的，生产者赔偿后，有权向销售者追偿。消费者在接受服务时，其合法权益受到损害的，可以向服务者要求赔偿。

(3) 消费者在购买、使用商品或者接受服务时，其合法权益受到损害，因原企业分立、合并的，可以向变更后承受其权利义务的企业要求赔偿。

(4) 使用他人营业执照的违法经营者提供商品或者服务，损害消费者合法权益的，消费者可以向其要求赔偿，也可以向营业执照的持有人要求赔偿。

(5) 消费者在展销会、租赁柜台购买商品或者接受服务，其合法权益受到损害的，可以向销售者或者服务者要求赔偿。展销会结束或者柜台租赁期满后，也可以向展销会的举办者、柜台的出租者要求赔偿。展销会的举办者、柜台的出租者赔偿后，有权向销售者或者服务者追偿。

(6) 消费者因经营者利用虚假广告提供商品或者服务，其合法权益受到损害的，可以向经营者要求赔偿。广告的经营者发布虚假广告的，消费者可以请求行政主管部门予以惩处。广告的经营者不能提供经营者的真实名称、地址的，应当承担赔偿责任。

3. 经营者承担民事责任的内容与方式

⑴ 经营者提供商品或者服务，造成消费者或者其他受害人人身伤害的，应当支付医疗费、治疗期间的护理费、因误工减少的收入等费用；造成残疾的，还应当支付残疾者生活自助具费、生活补助费、残疾赔偿金以及由其扶养的人所必需的生活费等费用。

⑵ 经营者提供商品或者服务，造成消费者或者其他受害人死亡的，应当支付丧葬费、死亡赔偿金以及由死者生前扶养的人所必需的生活费等费用。

⑶ 经营者侵害消费者的人格尊严或者侵犯消费者人身自由的，应当停止侵害、恢复名誉、消除影响、赔礼道歉，并赔偿损失。

⑷ 经营者提供商品或者服务，造成消费者财产损害的，应当按照消费者的要求，以修理、重作、更换、退货、补足商品数量、退还货款和服务费用或者赔偿损失等方式承担民事责任。消费者与经营者另有约定的，按照约定履行。对国家规定或者经营者与消费者约定包修、包换、包退的商品，经营者应当负责修理、更换或者退货。在保修期内两次修理仍不能正常使用的，经营者应当负责更换或者退货。对包修、包换、包退的大件商品，消费者要求经营者修理、更换、退货的，经营者应当承担运输等合理费用。

⑸ 经营者以邮购方式提供商品的，应当按照约定提供。未按照约定提供的，应当按照消费者的要求履行约定或者退回货款，并应当承担消费者支付的合理费用。经营者以预收款方式提供商品或者服务的，应当按照约定提供。未按照约定提供的，应当按照消费者的要求履行约定或者退回预付款，并应当承担预付款的利息、消费者支付的合理费用。

⑹ 依法经有关行政部门认定为不合格的商品，消费者要求退货的，经营者应当负责退货。

⑺ 经营者提供商品或者服务有欺诈行为的，应当按照消费者的要求增加赔偿其受到的损失，增加赔偿的金额为消费者购买商品的价款或者接受服务的费用的一倍。

思考题

1. 大学生创业可以申办的企业类型有哪些？试比较其优势和劣势。
2. 什么是消费者？大学生消费过程中哪些权利容易受到侵害？

第五章　知识产权保护与法

一、知识产权概述

（一）知识产权的概念

知识产权又称智力成果权，是民事主体基于智力的创造性活动所产生的权利。每位公民、每个法人和其他组织都有可能作为这种智力创造的主体，大学生正在接受高等教育，是未来知识分子队伍中的成员之一，无论是在学习期间，或是在学成毕业走向社会之后，都会跟各种知识和智力成果发生多方面的联系。无论是利用他人的知识和智力成果为自己的学习和工作服务，还是将自己的知识和智力成果推向社会以实现自己的人生价值，都离不开知识产权法的帮助和引导。

（二）知识产权的特点

知识产权包括著作权（版权）、专利权、商标权等，其中专利权、商标权又叫工业产权。知识产权具有以下特点：

1. 知识产权客体的无形性

知识产权的客体是不具有物质形态的智力成果。这是知识产权的本质属性，是知识产权区别于物权、债权、人身权和财产继承权等民事权利的首要特征。智力成果是指人们通过智力劳动创造的精神财富或精神产品，本身凝结了人类的一般劳动，具有财产价值，可以成为权利标的，是与民法意义上的“物”相并存的一种民事权利客体，也有学者称之为“知识产品”或“知识财产和相关精神权益”。

知识产权的客体是无形的，它是一种信息，可以通过多种渠道传播，甚至可以通过计算机网络传送，多个主体可以同时使用。知识产权客体的这种无形性特点，使得其出现在市场之后，马上就可以被复制、传播，权利人很难将其像有形财产那样控制住。知识产权客体的无形性，是使其使用价值充分实现的基础和根源，也是更应当对其加强保护的重要原因。

2. 知识产权的专有性

知识产权的权利主体依法享有独占使用智力成果的权利，他人不得侵犯。从本质上讲，知识产权是一种垄断权。这种垄断权必须符合法律规定并受到一定限制。正是由于知识产权权利主体能获得法定垄断利益，才使知识产权制度具有激励功能，促使人们不断开发和创造新的智力成果，推动技术的进步和社会的发展。知识产权和物权都是一种绝对权和对世权，从而有别于债权。

3. 知识产权的地域性

知识产权只在特定国家或地区的地域范围内有效，不具有域外效力。各国的知识产权立法基于主权原则必然呈现出独立性，各国的政治、经济、文化和社会制度的差异，也会使知识产权保护的规定有所不同。一国的知识产权要获得他国的法律保护，必须依照有关国际条约、双边协议或按互惠原则办理。

4. 知识产权的期限性

依法产生的知识产权一般只在法律规定的期限内有效。超出知识产权的法定保护期后，该知识产权权利消灭，有关智力成果进入公有领域，人们可以自由使用。须注意的是，商标权的期限届满后可通过续展依法延长保护期；少数知识产权没有时间限制，只要符合有关条件，法律可长期予以保护，如商业秘密权、地理标志权、商号权等。

（三）知识产权的范围

知识产权是不断扩张的开放体系。科学技术的发展和社会的进步，不仅使知识产权传统权利类型的内涵不断丰富，而且使知识产权的外延不断拓展。根据“TRIPS 协定”、世界知识产权组织公约等国际公约和我国民法通则、反不正当竞争法等国内立法，知识产权主要包括以下内容：

1. 著作权和邻接权

著作权又称版权，是指文学、艺术和科学作品的作者及其相关主体依法对作品所享有的人身权利和财产权利。邻接权在著作权法中被称为“与著作权有关的权益”。

2. 专利权

专利权即自然人、法人或其他组织依法对发明、实用新型和外观设计在一定期限内享有的独占实施权。

3. 商标权

商标权即商标注册人或权利继受人在法定期限内对注册商标依法享有的各种权利。

4. 商业秘密权

商业秘密权即民事主体对属于商业秘密的技术信息或经营信息依法享有的专有权利。

5. 植物新品种权

植物新品种权即完成育种的单位或个人对其经授权的品种依法享有的排他使用权。

6. 集成电路布图设计权

集成电路布图设计权即自然人、法人或其他组织依法对集成电路布图设计享有的专有权。

7. 商号权

商号权即商事主体对商号在一定地域范围内依法享有的独占使用权。

对于科技成果奖励权、地理标志权、域名权、反不正当竞争权、数据库特别权利、商品化权等能否成为独立的知识产权，在理论界存在较大分歧。

二、著作权与著作权法

著作权是指基于文学、艺术和科学作品依法产生的权利。目前，我国关于版权方面的法律、法规有《著作权法实施条例》、《计算机软件保护条例》、《实施国际著作权条约的规定》等。

（一）著作权的客体

著作权的客体是指著作权法保护的对象，即文学、艺术和科学领域中的作品。

1. 作品的概念

作品是指文学、艺术和科学领域内具有独创性并能以某种有形形式复制的智力成果。其构成要件如下：第一，作品属于智力成果，即是文学、艺术和自然科学、社会科学、工程技术等科学领域中的智力成果；第二，作品具有独创性。

作品的独创性表现在：

(1) 作品系独立创作完成，而非剽窃之作。

(2) 作品必须体现作者的个性特征，属于作者智力劳动创作结果，即具有创造性。

(3) 作品具有可复制性。即作品必须可以通过某种有形形式复制，从而被他人所感知。

2. 作品的种类

(1) 文字作品。指小说、诗词、散文、论文等以文字形式表现的作品。

(2) 口述作品。指即兴的演说、授课、法庭辩论等以口头语言形式表现的作品。

(3) 音乐、戏剧、曲艺、舞蹈、杂技艺术作品。音乐作品是指歌曲、交响乐等能够演唱或演奏的带词或者不带词的作品；戏剧作品是指话剧、歌剧、地方戏等供舞台演出的作品；曲艺作品是指相声、快板、大鼓、评书等以说唱为主要形式表演的作品；舞蹈作品是指通过连续的动作、姿势、表情等表现思想情感的作品；杂技作品是指杂技、魔术、马戏等通过形体动作和技巧表现的作品。

(4) 美术、建筑作品。美术作品是指绘画、书法、雕塑等以线条、色彩或者其他方式构成的有审美意义的平面或立体造型艺术作品；建筑作品是指以建筑物或者构筑物为表现形式表现的有审美意义的作品。

(5) 摄影作品。指借助器械在感光材料或者其他介质上记录客观物体形象的艺术作品。

(6) 电影作品和以类似摄制电影的方法创作的作品。指摄制在一定介质上，由一系列有伴音或者无伴音的画面组成，并且借助适当装置放映或者以其他方式传播的作品。

(7) 图形作品和模型作品。图形作品是指为施工、生产绘制的工程设计图、产品设计图，以及反映地理现象、说明事物原理或者结构的地图、示意图等作品；模型作品是指为展示、试验或者观测等用途，根据物体的形状和结构，按照一定比例制成的立体作品。

(8) 计算机软件。指计算机程序及其文档。

(9) 法律、行政法规规定的其他作品，如民间文学艺术作品等。

但是，下列对象不予保护：

(1) 违禁作品，即依法禁止出版、传播的作品。

(2) 官方文件，包括法律、法规、国家机关的决议、决定、命令；其他具有立法、行政、司法性质的文件及其官方正式译文。官方文件具有独创性，属于作品范畴，不通过著作权法保护的根本原因在于方便人们自由复制和传播。

(3) 时事新闻，指通过报纸、期刊、广播电台、电视台等媒体报道的单纯事实消息。时事新闻虽从总体上不受著作权法保护，但传播报道他人采编的时事新闻，应当注明出处。

(4) 历法、数表、通用表格和公式，这类成果表现形式单一，应成为人类共同财富，不宜被垄断使用。

(二) 著作权的主体

1. 一般意义上的著作权主体

一般意义上的著作权主体包括作者、继受人、外国人和无国籍人。

(1) 作者。

创作作品的公民是作者。创作是指产生文学、艺术和科学作品的智力活动。为他人创作进行组织工作，提供咨询意见、物质条件，或者进行了其他辅助工作，均不视为创作。创作是一种事实行为，而非法律行为，不受自然人行为能力状况的限制，但创作成果必须符合作品的条件，创作主体才能取得作者身份。

创作本来只能是具有直接思维能力的自然人特有的活动，但单位也可在特定情形下通过其特定机构或自然人行使或表达其自由意志，因而单位也可被拟制为作者。著作权法第十一条第三款规定：由法人或者其他组织主持，代表法人或者其他组织意志创作，并由法人或者其他组织承担责任的作品，法人或者其他组织视为作者。单位被视为作者时，可以成为完整的著作权主体，享有作者权利，承担作者义务。

如无相反证明，在作品上署名的公民、法人或者其他组织为作者。当事人提供的涉及著作权的底稿、原件、合法出版物、著作权登记证书、认证机构出具的证明、取得权利的合同等，都可作为认定作者的证据。

(2) 继受人。

继受人是指因发生继承、赠与、遗赠或受让等法律事实而取得著作财产权的人。继受著作权人包括继承人、受赠人、受遗赠人、受让人、作品原件的合法持有人和国家。继受著作权人只能成为著作财产权的继受主体，而不能成为著作人身权的继受主体，因著作人身权具有不可转让性。

(3) 外国人和无国籍人。

只要符合下列条件之一，外国人、无国籍人的作品即受我国著作权法保护：

第一，外国人、无国籍人的作品根据其作者所属国或者经常居住地所属国同中国签订的协议或者共同参加的国际条约享有著作权的。

第二，其作品首先在中国境内出版的。在中国境外首先出版，30 日内又在中国境内出版的，视为该作品同时在中国境内出版。

第三，未与中国签订协议或者共同参加国际条约的国家的作者以及无国籍人的作品首次在中国参加的国际条约的成员国出版的，或者在成员国和非成员国同时出版的。

2. 演绎作品的著作权人

演绎作品又称派生作品，是指在已有作品的基础上，经过改编、翻译、注释、整理等创造性劳动而产生的作品。

演绎行为是演绎者的创造性劳动，是一种重要的创作方式。演绎创作所产生的新作品，其著作权由演绎者享有，但行使著作权时不得侵犯原作品的著作权。

3. 合作作品的著作权人

合作作品是指两人以上合作创作的作品。其构成要件是：

(1) 作者为两人或两人以上。

(2) 作者之间有共同创作的主观合意。合意是指作者之间有共同的创作意图，既可表现为“明示约定”，也可表现为“默示推定”。

(3) 有共同创作作品的行为，即各方都为作品的完成作出了直接的、实质性的贡献。

合作作品的著作权由合作作者共同享有。如果合作作品不可以分割使用，如共同创作的小说、绘画等，其著作权由各合作作者通过协商一致行使；不能协商一致，又无正当理由的，任何一方不得阻止他人行使除转让以外的其他权利，但是所得收益应当合理分配给所有合作作者。

如果合作作品可以分割使用，如歌曲，作者对各自创作的部分可以单独享有著作权，但行使著作权时，不得侵犯合作作品整体的著作权。

4. 汇编作品的著作权人

汇编作品的构成成分既可以是受版权法保护的作品及片段，如论文、词条、诗词、图片等，也可以是不受版权法保护的数据或者其他材料，如法律法规、股市信息、商品报价单等。汇编作品受著作权法保护的根本原因不在于汇编材料本身是否受著作权法保护，而在于汇编人对汇编材料内容的选择或编排付出了创造性劳动。在材料的选择或编排上体现独创性的数据库，可作为汇编作品受著作权法保护。

汇编作品的著作权由汇编人享有，但行使著作权时，不得侵犯原作品的著作权。由于汇编权是作者的专有权利，因而汇编他人受版权法保护的作品或作品的片段时，应征得他人的同意，并不得侵犯他人对作品享有的发表权、署名权、保护作品完整权和获得报酬权等著作权。

5. 影视作品的著作权人

影视作品是指电影作品和以类似摄制电影的方法创作的作品。影视作品是比较复杂、系统的智力创作工程，需要制片者、编剧、导演、摄影、演员等方面的通力合作。影视作品的著作权由制片者享有，但编剧、导演、摄影、作词、作曲等作者享有署名权，并有权按照与制片者签订的合同获得报酬。影视作品中的剧本、音乐等可以单独使用的，其作者有权单独行使其著作权。

6. 职务作品的著作权人

职务作品是指公民为完成法人或者其他组织的工作任务所创作的作品。其特征是：

（1）创作作品的公民与所在法人或其他组织之间存在劳动或聘用关系。

（2）创作完成作品是公民的工作任务，即属于公民在该单位中应当履行的职责。工作任务有时是具体的，明确指示公民创作一部作品；有时是笼统的，由劳动合同、岗位责任制、聘用手续等作概括性规定。职务作品的认定与公民创作作品是否利用上班时间没有必然联系。

职务作品的种类及著作权归属：

（1）单位作品。

即根据著作权法第十一条第三款的规定，由单位主持、代表单位意志创作并由单位承担责任的作品，单位被视为作者，行使完整的著作权。

（2）一般职务作品。

除单位作品外，公民为完成单位工作任务而又未主要利用单位物质技术条件创作的作品，称为一般职务作品。其著作权由作者享有，但法人或者其他组织有权在业务范围内优先使用。作品完成两年内，未经单位同意，作者不得许可第三人或者其他组织以与单位相同的方式使用该作品。作品完成两年内，经单位同意，作者许可第三人以与单位使用的相同方式使用作品所获报酬，由作者与单位按约定的比例分配。作品完成两年的期限，自作者向单位交付作品之日起计算。

(3) 特殊职务作品。

根据著作权法第十六条第二款规定，特殊职务作品主要是利用法人或其他组织的物质技术条件制作，并由法人或其他组织承担责任的工程设计图、产品设计图、地图、计算机软件等职务作品，或法律、行政法规规定或合同约定著作权由法人或者其他组织享有的职务作品。特殊职务作品的作者享有署名权，著作权人的其他权利由法人或者其他组织享有，法人或者其他组织可以给予作者奖励。

7. 委托作品的著作权人

委托作品是指作者接受他人委托而创作的作品。委托作品的创作基础是委托合同，既可以是口头的，也可以是书面的；既可以是有偿的，也可以是无偿的。委托作品应体现委托人的意志，实现委托人使用作品的目的。

委托作品的著作权归属由委托人和受托人通过合同约定。合同未作明确约定或者没有订立合同的，著作权属于受托人，但委托人在约定的使用范围内享有使用作品的权利；双方没有约定使用作品范围的，委托人可以在委托创作的特定目的范围内免费使用该作品。

须注意的是，以下两种作品不同于委托作品，其著作权归属有自己特定的规则：

(1) 除著作权法第十一条第三款外，由他人执笔，本人审阅定稿并以本人名义发表的报告、讲话等作品，其著作权归报告人或讲话人享有。著作权人可以支付执笔人适当的报酬。

(2) 当事人合意以特定人物经历为题材完成的自传体作品，当事人对著作权权属有约定的，从其约定；没有约定的，著作权归该特定人物享有，执笔人或整理人对作品完成付出劳动的，著作权人可以向其支付适当的报酬。

8. 原件所有权转移的作品著作权归属

绘画、书法、雕塑等美术作品的原件所有权转移，不视为作品著作权的转移，但美术作品原件的展览权由原件所有人享有。作品原件购买人可以对美术作品欣赏、展览或再出售，但不得从事修改、复制等侵犯作品版权的行为。

除美术作品外，对载体所有权可能转移的其他作品，都要注意载体所有权变动并不必然引起著作权的变动。合同法第一百三十七条规定：出卖具有知识产权的计算机软件等标的物的，除法律另有规定或者当事人另有约定的以外，该标的物的知识产权不属于买受人。

9. 作者身份不明的作品著作权归属

作者身份不明的作品是指从通常途径不能了解作者身份的作品，如果一件作品未署名，或署了鲜为人知的笔名，但作品原件持有人或收稿单位确知作者的真实身份，不属于作者身份不明的作品。作者身份不明的作品，由作品原件的所有人行使除署名权以外的著作权。作者身份确定后，由作者或者其继承人行使著作权。

（三）著作权人的权利

著作权人的权利主要包括著作人身权和著作财产权。

1. 著作人身权

著作人身权是指著作权人基于作品的创作依法享有的以人格利益为内容的权利。它与作者的人身不可分离，一般不能继承、转让，也不能被非法剥夺或成为强制执行中的执行标的。

(1) 发表权。

发表权是指决定作品是否公之于众的权利。其具体内容包括：决定作品是否公之于众；决定作品在何时何地公之于众；决定作品以何种方式公之于众。“公之于众”是指著作权人自行或者经著作权人许可将作品向不特定的人公开，但不以公众知晓为条件。

发表权是一次性权利。作品一旦发表，发表权即行消灭，以后再次使用作品与发表权无关，而是行使使用权的体现；发表权与财产权关系密切，须通过出版、上网、朗诵等使用作品的方式来行使。

(2) 署名权。

署名权是指表明作者身份，在作品上署名的权利。其具体内容包括：决定是否在作品上署名；决定署名的方式，如署真名还是笔名；决定署名的顺序；禁止未参加创作的人在作品上署名；禁止他人假冒署名，即有权禁止他人盗用自己的姓名或笔名在他人作品上署名。

(3) 修改权。

修改权是指修改或授权他人修改作品的权利。作品表达了作者的思想、情感和观点，公之于众后会直接影响社会公众对作者人格的评价，因而法律赋予作者修改权是对作者人格的尊重。修改通常是指内容的修改，报纸、杂志社进行的不影响作品内容的文字性删节不属修改权控制的范围，可以不经作者同意。但对内容的修改必须征得作者同意。修改既可针对未发表的作品，也可针对已发表的作品。

(4) 保护作品完整权。

保护作品完整权是指保护作品不受歪曲、篡改的权利。作品是作者思想的反映，也是作者人格的延伸。歪曲、篡改作品不仅损害作品的价值，而且直接影响作者的声誉，因而法律禁止任何人以任何方式歪曲和篡改作品。

2. 著作财产权

著作财产权是指著作权人依法享有的控制作品的使用并获得财产利益的权利。

(1) 使用权。

使用权是指以复制、发行、出租、展览、表演、放映、广播、网络传播、摄制、改编、翻译、汇编等方式使用作品的权利。具体包括以下内容：

复制权，即以印刷、复印、拓印、录音、录像、翻录、翻拍等方式将作品制作一份或者多份的权利。这是著作财产权中最基本、最重要的权利。

发行权，即以出售或者赠与方式向公众提供作品的原件或者复制件的权利。

出租权，即有偿许可他人临时使用电影作品和以类似摄制电影的方法创作的作品、计算机软件的权利，计算机软件不是出租的主要标的的除外。

展览权，即公开陈列美术作品、摄影作品的原件或者复制件的权利。

表演权，即公开表演作品，以及用各种手段公开播送作品的表演的权利。公开表演作品被称为现场表演或直接表演；用各种手段公开播送作品的表演被称为机械表演或间接表演，如酒店、咖啡馆等经营性单位未经许可播放背景音乐就可能侵犯音乐作品的机械表演权。

放映权，即通过放映机、幻灯机等技术设备公开再现美术、摄影、电影和以类似摄制电影的方法创作的作品等的权利。

广播权，即以无线方式公开广播或者传播作品，以有线传播或者转播的方式向公众传播广播作品，以及通过扩音器或者其他传送符号、声音、图像的类似工具向公众传播广播作品的权利。

网络传播权，即以有线或者无线方式向公众提供作品，使公众可以在其个人选定的时间和地点获得作品的权利。

摄制权，即以摄制电影或者类似摄制电影的方法将作品固定在载体上的权利。

改编权，即改编作品，创作出具有独创性的新作品的权利。

翻译权，即将作品从一种语言文字转换成另一种语言文字的权利。

汇编权，即将作品或作品的片段通过选择或者编排，汇集成新作品的权利。

除以上权利外，著作财产权还包括应当由著作权人享有的使用作品的其他权利。

(2) 许可使用权。

许可使用权是指著作权人依法享有的许可他人使用作品并获得报酬的权利。使用他人作品，应当同著作权人订立许可使用合同，但属于法定许可使用情形的除外。许可使用合同包括下列主要内容：许可使用的权利种类，如复制权、翻译权等，许可使用的权利是专有使用权或者非专有使用权；许可使用的地域范围、期间；付酬标准和方法；违约责任；双方认为需要约定的其他内容。许可使用合同未明确许可的权利，未经著作权人同意，另一当事人不得行使。

(3) 转让权。

转让权是指著作权人依法享有的转让使用权中一项或多项权利并获得报酬的权利。转让的标的不能是著作人身权，只能是著作财产权中的使用权，可以转让使用权中的一项或多项或全部权利。转让权是新修订的著作权法增加的著作财产权内容，符合国际通行做法。转让作品使用权的，应当订立书面合同。合同的主要内容有：作品的名称；转让的权利种类、地域范围；转让价金；交付转让价金的日期和方式；违约责任；双方认为需要约定的其他内容。转让合同中未明确约定转让的权利，未经著作权人同意，另一方当事人不得行使。

(4) 获得报酬权。

获得报酬权是指著作权人依法享有的因作品的使用或转让而获得报酬的权利。获得报酬权通常是从使用权、使用许可权或转让权中派生出来的财产权，是使用权、使用许可权或转让权必然包含的内容。但获得报酬权有时又具有独立存在的价值，并非完全属于使用权、使用许可权或转让权的附属权利。如在法定许可使用的情况下，他人使用作品可以不经著作权人同意，但必须按规定支付报酬。此时著作权人享有的获得报酬权就是独立存在的，与使用权、使用许可权或转让权没有直接联系。使用作品的付酬标准可以由当事人约定，也可以按照国务院著作权行政管理部门会同有关部门制定的付酬标准支付报酬。当事人没有约定或者约定不明确的，按照国家规定的付酬标准支付报酬。

（四）著作权的权利限制

著作权法在保护著作权人合法权益的同时，对著作权人的权利予以一定的限制，具体表现在：

1. 合理使用

合理使用是指对于已发表的作品，允许公众在特定的情况下不经著作权人同意，不支付报酬地予以使用。合理使用的情形有：

(1) 为个人学习、研究或者欣赏，使用他人已经发表的作品。

(2) 为介绍、评论某一作品或者说明某一问题，在作品中适当引用他人已经发表的作品。

(3) 为报道时事新闻，在报纸、期刊、广播电台、电视台等媒体中不可避免地再现或者引用已经发表的作品。

(4) 报刊、广播电台、电视台等媒体刊登或者播放其他报纸、期刊、广播电台、电视台等媒体已经发表的关于政治、经济、宗教问题的时事性文章，但作者声明不许刊登、播放的除外。

(5) 报刊、广播电台、电视台等媒体刊登或者播放在公众集会上发表的讲话，但作者声明不许刊登、播放的除外。

(6) 为学校课堂教学或者科学研究，翻译或者少量复制已经发表的作品，供教学或者科研人员使用，但不得出版发行。

(7) 国家机关为执行公务在合理范围内使用已经发表的作品。

(8) 图书馆、档案馆、纪念馆、博物馆、美术馆等为陈列或者保存版本的需要，复制本馆收藏的作品。

(9) 免费表演已经发表的作品，该表演未向公众收取费用，也未向表演者支付报酬（包括有些公益性捐献筹款）。

(10) 对设置或者陈列在室外公共场所的艺术作品进行临摹、绘画、摄影、录像。

(11) 将中国公民、法人或者其他组织已经发表的以汉语言文字创作的作品翻译成少数民族语言文字作品在国内出版发行（不包括外国人的作品）。

(12) 将已经发表的作品改成盲文出版。

在合理使用时必须注意下列因素：非营利性使用；指明作者姓名、作品名称；不得侵犯著作权人依法享有的其他权利。

2. 法定许可使用

法定许可使用是指依照法律的明文规定，不经著作权人同意有偿使用他人已经发表作品的行为。它与合理使用的共同之处在于：都是基于法律的明文规定；都只能针对已经发表的作品；都不必征得著作权人的同意；都应当指明作者姓名、作品名称，并不得侵犯著作权人依法享有的其他权利。是否支付报酬是合理使用与法定许可的重要区别。

根据有关规定，法定许可使用包括以下情形：

(1) 为实施九年制义务教育和国家教育规划而编写出版教科书，除作者事先声明不许使用外，可以不经著作权人许可，在教科书中汇编已经发表的作品片段或者短小的文字作品、音乐作品或者单幅的美术作品、摄影作品。

(2) 作品被报社、期刊社刊登后，除著作权人声明不得转载、摘编的外，其他报刊可以转载或者作为文摘、资料刊登。

(3) 已在报刊上刊登或者网络上传播的作品，除著作权人声明或者上载该作品的网络服务提供者受著作权人的委托声明不得转载、摘编的以外，网站可以转载、摘编。

(4) 录音制作者使用他人已经合法录制为录音制品的音乐作品制作录音制品，著作权人声明不许使用的除外。

(5) 广播电台、电视台播放他人已经发表的作品。

(6) 广播电台、电视台播放已经出版的录音制品。

（五）著作权的转让

著作权转让是著作权人通过订立合同的方式，将整体著作财产权或者其中部分权利转移给他人。著作权转让的本质乃是著作权主体的变更。著作人身权是不可转让的，在著作财产权转让后，应当视为人身权也同时行使完毕。由于著作权包含多项权利内容，可以分开行使，故著作权转让有全部转让与部分转让之分。全部转让，是著作权人将著作权作为一个整体一次性转移给受让人，受让人成为新的权利主体。部分转让是著作权人将著作权中的部分权利转移给受让人，自己仍然是未转让部分的权利所有人。部分转让只是著作权中的部分权利归属的变动。同时值得注意的是，著作权的转让并非作品原件所有权的转让。如果转让行为涉及对作品原件的使用，在使用完毕后，受让人应将作品原件返还原著作权人或原件的合法所有人。

（六）著作权的保护期限

著作人身权中的署名权、修改权和保护作品完整权的保护期不受限制，可以获得永久性保护。但著作人身权中的发表权的保护有时间限制。

1. 自然人作品的发表权和财产权的保护期

公民的作品，其发表权和使用权的保护期分别为作者终生及其死后 50 年，截止于作者死亡之后第 50 年的 12 月 31 日；如果是合作作者，截止于最后死亡的作者死亡后第 50 年的 12 月 31 日。作者生前未发表的作品，如果作者未明确表示不发表，作者死亡后 50 年内，其发表权可由继承人或者受遗赠人行使；没有继承人又无人受遗赠的，由作品原件的所有人行使。

2. 法人或其他组织的作品的发表权和财产权的保护期

单位作品、著作权（署名权除外）由法人或者其他组织享有的职务作品，其发表权和使用权的保护期为 50 年，截止于作品发表后第 50 年的 12 月 31 日，但作品自创作完成后 50 年内未发表的，著作权不再受保护。

3. 作者身份不明作品使用权的保护期

作者身份不明的作品，其使用权的保护期截止于作品发表后第 50 年的 12 月 31 日。作者身份确定后，适用著作权法第二十一条的规定，按不同作品类型分别确定保护期。

（七）与著作权有关的权益的行使和限制

作品创作出来后，需在公众中传播，传播者在传播作品中有创造性劳动，这种劳动亦应受到法律保护。传播者传播作品而产生的权利被称为著作权的邻接权。邻接权与著作权密切相关，又是独立于著作权之外的一种权利。在我国，邻接权主要是指出版者的权利、表演者的权利、录像制品制作者的权利、录音制作者的权利、电视台对其制作的非作品的电视节目的权利、广播电台的权利。对著作权的完整保护不仅体现在对作者权利的保护上，而且还应当体现在对著作邻接权人的权利进行有力的保护上。

1. 出版者的权利和义务

出版者指图书出版社、报社、杂志社和音像出版社等出版单位。出版者的权利源于作者的授权，图书出版者出版图书应当和著作权人订立出版合同，并支付报酬。图书出版者对著作权人交付出版的作品，按照合同约定享有的专有出版权受法律保护，他人不得出版该作品。出版者在取得专有出版权后，在传播作品中产生了自己的权利，即对出版物享有邻接权。也就是说，出版者对其出版的图书、报纸、杂志、录音、录像享有署名权和版本形式权。著作权法规定：“出版者有权许可或者禁止他人使用其出版的图书、期刊的版式设计。前款规定的权利保护期为10年，截止于使用该版式设计的图书、期刊首次出版后第10年的12月31日。”著作权人应当按照合同约定期限交付作品。图书出版者应当按照合同约定的出版质量、期限出版图书。图书出版人经作者许可，可以对作品进行修改、删节。图书出版人出版改编、翻译、注释、整理、汇编已有作品而产生的作品，应当取得改编、翻译、注释、整理、汇编作品的著作权人和原作品的著作权人许可，并支付报酬。图书出版者重印、再版作品的，应当通知著作权人，并支付报酬。图书脱销后，图书出版者拒绝重印、再版的，著作权人有权终止合同。

2. 表演者的权利和义务

表演者是指表演、歌唱、演讲、朗诵或者以其他方式表演文学、艺术作品以及指挥这种表演的人或单位。表演是一种在已有作品的基础上进行再创作的行为，表演者的劳动也是创造性劳动，表演者对其表演的文学、艺术作品的活动依法享有专有权。著作权法第三十六条规定：使用他人作品演出、表演者（演员、演出单位）应当取得著作权人许可，并支付报酬。演出组织者组织演出，由该组织者取得著作权人许可，并支付报酬。使用改编、翻译、注释、整理已有作品而产生的作品进行演出，应当取得改编、翻译、注释、整理作品著作权人和原作品的著作权人许可，并支付报酬。表演者的权利主要有：表明表演者身份；保护表演形象不受歪曲；许可他人从现场直播和公开传送其现场表演，并获取报酬；许可他人录音录像，并获取报酬；许可他人复制、发行录有其表演的录像制品，并获取报酬；许可他人通过信息网络向公众传播其表演，并获取报酬。但是在行使权利时，除前两者外，还应当取得著作权人许可，并向著作权人支付报酬。

3. 录音录像制作者的权利和义务

录音录像制作者包括音像出版社、广播电台和其他录制音像制品的人。录音录像制作者使用他人作品制作录音录像制品，应当取得著作权人许可，并支付报酬；使用改编、翻译、注释、整理已有作品而产生的作品，应当取得改编、翻译、注释、整理作品的著作权人和原作品著作权人许可，并支付报酬；使用他人已经合法录制为录音制品的音乐作品制作录音制品，可以不经著作权人许可，但应当按照规定支付报酬；著作权人声明不许使用的不得使用。录音录像制作者制作录音录像制品，应当与表演者订立合同，并支付报酬。录音录像制作者对其制作的录音录像制品，享有许可他人复制、发行、出租、通过信息网络向公众传播并获得报酬的权利。例如，北京某高校音像出版社有权在其制作的录像制品上署制作者的名称。但录音录像制作者对其制作的录音录像制品并不享有完全的权利，他人复制、发行、通过信息网络向公众传播录音录像制品，还应当取得著作权人、表演者许可，并支付报酬。

4. 广播电视播放者的权利和义务

广播电视播放权是指广播电视部门对其播出的所有节目，包括制作的节目、创作的节目、接受许可播放的他人节目，如文学艺术、影视作品等，依法享有的许可或禁止他人进行营利性转播、录制、复制的权利。广播电视播放权是专有权，权利的保护期为50年。广播电台、电视台播放他人未发表的作品，应当取得著作权人许可，并支付报酬；播放他人已发表的作品或已出版的录音录像制品，可以不经著作权人许可，但应当支付报酬；播放他人的电影作品和以类似摄制电影的方法创作的作品、录像制品，应当取得制片者或者录像制作者许可，并支付报酬；播放他人的录像制品，还应当取得著作权人许可，并支付报酬。

（八）侵犯著作权的行为及法律责任

著作权侵权行为是指未经著作权人同意，又无法律上的依据，使用他人作品或行使著作权人专有权的行为。根据其情节、危害后果以及承担的法律责任不同，著作权法把所有著作权侵权行为区分为两大类，即承担民事责任的著作权侵权行为和承担综合法律责任的著作权侵权行为。

1. 承担民事责任的著作权侵权行为

有下列侵权行为之一的，应当根据具体情况，承担停止侵害、消除影响、赔礼道歉、赔偿损失等民事责任：

⑴ 未经著作权人许可，发表其作品的。

⑵ 未经合作作者许可，将与他人合作创作的作品当作自己单独创作的作品发表的。

⑶ 没有参加创作，为谋取个人名利，在他人作品上署名的。

⑷ 歪曲、篡改他人作品的。

⑸ 剽窃他人作品的。

⑹ 未经著作权人许可，以展览、摄制电影和以类似摄制电影的方法使用作品或者以改编、翻译、注释等方式使用作品的，著作权法另有规定的除外。

⑺ 使用他人作品，应当支付报酬而未支付的。

⑻ 未经电影作品和以类似摄制电影的方法创作的作品、计算机软件、录音录像制品的著作权人或者与著作权有关的权利人许可，出版其作品或者录音录像制品的，著作权法另有规定的除外。

⑼ 未经出版者许可，使用其出版的图书、期刊的版式设计的。

⑽ 未经表演者许可，从现场直播或者公开传送其现场表演，或者录制其表演的。

⑾ 其他侵犯著作权以及邻接权的行为。

2. 承担综合法律责任的著作权侵权行为

有下列侵权行为的，应当根据情况，承担停止侵害、消除影响、赔礼道歉、赔偿损失等民事责任；同时损害公共利益的，可以由著作权行政管理部门责令停止侵权行为，没收违法所得，没收、销毁侵权复制品，并处以非法经营额3倍以下的罚款；非法经营额难以计算的，可以处10万元以下的罚款；情节严重的，著作权行政管理部门还可以没收主要用于制作侵权复制品的材料、工具、设备等；构成犯罪的，依法追究刑事责任。

(1) 未经著作权人许可，复制、发行、表演、放映、广播、汇编、通过信息网络向公众传播其表演的，著作权法另有规定的除外。

(2) 出版他人享有专有出版权的图书的。

(3) 未经表演者许可，复制、发行录有其表演的录音录像制品，或者通过信息网络向公众传播其表演，著作权法另有规定的除外。

(4) 未经录音录像制作者许可，复制、发行或者通过信息网络向公众传播其录音录像制品，著作权法另有规定的除外。

(5) 未经许可，播放或者复制广播、电视的，著作权法另有规定的除外。

(6) 未经著作权人或者邻接权人许可，故意避开或者破坏权利人为其作品、录音录像制品等采取的保护著作权或者邻接权的技术措施的，法律、行政法规另有规定的除外。

(7) 未经著作权人或者邻接权人许可，故意删除或者改变作品、录音录像制品的权利管理电子信息的，法律、行政法规另有规定的除外。

(8) 制作、出售假冒他人署名的作品的。

三、专利权与专利法

(一) 专利权与专利法的概念

专利权简称专利，它是国家专利机关按专利法规定授予申请人在一定时间内对其发明创造成果所享有的独占、使用和处分的权利。专利权有三个特性：

(1) 独占性。

即权利人对其专利具有垄断性，可以排除他人实施该项发明创造。

(2) 地域性。

指一个国家授予的专利权，仅在该国地域内有效，在其他国家没有法律效力。

(3) 时间性。

指一项被授予专利权的发明创造，只在专利保护期限内受法律保护，期限届满或专利权中途丧失，任何人都可无偿使用。

专利法是调整因发明创造的所有权和发明创造的利用而产生的各种社会关系的法律规范的总称，是解决发明创造的权利归属和利用的法律规则。专利法的核心内容是：一方面一项发明创造如果符合专利法规定的条件，国家专利机关将依法定程序授予发明人一定期限的专利权，这是解决发明创造的归属问题；另一方面，国家在授予发明人专利权的同时要求发明人公开他的发明创造，以便他人在得到许可和法定的条件下能够利用该项发明创造，并在此基础上发展新技术，这是解决发明创造的利用问题。

（二）专利权的主体

专利权的主体通常为发明创造人，即对发明成果的实质性特点作出创造性贡献的人。在法律规定或合同约定的情况下，专利权也可以归发明创造人以外的个人或组织享有。

两个以上单位或个人对于经共同研究开发所取得的成果，可根据双方约定确定权利归属，没有约定的，研究成果属于研究各方共有。接受委托完成的研究，其成果的归属依双方约定，没有约定的，研究成果属于受托方，但委托方可以无偿使用。

在认定专利权人主体资格时，应特别注意区分职务发明和非职务发明。职务发明是指执行本单位任务或主要利用本单位的物质条件所完成的发明创造。职务发明申请专利的权利属于发明人所在单位，发明人、设计人有权在专利文件中署名并从专利所有单位获取报酬。凡不属于这些情况的，即为非职务发明，其专利申请权和专利权应属于发明人个人享有。

（三）专利权的客体

1. 专利权的客体范围

我国专利法保护的客体有三类：一是发明，即发明人研究出来的、能够在实际应用中解决技术领域的某些问题的方法或设计，或对产品、方法或者其改进所提出的新的技术方案；二是实用新型，它是对产品的形状、构造或其结合所提出的适于实用的新的技术方案；三是外观设计，即对产品的形状、图案、色彩或其结合作出的富有美感的并适于工业上应用的新设计。其中发明的创造性程度最高，实用新型属于“小发明”之类。实用新型和外观设计都是对产品的形状、构造的新设计，所不同的是，实用新型对产品形状、构造的改变具有功能作用，而外观设计仅仅是为了使产品更富于美感。

2. 取得专利权的条件

一项发明或实用新型要获得法律保护，除必须属于法律规定可获得专利权保护的范围外，还必须具备下列条件：

（1）新颖性。

新颖性是指该发明或实用新型与申请日前的现有技术相比是全新的、未被公众所知悉的。在认定发明或实用新型是否具备新颖性时，我国采取了一种混合标准，要求在申请日之前没有同样的发明或实用新型在国内外出版物上公开发表过，没有在国内公开使用过或以其他方式为公众所知，但对于在中国政府主办或承认的国际展览会上首次展出，在规定在学术会议或技术会议上首次发表，或他人未经申请人同意而泄露其内容的，如在6个月内提出专利申请可不认为丧失新颖性。

（2）创造性。

创造性是指同申请日以前的已有技术相比，该发明有突出的实质性特点和显著的进步，该实用新型有实质特点和进步。

（3）实用性。

实用性是指该发明或实用新型能在工农业生产中加以运用，能批量制造出产品，并且该发明或实用新型的使用能产生积极的、有益于社会的效果。

外观设计以产品的形状、图案和色彩等作为要素，它是用来追求美感的，并不追求实用的目的，而是非常强调须具备新颖性。授予专利权的外观设计，应当同申请日以前在国内外出版物上公开发表过或者国内公开使用过的外观设计不相同和不相近似，并不得与他人在先取得的合法权利相冲突。

3. 不授予专利的情况

我国专利法规定，对违反国家法律、社会公德或者妨害公共利益的发明创造，不授予专利权。另外，对下列各项也不授予专利权：科学发现；智力活动的规则和方法；疾病的诊断和治疗方法；动物和植物品种；用原子核变换方法获得的物质。

（四）专利权人的权利与义务

1. 专利权人的权利

专利权人作为专利权的主体，对专利这项财产具有所有权。专利权人的权利包括两个方面：专利人身权和专利财产权。专利人身权主要是指专利发明人、设计人有权在专利文件中写明自己是该专利的发明或设计人，即署名权，署名权不因专利财产权的转让而消失；另外还有专利文件的修改权等。专利财产权即获得专利权后实施或转让专利权取得经济效益的权利，主要包含以下几个方面：独占实施权、许可使用权、转让权、标记权、放弃权。

2. 专利权人的义务

专利权人的主要义务有：缴费义务；实施专利的义务；对职务发明创造的发明人或设计人依规定给予奖励。

（五）专利权的保护

1. 保护期限

我国专利法规定发明专利权的保护期限为 20 年，实用新型专利权和外观设计专利权的保护期限为 10 年，均自申请日起计算。过了这一期限，专利权归于消灭。

2. 保护范围

法律对专利权的保护是有范围的，超出了专利权的保护范围，法律并不给予保护。发明或者实用新型专利权的保护范围以专利文件中记载的权利要求的内容为准；外观设计专利权的保护范围以表示在图片或者照片中的该外观设计专利产品为准。这就对专利权人提出了较高的要求，有些专利权人的权利之所以得不到有效的保护，并不是因为法律的规定不周全，而是因为专利权人的权利要求书所要求的权利范围太小。

3. 侵权行为

侵权行为主要包括：未经专利权人许可，实施其专利；假冒专利；擅自向外国申请专利，泄露国家重要机密；侵夺发明人或设计人的非职务发明创造专利申请权和其他权益；专利局工作人员及有关国家机关人员徇私舞弊的行为。

4. 法律责任

对专利侵权行为，专利权人或者利害关系人可以请求专利管理机关进行处理，也可以直接向人民法院起诉。其责任形式包括民事、行政和刑事三种。专利管理机关有权责令侵权人停止侵权行为，并赔偿损失。情节严重事故，构成犯罪的，依法追究刑事责任。

5. 专利权保护的限制性规定

对专利权进行一定的限制，目的是维护公众的正当利益，促进生产、流通和科研工作的开展。专利法规定，有下列情形之一的，不视为侵犯专利权：

(1) 专利权人制造、进口或者经专利权人许可而制造、进口的专利产品或者依照专利方法直接获得的产品售出后，使用、许诺销售或者销售该产品的。

(2) 在专利申请日前已经制造相同产品、使用相同方法或者已经做好制造、使用的必要准备，并且仅在原有范围内继续制造、使用的。

(3) 临时通过中国领陆、领水、领空的外国运输工具，依照其所属国同中国签订的协议或者共同参加的国际条约，或者依照互惠原则，为运输工具自身需要而在其装置和设备中使用有关专利的。

(4) 专为科学研究和实验而使用有关专利的。为生产经营目的使用或者销售不知道是未经专利权人许可而制造并售出的专利产品或者依照专利方法直接获得的产品，能证明其产品合法来源的，按理已构成侵权，但由于该行为属于非恶意行为，专利法也规定该行为不承担赔偿责任。

四、商标权与商标法

（一）商标的概念和种类

商标俗称牌子，是指经营者在商品或服务项目上使用的，将自己经营的商品或提供的服务与其他经营者经营的商品或提供的服务区别开来的一种商业识别标志。随着生产力的发展，生产相同商品或提供相同服务的经营者越来越多。商标最基本的功能就是识别商品或服务的来源，区别相同商品或服务的不同经营者。

商标可以用文字、字母、图形、数字、线条或颜色或其组合构成。根据不同的标准，可将商标分为以下几类：

（1）按商标结构可分为平面商标和立体商标。

平面商标是指由文字、图形、字母、数字、色彩的组合，或前述要素的相互组合构成的商标。立体商标是指由产品的容器、包装、外形以及其他具有立体外观的三维标志构成的商标。

（2）按识别对象可分为商品商标和服务商标。

商品商标是指使用于各种商品上，用来区别不同生产者和经营者的商标，如“长虹”、“海尔”等。服务商标是指使用于服务项目，用来区别服务提供者的商标。

（3）按功能作用可分为集体商标、证明商标、等级商标和防卫商标。

（4）按知名度可分为普通商标、驰名商标。

（二）商标权的取得

商标权的取得可分为原始取得和继受取得。根据我国商标法第三条规定，商标权的原始取得，应按照商标注册程序办理。商标注册人对注册商标享有的专用权，受法律保护。继受取得应按合同转让和继承注册商标的程序办理。

（三）商标注册

商标注册是指商标使用人依照法律规定的条件及程序，向商标管理机构提出申请，经商标管理机构的审查和核准，予以登记公告，并发给商标注册证，授予申请人以商标专用权的法律活动。商标注册是商标使用人获取商标权的必经程序，是商标受法律保护的前提条件。

1. 商标注册的原则

（1）申请在先原则。

申请在先原则又称注册在先原则，是指两个或者两个以上的商标注册申请人，在同一种商品或者类似商品上，以相同或者近似的商标申请注册的，申请在先的商标，其申请人可获得商标专用权，在后的商标注册申请予以驳回。如果是同一天申请，初步审定并公告使用在先的商标，驳回其他人的申请，不予公告；同日使用或均未使用的，申请人之间可以协商解决，协商不成的，由各申请人抽签决定。

我国商标法在坚持申请在先原则的同时，还强调在先申请的正当性，防止不正当的抢注行为。商标法第三十一条规定：“申请商标注册不得损害他人现有的在先权利，也不得以不正当手段抢先注册他人已经使用并有一定影响的商标。”

(2) 自愿注册原则。

自愿注册原则是指商标使用人是否申请商标注册取决于自己的意愿。在自愿注册原则下，商标注册人对其注册商标享有专用权，受法律保护。未经注册的商标，可以在生产服务中使用，但其使用人不享有专用权，无权禁止他人在同种或类似商品上使用与其商标相同或近似的商标，但驰名商标除外。

在实行自愿注册原则的同时，我国规定了在极少数商品上使用的商标实行强制注册原则，作为对自愿注册原则的补充。目前必须使用注册商标的商品只有烟草制品，包括卷烟、雪茄烟和有包装的烟丝。使用未注册商标的烟草制品禁止生产和销售。

2. 商标构成的条件

(1) 必备条件。

构成商标的必备条件包括两项：第一，应当具备法定的构成要素。任何能够将自然人、法人或者其他组织的商品与他人的商品区别开来的可视性标志，包括文字、图形、字母、数字、三维标志和颜色组合，以及上述要素的组合，均可以作为商标申请注册。视觉不能感知的音响、气味等商标不能在我国注册。第二，商标应当具有显著特征。商标的显著特征可以通过两种途径获得：一是标志本身固有的显著性特征，如立意新颖、设计独特的商标；二是通过使用获得显著特征，如直接叙述商品质量等特点的叙述性标志经过使用取得显著特征，并便于识别的，可以作为“第二含义”商标注册。

(2) 禁止条件。

商标的禁止条件也称商标的消极要件，是指注册商标的标记不应当具有的情形。

①不得侵犯他人的在先权利或合法利益。主要内容有：不得在相同或类似商品上与已注册或申请在先的商标相同或近似；就相同或者类似商品申请注册的商标是复制、模仿或者翻译他人未在中国注册的驰名商标，容易导致混淆的，不予注册并禁止使用；就不相同或者不相类似商品申请注册的商标是复制、模仿或者翻译他人已经在中国注册的驰名商标，误导公众，致使该驰名商标注册人的利益可能受到损害的，不予注册并禁止使用；未经授权，代理人或者代表人以自己的名义将被代理人或者被代表人的商标进行注册，被代理人或者被代表人提出异议的，不予注册并禁止使用；不得以不正当手段抢先注册他人已经使用并有一定影响的商标；不得侵犯他人的其他在先权利，如外观设计专利权、著作权、姓名权、肖像权、商号权、

特殊标志专用权、奥林匹克标志专有权、知名商品特有名称、包装、装潢专用权等。

②不得违反商标法禁止注册或使用某些标志的条款。商标法第十条、第十二条和第十六条主要从以下两方面作出了规定：

第一，禁止作为商标注册或使用的标志：同中华人民共和国的国家名称、国旗、国徽、军旗、勋章相同或者近似的，以及同中央国家机关所在地特定地点的名称或标志性建筑物的名称、图形相同的；同外国的国家名称、国旗、国徽、军旗相同或者近似的，但该国政府同意的除外；同政府间国际组织的旗帜、徽记、名称相同或者近似的，但经该组织同意或者不易误导公众的除外；与表明实施控制、予以保证的官方标志、检验印记相同或者近似的，但经授权的除外；同“红十字”、“红新月”的标志、名称相同或者近似的；带有民族歧视性的；夸大宣传并带有欺骗性的；有害于社会主义道德风尚或者有其他不良影响的；县级以上行政区划名称或者公众知晓的地名，但该地名具有其他含义或者作为集体商标、证明商标组成部分的除外，已经注册的使用地名的商标继续有效；商标中有商品的地理标志，而该商品并非来源于该标志所标示的地区，误导公众的，不予注册并禁止使用，但是，已经善意取得注册的继续有效。

第二，禁止作为商标注册但可以作为未注册商标或其他标志使用的标志：

A. 仅有本商品的通用名称、图形、型号的；仅仅直接表示商品的质量、主要原料、功能、用途、重量、数量及其他特点的；缺乏显著特征的。前述所列标志经过使用取得显著特征，并便于识别的，可以作为商标注册。

B. 以三维标志申请注册商标的，仅由商品自身的性质产生的形状、为获得技术效果而需有的商品形状或者使商品具有实质性价值的形状，不得注册。

3. 商标注册程序

(1) 申请的代理。

商标注册的国内申请人可以自己直接到商标局办理注册申请手续，也可以委托商标代理组织办理。外国人或者外国企业在我国申请注册商标和办理其他商标事宜的，应当委托依法成立的商标代理组织代理。

当事人委托商标代理组织申请商标注册或者办理其他商标事宜，应当提交代理委托书。代理委托书应当载明代理内容及权限；外国人或者外国企业的代理委托书还应当载明委托人的国籍。

(2) 注册申请。

首次申请商标注册，申请人应当提交申请书、商标图样、证明文件并交纳申请费。申请人用药品商标注册，应当附送卫生行政部门发给的药品生产企业许可证或者药品经营企业许可证副本；申请烟草制品的商标注册的，应当附送国家烟草主管机关批准生产的证明文件。注册商标在使用过程中，需要扩大使用范围的，不论扩大使用的商品是否与原注册商标使用的商品属于同一类，都必须另行提出注册申请；注册商标需要改变其标志的，应当重新提出注册申请；注册商标需要变更注册人的名义、地址或者其他注册事项的，应当提出变更申请。在实行申请在先原则的情形下，申请日期的确定具有很重要的意义。申请日期一般以商标局收到申请文件的日期为准。申请人享有优先权的，优先权日为申请日。商标法规定了可以享有优先权的两种情况：其一，商标注册申请人自其商标在外国第一次提出商标注册申请之日起6个月内，又在中国就相同商品以同一商标提出商标注册申请的，依照该外国同中国签订的协议或者共同参加的国际条约，或者按照相互承认优先权的原则，可以享有优先权；其二，商标在中国政府主办的或者承认的国际展览会展出的商品上首次使用的，自该商品展出之日起6个月内，该商标的注册申请人可以享有优先权。

4. 审查和核准

商标局对受理的商标注册申请，依法进行审查，对符合规定的或者在部分指定商品上使用商标的注册申请符合规定的，予以初步审定，并予以公告；对不符合规定或者在部分指定商品上使用商标的注册申请不符合规定的，予以驳回或者驳回在部分指定商品上使用商标的注册申请，书面通知申请人并说明理由。商标注册申请人对驳回申请不服的，可依法向商标评审委员会申请复审，对复审决定不服的，可依法在收到通知之日起30日内向人民法院提起行政诉讼。

对初步审定的商标，自公告之日起3个月内，任何人均可以提出异议。商标局依法对提起的异议进行裁定，当事人对该裁定不服的，可依法提起复审，当事人对复审裁定不服的，可依法提起诉讼。

当事人对公告期满无异议的，予以核准注册，发给商标注册证，并予公告。经裁定异议不能成立而核准注册的，商标注册申请人取得商标专用权的时间自初审公告3个月期满之日起计算。经异议核准注册的商标，自该商标异议期满之日起至异议裁定生效前，对他人在同一种或者类似商品上使用与该商标相同或者近似的标志的行为不具有追溯力；但是，因该使用人的恶意给商标注册人造成的损失，应当给予赔偿。

（四）商标权的内容

商标权是指商标注册人在法定期限内对其注册商标所享有的受国家法律保护的各种权利，从内容上看，包括专用权、禁止权、许可权、转让权、续展权和标示权等，其中专用权是最重要的权利，其他权利都是由该权利派生出来的。正因为如此，一般都把商标权与商标专用权不加区分地利用。但两者之间的法律意义有时是不相同的。

1. 专用权

专用权是指商标权主体对其注册商标依法享有的自己在指定商品或服务项目上独占使用的权利。注册商标的专用权以核准注册的商标和核定使用的商品为限。

2. 许可权

许可权是指商标权人可以通过签订商标使用许可合同许可他人使用其注册商标的权利。许可人应当监督被许可人使用其注册商标的商品质量，被许可人必须在使用该注册商标的商品上标明被许可人的名称和商品产地。商标使用许可合同应当报商标局备案，商标使用许可合同未经备案的，不影响该许可合同的效力，但当事人另有约定的除外。商标使用许可合同未在商标局备案的，不得对抗善意第三人。商标的使用许可的类型主要有独占使用许可、排他使用许可、普通使用许可等。

3. 转让权

商标转让权是指商标权人将其依法享有的注册商标依法定程序和条件，转让给他人的权利。转让注册商标的，转让人和受让人应当签订转让协议，并共同向商标局提出申请。商标注册人对其在同一种或者类似商品上注册的相同或者近似的商标，应当一并转让；未一并转让的，由商标局通知其限期改正；期满不改正的，视为放弃转让该注册商标的申请，商标局应当书面通知申请人。转让注册商标经核准后，予以公告，受让人自公告之日起享有商标专用权。受让人应当保证使用该注册商标的商品质量。注册商标的转让不影响转让前已经生效的商标使用许可合同的效力，但商标使用许可合同另有约定的除外。

4. 续展权

续展权是指商标权人在其注册商标有效期届满前，依法享有申请续展注册，从而延长其注册商标保护期的权利。注册商标的有效期为 10 年，自核准注册之日起计算。注册商标有效期满，需要继续使用的，应当在期满前 6 个月内申请续展注册；在此期间未能提出申请的，可以给予 6 个月的宽限期。每次续展注册的有效期为 10 年，自该商标上一届有效期满次日起计算。宽展期满仍未提出申请的，注销其注册商标。

5. 标示权

商标注册人使用注册商标，有权标明“注册商标”字样或者注册标记。在商品上不便标明的，可以在商品包装或者说明书以及其他附着物上标明。

6. 禁止权

商标禁止权是商标权人依法享有的禁止他人不经过自己的许可而使用注册商标和与之相近似的商标的权利。根据商标法第五十二条的规定，注册商标权人有权禁止他人未经许可在同一种商品或者类似商品上使用与其注册商标相同或者近似的商标，商标禁止权的范围比商标专用权的范围广。

商标权的消灭是指注册商标权利人所享有的商标权在一定条件下丧失，不再受法律保护。商标权因注册商标被注销或者被撤销而消灭。

商标注册人有下列行为之一的，由商标局责令限期改正或者撤销其注册商标：自行改变注册商标的；自行改变注册商标的注册人名义、地址或者其他注册事项的；自行转让注册商标的；连续三年停止使用的；使用注册商标，其商品粗制滥造，以次充好，欺骗消费者的。

（五）商标侵权行为

商标侵权行为是指违反商标法规定，假冒或仿冒他人注册商标，或者从事其他损害商标权人合法权益的行为。商标侵权行为的表现形式主要有：

1. 假冒或仿冒行为

这是指未经商标注册人的许可，在同一种商品或者类似商品上使用与其注册商标相同或者近似的商标。这类侵权行为可以具体分解为以下四种：在同一种商品上使用与他人注册商标相同的商标；在同一种商品上使用与他人注册商标相近似的商标；在类似商品上使用与注册商标相同的商标；在类似商品上使用与他人注册商标相近似的商标。第一种行为是假冒行为，其余三种是仿冒行为。假冒注册商标是最严重的侵害商标专用权的行为，情节严重的，要依法追究刑事责任。

相同商标是指被控侵权的商标与原告的注册商标相比较，二者在视觉上基本无差别；近似商标是指被控侵权的商标与原告的注册商标相比较，其文字的字形、读音、含义或者图形的构图及颜色，或者其各要素组合后的整体结构相似，或者其立体形状、颜色组合近似，易使相关公众对商品的来源产生误认或者认为其来源与原告注册商标的商品有特定的联系；类似商品是指在功能、用途、生产部门、销售渠道、消费对象等方面相同，或者相关公众一般认为其存在特定联系、容易造成混淆的商品。在认定商品或者服务是否类似时，应以相关公众对商品或者服务的一般认识综合判断，商标注册用商品和服务国际分类表、类似商品和服务区分表可以作为判断类似商品或者服务的参考。

对商标的使用，包括将商标用于商品、商品包装或者容器以及商品交易文书上，或者将商标用于广告宣传、展览以及其他商业活动中。

2. 销售侵犯商标权的商品

这类侵权行为的主体是商品经销商，不管行为人主观上是否有过错，只要实施了销售侵犯注册商标专用权的商品的行为，都构成侵权。只是在行为人主观上是善意时，可以免除其赔偿责任。商标法第五十六条第三款规定：销售不知道是侵犯注册商标专用权的商品，能证明该商品是自己合法取得的并说明提供者的，不承担赔偿责任。

3. 伪造、擅自制造他人注册商标标志或者销售伪造、擅自制造的注册商标标志的

这种侵权行为是商标标志侵权的问题，包括“制造”和“销售”两种行为。

4. 未经商标注册人同意，更换其注册商标并将已更换商标的商品又投入市场的

这种行为又称为反向假冒行为、撤换商标行为。构成这种侵权行为必须具备两个要件，一是行为人未经商标所有人同意而擅自更换商标；二是撤换商标的商品又

投入市场进行销售。

5. 给他人的注册商标专用权造成其他损害的

根据商标法实施条例第五十条和《最高人民法院关于审理商标民事纠纷案件适用法律若干问题的解释》第一条的规定，下列行为属于“给他人的注册商标专用权造成其他损害的”商标侵权行为：

(1) 在同一种或者类似商品上，将与他人注册商标相同或者近似的标志作为商品名称或者商品装潢使用，误导公众的。

(2) 故意为侵犯他人注册商标专用权行为提供仓储、运输、邮寄、隐匿等便利条件的。

(3) 将与他人注册商标相同或者相近似的文字作为企业的字号在相同或者类似商品上突出使用，容易使相关公众产生误认的。

(4) 复制、模仿或者翻译他人注册的驰名商标或其主要部分在不相同或者不相类似商品上作为商标使用，误导公众，致使该驰名商标注册人的利益可能受到损害的。

(5) 将与他人注册商标相同或者相近似的文字注册为域名，并且通过该域名进行相关商品交易的电子商务，容易使相关公众产生误认的。

注册商标中含有本商品的通用名称、图形、型号，或者直接标示商品的质量、主要原料、功能、用途、重量、数量及其他特点或者含有地名的，注册商标专用权人无权禁止他人正当使用。对他人的正当使用行为不能作为商标侵权行为查处。

(六) 对驰名商标的特殊保护

驰名商标是指在一定地域范围内具有较高知名度并为相关公众知晓的商标。驰名商标具有巨大的商业价值，是不法经营者假冒或仿冒的重点对象，因而商标法对驰名商标规定了特殊的保护措施。

1. 驰名商标的认定

驰名商标可以由特定的行政机关认定，也可以由人民法院在审理案件时进行认定。国家工商总局负责驰名商标的认定与管理工作，驰名商标的认定以当事人申请为原则。人民法院在审理商标纠纷案件中，根据当事人的请求和案件的具体情况，可以对涉及的注册商标是否驰名依法作出认定。当事人对曾经被行政机关或者人民法院认定的驰名商标请求保护，对方当事人对涉及的驰名商标不持异议的，人民法院不再审查；提出异议的，人民法院依照商标法第十四条的规定审查。

认定驰名商标应当考虑下列因素：相关公众对该商标的知晓程度；该商标使用的持续时间；该商标的任何宣传工作的持续时间、程度和地理范围；该商标作为驰名商标受保护的记录；该商标驰名的其他因素。这里的“相关公众”是指与商标所标志的某类商品或者服务有关的消费者和与前述商品或者服务的营销有密切关系的其他经营者。

2. 驰名商标的特殊保护措施

复制、模仿或者翻译他人未在中国注册的驰名商标或者主要部分，在相同或者类似商品上使用，容易导致混淆的，应当承担相应的民事法律责任；申请注册的，不予注册并禁止使用。

就不相同或者不相类似商品申请注册的商标是复制、模仿或者翻译他人已经在中国注册的驰名商标，误导公众，致使该驰名商标注册人的利益可能受到损害的，不予注册并禁止使用。

思考题

1. 对侵犯著作权行为如何认定？如何归责？
2. 商标注册有何要求和限制？
3. 什么是驰名商标？我国法律是怎样保护驰名商标的？

第六章　婚姻家庭生活与法

一、婚姻法律规定

遵守婚姻规则是获得幸福婚姻的前提，婚姻法集中体现了婚姻的规则，包括结婚的条件和程序、夫妻之间的法律关系、离婚的条件和程序等。

（一）结婚的法定条件和程序

1. 结婚的法定条件

结婚是由男女双方根据法律规定的条件和程序，确立夫妻关系的法律行为。婚姻法对结婚条件作了十分严谨和科学的规定。结婚条件包括必备条件和禁止条件两个方面。

结婚的必备条件：男女双方完全自愿；达到法定婚龄，即男不得早于 22 周岁，女不得早于 20 周岁；符合一夫一妻制的原则。

结婚的禁止条件：直系血亲和三代以内旁系血亲禁止结婚；患有医学上认为不应当结婚的疾病的人禁止结婚。

结婚必须“男女双方完全自愿”所体现的是婚姻法的“婚姻自由原则”。这一原则是婚姻法的核心原则，它是指男女双方有依法缔结或解除婚姻关系而不受对方强迫或他人干涉的自由。在缔结婚姻上，男女双方应完全自愿，不允许任何一方对他方加以强迫或任何第三者加以干涉，禁止包办、买卖婚姻和其他干涉婚姻自由的行为，禁止借婚姻关系索取财物。

婚姻法关于婚龄的规定，既考虑了公民个人身心发育的自然因素，也考虑了各种社会因素。法律规定的结婚年龄是最低婚龄，低于法定婚龄的不得结婚，但不是说到了法定婚龄就一定要结婚。国家提倡和鼓励适当晚婚晚育。

一夫一妻制是社会文明进步的重要标志之一，也是当今世界绝大多数国家所确立的婚姻原则。我国婚姻法规定一夫一妻制，禁止重婚，禁止有配偶者与他人同居。重婚是指有配偶者又与他人结婚或明知对方有配偶而与之结婚的违法行为。有配偶者与他人登记结婚构成法律上的重婚；虽未登记，但确与他人以夫妻名义同居生活的，构成事实上的重婚。重婚是对一夫一妻制的严重破坏，不仅为婚姻法所禁止，不具有婚姻的法律效力，也是一种犯罪，还要受到刑法的制裁。

禁止直系血亲和三代以内的旁系血亲结婚，是优生和伦理的要求。现代科学证明，近亲结婚是下一代产生先天性遗传疾病的最主要原因，对后代繁衍存在严重的危害。研究证明，人类有 3 000 多种疾病都可以通过近亲婚配遗传给下一代，如先天性痴呆症、血友病、白化病、癫痫病等。近亲结婚所引起的遗传病发病率比非近亲结婚的发病率高 150 倍，婴儿死亡率高 3 倍多。遗传疾病是一种严重危害人类健康的疾病，它不仅使患者本人非常痛苦，而且给患者的家庭以及社会带来很大的负担。为了子孙后代的健康和中华民族的繁荣昌盛，提高人口质量，做到优生优育，婚姻法规定禁止直系血亲和三代以内旁系血亲结婚，体现了婚姻法高度的科学性。

直系血亲是指与自己有直接血缘关系的亲属，即生育自己和自己所生育的上下各代亲属。包括生育自己的父母、祖父母、外祖父母，以及这以上的直接长辈和自己所生的子女，孙子女、外孙子女以及这以下的直接晚辈。

旁系血亲是指具有间接血缘关系的亲属，即非直系血亲而在血缘上和自己同出一源的亲属。三代以内的旁系血亲，是指直系血亲以外的同源于祖父母、外祖父母（与自身相对而言）的亲属，包括同源于父母的兄弟姊妹，同源于祖父母的堂兄弟姊妹或姑表兄弟姊妹，同源于外祖父母的姨表或舅表兄弟姊妹以及不同辈的叔、伯、姑与侄子女，舅、姨与甥子女。超出这个范围，就不属于三代以内的旁系血亲。计算旁系血亲代数的具体方法是：从两个旁系亲属分别往上数至双方同源血亲，其本身为一代，如果每边数目相等，则任何一边的数目即为他们的代数；如果两边数目不等，则以大的数目为其代数。

婚姻法对医学上认为不应当结婚的疾病没有作出列举式的规定，根据有关法律规定和司法实践，患有医学上认为不应当结婚的疾病患者，主要包括以下几类：精神分裂症、躁狂抑郁症患者；性病患者未经治愈的；重度智力低下者，即痴呆症患者；正处于发病期间的法定传染病（如艾滋病、甲型肝炎、开放性肺结核、非典型性肺炎等）患者。

2. 结婚的法定程序

结婚登记是结婚的必经法律程序，要求申请结婚的男女双方必须亲自履行。我国现行的《婚姻登记条例》规定内地居民办理婚姻登记的机关是县级人民政府民政部门或者乡（镇）人民政府，省、自治区、直辖市人民政府可以按照便民原则确定农村居民办理婚姻登记的具体机关。《婚姻登记条例》还规定了结婚登记的一般程序包括申请、审查、登记三个步骤。

(1) 申请。

要求结婚的男女双方需持本人的户口簿、身份证共同到一方当事人常住户口所在地的婚姻登记机关办理结婚登记，并且需要签署一份本人无配偶以及与对方当事人没有直系血亲和三代以内旁系血亲关系的签字声明。离过婚的人申请再婚时，还应持离婚证件。根据现行的《婚姻登记条例》，公民结婚不再需要单位或街道出具婚姻状况证明，婚前检查由强制变为自愿。但从当事人双方身体健康、婚姻幸福及下一代优生的角度考虑，男女双方进行婚前检查是理智和有利的。

(2) 审查。

婚姻登记机关对结婚登记当事人出具的证件、证明材料进行审查并询问相关情况。

(3) 登记。

经审查，对符合结婚条件的当事人，当场予以登记，发给结婚证；对不符合结婚条件的当事人不予登记，并向当事人说明理由。

此外，离婚的男女双方自愿恢复夫妻关系的，应当到婚姻登记机关办理复婚登记。复婚登记适用结婚登记的规定。

当事人办理了结婚登记取得结婚证后，即确立了夫妻关系，受到法律的承认和保护。

3. 订立婚约

在现实生活中也有先订立婚约，然后再结婚的现象。婚约是指男女双方以将来结婚为目的所作的事先约定，又称订婚。婚姻法对婚约无明文规定，根据婚姻法及最高人民法院关于适用法律的解释的精神，可知订婚不是结婚的必经程序和条件。法律既不禁止订婚，也不提倡订婚。婚约没有法律约束力，解除婚约无须通过任何法律手续。双方要解约即可自行解除；一方要解约，只要通知他方即可。

4. 同居

男女双方没有办理结婚登记就共同生活，称为非婚同居。男女双方均无配偶的同居关系，不是法律保护的社会关系，不受婚姻法的调整和保护，是属于道德领域调整的范畴。同居双方不享有夫妻之间相互继承、相互扶养、法定制夫妻共同所有财产等一系列法律上的权利和义务。如果发生纠纷，根据婚姻法的司法解释，当事人如果起诉仅仅要求解除同居关系，人民法院不予受理。但当事人如果就同居期间的财产分割和子女抚养问题提起诉讼的，属于民法调整的法律关系，人民法院应当受理，根据民法规定以保护子女和当事人的合法权益。

男女非婚同居生活，尽管不是法律所明文禁止的，但它毕竟牵涉双方的情感、生活、工作和各方面的利益关系，因非婚同居关系不受法律的保护，双方一旦发生激烈的矛盾和纠纷，弱者一方的权益往往容易受到损害，因此未婚男女双方在同居之前应慎重考虑和对待。特别是在校大学生，过早地发生性关系或同居，对个人的成长、学习和以后的生活往往会造成较大的影响。大学生们必须清楚，在享受自由及多元选择的同时，也要支付相应的代价，承担相应的风险。选择了婚前同居或婚前性爱，即意味着在人生阅历尚浅的时期，闯入一个“事故多发地段”。对这种行为的一切后果，当事者应有充足的估计，它会给双方未来人生之路带来什么。大学生应该懂得，在社会生活中，从来没有无约束的自由，也没有无代价的自由。多元化社会，大学生的自主意识在提升，同时每个人都应为自己的行为负责，选择一种理性的生活方式。这对我们每个人也是一种考验。

“有配偶者与他人同居”是婚姻法所明确禁止的违法行为。“有配偶者与他人同居”是指“有配偶者与婚外异性，不以夫妻名义，持续、稳定地共同居住”。它严重破坏和冲击着合法有效的婚姻。婚姻法规定，有配偶者与他人同居如果导致离婚，要承担民事责任，无过错方可以据此要求损害赔偿。

5. 事实婚姻

事实婚姻是指男女双方未经结婚登记即以夫妻名义同居生活，群众也认其为夫妻关系的客观事实。从我国的国情看，存在着相当一部分未按婚姻法第八条规定办理结婚登记而以夫妻名义共同生活的男女，他们是否是法律承认的事实婚姻呢？根据婚姻法司法解释的有关规定，在1994年2月1日民政部《婚姻登记管理条例》公布实施以前，未办理结婚登记就以夫妻名义同居生活的男女，双方已经符合结婚实质要件的，承认为事实婚姻；在该条例公布实施以后，未经结婚登记即以夫妻名义同居生活的男女，双方符合结婚实质要件的，应补办结婚登记；未补办结婚登记的，按同居关系处理。

6. 无效或可撤销的婚姻

在现实生活中，有的人尽管办理了结婚登记，但因婚姻不符合法定的实质要件，故该婚姻是无效或可撤销的婚姻。婚姻法第十条规定，有下列情形之一的，婚姻无效：重婚的；有禁止结婚的亲属关系的；婚前患有医学上认为不应当结婚的疾病，婚后尚未治愈的；未到法定婚龄的。有权依据婚姻法第十条规定向人民法院就已办理结婚登记的婚姻申请宣告婚姻无效的主体，包括婚姻当事人及利害关系人。

这里的利害关系人包括：

(1) 以重婚为由申请宣告婚姻无效的，为当事人的近亲属及基层组织。

(2) 以未到法定婚龄为由申请宣告婚姻无效的，为未达法定婚龄者的近亲属。

(3) 以有禁止结婚的亲属关系为由申请宣告婚姻无效的，为当事人的近亲属。

(4) 以婚前患有医学上认为不应当结婚的疾病，婚后尚未治愈为由申请宣告婚姻无效的，为与患病者共同生活的近亲属。

当事人依据婚姻法第十条规定向人民法院申请宣告婚姻无效的，申请时，法定的无效婚姻情形已经消失的，人民法院不予支持。人民法院审理宣告婚姻无效案件，对婚姻效力的审理不适用调解，应当依法作出判决；有关婚姻效力的判决一经作出，即发生法律效力。

我国婚姻法还规定了可撤销婚姻，这是指因胁迫结婚的，受胁迫的一方可以向婚姻登记机关或人民法院请求撤销该婚姻。受胁迫的一方撤销婚姻的请求，应当自结婚登记之日起一年内提出。被非法限制人身自由的当事人请求撤销婚姻的，应当自恢复人身自由之日起一年内提出。因受胁迫而请求撤销婚姻的，只能是受胁迫一方的婚姻关系当事人本人。

婚姻无效或撤销，必须经过法定程序，即必须经过婚姻登记机关或者法院依法宣告，无效婚姻或可撤销婚姻并不是当然无效。被宣告无效自始无效，被撤销的婚姻，经撤销后无效，当事人不具有夫妻的权利和义务。同居期间所得的财产，由当事人协议处理；协议不成时，由人民法院根据照顾无过错方的原则判决。对重婚导致的婚姻无效的财产处理，不得侵害合法婚姻当事人的财产权益。当事人所生的子女，适用婚姻法有关父母子女的规定。

（二）夫妻之间的法律关系

1. 夫妻关系是一种特殊的人身关系

夫妻是以共同生活为目的而依法结合的伴侣，双方具有特定的身份，与其他两性关系有着本质的区别。男女公民结婚以后，就构成了法律上的夫妻关系。所谓夫妻关系，是指由合法婚姻而产生的男女之间人身和财产方面的权利义务关系。夫妻关系是家庭关系的基础和核心，在家庭中起着承上启下、养老育幼的作用。正确处理好夫妻关系，对于保护男女双方的合法权益，建立民主、和睦的家庭，发挥家庭的各种功能，具有重要意义。

我国婚姻法规定夫妻在家庭中地位平等，这是处理夫妻关系的总原则，它是宪法中关于男女平等原则在婚姻家庭中的具体体现。也就是说，夫妻在家庭中平等地享有权利、平等地承担义务，任何一方都不能只享受权利、不履行义务或只履行义务、不享受权利，更不能把对方看成是自己的附属品。夫妻在家庭中的地位平等，具体体现在人身关系和财产关系上的权利义务平等。

2. 夫妻之间的主要权利义务关系

(1) 夫妻双方都有使用自己姓名的权利，子女可以随父姓，也可以随母姓。

(2) 夫妻双方都有参加生产、工作、学习和社会活动的自由，一方不得对他方加以限制或干涉。

(3) 夫妻对共同所有的财产有平等的处理权。所谓夫妻共有财产，是指在婚姻关系存续期间夫妻双方或一方除另有约定之外所得的财产。其主要有：工资、奖金；生产、经营的收益；知识产权的收益（指婚姻关系存续期间，实际取得或者已经明确可以取得的知识产权上的财产性收益）；继承或赠与的财产，但遗嘱或赠与合同中确定只归夫或妻一方的除外。

(4) 夫妻有相互继承遗产的权利。我国继承法对此作了详尽规定。

(5) 夫妻有相互忠实、相互尊重的义务。夫妻互相忠实，互相尊重，诚实互信，相互扶助。法律意义上的忠实主要表现为感情的专一性、性的专一性以及言行的诚实性。重婚、有配偶者与他人同居，是典型的违背忠实原则的行为。

(6) 夫妻有相互扶养的义务。夫妻间的扶养义务是对等的，夫有扶养妻的义务，也有要求妻扶养的权利；同样，妻有扶养夫的义务，也有要求夫扶养的权利。一方因疾病、年老丧失劳动能力或生活困难，有扶养能力的另一方必须自觉承担扶养义务，不允许采取推卸责任、置对方的困难于不顾的态度。如果一方不履行扶养义务，另一方有索要扶养费的请求权。双方如因给付扶养费发生纠纷，经有关部门调解无效，要求扶养的一方可向人民法院起诉。对年老、患病或没有独立生活能力的配偶拒不履行扶养义务，情节恶劣的，按照刑法有关规定，可以追究其刑事责任。

（三）离婚的条件和程序

1. 协议离婚与诉讼离婚

协议离婚是指当事人双方出于合意而共同要求解除婚姻关系的行为。协议离婚必须具备两个前提条件：一是男女双方均自愿；二是双方对子女的抚养问题和共同财产已做适当处理，并签订了离婚协议书。经婚姻登记机关的审查符合上述条件后，收回结婚证，发给离婚证。当事人取得离婚证书后，夫妻关系从此解除。夫妻一方要求离婚，而另一方坚决不同意离婚，这种情况婚姻登记机关不受理，由当事人直接向人民法院提出离婚诉讼。诉讼离婚程序还适用于夫妻双方都同意离婚，但在子女抚养和财产分割等问题上未达成协议的情况。法院审理离婚案件，首先进行调解，这是必经的法律程序。调解应先调解和好，若双方感情确实已破裂，调解和好已不可能，可转为调解离婚。经调解达成离婚协议的，由法院发给离婚调解书，与判决书具有相同样的法律效力。如不能达成协议，调解无效，有下列情形之一的，应准予离婚：重婚或有配偶者与他人同居的；实施家庭暴力或虐待、遗弃家庭成员的；有赌博、吸毒等恶习屡教不改的；因感情不和分居满两年的；其他导致夫妻感情破裂的情形。此外，一方被宣告失踪，另一方提出诉讼离婚的，也应准予离婚。一审离婚判决，当事人没有上诉的，过了上诉期开始生效。有上诉的二审离婚判决，判决一经送达立即生效。法院判决离婚的同时，亦应对子女抚养和财产分割作出判决。

2. 关于离婚的两项特别规定

关于离婚，有两项特别规定：一是现役军人的配偶要求离婚，须军人同意，但军人一方有重大过错的除外。司法解释将重大过错定义为重婚、与他人同居、实施家庭暴力、虐待、遗弃家庭成员、有吸毒或赌博恶习等几种情形。二是女方在怀孕期间、分娩后 1 年内或中止妊娠 6 个月内，男方不得提出离婚。女方提出离婚的或人民法院认为确有必要受理男方请求的，不在此限。

3. 离婚后子女抚养问题的规定

夫妻离婚后子女仍然是双方的子女，双方仍负有抚养教育他们的义务。离婚后子女跟哪一方共同生活，依双方协商及有利于子女成长而定。如双方因抚养问题发生争执不能达成协议时，由人民法院根据子女的权益和双方的具体情况判决。没有和子女生活在一起的一方应当承担子女必要生活费、教育费的一部分或全部。随着以后情况的变化，抚养费还可以变更。婚姻法还规定了离异父母对子女的探望权。离婚后，不直接抚养子女的父或母，有探望子女的权利，另一方有协助的义务。行使探望权利的方式、时间由当事人协议；协议不成时，由人民法院判决。父或母探望子女，不利于子女身心健康的，由人民法院依法中止探望的权利；中止的事由消失后，应当恢复探望的权利。

4. 财产分割

离婚时，属于一方的财产归各自所有。按照婚姻法规定，有下列情形之一的，为夫妻一方的财产：一方的婚前财产；一方因身体受到伤害获得的医疗费、残疾人生活补助费等费用；遗嘱或赠与合同中确定只归夫或妻一方的财产；一方专用的生活用品；其他应当归一方的财产，如军人的伤亡保险金、伤残补助金、医药生活补助费等。双方共同财产可以协议分割，协议不成由法院依据照顾女方和子女权益的原则以及司法解释的具体规定判决。离婚时债务的清偿，可分为共同债务的清偿和个人债务的清偿两种情况。根据法律规定，原为夫妻共同生活所负的债务，属于共同债务，应当以夫妻共同财产清偿，夫妻之间有连带清偿责任。所谓"夫妻共同生活所负的债务"，是指在婚姻关系存续期间，夫妻双方为共同生活，履行抚养、赡养义务，为生产经营等的需要而负的债务。在离婚分割共同财产时，应首先清偿共同债务，清偿后的余额，由夫妻双方协商分割，如果共同财产不足清偿的，应在离婚时协商确定清偿责任，如果协商分割不成或协商确定清偿责任不成的，可诉请人民法院判决。婚姻关系存续期间，夫妻一方以个人名义所负债务，当时与债权人明确约定为个人债务的，或者能够证明属于婚姻法第十九条第三款规定情形，即夫妻对婚姻关系存续期间所得的财产约定归各自所有的，夫或妻一方对外所负的债务，第三人知道该约定的，属于个人债务，以夫或妻一方所有的财产清偿。如果发生纠纷，举证责任由夫妻一方负担。

5. 损害赔偿

我国婚姻法还规定，有下列情形之一导致离婚的，无过错方有权请求损害赔偿：重婚的；有配偶者与他人同居的；实施家庭暴力的；虐待、遗弃家庭成员的。有过错方必须赔偿无过错方的损失。

婚姻自由是我国婚姻法的基本原则，也是法律赋予公民的一项基本权利。婚姻自由包括结婚自由和离婚自由，离婚自由是结婚自由的补充。可见，离婚是公民的婚姻自由权的一个方面，如果夫妻双方的感情确已破裂，婚姻关系失去了继续存在的必要，依法解除夫妻关系也许对双方是一种解脱，并使双方有可能重建美满的家庭。但我们也应该清醒地认识到，离婚意味着一个家庭的破裂，如果处理不当，对当事人、对子女和社会都会产生不良影响，所以不要轻率离婚，应当慎重对待离婚。

二、抚养子女法律规定

（一）父母对子女的抚养义务

1. 抚养教育未成年子女是父母的法定义务

我国宪法、婚姻法和未成年人保护法都明确规定，抚养教育未成年子女是父母的法定义务。作为法定义务，父母对未成年子女的抚养是无条件的，在任何情况下都不能免除；即使父母已经离婚，对未成年的子女仍应依法履抚养义务。

抚养是指父母抚育子女的成长，并为他们的生活、学习提供一定的物质条件，承担他们的生活费、教育费、医疗费等。父母对子女还有教育义务。教育子女是家庭的一项重要职能，家庭教育对子女的成长有很大的影响。父母子女间的亲密关系，为教育子女提供了有利的条件。因此，教育好子女是父母双方在法律上应尽的义务，也是社会的必然要求。根据《中华人民共和国未成年人保护法》的规定，父母有义务促进未成年人在德、智、体等方面全面发展，把他们培养成有理想、有道德、有文化、有纪律的社会主义事业的接班人。家庭和国家、社会、学校一起对未成年人进行理想、道德、文化、纪律和法律教育，因此父母应当以健康的思想、品德和适当的方法教育未成年子女，引导他们进行有益身心健康的活动，预防未成年子女染上吸烟、酗酒、聚赌、吸毒等恶习。父母应当尊重未成年子女接受教育的权利，必须使适龄的未成年子女接受义务教育，不得使在校接受义务教育的未成年子女辍学。那种对子女只抚养不教育，或者急功近利，只顾眼前利益不考虑子女的成长和前程的做法，是不符合婚姻法的精神的，同时也违反了义务教育法和未成年人保护法等法律规定，应当承担相应的法律责任。

2. 由父母抚养子女也是子女应享有的权利

婚姻法规定，父母不履行抚养义务时，未成年的或不能独立生活的子女，有要求父母付给抚养费的权利。根据婚姻法及最高人民法院有关司法解释，父母对未成年子女的抚养是无条件的，而对成年子女的抚养是有条件的。婚姻法司法解释第二十条指出："不能独立生活的子女"是指尚在校接受高中及其以下学历教育，或者丧失或未完全丧失劳动能力等非因主观原因而无法维持正常生活的成年子女。所以对在校生而言，不能独立生活的子女是高中及其以下的学生，对于上大学的成年子女父母没有法定的抚养义务。这对于虽然成年但心理还不成熟的大学生来说是一个很残酷的现实，但大学生们必须接受这个现实，学会自立。同时也需要社会创造条件，设立助学贷款、奖学金，提供更多勤工俭学的机会给大学生。当然，对有独立生活能力的成年子女，父母自愿给予经济帮助，法律并不干预。

3. 父母离婚时对子女抚育费数额的确定

现实中没有很好履行父母对子女抚养义务的情形大多存在于离婚家庭，法律及相关的司法解释对离婚后的父母子女抚养关系都有较多具体的规定。如基于父母子女间的血亲关系，婚姻法规定，离婚后，子女无论由父或母直接抚养，仍是父母双方的子女，双方仍应依法承担子女的抚养、教育、医疗等必需的费用。在对子女抚育费数额的确定上，规定子女的抚育费应由离婚的双方共同承担，不直接抚育子女的一方，应按离婚协议或者人民法院离婚判决书中确定的数额按时、足额支付，不直接抚育子女的一方不履行或不完全履行离婚协议，或者人民法院离婚判决书中确定的抚育费，直接抚育子女的一方或有民事行为能力的被抚育的子女，可向人民法院提起诉讼，要求判令不直接抚育子女的一方认真履行离婚协议或者离婚判决书中确定的抚育费数额。随着社会生活水平的不断提高，当原来离婚协议或者离婚判决书中确认的抚育费数额已明显不能满足被抚育人所需的基本抚育费时，直接抚育子女的一方或者有民事行为能力的被抚育子女，可向人民法院提起变更抚育费的诉讼请求，以满足子女抚育的需要。

对子女抚育费数额的确定，应视离婚双方的实际承受能力决定，对于有固定收入的，可按月工资收入的20%～30%的比例确定，抚育两个以上子女的，可适当增加比例，但最高不能超过固定收入的50%；对于没有固定收入的，按当年总收入或同行业的平均收入计算。给付的方法：可按约定的期限分段支付；也可一次性支付；无经济收入或下落不明的，可以财物折抵。抚育费包含生活费、教育费、医疗费等内容，应支付至成年（即18周岁），但是如果子女年满16周岁并以自己的劳动收入作为生活费的主要来源，并能维持当地一般生活水平，父母可停止支付。如果子女全部或部分丧失劳动能力，不受18岁的限制。在校就读的子女，可支付至高中毕业。

法律还允许离婚夫妇以协议或诉讼方式变更与子女的抚养关系。离婚后，非抚养方要求变更子女抚养关系，双方无法协商一致的，非抚养方应另行起诉。当出现如下情况的，可以提起变更抚养关系之诉：原抚养方因患严重疾病或因伤残无力继续抚养子女的；原抚养方不尽抚养义务或有虐待子女行为，或其与子女共同生活对子女身心健康确有不利影响的；10周岁以上未成年子女，愿随另一方生活，该方又有抚养能力的；有其他正当理由需要变更的。新婚姻法第一次规定了不直接抚养子女一方对子女有探望权，抚养方有配合的义务。这无疑是立法的重大进步。在以往的实践中，很多不懂法的当事人认为：夫妻离婚后，孩子随一方生活，就可以永远割断与另一方的关系，有些人甚至以不要抚养费为条件，提出与另一方永久断绝关系。事实上，子女与父母的亲缘关系是客观存在的，不能因为离婚而受到限制。探望权的行使正是基于亲属权而产生的。

4. 父母遗弃子女的法律责任

在强调父母对子女的法定抚养义务上，婚姻法和未成年人保护法都用禁止性条款规定禁止溺婴、弃婴和其他残害婴儿的行为；父母不得虐待、遗弃未成年子女，不得歧视女性未成年人或者有残疾的未成年子女。根据这些法律规定，父母对子女的抚养义务从子女出生之时开始，不论男婴、女婴，不论是否患有重病、是否有残疾，父母都有义务予以抚养，溺婴、弃婴和其他残害婴儿的行为应当承担法律责任。在现代社会，子女不是父母的私有“财产”，子女人格独立，依法享有各项权利，特别是生命健康权，任何人都无权非法剥夺。溺婴属于杀人罪，弃婴构成遗弃罪的，其他残害婴儿的行为，如属于虐待，构成犯罪的，必须承担刑事责任。

应当注意的是，在父母子女权利义务法律关系中，法律规定的“子女”包括婚生子女、非婚生子女、养子女、继子女。婚生子女是指具有婚姻关系的夫妻所生的子女；非婚生子女是指没有婚姻关系的男女所生的子女；养子女是指被合法收养的子女；继子女是夫妻一方对另一方与前夫或前妻所生子女而言，夫对其妻与前夫所生的子女或妻对夫与前妻所生的子女，称继子女。婚姻法规定，非婚生子女享有与婚生子女同等的权利，任何人不得加以危害和歧视。不直接抚养非婚生子女的生父或生母，应当负担子女的生活费和教育费，直至子女能独立生活为止。国家保护合法的收养关系，养父母和养子之女之间的权利和义务，适用婚姻法对父母子女关系的有关规定。养子女和生父母之间的权利和义务，因收养关系的成立而消除。继父母与继子女间，不得虐待或歧视。继父或继母和受其抚养教育的继子女之间的权利和义务，适用本法对父母子女关系的有关规定。可见，婚生子女、非婚生子女、养子女、与继父或继母有抚养关系的继子女在法律上的地位是平等的，享有同等的法律权利义务。

（二）父母对未成年子女的监护职责

婚姻法规定，父母有保护和教育未成年子女的权利和义务。在未成年子女对国家、集体或他人造成损害时，父母有承担民事责任的义务。这实际上是有关亲权和监护权的规定。我国民法通则及有关法律进一步完善了父母对未成年子女的监护规定。

未成年子女是指未满 18 周岁的子女，我国民法通则第十六条第一款规定，未成年人的监护人首先是父母。对未成年子女的保护和教育是父母作为监护人的重要职责。

所谓的保护，是指父母应当保护其未成年子女的人身安全和合法权益，预防和排除来自外界的危害，使其未成年子女的身心处于安全状态。这里的教育侧重于管教的意思，是指父母要按照法律和道德要求，采取正确的方法，对其未成年子女进行教导，并对其行为进行必要的约束，其目的是保障未成年子女的身心健康成长。民法通则规定了法定监护人的基本职责，从父母对子女的监护看，主要包括以下四个方面：

(1) 保护子女的人身权利。

父母应当保护子女的身体健康，照顾子女的日常生活，保护子女的人身权利免遭侵犯，对子女进行德、智、体等方面的培养和教育。

(2) 保护子女的财产及其他合法权益。

父母对子女的合法财产应当妥善保管，对子女应得的合法收入（如依法应得的抚养费、继承的遗产等）都应依法保护。为了子女的日常生活和其他需要，可以合理利用子女的财产。非为子女的利益，父母不得处分其财产。

(3) 代理子女进行民事活动和民事诉讼活动。

父母作为子女的法定代理人，代理子女参加民事活动，行使民事权利，履行民事义务。当子女需要进行民事诉讼活动时，父母必须以其法定代理人身份代为诉讼，请求人民法院依法保护子女的合法权益。

（4）当子女造成他人损害时，父母要承担民事责任。

父母尽了监护责任的，可适当减轻其应承担的民事责任。

三、遗产继承制度

（一）遗产

1. 遗产的范围

遗产是公民死亡的时候遗留的个人合法财产。依照我国继承法的规定，遗产包括：

（1）公民的收入。其中包括公民的工资、劳务费、从事合法经营的收入、存款的利息、接受赠与或继承所得的财产。

（2）公民的房屋、储蓄等。储蓄指公民在银行中的存款，生活用品包括衣物、首饰、家具、家用电器、自行车、摩托车等。

（3）公民的林木、牲畜和家禽。公民的林木主要是指公民在住宅前后自种的林木和自留地、自留山上所种的林木，牲畜主要是指公民自己饲养的牛、马、猪、羊等，家禽主要是指公民自己喂养的鸡、鸭、鹅等。

（4）公民的文物、图书资料。公民的文物一般是指公民自己收藏的书画、古玩、艺术品等。如果上述文物中有特殊珍贵者，应按我国文物保护法处理。公民的图书资料包括图书及录音带、录像带、激光视盘等。

（5）法律允许公民所有的生产资料。其中包括生产用车、各种农业机械与器具、生产加工机械、工厂与企业等。

（6）公民的著作权、专利权的财产权利。公民知识产权中的人身权利（如署名权）不能作为遗产继承，而知识产权中的财产权利（如在他人依合同利用其知识成果时有取得报酬的权利等）可以作为遗产继承。

（7）公民的其他合法财产。其他合法财产主要是指有价证券，如国债、股票、支票、兑奖票券等，还包括履行标的为财物的债权等。

公民死亡时所遗留的上述财产均可以作为遗产由其继承人继承。

2. 公民死亡后承包权的处理

我国继承法规定："个人承包应得的个人收益，依照本法规定继承。个人承包，依照法律允许由继承人继续承包的，按照承包合同办理。"继承法这一规定包含了两层意思：第一，公民个人承包集体所有的土地、山地、林地果园、草原、牧场、池塘等以及承包国有、集体企业等所获得的合法收益，属于公民个人所有，当其死亡时可作为遗产由他的继承人继承。这里所指的合法收益，还包括承包人死亡时尚未取得的承包收益。最高人民法院《关于贯彻执行〈中华人民共和国继承法〉

的若干问题的意见》规定："承包人死亡时尚未取得承包收益的，可把死者生前对承包所投入的资金和所付出的劳动及其增值和孳息，由发包单位或者续承包合同的人合理折价补偿。其价额作为遗产。"第二，公民个人承包，依照法律允许由继承人继续承包的，按照承包合同办理。这就是说，个人承包权不能按照遗产继承的程序和办法转移给他人，而只能在法律允许的前提下按照承包合同的办理方式由他人续包。

3. 遗产与家庭共有财产的区别

继承遗产除要明确遗产范围之外，还应把个人遗产同家庭共有财产区分开来。家庭共有财产是指家庭全体成员共同拥有的财产。当家庭成员只有夫妻两人时，家庭财产包括夫妻个人财产与夫妻共有财产。夫妻个人财产一般指婚前个人所有的财产，如转业军人的复员费、转业费、医疗费等，夫妻个人财产归各自所有。夫妻共有财产是指夫妻在婚姻关系存续期间所得的财产，婚后夫妻共同购置的财产以及其他共同财产。夫妻一方死亡时，只能将夫妻共同所有财产的一半和属于死者个人所有的财产作为遗产。

当家庭成员除夫妻外还有其他家庭成员，如父母、子女时，还应把其他家庭成员的个人财产以及在全家财产中的份额划分出来，不能把这些财产作为遗产。平时家庭成员之间的相互资助应视为赠与，属于特定家庭成员的个人财产，而不能作为家庭共有财产。此外，死者若生前还有债务，还应先明确是属于个人债务还是家庭债务。若属于家庭债务，应当用家庭的共有财产来补偿；若属于个人债务，全部用死者的遗产来补偿。

（二）法定继承

1. 法定继承以具有特定的身份关系为前提

法定继承是指由法律直接规定继承人的范围、继承顺序、遗产分配原则的一种继承方式。法定继承是以一定的人身关系为前提的，即继承人与被继承人之间必须有婚姻、血缘或扶养关系；并且法定继承人的范围、继承顺序和遗产分配原则等各方面的权利，都是强制性的规范，除死者生前依法以遗嘱方式改变外，其他人都无权改变。依据家庭成员之间特定的身份关系，我国继承法对法定继承人的范围和顺序作出了明确规定。

2. 法定继承人的范围和顺序

法定继承人包括：

⑴ 配偶。配偶是指被继承人死亡时与被继承人有合法夫妻关系者。如果是已经与被继承人离婚者，或者是跟被继承人非法同居者，不能以配偶身份继承财产。

⑵ 子女。子女是被继承人最近的晚辈直系血亲，包括婚生和非婚生子女、养子女和有抚养关系的继子女。此外，还应当保留胎儿的应继承份额。

(3) 父母。父母是被继承人最近的直系长辈血亲，包括生父母、养父母和有抚养关系的继父母。

(4) 兄弟姐妹。兄弟姐妹是被继承人最近的旁系血亲，包括同父母的兄弟姐妹、同父异母或同母异父的兄弟姐妹、养兄弟姐妹和有抚养关系的继兄弟姐妹。

(5) 祖父母、外祖父母。他们是仅次于父母子女的直系血亲。

被继承人死亡之后，并非所有的法定继承人都可以同时继承遗产，而是要按照法律所规定的先后次序依次继承。继承法依据继承人与被继承人血缘关系的远近、密切程度以及在经济上相互依赖等状况，将法定继承人分为两个顺序：

第一顺序为配偶、子女、父母，第二顺序为兄弟姐妹、祖父母和外祖父母。此外，继承法还规定，丧偶儿媳对公、婆，丧偶女婿对岳父、岳母尽了主要赡养义务的，作为第一顺序继承人。这里的主要赡养义务是指对被继承人生活提供了主要来源，或在劳务方面提供了主要扶助。这是因为，丧偶儿媳对公、婆，丧偶女婿对岳父、岳母尽了主要赡养义务，就与公婆、岳父母之间形成了事实上的收养关系。如果丧偶儿媳对公、婆，丧偶女婿对岳父、岳母尽了主要赡养义务，跟他们是否再婚无关。

继承开始后，由第一顺序继承人继承，第二顺序继承人不继承。没有第一顺序继承人的，由第二顺序继承人继承。一般情况下，同一顺序继承人继承遗产的份额应当均等，但特殊情况下亦可不均等，如对生活有特殊困难的缺乏劳动能力的继承人，分配遗产时应当照顾；对被继承人尽了主要扶养义务或与被继承人共同生活的继承人可多分；而对有扶养能力和有扶养条件的继承人，不尽扶养义务的可以不分或者少分。

在意外事故中两个以上互有继承关系的人死亡，不能确定死亡的先后时间时，推定没有继承人的人先死亡。死亡者均有继承人，辈分不同的，推定长辈先死亡；辈分相同的，推定同时死亡，彼此不发生继承问题，其遗产由各自的继承人分别继承。

3. 代位继承

被继承人的子女先于被继承人死亡的，由被继承人子女的晚辈直系血亲代位继承。代位继承人一般只能继承他的父亲或母亲有权继承的遗产份额。关于被继承人死亡的子女是否能分配遗产取决于其子女是否有晚辈直系血亲，有晚辈直系血亲者可分配，无晚辈直系血亲者则不能分配。但代位继承人不论有多少，一般只能继承所代位之人有权继承的份额。

4. 丧失继承权的情形

法定继承的适用还须符合继承人不丧失继承权的条件，如果继承人丧失了继承权，则无权依法获得被继承人的遗产。根据继承法规定，丧失继承权的情形有：故意杀害被继承人的；为争夺财产杀害其他继承人的；遗弃、虐待被继承人，情节严重的；伪造、篡改或销毁遗嘱，情节严重的。继承人也会因上述违法或犯罪行为而被依法取消继承被继承人遗产的资格。继承人丧失继承权的，其晚辈直系血亲也不得代位继承。

（三）遗嘱继承

遗嘱继承是指按照被继承人生前所立的合法有效的遗嘱来确定继承人并继承其遗产的一种继承方式。一般来说，立遗嘱人比别人更了解自己的家庭，更能使遗产分配方案接近合理。遗嘱继承更能体现公民死后如何处分属于他自己所有财产的意愿。因此，继承法规定，遗嘱继承法律效力高于法定继承。

1. 遗嘱的有效条件

设立遗嘱是一种单方法律行为，必须具备一定的法定条件，遗嘱才能发生法律效力。遗嘱的有效条件是：

第一，立遗嘱人必须具有完全民事行为能力。无民事行为能力人和限制民事行为能力人所立的遗嘱是无效的。第二，遗嘱必须是立遗嘱人的真实意思表示。受欺骗、受胁迫所立的遗嘱无效；伪造的遗嘱无效；遗嘱内容被篡改的，篡改的内容无效。第三，遗嘱的内容必须符合法律。遗嘱只能处分个人合法财产，若立遗嘱人以遗嘱处分了属于国家、集体或他人所有的财产，遗嘱的这一部分应认定无效。遗嘱还必须为缺乏劳动能力又没有生活来源的继承人保留必要遗产份额，否则，该遗嘱无效。第四，遗嘱的形式必须符合法律规定的条件，否则无效。

2. 遗嘱的形式

按照我国继承法的规定，合法的遗嘱形式一共有五种：

(1) 公证遗嘱。

公证遗嘱是指立遗嘱人到国家公证机关办理了公证的遗嘱。办理公证遗嘱，立遗嘱人应亲自到户籍所在地或住所地的公证机关办理，而不能委托他人代理。若立遗嘱人因行动不便等原因不能亲自到公证机关办理遗嘱公证，可请求公证机关派公证员前往立遗嘱人所在地办理。若立遗嘱人申请，公证机关还可以为其保管遗嘱。遗嘱由立遗嘱人亲笔书写。

(2) 自书遗嘱。

自书遗嘱是立遗嘱人亲笔书写的遗嘱形式。按照继承法规定，立遗嘱人可独立书写遗嘱，按自己的意愿指定遗嘱继承人、受遗赠人，确定各遗嘱继承人或受遗赠人接受遗产的份额。立遗嘱人制作自书遗嘱时，必须在遗嘱文书上注明立遗嘱的年、月、日与地点，还要亲笔签名或加盖印章。

(3) 代书遗嘱。

在立遗嘱人不识字或虽识字但无法亲笔书写制作的情况下，立遗嘱人可请求他人代为书写遗嘱。此种由他人代为书写制作的遗嘱称为代书遗嘱。代书遗嘱应当有两个以上的见证人在场见证，其中一人代书，注明年、月、日与地点，并由代书人、见证人和立遗嘱人签名。

(4) 录音遗嘱。

录音遗嘱是指用录音磁带录下反映立遗嘱人关于处分其遗产的意思表示的遗嘱。同代书遗嘱一样，录音遗嘱亦必须要求有两个以上符合见证人条件的人在场作证。录音遗嘱不仅要求录下立遗嘱的全部口述内容，还要求录下见证人的姓名、见证的时间和地点。

(5) 口头遗嘱。

口头遗嘱是指立遗嘱人以口述方式表达关于处分其遗产的真实意思的遗嘱形式。口头遗嘱仅适用于危急情况，即立遗嘱人处于危急关头，若不立即立遗嘱便将丧失订立遗嘱能力的情况。口头遗嘱亦应有两个以上符合见证条件的见证人在场见证。如果危急情况解除后，遗嘱人能够用其他形式立遗嘱的，所立的口头遗嘱无效。

继承法规定，三种人不得作为遗嘱见证人：无民事行为能力人、限制民事行为能力人；继承人、受遗赠人；与继承人、受遗赠人有利害关系的人，包括继承人、受遗赠人的近亲属，继承人、受遗赠人的债权人，共同经营的合伙人。

3. 遗嘱的撤销和变更

继承法规定，立有数份遗嘱而内容相抵触的，以最后的遗嘱为准。还规定自书、代书、录音、口头遗嘱不得撤销、变更公证遗嘱。可见，在各种形式的遗嘱中，公证遗嘱具有最强的法律效力，对公证遗嘱的撤销或变更必须采取公证的形式。口头遗嘱的效力最弱，它是在紧急情况下所为，因此，当立遗嘱人脱离紧急情况时，应重新以书面形式订立遗嘱。

4. 遗赠和遗赠抚养协议

遗赠是指立遗嘱人通过立遗嘱的方式，把自己所有的财产一部分或全部赠送给国家、集体组织或法定继承人以外的人，并在立遗嘱人死亡后发生法律效力的一种单方民事法律行为。遗赠是单方的法律行为，受遗赠人不承担任何财产上的义务，但受遗赠人接受或放弃遗赠，应当在知道受赠后 2 个月内作出明确的表示，没有明确表示的，视为放弃遗赠。

与遗嘱继承不同的是，受遗赠人不属于法定继承人之列，由于遗赠行为是一种使他人单方面获益的行为，因此，受遗赠人不承担任何财产上的义务。

遗赠抚养协议是遗赠的一种特殊方式，它是遗赠人与受遗赠人签订的一种附条件的遗赠协议，其中遗赠人以遗嘱方式将其遗产赠给受遗赠人，受遗赠人则承担遗赠人生养死葬的义务。在法律效力上，遗赠抚养协议优先于遗嘱，遗嘱优先于法定继承。

思考题

1. 什么是无效婚姻与可撤销婚姻？

2. 大学生的婚育权有何制度保障？

第七章　职业生涯与法

每一位学子，都希望以大学为起点踏上事业成功的道路。任何事业都是从职业起步的，职业生涯规划是成功人生不可缺少的一个部分。职业生涯规划是一个过程，对于大学生而言，它大致可以分成三个阶段：第一个阶段是在大学期间的学习和社会实践过程，主要任务是为职业生涯做好准备，打下坚实的素质和能力基础；第二个阶段是大学毕业后就业，主要任务是寻找适合自己的职业位置；第三个阶段是职业生涯的展开，主要任务是在最适合自己的职业生活中不断发展。这三个阶段也可以简单归纳为学业、就业与职业。在这些阶段中，了解相应的法律规定，可以使自己少走些弯路，多累积一些经验，使自己的职业生涯有良性的发展，最后成就自己成功的事业、成功的人生。本章将就大学生就业及职业生活相关的法律制度做一些介绍。

一、就业促进法概述

《中华人民共和国就业促进法》（以下简称就业促进法），自 2008 年 1 月 1 日起施行。该法共计九章六十九条，制定了针对促进就业的长效机制，提出了“国家把扩大就业放在经济社会发展的突出位置，实施积极的就业政策，坚持劳动者自主择业、市场调节就业、政府促进就业”的方针。该法规定了很多的大政方针，涉及宏观性、政策性的措施，需要国家、政府部门、全社会去共同改善就业环境。对于大学生而言，值得关注的是那些直接和就业权利有关的规定，主要有以下几个方面：

1. 建立改善和扩大就业的专项资金

就业促进法把就业专项资金明确写入了法律，提升了其效力程度。就业促进法第十五条规定，县级以上人民政府应当根据就业状况和就业工作目标，在财政预算中安排就业专项资金用于促进就业工作。就业专项资金主要用于以下几个方面：职业介绍、职业培训、公益性岗位、职业技能鉴定、特定就业政策和社会保险等的补贴、小额贷款担保基金和微利项目的小额担保贷款贴息以及扶持公共就业服务。比如，就业困难人员可以向就业服务机构提出就业援助申请，这时候就可能涉及使用该专项资金用于扩大就业。

2. 劳动者的就业权一律平等

就业促进法对于平等就业问题以多个条款作出了规定，其中第三条规定了基本的原则："劳动者依法享有平等就业和自主择业的权利。劳动者就业，不因民族、种族、性别、宗教信仰等不同而受歧视。"除此之外，该法分别针对妇女、少数民族、残疾人、传染病病原携带者，以及农村劳动者这些人群的公平就业问题作了有针对性的规定。

针对乙肝病毒携带者就业受到歧视的问题，就业促进法特别规定，用人单位招用人员时，不得以传染病病原携带者为由拒绝录用。但是，经医学鉴定传染病病原携带者在治愈前或者排除传染嫌疑前，不得从事法律、行政法规和国务院卫生行政部门规定禁止从事的易使传染病扩散的工作。

为了加大保障公平就业力度，就业促进法还在法律责任一章中明确规定，劳动者受到就业歧视后，可以向人民法院提起诉讼。

3. 设立公共就业服务机构

为了促进就业，就业促进法规定了很多大政方针，比如加强职业教育和培训，鼓励发展劳动密集型产业、服务业，发展国内外贸易和国际经济合作，拓宽就业渠道等。其中最值得人们关注的就是建立公共就业服务机构。就业促进法第三十五条规定，县级以上人民政府应建立健全公共就业服务体系，设立公共就业服务机构，而且明确规定该公共就业服务机构是公益性的，不得从事经营性活动，不得扣押劳动者的居民身份证和其他证件，或者向劳动者收取押金。

公共就业服务机构主要为劳动者提供如下免费服务：就业政策法规咨询；职业供求信息、市场工资指导价位信息和职业培训信息发布；职业指导和职业介绍；对就业困难人员实施就业援助；办理就业登记、失业登记等事务；其他公共就业服务。

4. 建立失业预警制度

针对失业建立预警机制则是就业促进法在法律层面上的首创，该法第四十二条规定，县级以上人民政府建立失业预警制度，对可能出现的较大规模的失业，实施预防、调节和控制。

5. 就业援助制度

我国建立有专门的法律援助制度，对于就业提供援助服务是就业促进法的制度创新。该法第五十二条规定，各级人民政府应建立健全就业援助制度，采取税费减免、贷款贴息、社会保险补贴、岗位补贴等办法，通过公益性岗位安置等途径，对就业困难人员实行优先扶持和重点帮助。

所谓就业困难人员，按照就业促进法的规定是指因身体状况、技能水平、家庭因素、失去土地等原因难以实现就业，以及连续失业一定时间仍未能实现就业的人员。就业困难人员的具体范围，由省、自治区、直辖市人民政府根据本行政区域的实际情况规定。就业困难人员可以向住所地街道、社区公共就业服务机构提出援助申请，经公共就业服务机构审核确认属实的，可获得就业援助。

6. 城市有就业需求的家庭至少有一人实现就业

对于“零就业家庭”，就业促进法第五十六条规定，县级以上地方人民政府采取多种就业形式，拓宽公益性岗位范围，开发就业岗位，确保城市有就业需求的家庭至少有一人实现就业。存在零就业情形的城市居民家庭，可以向住所地街道、社区公共就业服务机构申请就业援助。街道、社区公共就业服务机构经确认属实的，应当为该家庭中至少一人提供适当的就业岗位。

就业促进法的颁布和实施，必将对改善就业环境和扩大就业产生深远影响，此法对每个即将走上劳动岗位的大学生而言都是值得认真学习的一部法律。

二、公务员考试录用制度

公务员考试录用制度是我国公务员制度的重要组成部分。1994 年 6 月 7 日，人事部颁布了《国家公务员录用暂行规定》（以下简称规定），标志着国家公务员考试录用制度正式建立。2005 年 4 月 27 日全国人大常委会通过了《中华人民共和国公务员法》（以下简称公务员法），则标志着公务员考试录用制度趋于成熟。2007 年 11 月 6 日，人事部颁布《公务员录用规定（试行）》，进一步强调“录用公务员，坚持公开、平等、竞争、择优的原则，按照德才兼备的标准，采取考试与考察相结合的方法进行”，从而完善了公务员录用制度。多年来，这一制度受到了社会各界的广泛关注和赞誉，取得了良好的社会效果。推行考试录用制度，开阔了各级行政机关的选人视野，提高了公务员队伍的素质，优化了公务员队伍的结构，促进了政府工作职能的转变和机关廉政建设，有利于在全社会形成公平竞争的机制，形成重才、爱才、惜才、用才的良好风气。了解公务员考试录用制度，是大学生进入公务员队伍的必要前提。

1. 公务员的定义和范围

重新定义并扩大公务员的范围，是公务员法相对于规定的最大变化之一，同时，公务员法所界定的公务员范围也反映了我国公务员制度的鲜明特色。

规定所定义的“国家公务员”，仅指“各级国家行政机关中除工勤人员以外的工作人员”，范围较窄。公务员法以“公务员”取代“国家公务员”的提法，大大扩大了公务员的范围。公务员法第二条规定：“本法所称公务员，是指依法履行公职、纳入国家行政编制、由国家财政负担工资福利的人员。”在我国，同时符合“依法履行公职”、“纳入国家行政编制”、“由国家财政负担工资福利”这三个条件的人员，包括七大系统的工作人员，即中国共产党机关的工作人员；人大机关的工作人员；国家行政机关的工作人员；国家审判机关的工作人员；国家检察机关的工作人员；政协机关的工作人员；民主党派、人民团体和群众团体机关的工作人员。

由此可见，公务员法界定的公务员与规定所说的“国家公务员”已不可同日而语。“国家公务员”仅限于国家行政系统，是与“法官”、“检察官”等并列的一个概念；而“公务员”是一个覆盖面非常广的概念，不仅包括法官、检察官等国家机关的工作人员，而且还包含党的机关、政协、民主党派、人民团体和群众团体等非国家机关的工作人员，仅将国家事业和企业单位的国家工作人员以及历来自成一体的军队干部排除在外。

2. 公务员录用考试的基本特征

公务员的录用考试是国家行政机关依据有关法律和法规的规定，采用公开竞争性的考试方法，从公务员系统之外的人员中择优选拔担任主任科员及主任科员以下非领导职务公务员的手段和方法。一般通过试卷、询问、实际操作检验、心理测验等方式来测量和评定报考公务员的考生的知识、能力、专业技术水平、性格及品德状况等是否符合国家行政机关某些职位的要求，然后得出一个综合评价的结果，并以此为依据来决定是否予以录用。就其实质来说，公务员录用考试是一种职业资格考试，是国家行政机关选拔录用公务员的一种特定的人才甄别和选拔方式。

我国公务员录用考试具有如下一些基本特征：

(1) 法制性。

它包括两方面的内容，即有法可依和有法必依。有法可依主要是我国有关法律和法规对国家公务员录用考试作了比较明确的规定。其表现为录用考试的基本原则、资格、条件、程序、考试办法及考试类型、主考机关，甚至命题、监督及阅卷工作等都有相应的法律、法规，它们共同构成了一个有关公务员录用考试的完备的法律体系，并且指导着录用考试的进行。有法必依则是要求录用考试必须严格按照有关法律和法规的规定实施，以确保整个录用考试过程符合公正、客观、竞争等要求。

(2) 实用性。

公务员录用考试依据国家行政机关空缺职位的要求统一进行，严格遵循“因事择人”，“为用而考”的原则，从行政机关的工作实际需要出发来择取人才，充分保证人才的“适才适用”。

(3) 特定性。

它主要是指公务员录用考试的主体和客体是特定的。我国中央国家行政机关的录用考试由国家人事部门具体负责，某些工作也可以由国家人事部门委托用人部门实施。地方国家行政机关的录用考试则由县级以上地方各级人民政府人事部门具体负责。客体的特定性则是指公务员录用考试的对象是特定的，必须符合一定的条件。

(4) 公开性。

我国法律规定公务员录用考试一般以公开方式进行。凡符合报考条件的公民均可报考，不受阻挠和歧视，而且报考条件、程序、时间和地点、考试成绩及录用等事务都应公布于众，接受广大人民群众的检查和监督。

3. 公务员录用考试报考条件

录用公务员，应当按照下列程序进行：发布招考公告；报名与资格审查；考试；考核与体检；公示、审批或备案。必要时，省级以上公务员主管部门可以对上述程序进行调整。录用特殊职位的公务员，经省级以上公务员主管部门批准，可以简化程序。民族自治地方录用公务员时，依照法律和有关规定对少数民族报考者予以适当照顾。具体办法由省级以上公务员主管部门确定。

根据国情和实际需要，我国的公务员制度对报考者的资格条件作了基本规定，报考国家公务员的基本条件主要有：①具有中华人民共和国国籍；②年龄为18周岁以上，35周岁以下；③拥护中华人民共和国宪法；④具有良好的品行；⑤具有大专以上文化程度；⑥具有正常履行职责的身体条件；⑦具有符合职位要求的工作能力；⑧省级以上公务员主管部门规定的拟任职位所要求的资格条件；⑨法律、法规规定的其他条件。

其中第②、⑤项所列条件，经省级以上公务员主管部门批准，可以适当调整。公务员主管部门和招录机关不得设置与职位要求无关的报考资格条件。

虽然符合上述条件，但如果有下列情形者，拒绝其报考公务员：曾因犯罪受过刑事处罚的；曾被开除公职的；有法律规定不得录用为公务员的其他情形的。

4. 公务员录用考试程序

公务员录用考试采取笔试和面试的方式进行，考试内容根据公务员应当具备的基本能力和不同职位类别分别设置。笔试包括公共科目和专业科目。公共科目由中央公务员主管部门统一确定。专业科目由省级以上公务员主管部门根据需要设置。笔试结束后，招录机关按照省级以上公务员主管部门的规定，根据笔试成绩由高到低确定面试人选。面试由省级以上公务员主管部门组织实施，也可以委托招录机关或授权设区的市级公务员主管部门组织实施。面试的内容和方法，由省级以上公务员主管部门规定。面试应当组成面试考官小组。面试考官小组由具有面试考官资格的人员组成。面试考官资格的认定与管理，由省级以上公务员主管部门负责。录用特殊职位的公务员，经省级以上公务员主管部门批准，可以采用其他测评办法。

5. 公务员录用体检程序

公务员录用体检要在录用主管机关指定的县级以上综合性医院进行。医院要选拔业务精湛、作风过硬的医务人员从事体检工作。主检医师应具有副主任医师以上专业技术职务任职资格。负责体检的医务人员要坚持原则，严格执行体检标准。主检医生要根据体检情况作出体检结论，体检医院要加盖公章。在体检中遇到疑难问题时，各级国家行政机关和承担体检工作的医院要妥善处理。对于难以确诊的疾病，医院可组织专家做进一步的检查。用人单位和考生对体检结论有疑问时，允许提出复检要求。复检要求应在接到体检结论通知之日起7日内提出。复检只能进行一次。体检结果以复检结论为准。

用人单位和体检医院要按照规定的程序和要求做好体检工作，并对考生的体检结果保密。对于体检中违反操作规程、弄虚作假、徇私舞弊、渎职失职，造成不良后果的人员，按照有关规定给予处分。参加体检的考生应当如实填写相关信息并回答有关询问。对于弄虚作假，或者隐瞒真实情况，致使体检结果失实的考生，不予录用或取消录用。

6. 公务员录用考核程序

考试与考核相结合既是我国考试录用公务员的重要方法，也是我国公务员考试录用制度的重要特点。录用考核主要是考察被考核者的政治思想、道德品质、业务能力、工作实绩以及需要回避的情况等，这一程序是公务员录用考试中的一个关键环节。

考核按录用主管机关的统一要求，由用人部门组织实施，一般通过被考核者原单位的组织。用人单位派人到报考者的学习或工作单位，同有关领导或熟悉情况的有关人员谈话，听取有关方面的介绍，对反映出来的问题或不同意见，及时分析、核实。然后，要到档案管理部门，仔细查阅其学习、工作及有关情况的文字记载材料，写成考核材料，作出恰当评价，并确认是否符合录用的要求。有时，在考核的过程中，也往往要求报考者个人先作出自我鉴定，供用人单位或组织人事部门参考。个人写自我鉴定时要注意实事求是、言简意赅、文风朴实。如取得过什么成绩、受过什么奖励或处罚。政治表现须写明确，尤其是对党的基本路线的态度。

考核结束后，用人部门应综合分析考试、考核的情况，给每一个被考者作出结论，提出是否录用的意见。确定为录用对象者，要把其整个情况写出综合性请求报告，用正式行文的形式，送人事部门，作为人事部门签署意见的依据。人事部门审批并签署录用意见后，应向用人部门发出录用通知书，用人部门向被录用者本人及其原所在单位发送录用通知，至此，录用公务员的程序基本结束。

7. 公务员任职规定

被录取者持录用通知书及有关证件，在规定的时间内，到用人部门报到。报到期限一般规定为 1 个月，如超过规定的时限，又没有十分特殊的理由而没有报到的，取消录用资格。

新录用的人员，要按规定经过一定时间的试用，方可正式成为国家公务员队伍中的一员并正式任职，试用期为 1 年。在试用期间，用人单位往往采取集中培训和在岗实习相结合的办法，使被试用者尽快了解该机关行政工作所需的知识，尽快了解所在机关的机构设置、职责划分并掌握拟任职务的工作性质、工作任务、工作程序、工作方法等。试用期满时，被试用者个人要提出申请并作自我鉴定，在用人单位的领导和群众相结合进行评议的基础上，人事部门再进行必要的考核或审核。经考核合格后，应及时予以任命职务，确定级别。新录用国家公务员试用期满经考核不合格的，不予任职定级，按有关规定取消录用资格。新录用国家公务员在国家行政机关的最低服务年限为 5 年（含试用期）。

对录用时已明确报考职位的新录用国家公务员，按报考职位和德才表现任命职务，根据本人的学历、资历条件，确定级别；对录用时未明确报考职位的新录用国家公务员，一般按以下规定任命职务，确定级别。

对从各类学校毕业生中录用的人员：高中和中专毕业生，可任命为办事员，定为十五级；大学专科毕业生，可任命为科员，定为十四级；大学本科毕业生，获得第二学士学位的大学毕业生、研究生班毕业和未获得硕士学位的研究生，可任命为科员，定为十三级；获得硕士学位的研究生，可任命为副主任科员，定为十二级；获得博士学位的研究生，可任命为主任科员，定为十一级。

三、大学生就业协议制度

大学毕业生就业协议是明确毕业生、用人单位和高等学校在毕业生就业工作中权利和义务的书面表现形式。就业协议一般由教育部或各省、市、自治区就业主管部门统一制表。毕业生应按国家法规就业，向用人单位如实介绍自己的情况，了解用人单位的使用意图，表明自己的就业意见，在规定的时间内到用人单位报到，若遇到特殊情况不能按时报到，需征得用人单位同意。用人单位要如实介绍本单位的情况，明确对毕业生的要求及使用意图，做好各项接收工作。学校要如实向用人单位介绍毕业生的情况，做好推荐工作。用人单位同意录用后，经学校审核列入建议就业计划，报主管部门批准，学校负责办理派遣手续。

1. 就业协议订立的原则

毕业生、用人单位和学校三方在订立就业协议时必须遵循主体合法与平等协商的基本准则。

(1) 主体合法原则。

主体合法对毕业生而言，就是必须要取得毕业资格，如果学生在派遣时未取得毕业资格，用人单位可以不予接收而无须承担法律责任。对用人单位而言，用人单位必须具有从事各项经营或管理活动的能力，单位应有录用毕业生计划和录用自主权，否则毕业生可解除协议而无须承担违约责任。对高校而言，高校根据用人单位的要求如实介绍毕业生的在校表现，也应如实将所掌握的用人单位的信息发布给毕业生。高校是毕业生就业协议的一个重要组成部分。

(2) 平等协商原则。

就业协议的三方在签订就业协议时的法律地位是平等的，一方不得将自己的意志强加给另一方。学校也不得采用行政手段要求毕业生到指定单位就业（不包括有特殊情况的毕业生），用人单位亦不应在签订就业协议时要求毕业生交纳过高数额的风险金、保证金。三方当事人的权利义务应是一致的。除协议书规定的内容外，三方如有其他约定事项可在协议备注内容中加以补充确定。

2. 就业协议订立的步骤

就业协议的订立一般要经过两个步骤，即要约和承诺。

(1) 要约。

毕业生持学校统一印制的就业推荐表或复印件参加各地供需洽谈会（人才市场），进行双向选择，或向各用人单位寄发书面材料，应视为要约邀请，用人单位收到毕业生材料，对毕业生进行考察后，表示同意接收并将回执寄到高校毕业生就业工作部门或毕业生本人，即为要约。

(2) 承诺。

毕业生收到用人单位回执或通过其他方式得到用人单位答复后，从中作出选择并到学校毕业生就业工作部门领取就业协议书，与用人单位签订协议，即为承诺。

很多时候很难明确地把大学毕业生签订就业协议的过程作要约和承诺的区分，因为毕业生就业工作比较烦琐和具体。如用人单位到学校挑选毕业生，毕业生自己主动报名，经学校积极推荐，用人单位也表示同意接收，但要回到单位后再正式发函签协议。在这种情况下，毕业生也应安心等待与用人单位签约，而不应出尔反尔，以未正式签协议为由，置学校信誉于不顾，在这过程中与其他单位签约，这样也浪费了其他毕业生的就业机会。

3. 就业协议的签订程序

(1) 先由毕业生与用人单位双方签订就业协议书。毕业生和用人单位达成协议并在就业协议书上签名盖章，用人单位应在协议书上注明可以接收毕业生档案的名称和地址。用人单位上级主管部门批准盖章。

(2) 毕业生或用人单位将双方签字的就业协议书呈送到毕业生所在的院系审阅，由院系负责就业的负责人签字，并交校就业指导中心审核，签字并盖章。用人单位必须在与毕业生签订协议书起 10 个工作日内将协议书送学校盖章，并及时将协议书反馈用人单位。

(3) 就业协议书一式三份，用人单位、学生、学校各一份。

4. 无效就业协议

无效就业协议是指欠缺就业协议的有效要件或违反就业协议订立的原则从而不发生法律效力的协议，无效协议自订立之日起无效。它主要有两种情况，其一是就业协议未经学校同意视为无效。如有的协议经学校审查认为对毕业生显失公平，或违反公平竞争、公平录用的原则，学校可不予认可。其二是采取欺骗等违法手段签订的就业协议无效，如用人单位未如实介绍本单位情况，根本无录用计划而与毕业生签订就业协议。无效协议产生的法律责任应由责任方承担。

5. 就业协议的解除

就业协议的解除可分为单方解除和三方解除。

(1) 单方解除，包括单方擅自解除和单方依法或依协议解除。

单方擅自解除协议属违约行为，解约方应对另外两方承担违约责任。单方依法或依协议解除，是指一方解除就业协议有法律上或协议上的依据，如学生未取得毕业资格，用人单位有权单方解除就业协议，毕业生被录取研究生后，可解除就业协议，或依协议规定，毕业生未通过用人单位所在地组织的公务员考试，用人单位有权解除协议，此类单方解除，解除方无须对另外两方承担法律责任。

(2) 三方解除是指毕业生、用人单位、学校三方经协商一致，消灭原订立的协议，使协议不发生法律效力。

此类解除因是三方当事人真实意思表示一致的体现，三方均不承担法律责任。三方解除应在就业计划上报主管部门之前进行，如就业派遣计划下达后三方解除，还须经主管部门批准办理调整改派。

6. 违反就业协议应承担的责任

就业协议书一经毕业生、用人单位、学校签署即具有法律效力，任何一方不得擅自解除，否则违约方应向权利受损方支付协议条款所规定的违约金。

当毕业生与用人单位双方在就业协议书上签字时，双方就必须按照协议规定，全部并适当地完成各自承担的义务。任何一方由于某种原因，不履行其合同义务的即视为违约。违约一方应对违约给对方造成的损失负赔偿责任。当用人单位违约时，必须征得毕业生同意，并支付违约金；当毕业生违约时，须征得原用人单位同意。签了协议就要认真履行，不履行已经签订的协议，将给学校、自己、用人单位带来不必要的麻烦。

7. 毕业生签订就业协议书应遵守的若干规定

(1) 毕业生在择业过程中，要实事求是，不得对已加盖院、系、部门公章的内容进行涂改。

(2) 凡使用他人协议书所签协议无效，并追究有关责任。

(3) 以丢失为名欺骗学校，手中持有两套（含两套）以上协议书者，由此所造成的一切后果，由本人承担。

(4) 毕业生确将协议书、推荐表丢失，需要重新补办的，本人须向所在系和就业指导中心提交书面申请，经同意后按有关规定补办。

(5) 毕业生与用人单位已经签订协议，学校尚未审核盖章时，毕业生要求再次领取协议书重新择业的，应取得原用人单位同意，并由原用人单位向学校出示有关书面证明，将原协议退回学校，按 (4) 中的规定补办。

(6) 学校已将就业计划上报后，如毕业生提出改派要求，需按国家和学校有关规定，经就业指导中心同意后方可办理改派手续。

四、劳动合同法概述

（一）劳动合同的主要内容

劳动合同是用人单位与劳动者为确立劳动关系、明确彼此权利义务、支付和取得劳动报酬所达成的书面协议。用人单位是指国有企业、集体企业、私营企业、个体经济组织、民办非企业组织以及国家机关、事业组织、社会团体；劳动者是指年满16周岁以上的公民个人。

按照合同期限的不同，劳动合同可分为三种：固定期限、无固定期限、以完成一定的工作为期限的劳动合同。

签订无固定期限劳动合同须符合以下条件：

(1) 劳动者在该用人单位连续工作满10年的。

(2) 用人单位初次实行劳动合同制度或者国有企业改制重新订立劳动合同时，劳动者在该用人单位连续工作满10年且距法定退休年龄不足10年的。

(3) 连续订立两次固定期限劳动合同，且劳动者没有下列情况的：在试用期间被证明不符合录用条件的；严重违反用人单位的规章制度的；严重失职，营私舞弊，给用人单位造成重大损害的；劳动者同时与其他单位建立劳动关系，对完成本单位的工作任务造成严重影响，或者经用人单位提出，拒不改正的；因用人单位的原因，以欺诈、胁迫的手段或者乘人之危，使对方在违背真实意思的情况下订立或者变更劳动合同的；被依法追究刑事责任的；劳动者患病或者非因工负伤，在规定的医疗期满后不能从事原工作，也不能从事由用人单位另行安排的工作的；劳动者不能胜任工作，经过培训或者调动工作岗位，仍不能胜任工作的。

用人单位自用工之日起满1年不与劳动者订立书面劳动合同的，视为用人单位与劳动者已订立无固定期限劳动合同。

依据劳动合同法及其相关法律、法规的规定，劳动合同书应当包括以下主要内容：劳动合同的期限；劳动保护和劳动条件；工作内容；劳动报酬；劳动纪律；劳动合同解除终止的条件；违反劳动合同的责任。

（二）劳动合同的订立和履行

劳动合同一般以书面形式订立。劳动合同期限在1个月以下的，经双方协商同意，可以订立口头劳动合同。但劳动者提出订立书面劳动合同的，应当以书面形式订立。劳动合同法规定，非全日制用工双方当事人可以订立口头协议。同时也规定从事非全日制用工的劳动者可以与一个或者一个以上用人单位订立劳动合同，但是订立的劳动合同不得影响先订立的劳动合同的履行。

订立劳动合同应当遵循的原则：合法原则、公平原则、平等自愿原则、协商一致原则、诚实信用原则、依法订立原则。

劳动合同一经订立即发生法律约束力。劳动合同的法律约束力主要体现为以下方面：

⑴ 任何一方当事人不能擅自变更或者解除。

劳动合同订立之后，不论劳动合同生效与否，任何一方当事人不能擅自变更或者解除劳动合同。变更劳动合同必须双方协商一致，同样必须遵循订立劳动合同时应当遵循的原则。解除劳动合同必须符合劳动合同法规定的条件和程序。

⑵ 双方当事人基于劳动合同的权利受法律保护。

一方当事人在对方违反劳动合同约定，给对方造成损失时，可以申请劳动仲裁或者提起诉讼，保护自己的合法权益。

⑶ 双方当事人都必须履行劳动合同规定的义务。

劳动合同当事人在不同阶段有不同的义务：在订立劳动合同后劳动合同生效前的阶段，双方当事人应当履行与劳动合同直接相关的准备义务，做好履行劳动合同的准备；在劳动合同生效后，双方当事人应当按照劳动合同的约定全面履行自己的义务。

（三）劳动合同试用期的规定

试用期是用人单位对新录用的劳动者是否合格进行考核，劳动者对用人单位是否适合自己进行了解的期限。试用期为劳动合同的约定内容，而非必备条款。为避免用人单位先试用再以不符合条件为由任意辞退以及试用期不签订劳动合同的情况，劳动合同法规定：“试用期包含在劳动合同期限内，劳动合同仅约定试用期的，试用期不成立，该期限为劳动合同期限。”“同一用人单位与同一劳动者只能约定一次试用期。”

⑴ 试用期间，用人单位只有在劳动者被证明不符合录用条件的情况下，才可以解除劳动合同。劳动者在试用期内可以随时解除劳动合同，无须任何理由。

如果用人单位在试用期内违反劳动法和劳动合同的规定，劳动者不仅可以随时解除劳动合同，而且有权要求用人单位赔偿损失，并支付经济补偿金。

⑵ 试用期最高不超过 6 个月。

为防止用人单位滥用试用期侵犯劳动者权益，劳动合同法第十九条对劳动合同试用期作了如下规定：劳动合同期限 3 个月以上不满 1 年的，试用期不得超过 1 个月；劳动合同期限 1 年以上 3 年以下的，试用期不得超过 2 个月；3 年以上固定期限和无固定期限的劳动合同，试用期不得超过 6 个月。以完成一定工作任务为期限的劳动合同或者劳动合同期限不满 3 个月的，不得约定试用期。

(3) 试用期间用人单位对劳动者支付的劳动报酬可以适当低于试用期以后的正式工资标准。

劳动合同法第二十条规定：劳动者在试用期的工资不得低于本单位同岗位最低档工资或者劳动合同约定工资的 80%，并不得低于用人单位所在地的最低工资标准。

(4) 试用期间的医疗待遇。

《关于合同制工人在试用期内患病医疗问题的复函》规定："合同制工人在试用期内患病或非因工负伤，可以享受医疗待遇，医疗期限为 3 个月。"

(5) 用人单位追索招聘、培训费用的适用。

《关于试用期内解除劳动合同处理依据问题的复函》第三条规定："用人单位出资对职工进行各类技术培训，职工提出与单位解除劳动关系的，如果试用期满，在合同期内，则用人单位可以要求劳动者支付该项培训费用。如果是由用人单位出资招用的职工，职工在合同期内（包括试用期）解除与用人单位的劳动合同，则该用人单位可按照《违反〈劳动法〉有关劳动合同规定的赔偿办法》第四条第一项规定向职工索赔。"

（四）劳动合同的解除

劳动合同解除是指劳动合同订立后，尚未全部履行以前，由于某种原因导致劳动合同一方或双方当事人提前消灭劳动关系的法律行为。劳动合同的解除只对未履行的部分发挥效力，不涉及已履行的部分。

根据劳动法的规定，劳动合同的解除分为协商解除和单方解除。单方解除又分为合法解除和非法解除以及用人单位单方解除和劳动者单方解除。

1. 用人单位过失性解除劳动合同

过失性解除也称即时解除劳动合同，是指用人单位在劳动者存在一定过失的情况下，无须事先通知即可单方解除劳动合同的行为。

劳动合同法第三十九条规定，劳动者有下列情形之一的，用人单位可以解除劳动合同：在试用期间被证明不符合录用条件的；严重违反用人单位的规章制度的；严重失职，营私舞弊，给用人单位的利益造成重大损害的；劳动者同时与其他用人单位建立劳动关系，对完成本单位的工作任务造成严重影响，或者经用人单位提出，拒不改正的；因本法第二十六条第一项规定的情形致使劳动合同无效的；被依法追究刑事责任的。

过失性解除在实践中的问题较多，突出表现在用人单位动辄以劳动者违反劳动纪律和规章制度为由单方任意解除劳动合同，严重侵害了劳动者合法权益。

2. 用人单位非过失性解除劳动合同

劳动合同法第四十条规定，有下列情形之一的，用人单位在提前 30 日以书面形式通知劳动者本人或者额外支付劳动者一个月工资后，可以解除劳动合同：劳动者患病或者非因工负伤，在规定的医疗期满后不能从事原工作，且未能就变更劳动合同与用人单位协商一致；劳动者不能胜任工作，经过培训或者调整工作岗位，仍不能胜任工作的；劳动合同订立时所依据的客观情况发生重大变化，致使劳动合同无法履行，经用人单位与劳动者协商，未能就变更劳动合同内容达成协议的。

3. 劳动合同解除的经济补偿

经济补偿是用人单位解除或终止劳动合同时，给予劳动者的一次性货币补偿，是国家要求用人单位承担的一种社会责任。劳动合同法第四十七条规定了补偿标准和计算方法：经济补偿根据劳动者的工作年限计算，即按劳动者在本单位工作的年限，每满 1 年支付 1 个月工资的标准向劳动者支付。6 个月以上不满 1 年的，按 1 年计算；不满 6 个月的，向劳动者支付半个月工资的经济补偿。经济补偿的计算基数是月工资，是指劳动者在劳动合同解除或者终止前 12 个月的平均工资。

向高收入劳动者支付经济补偿有最高数额的限制。现在有一些高端劳动者的收入是相当高的，与低端劳动者的差距很大。如果高端劳动者也按照上述标准的话，企业的负担很大。所以，按照国际上的通例，对这种情况也作了最高限额的封顶规定：劳动者月工资高于用人单位所在直辖市、设区的市级人民政府公布的上年度职工月平均工资 3 倍的，向其支付经济补偿的标准按职工月平均工资 3 倍的数额支付，向其支付经济补偿的年限最高不超过 12 年。即通过两个杠杆来限制：一是月工资不得超过本地职工平均工资的 3 倍，如果超过了 3 倍，就按照 3 倍来计算；二是最多支付的年限不能超过 12 年。

4. 劳动者即时解除劳动合同

劳动合同法第三十八条规定，有下列情形之一的，劳动者可以随时通知用人单位解除劳动合同：用人单位未按照劳动合同约定提供劳动保护和劳动条件的；用人单位未及时足额支付劳动报酬的；用人单位未依法为劳动者缴纳社会保险费的；用人单位的规章制度违反法律、法规的规定，损害劳动者权益的；用人单位以欺诈、胁迫的手段或者乘人之危，使劳动者在违背其真实意思的情况下订立或者变更劳动合同的；法律、行政法规规定的其他情形。

用人单位以暴力、威胁或者非法限制人身自由的手段强迫劳动者劳动的，或者用人单位违章指挥、强令冒险作业危及劳动者人身安全的，劳动者可以立即解除劳动合同，无须事先告知用人单位。

5. 不得解除劳动合同的情形

劳动合同法第四十二条规定，劳动者有下列情形之一的，用人单位不得依照本法第四十条、第四十一条的规定解除劳动合同：从事接触职业病危害作业的劳动者未进行离岗前职业健康检查，或者疑似职业病病人在诊断或者医学观察期间的；在本单位患职业病或者因工负伤并且确认丧失或者部分丧失劳动能力的；患病或者负伤，在规定的医疗期内的；女职工在孕期、产期、哺乳期的；在本单位连续工作满

15 年，且距法定退休年龄不足 5 年的；法律、行政法规规定的其他情形。

6. 经济性裁员与劳动合同解除

经济性裁员是指用人单位由于生产经营状况发生变化而出现劳动力过剩，通过一次性辞退部分劳动者，以改善生产经营状况的一种手段。经济性裁员虽然也是用人单位单方预告解除劳动合同，但与其他预告解除在适用条件、劳动者人数、解除的程序等方面有较大的区别。因此，我国对此项制度从实体到程序作了专门和具体的规定。

劳动合同法第四十一条规定：有下列情形之一，需要裁减人员 20 人以上或者裁减不足 20 人但占企业职工总数 10%以上的，用人单位应当提前 30 日向工会或者全体职工说明情况，听取工会或者职工的意见后，裁减人员方案要向劳动行政部门报告。以下情形可以裁减人员：依照企业破产法规定进行重整的；生产经营发生严重困难的；企业转产、技术革新、经营方式调整，经变更劳动合同后，仍需要裁减人员的；因防治污染搬迁的；其他因劳动合同订立时所依据的客观经济情况发生重大变化，致使劳动合同无法履行的。

裁减人员时，应当优先留用下列劳动者：与本单位订立较长期限的固定期限劳动合同的；订立无固定期限劳动合同的；家庭无其他就业人员，有需要扶养的老人或者未成年人的。用人单位在 6 个月内重新招用人员的，应当通知被裁减人员，并在同等条件下优先招用被裁减人员。

用人单位裁员时不得裁减以下人员：患职业病或者因工负伤被确认丧失或者部分丧失劳动能力的；患病或者负伤，在规定的医疗期内；女职工在孕期、产期、哺乳期内的；法律、行政法规规定的其他情形。

被裁减人员的经济补偿：对于经济性裁员的发生，劳动者没有过错，但一旦被裁减，劳动者便会遭遇失业和生活困难。为体现公平，保障劳动者的生活，弥补由于裁员给劳动者带来的损失，原劳动部于 1994 年规定，单位裁减人员时应按被裁减人员在本单位工作的年限支付经济补偿金。在本单位工作的时间每满 1 年，发给相当于 1 个月工资的经济补偿金。

7. 劳动合同的终止

为了更好地维护劳动者的合法权益，劳动合同法调整了劳动法关于劳动合同终止的规定内容：①取消了劳动合同的约定终止，规定劳动合同只能因法定情形出现而终止。也就是说，劳动合同当事人不得约定劳动合同终止条件；即使约定了，该约定也无效。②增加了劳动合同法定终止的情形，即劳动合同终止的法定情形除劳动合同期满外，还包括：劳动者开始依法享受基本养老保险待遇的；劳动者死亡，或者被人民法院宣告死亡或者宣告失踪的；用人单位被依法宣告破产的；用人单位被吊销营业执照、责令关闭、撤销或者用人单位决定提前解散的；法律、行政法规规定的其他情形。③增加了终止劳动合同的限制情形。劳动合同法除延续工会法、职业病防治法、工伤保险条例等相关规定外，还补充规定，劳动者在本单位连续工作满15年，且距法定退休年龄不足5年的，即使劳动合同期满，用人单位也不得与劳动者终止劳动合同。

用人单位违反规定解除或者终止劳动合同的，应当依照劳动合同法第四十七条规定的经济补偿标准的两倍向劳动者支付赔偿金。

（五）竞业限制与无效劳动合同

1. 竞业限制

竞业限制成为企业维权的重要措施，但竞业限制作为劳动合同中的延迟生效条款，只有在劳动合同的其他条款法律约束力终结后，该条款才开始生效。因此，用人单位在签订竞业限制协议时，应当在劳动者入职或岗位、薪酬提升之际，与劳动者签订竞业限制协议，切莫等到职工提出离职后，才想到竞业限制的必要性。同时不要将竞业限制的范围无限扩大。因为竞业限制虽然对制约劳动者跳槽、防范商业秘密泄露、流失具有一定的作用，但是单位毕竟也要额外的付出，即竞业限制补偿的支付。因此在竞业限制对象的选择上，既要考虑企业的需要，又要符合法律规定。根据劳动合同法第二十四条规定，竞业限制的人员限于用人单位的高级管理人员、高级技术人员和其他负有保密义务的人员。关于高级管理人员、高级技术人员的界定，用人单位应当通过规章制度和劳动合同来明确，而负有保密义务的人员要根据职工是否接触单位的商业秘密来定。

此外，用人单位还应当注意竞业限制补偿金与违约金的确定要体现公平合理性。竞业限制补偿金是对劳动者离开专业领域后，造成的收入损失所作的弥补。数额过高会加大企业管理成本，过低劳动者则可能拒绝签订竞业限制协议，因此应当在综合本行业专业收入和行业外非专业收入的基础上，确定补偿金额。而违约金的标准既要考虑到劳动者从事同行竞争后的预测损失，也要考虑到劳动者的承受能力。超出劳动者承受能力的违约责任约定，是难以执行的。

在竞业限制协议中，用人单位最好采取列举式来明确劳动者不得去工作的同行业企业名称，还要对同行业的性质作出准确定位。

2. 无效劳动合同

无效劳动合同是指所订立的劳动合同不符合法定条件，不能发生当事人预期的法律后果的劳动合同。劳动合同法规定下列劳动合同无效或者部分无效：以欺诈、胁迫的手段或者乘人之危，使对方在违背真实意思的情况下订立或者变更劳动合同的；用人单位免除自己的法定责任、排除劳动者权利的；违反法律、行政法规强制性规定的。

根据现有的司法实践，“欺诈”指一方当事人故意告知对方当事人虚假的情况，或故意隐瞒真实情况，诱使对方当事人做出错误意思表示的行为；“胁迫”指以给公民及其亲友的生命健康、荣誉、名誉、财产等造成损失，或者以给法人的荣誉、名誉、财产等造成损害为要挟，迫使对方做出违背真实意思表示的行为；“乘人之危”具体指一方当事人乘对方处于危难之机，为牟取不正当利益，迫使对方作出不真实的意思表示，严重损害对方利益的行为。

无效的劳动合同从订立的时候起就没有法律约束力。确认劳动合同部分无效的，如果不影响其余部分的效力，其余部分仍然有效。劳动合同的无效，由劳动争议仲裁委员会或者人民法院确认。劳动合同被确认无效，劳动者已付出劳动的，用人单位应当向劳动者支付劳动报酬。劳动报酬的数额，参照本单位相同或者相近岗位劳动者的劳动报酬确定。

（六）劳务派遣与劳动合同

劳务派遣是近年我国人力资源市场根据社会需求而开办的新的人才中介服务项目，是一种新的用人方式，可跨地区、跨行业进行。用人单位可以根据自身工作和发展需要，通过正规劳务服务公司派遣所需要的各类人员。实行劳务派遣后，实际用人单位与劳务派遣组织签订劳务派遣合同，劳务派遣组织与劳务人员签订劳动合同，实际用人单位与劳务人员签订劳务协议，双方之间只有使用关系，没有聘用合同关系。劳务派遣是一种劳动关系和用人主体相分离的多元化、灵活性、弹性化的新型用人模式，其实质就是用人单位向派遣机构租赁劳动力，用人与管人相分离。

为了更好地维护劳务派遣人员的合法权益，劳动合同法对劳务派遣进行了较详尽的规定，主要内容有：

(1) 劳务派遣单位应当依照公司法的有关规定设立，注册资本不得少于50万元。

(2) 劳务派遣单位与被派遣劳动者订立的劳动合同应当载明被派遣劳动者的用工单位以及派遣期限、工作岗位等情况。

(3) 劳务派遣单位应当与被派遣劳动者订立两年以上的固定期限劳动合同，按月支付劳动报酬；被派遣劳动者在无工作期间，劳务派遣单位应当按照所在地人民政府规定的最低工资标准，向其按月支付报酬。

(4) 劳务派遣单位派遣劳动者应当与接受以劳务派遣形式用工的单位订立劳务派遣协议。劳务派遣协议应当约定派遣岗位、人员数量、派遣期限、劳动报酬和社会保险费的数额、支付方式以及违反协议的责任。应当将劳务派遣协议的内容告知被派遣劳动者，不得向被派遣劳动者收取费用，不得克扣用工单位按照劳务派遣协议支付给被派遣劳动者的劳动报酬。

用工单位应当履行下列义务：执行国家劳动标准，提供相应的劳动条件和劳动保护；告知被派遣劳动者的工作要求和劳动报酬；支付加班费、绩效奖金，提供与工作岗位相关的福利待遇；对在岗被派遣劳动者进行工作岗位所必需的培训；连续用工的，实行正常的工资调整机制。用工单位不得将被派遣劳动者再派遣到其他用人单位。

被派遣劳动者享有与用工单位的工同酬的权利。用工单位无同类岗位劳动者的，参照用工单位所在地相同或者相近岗位劳动者的劳动报酬确定。

被派遣劳动者可以依照劳动合同相关法律规定与劳务派遣单位解除劳动合同。

用工单位可以依法将劳动者退回劳务派遣单位，劳务派遣单位依照劳动合同法有关规定，可以与劳动者解除劳动合同。

（七）就业协议与劳动合同

大学毕业生就业协议与劳动合同都是用人单位录用毕业生时所订立的书面协议，但两者是有区别的。它们分处两个相互联系的不同阶段。

1. 主体不同

就业协议适用于应届毕业生与用人单位、学校三方之间，学校是就业协议的鉴证方或签约方，就业协议对用人单位的性质没有规定，适用任何单位；而劳动合同只适用于劳动者（含应届毕业生）与用人单位（不含公务员单位和比照实行公务员制度的组织与社会团体以及军队系统）之间，与学校无关。

2. 内容不同

毕业生就业协议的内容主要是毕业生如实介绍自身情况，并表示愿意到用人单位就业、用人单位表示愿意接收毕业生，学校同意推荐毕业生并列入就业方案，一般不涉及毕业生到用人单位报到后应享有的权利义务。即便涉及，也暂不生效。劳动合同则涉及劳动报酬、劳动保护、工作内容、劳动纪律等方方面面，是双方确定劳动权利义务的依据。

3. 时间不同

一般来说，就业协议签订在前，就业协议应在毕业生就业之前签订，而劳动合同往往在毕业生到用人单位报到后才签订。如果毕业生与用人单位就工资待遇、住房等有事先约定，亦可在就业协议备注条款中予以注明，日后订立劳动合同对此内容应予认可。

4. 适用法律不同

就业协议发生争议，除根据协议本身内容之外，主要依据现有的毕业生就业政策和法律对合同的一般规定来加以解决，尚没有专门的一部法律对毕业生就业协议加以调整。而劳动合同发生争议，应依据劳动合同法来处理。

5. 签证机关不同

毕业生就业协议书的签证机关是各级县、市人事调配部门，劳动合同的签证机关是各级劳动行政部门。

（八）勤工俭学与劳动合同

勤工俭学活动是指学有余力的学生利用课余时间通过自己的劳动，促进德、智、体、美等方面全面发展，增长才干，并取得一定报酬以改善学习和生活条件的行为。随着大学学习费用的增加，越来越多的大学生参与勤工俭学活动。

在勤工俭学过程中，处于弱势的大学生很容易想到劳动法或劳动合同法。原劳动部 1995 年印发的相关文件明确规定："在校生利用业余时间勤工俭学，不视为就业，未建立劳动关系，可以不签订劳动合同。"也就是说，勤工俭学中的当事人双方不属于劳动法的调整范围，劳动部门无权干预打工学生与用人单位之间产生的任何纠纷。因此，在校大学生与用人单位之间的关系不适用于劳动法，双方的权利义务关系由我国民法通则及相关法律如 (合同法等) 来规范。为保护合法权益，参与勤工俭学的大学生可以要求与用人单位签订短期劳务合同。根据国家有关规定，校外勤工俭学酬金标准不应低于学校当地政府或有关部门规定的最低工资标准。此外，在勤工俭学过程中发生人身损害时，可要求雇主承担赔偿责任或者向侵权人要求赔偿。

（九）劳动争议的处理

劳动争议是用人单位与劳动者在劳动关系存续期间，因劳动权利和义务有分歧而引起的争议。解决劳动争议，应当根据合法、公正、及时处理的原则，依法维护劳动争议当事人的合法权益。

发生劳动争议，当事人不愿协商、协商不成或者达成和解协议后不履行的，可以向调解组织申请调解；不愿调解、调解不成或者达成调解协议后不履行的，可以向劳动争议仲裁委员会申请仲裁；对仲裁裁决不服的，除劳动合同法另有规定的外，可以向人民法院提起诉讼。

1. 调解

劳动者与用人单位发生的劳动争议可以由本企业劳动争议调解委员会或依法设立的基层人民调解组织或在乡镇、街道设立的具有劳动争议调解职能的组织调解。经调解达成协议的，应当制作调解协议书。调解协议书由双方当事人签名或者盖章，经调解员签名并加盖调解组织印章后生效，对双方当事人具有约束力，当事人应当履行。自劳动争议调解组织收到调解申请之日起 15 日内未达成调解协议的，当事人可以依法申请仲裁。达成调解协议后，一方当事人在协议约定期限内不履行调解协议的，另一方当事人也可以依法申请仲裁。

因支付拖欠劳动报酬、工伤医疗费、经济补偿或者赔偿金事项达成调解协议，用人单位在协议约定期限内不履行的，劳动者可以持调解协议书依法向人民法院申请支付令。

2. 仲裁

当事人应在劳动争议发生之日起 1 年内提出仲裁申请。如果当事人申请调解程序，调解期间可以扣除，时效从调解结束之日起继续计算。如果当事人因不可抗力或者有其他正当理由超过规定的申诉时效的，仲裁委员会应当受理。所谓"其他正当理由"须由仲裁委员会认定。仲裁庭处理劳动争议，应从组成仲裁庭之日起 60

日内结案。案情复杂需要延期的，报仲裁委员会批准后可以适当延长，但最长延期不得超过30日。

3. 诉讼

当事人对仲裁裁决不服的，自收到裁决书之日起15日内，可以向人民法院起诉；期满不起诉的，裁决书即发生法律效力，即未经仲裁的劳动争议，法院将拒绝受理。劳动争议案件由人民法院民事审判庭审理，人民法院适用普通程序审理的民事案件，应当在立案之日起6个月内审结。当事人若不服地方人民法院第一审判决的，有权在判决书送达之日起15日内向上一级人民法院提起上诉。当事人不服地方人民法院第一审裁定的，有权在裁定书送达之日起10日内向上一级人民法院提起上诉。

（十）违反劳动合同法的法律责任

用人单位违反法律、法规规定的，可由劳动行政部门给予警告，责令改正，并可处以罚款，情节严重的，由工商行政管理部门吊销营业执照。对劳动者造成损害的，应当承担民事赔偿责任。构成犯罪的，对责任人员依法追究刑事责任。劳动合同法详尽规定了用人单位的各种责任，主要有：

(1) 用人单位自用工之日起超过1个月不满1年未与劳动者订立书面劳动合同的，应当向劳动者每月支付两倍的工资。

(2) 用人单位违反本法规定不与劳动者订立无固定期限劳动合同的，应当自订立无固定期限劳动合同之日起向劳动者每月支付两倍的工资。

(3) 用人单位违反本法规定与劳动者约定试用期的，由劳动行政部门责令改正；违法约定的试用期已经履行的，由用人单位以劳动者试用期满月工资为标准，按已经履行的超过法定试用期的期间向劳动者支付赔偿金。

(4) 用人单位违反本法规定，扣押劳动者居民身份证等证件的，由劳动行政部门责令限期退还劳动者本人，并依照有关法律规定给予处罚。

(5) 用人单位违反本法规定，以担保或者其他名义向劳动者收取财物的，由劳动行政部门责令限期退还劳动者本人，并按每人500元以上2 000元以下的标准处以罚款；给劳动者造成损害的，应当承担赔偿责任。

(6) 用人单位有下列情形之一的，由劳动行政部门责令限期支付劳动报酬、加班费或者经济补偿；劳动报酬低于当地最低工资标准的，应当支付其差额部分；逾期不支付的，责令用人单位按应付金额50%以上100%以下的标准向劳动者加付赔偿金：未按照劳动合同的约定或者国家规定及时足额支付劳动者劳动报酬的；低于当地最低工资标准支付劳动者工资的；安排加班不支付加班费的；解除或者终止劳动合同，未依照本法规定向劳动者支付经济补偿的。

(7) 用人单位违反本法规定解除或者终止劳动合同的，应当依照本法第47条规定的经济补偿标准的两倍向劳动者支付赔偿金。

劳动者违反劳动合同中约定的保密事项或服务期约定或竞业限制约定的，应当承担违约金。对用人单位造成经济损失的，应当依法承担赔偿责任。

五、社会保障与失业救助

（一）社会保障制度概述

社会保障是以政府为主体，依据法律规定，通过国民收入再分配，对公民在暂时或永久丧失劳动能力以及由于各种原因生活发生困难时给予物质帮助，保障其基本生活的制度。

社会保障制度是现代社会必不可少的法律制度。我国目前没有统一的社会保障法。除后面所述的有关学生的临时救助性的政策规定外，我国的其他有关社会保障的法律规定主要在《中华人民共和国宪法》、《中华人民共和国劳动合同法》、《中华人民共和国老年人权益保障法》、《中华人民共和国妇女权益保障法》、《中华人民共和国残疾人权益保障法》、国务院颁布的《中华人民共和国劳动保险条例》、《失业保险条例》等法律法规及有关社会保障法律法规的实施细则中，社会保障的内容在发展中不断地完善。我国目前基本建立起来的社会保障体系包括社会保险、社会救助、社会福利、优抚安置、个人储蓄积累等。

1. 社会保险法律制度

社会保险是为了确保劳动者生存和劳动力再生产，国家和社会对丧失劳动能力或劳动机会而不能劳动或暂时中止劳动的劳动者，给予物质帮助，使其至少能维持基本生活需要的一种社会保障制度。

国家根据社会经济发展水平和社会承受能力，建立社会保险制度，设立社会保险基金，发展社会保险事业，使劳动者在年老、患病、工伤、失业、生育等情况下获得帮助和补偿。劳动合同法规定用人单位和劳动者必须依法参加社会保险，缴纳社会保险费。目前国家要求企业必须办理四项社会保险，分别是养老、工伤、医疗和失业保险。国家鼓励用人单位根据本单位实际情况为劳动者建立补充保险，并提倡劳动者个人进行储蓄性保险。劳动者在退休、患病、负伤、因工伤残或者患职业病、失业、生育等情形下，依法享受社会保险待遇。劳动者享受的社会保险金必须按时足额支付。

2. 社会救助法律制度

社会救助法律制度在我国又称为社会救济，是指国家和社会对因各种原因而陷入生存困境的公民给予财物接济和生活扶助，以保障其最低生活标准的制度。社会救助基金在我国主要由民政部管理，一般按社会救助项目分别设立，分为扶贫基金和救灾基金。基金来源主要有财政拨款、社会筹集、信贷扶贫和国际援助等。

3. 社会福利法律制度

社会福利法律制度是指国家和社会为维持和提高公民的一定生活质量而提供一定物质帮助，以满足公民的共同和特殊生活需要的社会保障制度。社会福利制度可分为公共福利和职业福利两大类。

4. 社会优抚法律制度

社会优抚法律制度是指国家和社会对有特殊贡献者及其家属提供褒扬和优惠性质的物质帮助，以保障其生活不低于当地一般生活水平的制度。在我国，现行法律所规定的社会优抚对象主要有现役军人、革命伤残人员、退役军人、烈属、病故军人家属、军属和见义勇为人员。

（二）大学生失业救助

大学生失业问题对社会的压力逐年增大。作为一个高知识、高成本、高预期、高动能而且不具备职业经历的群体，大学生失业应当受到特别的关注，然而当前我国还缺乏大学生失业保障的法律规定。针对大学生失业群体的特殊性，学者们提出了“一般救济说”、“特殊救助说”、“失业保险说”、“社会津贴说”等。相较而言，建立大学生失业救助津贴制度比较符合我国现实状况，失业救助津贴应划分出不同的标准，即就业促进标准和生活补助标准，资金来源从财政拨付中解决，中央和地方应采取分担制。

在大学生失业保障不足的情况下，国家和各级地方政府相继出台了一些关于生活困难的毕业生的临时救助办法和帮助措施，把高校毕业生就业工作纳入社会就业总体规划，积极组织未能按时就业的毕业生进行失业登记。

1. 普通高等学校生活困难毕业生临时救助办法

2004 年，劳动和社会保障部发布了《普通高等学校生活困难毕业生实施临时救助办法》，具体内容如下：

凡高校毕业生（含大学专科、大学本科、研究生）因患病等原因短期无法就业且生活困难的，由高校毕业生户籍迁入地所在地民政部门参照当地低保标准，给予临时救助。享受临时救助的时间最长不得超过 1 年。1 年后家庭生活仍有困难的，按有关规定申请享受最低生活保障或其他社会救济。对于滞留高校尚未办理户籍迁移的高校困难毕业生，民政部门不予受理。对于享受临时救助的高校毕业生已参加就业或家庭经济条件好转的，应及时取消对其的临时救助。

高校生活困难毕业生申请临时救助，按最低生活保障的申请审批程序办理。高校生活困难毕业生应当向户籍迁入地所在地的申请审批机关出具高等学校颁发的毕业证书、个人身份证以及高校毕业生就业工作主管部门签发的全国普通高等学校本专科毕业生就业报到证或者全国毕业研究生就业报到证。

2006 年，中组部、中宣部等 14 个部门联合下发了《关于切实做好 2006 年普通高等学校毕业生就业工作的通知》（以下简称《通知》）。《通知》明确规定，有就业愿望的应届毕业生9月1日后仍未就业的，可到入学前户籍所在城市或县劳动保障部门办理失业登记，劳动保障部门和人事部门应免费提供专门的就业服务，组织其参加职业培训或就业见习。高校毕业生因短期无法就业或就业后生活仍有困难的，民政部门要及时按照有关规定为符合条件的高校毕业生提供最低生活保障或临时救助。

2008年，一些地方政府（如广州市）规定，毕业生在毕业半年后没找到工作，可凭广州市高校毕业生就业指导中心出具的高校毕业生报到证明、户口簿、学历证明材料，到户籍所在区（县级市）劳动就业服务管理中心，或者街（镇）劳动保障服务中心进行失业登记。登记后，社保部门将会提供一系列服务，助其找到工作，比如组织其参加免费职业技能培训、提供职业介绍等。家庭困难的毕业生可享受失业救济。而找到工作或拒绝接受劳动部门推荐的工作的，将被取消领取救济金。值得注意的是，这种失业救济并不是失业保险金，失业保险是面对投保人的，大学生还未投保，因此不能马上享受失业保险金。

2. 对就业困难的高职（大专）毕业生的帮助措施

对就业困难的高职（大专）毕业生，教育部与人力资源和社会保障部实施“高职院校毕业生职业资格培训工程”。按照“瞄准市场需求，提升职业能力，转换择业观念，加强就业服务”的要求，集中职业技能培训优质资源，对高职院校中没有落实工作单位的，特别是本人家庭生活比较困难、农村生源的应届高职院校毕业生强化职业技能培训或创业培训，为培训合格者提供职业技能鉴定服务，对鉴定合格者颁发相应的职业资格证书，力争使大部分的毕业生能够拿到“双证”，培训的有关费用主要由教育系统承担，职业技能鉴定费由劳动保障部门适当减免。

此外，高职院校和公共职业介绍机构将专门收集一批适合高职院校毕业生就业的需求信息，组织专场求职招聘活动，为取得职业培训合格证书和职业资格证书的学生提供免费参加招聘洽谈活动的机会。公共职业介绍机构将定期向教育培训机构提供劳动力市场供求和工资指导价位信息，为高职院校毕业生就业提供服务。

半年内仍未就业的毕业生，可持高职院校出具的证明，到当地劳动保障部门进行失业登记，纳入失业人员统筹管理，享受公共职业介绍机构提供的免费职业指导、职业介绍等服务，为实现自主就业创造条件。

思考题

1. 什么是就业权？公民应当享有哪些就业权利？
2. 就业协议与劳动合同是什么关系？
3. 违反劳动合同法应当承担哪些法律责任？

第八章　犯罪与刑罚

一、犯罪制度概述

（一）犯罪的概念与基本特征

我国刑法从本国的实际情况出发，给犯罪下了一个完整、科学的定义。刑法第十三条规定："一切危害国家主权、领土完整和安全，分裂国家、颠覆人民民主专政的政权和推翻社会主义制度，破坏社会秩序和经济秩序，侵犯国有财产或者劳动群众集体所有的财产，侵犯公民私人所有的财产，侵犯公民的人身权利、民主权利和其他权利，以及其他危害社会的行为，依照法律应当受刑罚处罚的，都是犯罪，但是情节显著轻微、危害不大的，不认为是犯罪。"这一定义是对刑法中规定的各种具体犯罪共同特征的高度概括，是划分罪与非罪的科学依据。

简单地说，犯罪是危害社会、触犯刑法、应受刑罚处罚的行为。根据刑法规定的犯罪概念，犯罪具有以下三个基本特征：

1. 犯罪是危害社会的行为，即具有社会危害性

这是犯罪的本质特征。只有行为人所实施的行为危害到统治阶级的利益和统治秩序，法律才把它规定为犯罪。如果其行为不具有社会危害性或者情节显著轻微、危害不大的，就不认为是犯罪。

2. 犯罪是违反刑法的行为，即具有刑事违法性

一切犯罪行为都具有社会危害性，但并非一切危害社会的行为都是犯罪。只有危害社会的行为同时又是违反刑法的行为，才是犯罪。

3. 犯罪是应受刑罚处罚的行为，即具有应受刑罚处罚性

危害社会的行为，不仅应当达到触犯刑法的严重程度，而且必须是应当受到刑罚处罚时，才能认定为犯罪。如果是某种一般违法行为，没有构成犯罪的，那就不能适用刑罚。犯罪是适用刑罚的前提，刑罚是犯罪的法律后果。

上述犯罪的三个基本特征，社会危害性是其最基本的特征，刑事违法性和应受刑罚处罚性是社会危害性特征所派生的。它们是紧密相连不可分割的有机整体，只有同时具备这三个基本特征，犯罪才能成立。

（二）犯罪构成

犯罪构成是指我国刑法规定的、决定某种行为构成犯罪所必须具备的一切客观

要件和主观要件的总和。犯罪概念揭示了犯罪的基本内涵，为认定犯罪和区别罪与非罪提供了总的标准；而犯罪构成则是将犯罪概念具体化，阐明了犯罪的结构及成立要件，是定罪的具体标准。它划清了罪与非罪、重罪与轻罪、此罪与彼罪的界限。其所要解决的是犯罪成立的具体标准和界限问题。

我国刑法明确规定了每一种犯罪都必须具备以下四方面的要件，即犯罪客体、犯罪客观方面、犯罪主体和犯罪主观方面。如果行为缺少其中任何一个要件，就不构成犯罪。因此，犯罪构成是犯罪嫌疑人负刑事责任的基础，是犯罪理论的核心和基石。

1. 犯罪客体

犯罪客体是指我国刑法所保护而被犯罪行为所侵害的社会主义社会关系。犯罪客体是构成犯罪的必要条件，任何犯罪都有犯罪客体，因为任何犯罪都侵害了一定的社会关系。根据不同的标准，可以将犯罪客体分为不同的类型，通常分为一般客体、同类客体和直接客体。犯罪的一般客体，是指一切犯罪所共同侵害的客体，即我国刑法所保护的整个社会主义社会关系。犯罪的同类客体是指某一类犯罪所共同侵害的客体，即我国刑法所保护的某一部分社会主义社会关系。犯罪的直接客体是指某一种犯罪所直接侵害的具体客体，即我国刑法所保护的某一种特定社会主义社会关系。根据犯罪行为直接侵害特定社会关系的个数，直接客体又可分为简单客体和复杂客体。犯罪对象是指犯罪行为直接作用的物或人，它不决定犯罪的性质。犯罪对象并不像犯罪客体那样任何犯罪都具有，也不像犯罪客体那样可以成为区分此罪与彼罪的根据，犯罪客体在犯罪中会受到伤害，但犯罪对象却不一定会遭受损害。

2. 犯罪客观方面

犯罪客观方面亦称犯罪客观要件，是指我国刑法规定的犯罪活动的客观外在表现。犯罪客观方面包括犯罪行为、犯罪结果、犯罪对象以及实施犯罪行为的时间、地点、方法等内容。其中犯罪行为是一切犯罪的必要要件，其余的内容则是大多数犯罪或者某些特定犯罪所要求的要件，故称选择要件。

犯罪行为是指对社会有危害、应受刑罚处罚的行为。它是行为人主观意识和意志的客观表现，是一切犯罪的必要要件，在整个犯罪构成要件中居于核心地位。犯罪行为的多样性，决定了犯罪方式的多样性。犯罪行为有两种基本形式：

(1) 作为，是指以积极的行为所实施的为我国刑法所禁止的危害社会的行为，即“不当为而为之”。大部分犯罪都是由作为的形式完成的，如抢劫、盗窃、贪污等犯罪。

(2) 不作为，是指消极地不履行法律和社会所要求的特定义务而危害社会的行为，即“当为而不为”。不作为形式构成犯罪需要具备三个条件：一是必须以实施某种行为的特定义务为前提；二是行为人有履行特定义务的实际可能而不去履行；

三是由于行为人不履行义务的不作为对刑法所保护的客体造成了严重危害后果。

犯罪结果亦称犯罪行为的危害结果，是指犯罪行为对我国刑法所保护的犯罪客体造成的实际损害。犯罪结果可以分为两种：物质性的损害结果；非物质性的损害结果。对已经发生的危害结果，行为人是否应负刑事责任，还要查明行为人的行为与危害结果之间是否存在因果关系，这是行为人负刑事责任的客观基础。如果行为与结果之间没有因果关系，行为人就不负刑事责任。

3. 犯罪主体

犯罪主体是指实施了犯罪行为，依法能够对自己的行为承担刑事责任的自然人和单位。犯罪主体可以分为自然人犯罪主体和单位犯罪主体。

(1) 自然人犯罪主体。

指达到法定刑事责任年龄，具有刑事责任能力，实施了犯罪行为的自然人。我国刑法对刑事责任年龄作了如下规定：①已满 16 周岁的人，实施了刑法规定的任何一种犯罪，都应当负刑事责任。②已满 14 周岁不满 16 周岁的人，实施故意杀人、故意伤害致人重伤或者死亡、强奸、抢劫、贩卖毒品、放火、爆炸、投毒这八种犯罪行为的，应当负刑事责任。③不满 14 周岁的人，由于不具有分辨是非善恶和控制自己行为的能力，因而对其行为一律不负刑事责任。④已满 14 周岁不满 18 周岁的人犯罪的，应当从轻或者减轻处罚。

刑事责任能力是指行为人对自己的行为有辨认和控制的能力。不具有刑事责任能力的人，即使实施了危害社会的行为，也不构成犯罪。我国刑法对几种特定人的刑事责任能力作了明确规定：对于完全不能辨认或者不能控制自己行为的精神病人造成危害结果的，经法定程序鉴定确认，不负刑事责任；间歇性的精神病人在精神正常的时候犯罪，应当负刑事责任；尚未完全丧失辨认或者控制自己行为能力的精神病人，也就是“半呆半傻”的人犯罪的，应当负刑事责任，但是可以从轻或者减轻处罚；醉酒的人犯罪，应当负刑事责任；又聋又哑的人或者盲人犯罪，可以从轻、减轻或者免除处罚。

(2) 单位犯罪主体。

指实施了危害社会的犯罪行为，依法应当承担刑事责任的公司、企业、事业单位、机关、团体。单位犯罪必须有法律的明文规定才负刑事责任。关于单位犯罪主体的刑事责任，我国刑法规定对单位判处罚金，并对其直接负责的主管人员和其他责任人员判处刑罚，即采取“双罚制”。

4. 犯罪主观方面

犯罪主观方面亦称犯罪主观要件，是指犯罪主体对其实施的犯罪行为及其危害结果所持的心理态度。它包括犯罪故意、犯罪过失、犯罪目的和犯罪动机等因素。犯罪故意是指行为人明知自己的行为会发生危害社会的结果，并且希望或者放任这种结果发生的一种心理态度。

犯罪故意在刑法理论上分为两类：

一是直接故意，即明知自己的行为会发生危害社会的结果，并且希望这种结果发生的心理态度。

二是间接故意，即明知自己的行为可能会发生危害社会的结果，并且放任这种结果发生的心理态度。

犯罪过失是指行为人应当预见自己的行为可能发生危害社会的结果，因为疏忽大意而没有预见，或者已经预见而轻信能够避免，以致发生这种结果的一种心理态度。犯罪过失在刑法理论上也分为两类：

(1) 疏忽大意的过失，即行为人应当预见自己的行为可能发生危害社会的结果，因为疏忽大意而没有预见，以致发生了这种结果的心理态度。这里的“应当预见”是指行为人对危害社会结果的发生有预见的义务并且有能力预见。

(2) 过于自信的过失，即行为人已经预见到自己的行为可能发生危害社会的结果，但轻信能够避免，以致发生了这种结果的心理态度。这里的“轻信能够避免”是指行为人在主观意志上轻易相信一些不完全可靠的客观情况，以此作为避免危害结果发生的根据。过失造成危害结果的，法律有规定的才负刑事责任。

犯罪目的是指行为人希望通过实施犯罪的行为达到某种结果的心理态度。它存在于直接故意犯罪之中，只是某一具体犯罪所要求的必要条件。犯罪目的是某些犯罪构成的必备要件。犯罪动机是指促使犯罪人实施犯罪的内心起因，反映犯罪人的主观恶性程度。

另外，在实际生活中往往有这种情况，行为人的行为在客观上已经造成了损害结果，但不是出于行为人的故意或者过失，或者说行为人在主观上没有责任，而是由于不能抗拒或者不能预见的原因所引起的，这就是我国刑法理论上所说的意外事件。所谓不能抗拒，是指行为人遇到无法抗御、无法避免损害结果发生的力量，如地震、雪崩、洪水、动物侵害等自然灾害和非人为的机械质量事故等。所谓不能预见的原因，是指行为人根据当时的客观情况和主观认识能力根本无法预见也不可能预见的各种原因。意外事件不构成犯罪，不应当承担刑事责任。

(三) 犯罪预备、未遂、中止和既遂

故意犯罪的实施大都要经过犯罪的准备、实施、完成的发展过程。但是，由于一个犯罪在其发展过程中会受到主客观条件的影响，并非每个犯罪均能顺利完成。有的犯罪在准备阶段会由于行为人意志外的原因而被迫停止；有的犯罪在实施的过程中会由于外来的阻力而停止；还有犯罪人自动放弃犯罪的情况。这样，在故意犯罪的过程中就会出现犯罪的预备、未遂、中止和既遂四种可能的形态。

1. 犯罪预备

犯罪预备是指行为人为了犯罪，准备工具、制造条件的行为。犯罪预备的基本

特征是：

(1) 行为人已经实行了犯罪预备行为，即为了犯罪而准备工具和制造条件。

(2) 犯罪预备行为在犯罪的预备阶段停止下来，即是说行为人尚未着手实行犯罪。

(3) 犯罪预备停止下来是由于行为人意志以外的原因。

我国刑法规定，对于预备犯，可以比照既遂犯从轻、减轻或者免除处罚。

2. 犯罪未遂

犯罪未遂是指已经着手实行犯罪，由于犯罪分子意志以外的原因而未能得逞的行为。犯罪未遂的特征是：

(1) 行为人已经着手实行犯罪。这是犯罪未遂区别于犯罪预备的特征，如盗窃者已经打开门锁、投毒者已开始放置毒物。

(2) 犯罪未能得逞。所谓犯罪未能得逞，是指行为人的行为没有完成某一犯罪的全部构成要件，没有出现作为既遂标准的法定危害结果。

(3) 犯罪未能得逞是由于犯罪分子意志以外的原因。这是犯罪未遂与犯罪中止相区别的标志，如被害人的反抗等。

我国刑法规定，对于未遂犯，可以比照既遂犯从轻或减轻处罚。

3. 犯罪中止

犯罪中止是指行为人在犯罪过程中，自动放弃犯罪或者自动有效地防止犯罪结果发生的行为。犯罪中止包括两种情况，即自动放弃犯罪的犯罪中止和自动有效防止犯罪结果发生的犯罪中止。犯罪中止的成立必须具备以下条件：

(1) 必须是在犯罪过程中中止犯罪。犯罪中止只能在犯罪既遂之前，即发生在犯罪预备、犯罪实施或者实施终了之后犯罪结果发生之前的过程中。

(2) 必须是自动放弃犯罪。即犯罪分子在犯罪过程中，出于自己的意志而放弃了当时可以进行下去的犯罪行为。这是犯罪中止的最主要特征，也是犯罪中止与犯罪未遂的本质区别。

(3) 必须是彻底有效地中止犯罪。彻底是犯罪分子真正放弃原来的犯罪意图，有效是指犯罪分子实施完犯罪行为后，危害结果发生前，采取有效措施，防止了犯罪结果的发生。

我国刑法规定，对于中止犯，没有造成伤害的，应当免除处罚；造成损害的，应当减轻处罚。

4. 犯罪既遂

犯罪既遂是指行为人故意实施的犯罪行为已具备了刑法所规定的成立某种犯罪的全部构成要件，即犯罪处于完成形态。犯罪既遂，按刑法的规定定罪量刑。

(四) 正当防卫与紧急避险

1. 正当防卫

正当防卫是指为了使国家、公共利益、本人或者他人的人身、财产和其他权利免受正在进行的不法侵害，对不法侵害人所采取的制止不法侵害的行为。我国刑法规定，属于正当防卫的，不负刑事责任。正当防卫实际上是法律赋予公民的一项权利，其目的就在于鼓励和支持广大公民同违法犯罪行为作斗争，及时有效地制止各种不法侵害行为，保护国家和人民利益，维护社会秩序。

正当防卫应当同时具备以下条件：

(1) 必须是对不法侵害的行为，才能实行正当防卫。不当侵害行为是指侵害合法权益的各种行为，其中主要是构成犯罪的侵害行为。而对合法行为，则不能实行正当防卫，如警察依法逮捕、拘留人犯的行为。

(2) 必须是对正在进行的不法侵害行为，才能实行正当防卫。所谓“正在进行”包含两层含义：一是不法侵害已经开始，尚未结束，合法权益正处于被侵害的危险状态中；二是不法侵害是实际存在的，而不是臆想或主观推测的。

(3) 必须是针对实施不法侵害者本人，才能实行正当防卫。因为不法侵害的行为来自侵害者，因此，只能对不法侵害者本人实行防卫，而不能针对第三者。

(4) 防卫行为不能明显超过必要限度造成重大损害。在一般情况下，正当防卫是有限度的，防卫人采取的防卫行为在性质、手段、强度及后果等方面应当与不法侵害行为基本相当。如果防卫行为明显超过必要限度，给不法侵害人造成重大损害的，则是防卫过当，应负刑事责任。但应当减轻或者免除处罚。

为了严厉打击暴力犯罪，我国刑法明确规定，对正在进行行凶、杀人、抢劫、强奸、绑架以及其他严重危及人身安全的暴力犯罪，采取防卫行为，造成不法侵害人伤亡的，不属于防卫过当，不负刑事责任。

2. 紧急避险

紧急避险是指为了使国家、公共利益、本人或者他人的人身、财产和其他权利免受正在发生的危险，不得已而采取的损害较小合法利益以保护较大合法权益的行为。紧急避险造成损害的，不负刑事责任。

实行紧急避险必须同时具备以下条件：

(1) 必须是有危险发生。这里的危险既可能是自然灾害如洪水、地震等，也可能是野兽、牲畜等动物的侵袭，还可能是人的危害社会的行为，如交通肇事、爆炸等。

(2) 必须是为了避免正在发生的危险的威胁，才能实行紧急避险。对尚未发生的危险或者已经结束的危险，都不能采取紧急避险。对尚未发生的危险或者已经结束的危险，都不能采取紧急避险。

(3) 必须是在迫不得已的情况下，才能实行紧急避险。

(4) 紧急避险不能超过必要限度造成不应有的损害。紧急避险必须限制在一定的程度之内，紧急避险超过必须限度造成不应有的损害的，则是避险过当，应当负刑事责任，但应当减轻或者免除处罚。

(五) 共同犯罪

1. 共同犯罪的概念与成立要件

共同犯罪是指两人以上共同故意犯罪。在通常情况下，共同犯罪是有组织、有计划进行的犯罪，能够实施单个人无法实施的犯罪活动，具有更大的社会危害性。因而，共同犯罪，特别是犯罪集团，历来是我国刑法打击的重点对象。

构成共同犯罪的条件是：

(1) 犯罪主体必须是两人以上达到刑事责任年龄、具有刑事责任能力的人。

(2) 在主观方面必须具有共同的犯罪故意。即各个共同犯罪人不仅都知道自己在实施犯罪行为，而且认识到其他犯罪人在与他一起共同实施某一犯罪活动。各共同犯罪人对其行为可能引起的危害社会的后果，都抱着希望或放任的态度。

(3) 在客观方面必须具有共同的犯罪行为。即各个共同犯罪人的行为都是指向同一个犯罪目标，彼此互相配合，互为条件，都是为了完成同一犯罪。

2. 共同犯罪人的种类及其刑事责任

我国刑法把共同犯罪分为一般共同犯罪和犯罪集团。根据各共同犯罪人在共同犯罪中所处的地位和所起的作用，将共同犯罪人分为主犯、从犯、胁从犯和教唆犯，对不同种类的犯罪人规定了相应的刑事责任。

(1) 主犯。

主犯是组织、领导犯罪集团进行犯罪活动或者在共同犯罪中起主要作用的犯罪分子。具体包括犯罪集团的首要分子、聚众犯罪的首要分子和其他在犯罪集团或一般共同犯罪中起主要作用的犯罪分子。我国刑法规定，对组织、领导犯罪集团的首要分子，按照集团所犯的全部罪行处罚；对组织、领导犯罪集团首要分子以外的主犯，应当按照其所参与的或者组织、指挥的全部犯罪处罚。

(2) 从犯。

从犯是在共同犯罪中起次要或者辅助作用的犯罪分子。所谓起次要作用，是指直接参加了具体犯罪行为的实施，在整个犯罪活动中罪行较轻，情节不是很严重，没有直接造成严重后果。所谓辅助作用，是指未直接参加具体犯罪行为的实施，在共同犯罪中为完成共同犯罪提供物质或者精神上的帮助，即刑法上所说的“帮助犯”。我国刑法规定，对于从犯，应当从轻、减轻或者免除处罚。

(3) 胁从犯。

胁从犯是被胁迫参加犯罪的犯罪分子。所谓被胁迫参加犯罪，是指行为人不愿意参加犯罪，但由于受到威胁、逼迫，致使其精神受到强制，才作出参加犯罪的选择。我国刑法规定，对于被胁迫参加犯罪的，应当按照犯罪情节减轻或者免除处罚。

(4) 教唆犯。

教唆犯是故意引起他人犯罪意图和唆使他人实施犯罪行为的犯罪分子。构成教唆犯必须具备下列条件：客观方面必须具有教唆他人犯罪的行为，如劝说、挑拨、收买、引诱、威胁等；主观方面必须具有教唆他人犯罪的故意。我国刑法规定，教唆他人犯罪的，应当按照他在共同犯罪中所起的作用处罚；教唆不满 18 周岁的人犯罪的，应当从重处罚；如果被教唆的人没有犯被教唆的罪，对教唆犯可从轻或者减轻处罚。

二、刑罚制度概述

(一) 刑罚的概念、特征和目的

1. 概念

刑罚是刑法规定的，由国家审判机关依法对犯罪分子实行惩罚的制度。犯罪与刑罚是刑法中密切联系的两大基本内容，犯罪是刑罚的根据，刑罚是犯罪的结果。刑法的作用只有通过刑罚对犯罪分子予以处罚才能实现。

2. 特征

我国刑罚具有以下四个特征：刑罚是一种最严厉的法律制裁方法；刑罚必须由刑法明文规定；刑罚只能由人民法院依照法定程序适用于犯罪分子；我国刑罚的执行机关有法院、监狱、公安机关。

3. 目的

刑罚的目的是指国家预先确定的，通过适用和执行刑罚所希望达到的结果。我国刑罚的目的是预防犯罪。预防犯罪包括特殊预防和一般预防两个方面。所谓特殊预防，是指通过对犯罪分子适用刑罚，以预防其重新犯罪。所谓一般预防，是指通过对刑罚的适用和执行，警戒社会上的不稳定分子，防止他们走上犯罪道路，并使人民群众增强法律意识，提高法制观念，自觉地同犯罪行为作斗争。

(二) 刑罚的体系和种类

我国刑罚分为主刑和附加刑两大类。

1. 主刑

主刑只能独立适用；同一种犯罪只能判处一个主刑。我国刑法规定的主刑种类有如下几种：

(1) 管制。管制是对犯罪分子不实行关押，只限制其一定自由，由公安机关管束和群众监督的一种刑罚。它适用于罪行较轻，不需要关押的犯罪分子。管制的期限为 3 个月以上 2 年以下；数罪并罚最高不能超过 3 年。

(2) 拘役。拘役是短期剥夺犯罪分子的人身自由，由公安机关就近关押改造的刑罚方法。它主要适用于罪行较轻又需短期关押的犯罪分子。拘役的期限为 1 个月以上 6 个月以下；数罪并罚最高不超过 1 年。

(3) 有期徒刑。有期徒刑是剥夺犯罪分子一定期限的人身自由，将其加以监禁并强制劳动改造的一种刑罚方法。它是我国刑罚中适用最广泛的一种刑罚。有期徒刑的期限为 6 个月以上 15 年以下；数罪并罚最高不得超过 20 年。被判处有期徒刑的犯罪分子，在监狱或者其他劳改场所执行。

(4) 无期徒刑。无期徒刑是剥夺犯罪分子终身自由，实行监禁并强制劳动改造的一种刑罚。无期徒刑主要适用于罪行严重的犯罪分子。在执行期间，犯罪分子只要努力改造，确有悔改或者立功表现，在执行一定刑期后，可以依法得到减刑而变为有期徒刑。

(5) 死刑。死刑是剥夺犯罪分子生命的刑罚方法。它是刑罚中最严厉的一种，只适用于罪行极其严重的犯罪分子。对死刑应该慎用、限制。对犯罪时不满 18 周岁的人和审判时怀孕的妇女，不适用死刑。对应当判处死刑的犯罪分子，如不需要立即执行的，可以判处死刑缓期 2 年执行。死刑缓期执行不是一个独立的刑种，而是适用死刑的一种制度。

2. 附加刑

附加刑是补充主刑适用的刑罚方法。它既可以作为主刑的附加刑适用，也可以独立适用。我国刑法规定的附加刑种类有：

(1) 罚金。罚金是人民法院判处犯罪个人或者犯罪单位向国家缴纳一定金钱的一种刑罚。

(2) 剥夺政治权利。剥夺政治权利是指剥夺犯罪分子参加国家管理和政治活动权利的一种刑罚。对于危害国家安全的犯罪分子，应当附加剥夺政治权利；对于故意杀人、强奸、放火、爆炸、投毒、抢劫等严重破坏社会秩序的犯罪分子，可以附加剥夺政治权利。剥夺政治权利的内容有：选举权和被选举权；言论、出版、集会、结社、游行、示威自由的权利；担任国家机关职务的权利；担任国有公司、企业、事业单位和人民团体领导职务的权利。

(3) 没收财产。没收财产是把犯罪分子个人所有财产的一部分或全部强制无偿地收归国有的一种刑罚。

此外，对于犯罪的外国人，可以独立适用或者附加适用驱逐出境。

三、量刑制度概述

（一）量刑的基本原则

量刑指人民法院依据刑法，在认定行为人构成犯罪的基础上，确定对犯罪人是否判处刑罚、判处何种刑罚以及判处多重刑罚的刑事司法活动。“以事实为依据，以法律为准绳”是我国刑法规定的量刑原则。

1. 量刑必须以犯罪事实为根据

所谓犯罪事实，是指客观存在的犯罪诸种情况的总和，具体包括犯罪事实、犯罪性质、犯罪情节和犯罪对社会的危害程度四个方面。

2. 量刑必须以刑事法律为准绳

严格依据刑法的规定对犯罪分子适用刑罚，是我国社会主义法制原则在量刑工作中的具体体现。该原则要求：

(1) 严格遵守刑法分则的规定，在法定刑限度内，选定适当的刑罚。

(2) 严格依照刑法总则中关于从重、从轻、减轻或免除处罚等规定，适当量刑。

(3) 严格按照刑法总则中有关各种刑罚方法及刑罚制度的适用规定，如对累犯不得宣告缓刑、对犯罪时不满 18 周岁的人和审判时怀孕的妇女不适用死刑等。

（二）量刑的情节

量刑情节是指人民法院对犯罪分子量刑时，作为决定处刑轻重或者免除处罚所依据的各种情况。量刑情节分为法定情节和酌定情节两类。

1. 法定情节

指刑法明文规定的量刑时应当或者可以据以从重、从轻、减轻或者免除处罚的事实情况。法定情节有从重、从轻、减轻、免除处罚情节。从重、从轻处罚是指在法定刑的限度以内，对犯罪分子判处相对较重或者较轻的刑罚；减轻处罚是指对犯罪分子在法定刑以下判处刑罚；免除处罚是指对犯罪分子作有罪宣告，但免除其刑罚。

2. 酌定情节

指法律没有明文规定，由人民法院根据刑事立法精神和审判实践，灵活掌握的对量刑有影响的事实情况。通常有犯罪动机、犯罪目的、犯罪手段、犯罪时的环境、犯罪人的一贯表现、犯罪的后果、犯罪时的精神状况和犯罪后的态度等情节。酌定情节包括酌情从重、从轻，还包括酌情减轻，甚至还可以免予刑事处罚。

（三）累犯、自首和立功

累犯是法定从重处罚情节，而自首和立功是法定从轻、减轻或免除处罚的情节。

1. 累犯

累犯是指因故意犯罪被判处一定的刑罚，在刑罚执行完毕或者赦免以后，在法定的期限内再犯应当判处一定刑罚之罪的犯罪分子。累犯分为一般累犯和特别累犯。

一般累犯是指因故意犯罪被判处有期徒刑以上刑罚，在刑罚执行完毕或者赦免之后，5 年以内再犯应当判处有期徒刑以上刑罚之故意犯罪的犯罪分子。一般累犯构成条件是：①前罪和后罪都必须是故意犯罪。②前罪和后罪被判处的刑罚必须都是有期徒刑以上。③后罪发生是在前罪刑罚执行完毕或者赦免以后的 5 年之内。

特别累犯是指危害国家安全罪在刑罚执行完毕或者赦免之后，在任何时候再犯危害国家安全罪的犯罪分子。特别累犯构成条件是：①前罪和后罪都必须是危害国家安全罪。②后罪发生在前罪刑罚执行完毕或者赦免之后的任何时间内。我国刑法规定，对于累犯应当从重处罚。

2. 自首和立功

自首是指犯罪分子在犯罪之后自动投案，如实供述自己罪行的行为。自首成立的条件是：①犯罪后必须自动投案，即犯罪分子在犯罪之后、归案之前，出于本人的意志向有关机关、组织或者个人承认自己实施了犯罪，并自愿置于有关机关、组织、个人控制之下，最终接受人民法院裁判的行为。②必须如实供述自己的罪行，即如实供述自己实施或者与他人共同实施的全部犯罪事实。这是自首成立的一般条件。我国刑法规定，对于自首的犯罪分子，可以从轻或者减轻处罚。其中，犯罪较轻的，可以免除处罚。

立功是指犯罪分子归案之后，揭发他人犯罪行为，查证属实的，或者提供重要线索，使其他案件得以侦破的，或者协助司法机关抓捕其他罪犯以及阻止他人重大犯罪活动的行为。立功可以分为一般立功表现和重大立功表现。我国刑法规定，有一般立功表现的，可以从轻或者减轻处罚；有重大立功表现的，可以减轻或者免除处罚；犯罪自首又有重大立功表现的，应当减轻或者免除处罚。

（四）数罪并罚

数罪并罚是指一人犯了数罪，人民法院对其所犯各罪分别定罪量刑后，依照法定的并罚原则，决定应当执行的刑罚。我国刑法对一人犯数罪的，分别情况，实行吸收原则、限制加重原则和相加原则。

1. 数罪中有一罪被判处死刑或无期徒刑的，采用吸收原则

此种情形下，只执行死刑或无期徒刑，其他主刑不再执行。

2. 对判处有期徒刑、拘役和管制的，采用限制加重原则

此原则即在总和刑期以下，数刑中最高刑期以上，酌情决定执行的刑期；但管制最高不能超过3年，拘役最高不能超过1年，有期徒刑最高不能超过20年。

3. 附加刑一般采用相加原则

此原则即主刑按一定的原则并罚之后，附加刑都必须执行。

判决宣告以后，刑罚执行完毕以前，发现被判刑的犯罪分子在判决宣告以前还有其他罪没有判决的，应当对新发现的罪作出判决，把前后两个判决所判处的刑罚，依照前一种情况规定的方法，决定执行的刑罚。已经执行的刑期，应当计算在新判决决定的刑期以内。判决宣告以后，刑罚执行完毕以前，被判刑的犯罪分子又犯罪的，应当对新犯的罪作出判决，把前罪没有执行的刑罚和后罪所判处的刑罚，依照第一种情况规定的方法，决定执行的刑罚。

（五）缓刑、减刑和假释

1. 缓刑

缓刑是指对于罪刑较轻的犯罪分子，有条件地不执行原判刑罚的制度。缓刑的法定条件是：犯罪分子被判处的主刑必须是拘役或3年以下有期徒刑的刑罚；犯罪情节较轻，有悔罪表现，适用缓刑不致再危害社会；犯罪分子是累犯。缓刑本身不是一种刑罚，不能脱离原判刑罚而独立存在，它只是附条件地不执行原判刑罚，将犯罪人放在原单位劳动改造的一种运用刑罚的制度，但又保持执行原判刑罚的可能性。

对被宣告缓刑的罪犯，必须设置缓刑考验期。在缓刑考验期内，犯罪人遵纪守法，服从监督，未犯新罪，又没有发现漏罪的，考验期满，原判刑罚就不再执行。

2. 减刑

减刑是指对被判处管制、拘役、有期徒刑、无期徒刑的犯罪分子，在刑罚执行期间认真遵守监规，接受教育改造，确有悔改或立功表现，而适当减轻其原判刑罚的一种刑罚制度。

减刑可以是刑种的减轻，如将无期徒刑减为有期徒刑（但有期徒刑不能减为拘役或管制）；也可以是刑期的缩短，如将10年减为8年；可以减刑一次，也可以减刑数次。减刑应有一定限度，判处管制、拘役、有期徒刑的，减刑以后实际执行的刑期，不能少于原判刑期的1/2；判处无期徒刑的，不能少于10年。

3. 假释

假释是指被判处有期徒刑、无期徒刑的犯罪分子，在执行一定刑期后，能认真遵守监规，接受教育改造，确有悔改表现，不致再危害社会，附有条件地将其提前

释放的一种刑罚制度。被判处有期徒刑的犯罪分子，执行原判刑罚1/2以上；被判处无期徒刑的犯罪分子，实际执行10年以上，如果认真遵守监规，接受改造，确有悔改表现，不致再危害社会的，可以假释。对累犯以及因杀人、爆炸、抢劫、强奸、绑架等暴力性犯罪被判处10年以上有期徒刑、无期徒刑的犯罪分子，不得假释。

假释是附条件的提前释放，适用假释后，仍有收监执行的可能，因此需要有一个适当的考验期。假释的考验期限，有期徒刑为没有执行完的刑期；无期徒刑为10年。如果在考验期限内，被假释的犯罪分子再犯新罪或发现判决宣告以前还有漏罪，或者有违反法律、行政法规或者国务院公安部门有关假释的监督管理规定的行为，应当依法撤销假释，收监执行未执行完毕的刑罚。假释考验期限从假释之日起计算。

四、常见的罪名

我国刑法分则根据犯罪行为所侵犯的同类客体和社会危害程度，将犯罪分为10大类，分别是：危害国家安全罪、破坏社会主义市场秩序罪、侵犯公民人身权利和民主权利罪、侵犯财产罪、妨害社会管理秩序罪、危害国防利益罪、贪污贿赂罪、渎职罪和军人违反职责罪。每一类犯罪又规定了若干具体的犯罪，总计有410多个罪名，以下是一些常见的罪名和一般的人容易触犯的罪名。

（一）交通肇事罪

1. 法定罪状

违反交通管理法规，因而发生重大事故，致人重伤、死亡，或者致使公私财产遭受重大损失。

2. 构成要件

（1）本罪主体是一般主体，即达到刑事责任年龄且具有刑事责任能力的人。其中，主要是从事交通运输的人员。

（2）本罪主观方面主要是出于过失，行为人在应当预见自己的行为会发生危害交通安全的事故的情况下，却没有预见到，或者虽然已预见到，但轻信能够避免，以致造成了法定的危害后果。

（3）本罪客观方面表现为在交通运输中违反交通管理法规，发生重大事故，致人重伤、死亡，或使公私财产遭受重大损失的行为。应当注意的是，交通肇事罪主要表现在违反有关交通运输安全的规章制度，但是，在交通运输中也可能由于违反其他管理规定而发生重大事故，对此不应定交通肇事罪。发生重大事故，致人重伤、死亡，或使公私财产遭受重大损失，是构成交通肇事罪的结果条件。如果结果不严重，或者虽有违章行为，但没有造成任何后果的，就不能构成交通肇事罪。

3. 法定刑

犯本罪的处3年以下有期徒刑或者拘役；交通运输肇事后逃逸或者有其他特别恶劣情节的，处3年以上7年以下有期徒刑；因逃逸致人死亡的，处7年以上有期徒刑。

（二）故意杀人罪

1. 法定罪状

故意杀人。

2. 构成要件

（1）犯罪主体只能是自然人。

（2）犯罪客体是他人的生命。

（3）主观方面表现为故意，包括直接故意和间接故意。

（4）犯罪客观方面表现为非法剥夺他人生命的行为。杀人的行为方式可以是作为，也可以是不作为。杀人的方法和手段多种多样。在我国，"安乐死"仍然被认定为杀人行为，胎儿和尸体均不作为杀人罪的行为对象，所以堕胎不是犯罪，毁坏尸体也不以杀人罪论处。

3. 法定刑

犯故意杀人罪的，处死刑、无期徒刑或者10年以上有期徒刑；情节较轻的，处3年以上10年以下有期徒刑。情节较轻，一般指防卫过当杀人、出于义愤杀人或长期受虐待而杀人等。

（三）故意伤害罪

1. 法定罪状

故意损害他人身体健康。

2. 构成要件

（1）犯罪主体只能是自然人。

（2）犯罪客体是他人的身体健康。

（3）主观方面表现为非法伤害他人的故意。即行为人明知自己的行为会发生造成他人重伤或轻伤的结果，仍希望或放任这种结果的发生。

（4）客观方面表现为非法损害他人身体健康的行为。

本行为具有如下特征：一是伤害行为必须是非法的，因执行任务、执行命令、正当防卫、紧急避险等合法行为致人损害的，是合法行为，当然不构成犯罪。二是伤害的对象只能是他人，故意伤害自己身体的一般不构成犯罪。但如果现役军人在战时为了逃避履行军事义务而自伤的，构成战时自伤罪。如果是为了诬告陷害而自伤身体的，以诬告陷害罪论处。三是伤害行为必须是损害他人健康的行为，即损害他人身体的完整性和人体器官的正常功能。伤害行为所造成的结果根据不同的分类方法可分为肉体伤害和精神伤害、内伤和外伤、重伤和轻伤以及伤害致死。

3. 法定刑

犯故意伤害罪的，处3年以下有期徒刑、拘役或者管制。致人重伤的，处3年以上10年以下有期徒刑；致人死亡或者以特别残忍手段致人重伤造成严重残疾的，处10年以上有期徒刑、无期徒刑或者死刑。

（四）强奸罪

1. 法定罪状

违背妇女意志，以暴力、胁迫或其他手段，强行与其发生性交。

2. 构成要件

(1) 犯罪主体是特殊主体，即达到刑事责任年龄并具有刑事责任能力的男子。妇女不能成为强奸罪的主体，但可以成为强奸罪的共犯。

(2) 犯罪客体是妇女性的不可侵犯的权利，即妇女按照自己的意志决定是否发生和与谁发生性行为的权利。妇女性的不可侵犯的权利是妇女自由权利的一种，与妇女的人身和意志密切相关。奸污没有生命和意志的女尸，不是强奸罪。

(3) 犯罪主观方面具有强行奸淫妇女的故意。

(4) 客观方面表现为以暴力、胁迫或其他手段强奸妇女的行为。所谓“暴力”，是指对被害妇女采取殴打、捆绑、堵嘴等侵害人身安全和人身自由的强暴方法，使妇女不能反抗。所谓“胁迫”，是指对被害妇女采取威胁、恐吓等方法，实行精神上的强制，使妇女不敢反抗。“其他手段”是指暴力、胁迫以外的方法。

3. 法定刑

犯强奸罪的，处3年以上10年以下有期徒刑；有法定严重情节的，处10年以上有期徒刑、无期徒刑或死刑。

（五）抢劫罪

1. 法定罪状

以非法占有为目的，当场使用暴力、胁迫或其他方法，强行劫取财物。

2. 构成要件

(1) 主体是自然人一般主体。凡年满14周岁并具有刑事责任能力的自然人，均可以成为抢劫罪的主体。

(2) 客体为复杂客体，即不仅侵犯财产利益，同时也侵犯他人的人身权利。这是本罪不同于其他侵犯财产罪的重要特征。由于实施抢劫罪的行为人的目的是抢劫财物，侵犯他人的人身权利只是实现犯罪目的的手段，所以，立法者将其归入侵犯财产罪一章中。

(3) 主观方面是故意，并且具有非法占有公私财物的目的。所谓非法占有公私财物，是指行为人意图非法改变财物所有权。

(4) 客观方面表现为行为人对公私财物的所有人、保管人、看护人当场使用暴力、胁迫或其他方法，迫使其交出财物或立即将财物抢走的行为。

3. 法定刑

犯抢劫罪的，处3年以上10年以下有期徒刑，并处罚金；有下列情形之一的，处10年以上有期徒刑、无期徒刑或死刑，并处罚金或没收财产：入户抢劫的；在公共交通工具上抢劫的；抢劫银行或者其他金融机构的；多次抢劫或者抢劫数额巨大的；抢劫致人重伤和死亡的；冒充军警人员抢劫的、持枪抢劫的、抢劫军用物资或抢险救灾和救济物资的。

（六）盗窃罪

1. 法定罪状

以非法占有为目的，秘密地多次窃取或者窃取数额较大公私财物；以营利为目的，盗接他人通信线路、复制他人电信码号或者明知是盗接、复制的电信设备、设施而使用。

2. 构成要件

(1) 犯罪主体是自然人一般主体，即凡年满16周岁并且具有刑事责任能力的自然人，都可以构成盗窃罪。

(2) 犯罪主观方面为直接故意，并且具有非法占有公私财物的目的。如果误把公共财物或他人财物当作自己的财物拿走的，或者将债务人的财物拿作抵押的，由于行为人不具有非法占有的目的，不能以盗窃罪论处。

(3) 犯罪客观方面表现为多次秘密窃取或者秘密窃取数额较大公私财物的行为以及盗用电信设备、设施的行为，后者包括直接盗接他人通信线路、复制他人电信码号，也包括明知是盗接、复制的电信设备、设施而使用。在实践中，通常表现为盗用长途电话账号、号码偷打电话，偷接长途电话线路并机使用，盗用移动电话号码，复制、倒卖、使用伪机和盗用其他电信号码。这种行为并不直接表现为非法占有他人财物，但却通过上述盗接、复制或者使用盗接、复制的电信设备、设施的方法，并在他人完全不觉的情况下秘密进行，从而使他人遭受财产上的损失，这种行为是符合盗窃罪的基本特征的。根据刑法第一百九十六条第二款的规定，盗窃信用卡并使用的，适用本条定罪处罚。

对于偷窃小量财物，或者偶尔偷盗，或者被胁迫参加盗窃活动而没有分赃或分赃极少的，不构成本罪，必要时给以治安管理处罚。另外，参考有关的司法解释，盗窃自己家里的财物或者近亲属的财物，一般可不按犯罪处理，对确有追究刑事责任必要的，在处理时也应与在社会上作案有所区别。

关于盗窃的数额，是指行为人实施盗窃行为已窃取的公私财物的数额。本条规定了3个档次，即数额较大、数额巨大和数额特别巨大。数额较大，以1千元为起点；数额巨大，以1万元为起点；数额特别巨大，以10万元为起点，少数经济发展较快的地区可以考虑以1千至3千元为数额较大的起点，以1万至3万元为数额巨大的起点。

所谓多次盗窃，可考虑以2年内入户盗窃或者扒窃3次以上为确定依据。对于多次盗窃构成犯罪的，凡未经司法机关处理的，应累计其盗窃数额；对于司法机关已经处理过的盗窃行为，其数额不应计算在内。

根据刑法总则第十七条的规定，已满14周岁不满16周岁的人盗窃的，即使盗窃财物数额较大，也不构成犯罪。其在14周岁至16周岁期间所盗窃的财物数额，不应累计计入年满16周岁以后所犯的盗窃罪中，但在量刑时可适当予以考虑。

3. 法定刑

盗窃公私财物，数额较大或多次盗窃的，处3年以下有期徒刑、拘役或管制，并处或单处罚金；数额巨大或有其他严重情节的，处3年以上10年以下有期徒刑，并处罚金；数额特别巨大或有其他特别严重情节的，处10年以上有期徒刑或无期徒刑，并处罚金或没收财产。盗窃金融机构，数额特别巨大的，或者盗窃珍贵文物，情节严重的，可判处无期徒刑、死刑。

（七）侵占罪

1. 法定罪状

将代为保管的他人财物非法占为己有，数额较大，拒不退还；将他人的遗忘物或者埋藏物非法占有，数额较大，拒不交出。

2. 构成要件

⑴ 犯罪主体是一般主体，是他人财物的代保管者。

⑵ 犯罪主观方面为直接故意，具有非法占有他人财物的目的。

⑶ 犯罪客观方面表现为：①将代为保管的他人财物非法占为己有，拒不退还的行为。所谓代为保管的他人财物，是指受他人委托，代其保管或持有所有权属于他人的财物。所谓侵占，是指行为人在事实上暂时占有他人财物的前提下，以财物所有人自居，变占有为所有的行为。拒不退还，是指侵占者在财物所有人或有关权利人合法地要求其归还该财物时，毫无法律根据地拒绝交还，这是构成本罪的必要要件。②将拾到的他人的遗忘物、埋藏物非法占为己有，包括对财物非法地予以使用、消耗和处分。所谓遗忘物，是指所有人或持有人一时疏忽，将其遗忘于某特定地点或场合的财物，遗忘者本人并未放弃对该财物的所有权。埋藏物是指埋藏于地

下的财物，根据民法通则的规定，所有人不明的埋藏物依法归国家所有，所有人已明的则归所有人所有。

3. 法定刑

犯本罪的处 2 年以下有期徒刑、拘役或者罚金；数额巨大或者有其他严重情节的，处 2 年以上 5 年以下有期徒刑，并处罚金。

（八）赌博罪

1. 法定罪状

以营利为目的，聚众赌博、开设赌场或者以赌博为业。

2. 构成要件

(1) 犯罪主体是一般主体，凡是达到刑事责任年龄、具有刑事责任能力的自然人，均可构成本罪。但是从立法精神看，本罪主要打击的是聚众赌博、开设赌场的赌头以及以赌博为业的赌棍。

(2) 犯罪的主观方面是故意，并且必须具有营利的目的，如果行为人实施本罪行为是为了娱乐或消遣，则不构成本罪。

(3) 犯本罪在客观方面表现为聚众赌博、开设赌场或者以赌博为业的行为。行为人只要具备其中一种行为，即符合赌博罪的客观要件。

赌博罪与一般赌博行为的主要区别在于主观上是否以营利为目的，客观上是否具有聚众赌博、开设赌场或者以赌博为业的行为。对于虽然多次参加赌博，但不是以此作为生活或者挥霍的主要来源的；或者行为人虽然提供场所、赌具等，但未从中渔利的，以及亲朋好友、同事之间为了消遣和娱乐，有少量输赢的赌博行为，一般不应以赌博罪论处。

3. 法定刑

犯本罪的处 3 年以下有期徒刑、拘役或者管制，并处罚金。

（九）伪证罪

1. 法定罪状

在刑事诉讼中，证人、鉴定人、记录人、翻译人对与案件有重要关系的情节，故意作虚假的证明、鉴定、记录、翻译，意图陷害他人或者隐匿罪证，严重影响司法机关的正常活动。

2. 构成要件

(1) 犯罪的主体是特殊主体，仅指刑事诉讼中的证人、鉴定人、记录人、翻译人。

(2) 犯罪的主观方面是直接故意，即明知自己的行为会严重影响司机法关的正常活动，并且具有陷害他人或者隐匿罪证、包庇罪犯、使之逃避法律制裁的目的。

(3) 犯罪的客观方面表现为在刑事诉讼中行为人对与案件有重要关系的情节故

意作虚假的证明、鉴定、记录、翻译。其行为表现为作为，具体为：①必须发生在刑事诉讼中，即公安机关侦查、检察机关审查起诉、人民法院审判的整个过程；②必须实施虚假的证明、鉴定、记录、翻译或者隐匿罪证的行为；③所作的虚假内容必须是与案件有重要关系的情节，即足以影响案件性质的认定，罪名的成立及罪行轻重的情节。

实践中往往发生由于行为人业务水平较低、工作能力较差，责任心不强或因过失造成所作证明、鉴定、记录、翻译与案件事实不符。如证人因对案件事实记忆模糊，鉴定人因鉴定技术、记录人因记录能力、翻译人因翻译技巧或工作疏忽等原因提供了不符合实际的证言、鉴定结论或者发生错记、漏记、错译、漏译的差错，则不构成本罪。

伪证行为必须是对案件定罪量刑有实质性影响的情节作出虚假证明、鉴定、记录、翻译的，才构成本罪。如果行为人主观上虽有直接故意，但所提供的虚假证明、鉴定、记录、翻译对案件是否构成犯罪，构成何种犯罪及量刑轻重没有实质性影响，没有产生陷害他人或者包庇罪犯的严重后果，则不构成本罪。

3. 法定刑

犯本罪的处 3 年以下有期徒刑或者拘役；情节严重的，处 3 年以上 7 年以下有期徒刑。

（十）污辱和诽谤罪

1. 法定罪状

污辱罪：以暴力或者其他方法公然侮辱他人，情节严重。诽谤罪：捏造事实诽谤他人，情节严重。

2. 构成要件

污辱罪的构成要件是：

⑴ 犯罪的主体为一般主体。

⑵ 犯罪主观上由故意构成，其犯罪目的是贬低他人人格，破坏他人名誉。

⑶ 犯罪的客观方面表现为行为人以暴力或其他方法公然贬低他人人格，破坏他人名誉，情节严重的行为。

侮辱的具体方式多种多样，一般归类为以下两种：其一，暴力侮辱，即用强力的方法使他人的名誉、人格受到损害，如强行往被害人嘴里身上塞抹污秽物，强行扒下他人衣服当众羞辱等；其二，其他方法侮辱，是指除暴力侮辱以外的其他各种侮辱方法，主要有言词侮辱、文字侮辱及肖像侮辱等。不管使用什么方式侮辱，必须是“公然”进行的。这里的“公然侮辱”，是指用可以使第三者看到或听到的方式对他人进行侮辱，至于被侮辱的“他人”当时是否在场，不影响本罪的构成。本罪侵害的对象是特定的个人，既可以是单独一个人也可以是数个人。

诽谤罪的构成要件是：

(1) 犯罪的主体为一般主体。

(2) 犯罪主观上出于故意，即行为人明知所捏造的事实是虚假的，并且明知散布捏造的事实会损害他人的人格和名誉，而故意实施。其犯罪目的是损害他人的名誉和人格。

(3) 犯罪客观方面表现为捏造虚假事实并公然散布，足以损害他人人格和名誉，情节严重的行为。其中，捏造虚假事实是方法行为，即指无中生有，凭空制造足以损害他人人格、名誉的事实。公然散布是目的行为，即行为人将其捏造的事实用口头或文字向公众散布的行为。两个行为紧密联系，缺少其中任何一个行为，本罪难以构成。本罪必须有特定的侵害对象，既可能是指一个人，也可能是指几个人，但必须是具体的人。

3. 法定刑

犯本罪的处3年以下有期徒刑、拘役、管制或者剥夺政治权利。

思考题

1. 试举例分析罪与非罪的区别。

2. 大学生犯罪有什么特点？应如何防范？

第九章　权利救济与法

一、权利救济的含义和基本原则

（一）权利救济的基本含义

权利救济的含义是通过排除权利行使的障碍，促使冲突主体继续履行应履行的义务，以使权利的原有状态得以恢复。在不能“恢复原状”的情况下，通过和解或强制的方式使由冲突或纠纷影响造成的实际损失、伤害、危害得到合理补偿。

在我国，传统的“以刑为主，诸法合一”的法律制度，是只有法律惩罚而无法律救济的不合理制度。随着法治的现代化进程，我国的权利救济制度应运而生并逐渐完善。公民权利可以通过越来越完善的司法途径获得救济。以重新修订的《普通高等学校学生管理规定》为标志，我国高校已经制定和完善了相关的学生管理法规，特别是校内申诉制度的建立和教育司法救济渠道的开启，为大学生权利救济提供了切实有效的途径。

（二）权利救济的基本原则

与实体法对公民权利的保护相对应，我国的程序法对公民权利的救济主要分为三大类，即刑事诉讼法律救济、民事诉讼法律救济和行政程序法律救济。对三大法律救济均起指导作用的共有原则主要是：

1. 事后救济

这条原则的基本含义是指法律救济行为均发生于实体法所规定的权利被侵害之后；换句话说，只有侵害行为发生之后，权利救济才会发生。一般说来，当公民受到侵害后，刑事诉讼可以惩罚犯罪分子，使受害者所希望的社会正义得以伸张；民事诉讼可以为受害者提供一定的补偿措施，使受害者的权利在一定程度上得以恢复；而行政程序法则可以及时地修复被侵害行为破坏的社会秩序，既可以用行政处罚措施惩罚侵害行为者，也可以通过行政申诉、行政赔偿等，使受到国家机关及其工作人员违法行为侵害的受害者得到财产补偿。

2. 主管职权专属

这条原则的基本含义是指权利救济要求只能向特定的机关提起，即只有特定的机关才有分配社会正义的权力，如刑事诉讼一般由公安机关侦查、检察院提起公诉、人民法院审判；民事诉讼和行政诉讼只能向人民法院提起；而行政复议、行政申诉也只能向特定的复议和申诉机构提起。这种主管职权由特定机关行使的原则实际上是宪法所规定的“司法统一”原则的具体体现。只有这样，权利救济才能够真正体现社会公平。

3. 正当程序

正当程序原则源于美国宪法，其含义是指特定的权力机关在分配正义的过程中，必须遵循法律规定的程序，只有依据正当程序所作出的分配正义的结果，才具有法律效力，相关的当事人必须遵从，才能为受害者提供有效的法律救济。非依正当程序作出的决定，当事人有权拒绝。现代法治的基本内容之一就是程序公正，这种公正的程序不仅仅是为了保证行为结果的公正，更主要的是为了向广大社会公众宣示过程的公正，从而体现执法和司法的公正。

目前，我国法律诉讼程序的共有原则是：司法机关独立行使职权原则；以事实为根据，以法律为准绳原则；公民在适用法律上一律平等原则；公开审判原则；合议制原则；回避原则；民族语言文字诉讼原则；检察法律监督原则。

二、民事诉讼法律救济

民事诉讼是最常见的权利救济制度，通过民事诉讼，可以使受害者的财产权得以充分地恢复，人身权得到一定程度的补救，社会保障权、劳动权得以实现。《中华人民共和国民事诉讼法》（以下简称民事诉讼法）集中规定了我国的民事诉讼法律救济制度的基本内容。

（一）民事诉讼法的特有原则

1. 平等和对等原则

民事纠纷是发生在平等主体之间的财产关系与人身关系的纠纷，因而民事诉讼当事人有平等的诉讼权利。但外国法院对我国公民、法人和其他组织的民事诉讼权利加以限制的，我国法院对该国公民、企业和组织的民事诉讼权利，实行对等原则。

2. 辩论原则

在民事诉讼过程中，当事人有权针对案件的事实和争议的问题陈述自己的观点和主张，并就对方的观点进行答辩和反驳。辩论原则是当事人诉讼地位平等原则的要求与体现，有利于实现程序公正和实体公正的统一。

3. 调解原则

人民法院审理民事案件，应当根据自愿和合法的原则进行调解。凡能用调解结案的，不采用判决的方式结案。调解结案能充分体现意思自治的民法精神，但调解不成的，人民法院应当及时判决。

4. 处分原则

在民事诉讼过程中，当事人有权在法定范围内对自己实体法上的民事权利和程序法上的诉讼权利进行支配，决定行使与否，但行使处分权利不得违反法律、不得损害国家、集体和他人利益。

（二）民事诉讼管辖

民事诉讼管辖是指人民法院之间受理第一审民事案件的分工和权限。民事诉讼管辖分为级别管辖、地域管辖和专属管辖。

1. 级别管辖

级别管辖是指上下级人民法院之间受理第一审民事案件的分工和权限。除法律规定由上级人民法院管辖外，第一审民事案件由基层人民法院管辖。中级人民法院管辖的第一审民事案件有：重大涉外案件；在本辖区内有重大影响的案件；最高人民法院确定由中级人民法院管辖的案件。高级人民法院管辖在本辖区内有重大影响的第一审民事案件。最高人民法院管辖的第一审民事案件是在全国有重大影响的和最高人民法院认为应当由其受理的案件。

2. 地域管辖

地域管辖是指同级人民法院之间受理第一审民事案件的分工和权限。

民事诉讼地域管辖遵循的一般原则是“原告就被告”，由被告所在地的人民法院管辖。被告所在地与经常居住地不一致的（经常居住地是指公民离开住所地至起诉时已连续居住 1 年以上的地方，但住院就医的地方除外），由经常居住地的人民法院管辖。对法人或其他组织提起的民事诉讼，由被告所在地的人民法院管辖。

下列民事案件由原告所在地的人民法院管辖：对不在中华人民共和国领域内居住的人提起的有关身份关系的诉讼、对下落不明或宣告失踪的人提起的有关身份关系的诉讼、对被劳动教养或被监禁的人提起的诉讼。因侵权行为提起的诉讼，由侵权行为地或者被告住所地人民法院管辖；因合同纠纷提起的诉讼，由被告住所地或合同履行地人民法院管辖。

3. 专属管辖

因不动产纠纷提起的诉讼，由不动产所在地人民法院管辖；因港口作业中发生纠纷提起的诉讼，由港口所在地的人民法院管辖；因继承遗产纠纷提起的诉讼，由被继承人死亡时住所地或主要遗产所在地人民法院管辖。

（三）当事人的主要诉讼权利

根据民事诉讼法的规定，公民、法人和其他组织可以作为民事诉讼的当事人。当事人所享有的诉讼权利有：

1. 当事人有权委托代理人

根据民事诉讼法的规定，当事人、法定代理人有权委托 1 至 2 人作为诉讼代理人。律师、当事人的近亲属、有关的社会团体或所在单位推荐的人、经人民法院许可的其他公民，都可以充当当事人的诉讼代理人。

2. 当事人有权提出回避申请

当事人在法庭辩论终结之前，如果有正当的理由，可以提出回避申请，人民法院在申请提出的 3 日内，以口头或书面形式作出决定。

3. 当事人的辩论权

当事人一方有权在法院审理前和审理过程中，知晓另一方的诉讼请求和提出的相关证据，并对对方的主张提出反驳及提出自己的主张。

4. 当事人的处分权

原告、被告可以在符合法律规定的条件下，提出撤销本诉或反诉申请；双方当事人可以自行和解；可以提起上诉；可以放弃或变更诉讼请求等。

（四）民事诉讼证据

民事诉讼证据是指能够证明民事案件的客观事实材料，具有客观真实性、关联性和合法性三个基本特征。证据的合法性要求取得证据材料的方法不得侵害他人合法权益或违反法律禁止性规定。违法收集到的证据是不会被法院采信的。

民事诉讼法规定的证据有：书证、物证、视听资料、证人证言、当事人陈述、鉴定结论、勘验笔录。民事诉讼中的证据一般由主张者提供，即“谁主张谁举证”。但下列侵权诉讼，采取举证责任倒置方式来举证，即由主张事实存在的对方承担举证责任：

⑴ 因新产品制造方法发明专利引起的专利侵权诉讼，由制造同样产品的单位或者个人对其产品制造方法不同于专利方法承担举证责任。

⑵ 高度危险作业致人损害的侵权诉讼，由加害人就受害人故意造成损害的事实承担举证责任。

⑶ 因环境污染引起的损害赔偿诉讼，由加害人就法律规定的免责事由及其行为与损害结果之间不存在因果关系承担举证责任。

⑷ 建筑物或者其他设施以及建筑物上的搁置物、悬挂物发生倒塌、脱落、坠落致人损害的侵权诉讼，由所有人或者管理人对其无过错承担举证责任。

⑸ 饲养动物致人损害的侵权诉讼，由动物饲养人或者管理人就受害人有过错或者第三人有过错承担举证责任。

⑹ 因缺陷产品致人损害的侵权诉讼，由产品的生产者就法律规定的免责事由承担举证责任。

⑺ 因共同危险行为致人损害的侵权诉讼，由实施危险行为的人就其行为与损

害结果之间不存在因果关系承担举证责任。

(8) 因医疗行为引起的侵权诉讼，由医疗机构就医疗行为与损害结果之间不存在因果关系及不存在医疗过错承担举证责任。

(五) 财产保全和先予执行

1. 财产保全

财产保全是民事诉讼法规定的为了保护利害关系人或者当事人的合法权益免受损失的一种保护性措施，分为诉前财产保全和诉讼财产保全两种。诉前财产保全申请人必须向法院提供担保，申请人不提供担保的，驳回申请，申请人应该在人民法院采取保全措施后15日内向人民法院起诉，否则，人民法院应当解除财产保全。对诉讼财产保全，人民法院可以责令申请人提供担保，申请人不提供担保的，驳回申请。申请财产保全有错误的，申请人应当赔偿被申请人因财产保全所遭受的损失。

2. 先予执行

先予执行是指人民法院在作出终审判决前，为解决当事人在生活、生产经营的经济需要，作出裁定责令义务人预先履行义务的一种法律措施。人民法院对下列案件，根据当事人的申请，可以裁定先予执行：追索赡养费、抚养费、抚育费、抚恤金、医疗费用的；追索劳动报酬的；因情况紧急需要先予执行的。但人民法院裁定先予执行的案件必须满足以下条件：第一，当事人之间权利义务关系明确；第二，申请人生活或者生产经营急需，即不先予执行将严重影响申请人的生活或者生产经营；第三，申请人向法院申请，法院能依职权作出先予执行的裁定；第四，被申请人有履行能力。

(六) 民事诉讼审判程序

1. 普通程序

普通程序也称一般程序，是人民法院审理民事案件普遍适用的程序。这种程序包括以下几个阶段：

(1) 起诉和受理。起诉必须符合下列条件：原告是与本案有利害关系的公民、法人或其他组织；有明确的被告；有具体的诉讼请求和事实、理由；属于人民法院受理民事案件的范围和受诉人民法院管辖。人民法院应在7日内决定是否立案，对不符合起诉条件的，应裁定不予受理。

(2) 审理前的准备。这一阶段包括将起诉状副本发送被告并告知提出答辩状，将被告答辩状副本发送原告；告知当事人合议庭成员及其他的诉讼权利和义务；审阅材料，必要时调查收集证据等。

(3) 开庭审理。开庭审理包括开庭前准备、法庭调查、法庭辩论、评议和宣判等阶段。当事人不服一审判决或裁定的，有权提起上诉。

适用普通程序审理的案件，应当在立案之日起 6 个月内审结。有特殊情况需要延长的，由本院院长批准，可延长 6 个月；还需要延长的，报请上级人民法院批准。

2. 简易程序

简易程序是指基层人民法院及派出法庭审理事实清楚、权利义务关系明确、争议不大的简单的第一审民事案件所适用的程序。适用简易程序的案件，在起诉方式、受理程序、审理程序及期限等方面不受普通程序规定的限制。简易程序的民事案件由审判员一人独任审理，在立案之日起 3 个月内审结。

3. 特别程序

特别程序是指人民法院审理某些非民事权益争议时，为了确认某种法律事实的案件所适用的特别审判程序。适用特别程序的民事案件，实行一审终审。下列案件适用特别程序：选民资格案件、宣告公民失踪或死亡案件、认定公民无民事行为能力或限制民事行为能力案件、认定无主财产案件。

4. 第二审程序

第二审程序是指民事诉讼当事人不服第一审人民法院的判决或裁定，依法向上一级人民法院提起上诉，由上一级人民法院对案件进行审理所适用的程序。我国民事诉讼法规定：当事人不服地方人民法院第一审判决的，有权在判决书送达之日起 15 日内向上一级人民法院提起上诉；不服地方人民法院第一审裁定的，有权在裁定书送达之日起 10 日内向上一级人民法院提起上诉。

5. 审判监督程序

审判监督程序又称再审程序，是指对已经发生法律效力的民事判决或裁定，由人民法院依法对案件再行审理时所适用的程序。人民法院决定再审时，应先裁定中止原判决、裁定的执行，并另行组成合议庭进行审理。再审案件原来是第一审审结的，当事人对裁判结果不服的可以提起上诉；再审案件原来是第二审审结的，再审裁判为终审裁判，当事人不得提起上诉。

6. 执行程序

执行程序是指人民法院依据已发生法律效力的法律文书，采取强制措施，迫使义务人履行义务时所适用的程序。人民法院采取强制执行措施的方法有：冻结、划拨、扣留和提取被执行人的存款或收入；查封、扣押、冻结、拍卖、变卖被执行人的财产；强制迁出房屋或退出土地；强制完成法律文书指定的行为等。权利人申请执行，应当明确申请执行的法定期限：双方或一方当事人是公民的，申请执行期限为 1 年；双方是法人或其他组织的，申请执行期限为 6 个月。

三、刑事诉讼法律救济

刑事诉讼法律救济对受害者的补偿不具有直接性，但可以通过惩罚犯罪分子，使社会正义得以实现；通过教育警告犯罪分子和将要进行犯罪行为的人，为公民、法人和其他组织提供安全保障。

（一）刑事诉讼的基本原则

1. 刑事司法权分工制约原则

侦查权、检察权和审判权分别由不同的司法机关行使，分工制约、互相配合、互相监督。刑事诉讼法第三条规定，对刑事案件的侦查、拘留、执行逮捕、预审，由公安机关负责。检察、批准逮捕、检察机关直接受理的案件的侦查、提起公诉，由人民检察院负责。审判由人民法院负责。除法律特别规定外，其他任何机关、团体和个人都无权行使这些权力。

2. 无罪推定和疑罪从无原则

刑事诉讼法第十二条规定："未经人民法院判决，任何人都不得确定有罪。"确定被告人有罪的职权专属于人民法院，其他任何组织和个人都没有定罪权。任何人在未经人民法院审判并被判决有罪且有罪判决生效之前，推定其无罪，不得将其当罪犯看待。此原则有利于人权保护。人民法院在没有确实、充分的证据证明被告有罪的情况下，尤其是对指控犯罪的证据存在疑点或矛盾时，应依法判决被告人无罪，坚决摈弃"疑罪从有"或"疑罪从轻"的陈旧司法理念。

3. 刑事被告人有权获得辩护的原则

在刑事诉讼中，辩护是犯罪嫌疑人、被告人及其辩护人针对控诉所进行的申辩和反驳活动，是与控诉相对应的一种基本诉讼职能，是犯罪嫌疑人、被告人最基本的诉讼权利。犯罪嫌疑人、被告人除自己行使辩护权以外，可以委托 1 至 2 人作为辩护人。对被告人在公诉人出庭公诉的案件中因经济困难或其他原因没有委托辩护人的盲、聋、哑或未成年人，可能被判处死刑而没有委托辩护人的，在审判阶段，人民法院可以或者应当为他们指定承担法律援助义务的律师为其提供辩护。犯罪嫌疑人在侦查阶段还不能委托辩护人，但可以聘请律师为其提供法律服务。犯罪嫌疑人在被侦查机关第一次讯问后或采取强制措施起，可以聘请律师为其提供法律咨询，代理申诉、控告。犯罪嫌疑人被逮捕的，聘请的律师可以为其申请取保候审。公诉案件自案件移送检察院起，犯罪嫌疑人可以正式委托律师为其辩护。

4. 刑事审判实行陪审制度

2005 年，全国人大常委会颁布了《关于人民陪审员制度的决定》，详尽地规定了人民陪审员产生的程序和人民陪审员参加法庭的庭审活动的权利职责。

5. 依法定情形不追究刑事责任原则

刑事诉讼法第十五条规定，有下列情形之一的，不追究刑事责任，已经追究的，应当撤销案件，或者不起诉，或者终止审理，或者宣告无罪：

情节显著轻微，危害不大，不认为是犯罪的；犯罪已过追诉时效期限的；经特赦令免除刑罚的；依照刑法告诉才处理的犯罪，没有告诉或撤回告诉的；犯罪嫌疑人、被告人死亡的；其他法律规定免予追究刑事责任的。

（二）刑事诉讼法管辖

1. 立案管辖

立案管辖是指公安机关、人民检察院和人民法院之间受理刑事案件方面的权限和分工。

除依法由人民检察院和人民法院直接受理的案件外，其他刑事案件的立案与侦查由公安机关进行。

下列刑事案件由人民检察院立案侦查：贪污贿赂犯罪、国家工作人员的渎职犯罪、国家工作人员利用职权实施的非法拘禁、刑讯逼供、报复陷害、非法搜查等侵犯公民人身权利的犯罪以及侵犯公民民主权利的犯罪。对国家工作人员利用职权实施的其他重大的犯罪案件，需要由人民检察院直接受理的，经省级以上的人民检察院决定，也可以由人民检察院立案侦查。

自诉案件由人民法院直接受理。自诉案件包括：告诉才处理的案件；被害人有证据证明的轻微刑事案件，主要是故意伤害案（轻伤）、重婚案、遗弃案、妨害通信自由案、非法侵入他人住宅案、生产或销售伪劣商品案（严重危害社会秩序和国家利益的除外）、侵犯知识产权案（严重危害社会秩序和国家利益的除外）；被害人有证据证明被告人侵犯自己人身、财产权利的行为，应当依法追究刑事责任，而公安机关和人民检察院不予立案的案件。

2. 审判管辖

审判管辖是指人民法院审理第一审刑事案件的分工和权限。

（1）级别管辖。

基层人民法院管辖第一审刑事案件，但依法应由上级人民法院管辖的除外。中级人民法院管辖下列第一审刑事案件：危害国家安全案件；可能判处无期徒刑、死刑的普通刑事案件；外国人犯罪的刑事案件。高级人民法院管辖全省（包括自治区、直辖市）性的重大刑事案件。最高人民法院管辖全国范围内有重大影响的刑事案件。在级别管辖中，如果下级人民法院认为案情重大复杂、需要由上级人民法院审判的第一审刑事案件，可以请求移送上一级人民法院审判。

(2) 地域管辖。

刑事案件由犯罪地的人民法院管辖。如果由被告人居住地的人民法院审判更为适宜的，可以由被告人居住地的人民法院管辖。可见，我国刑事诉讼法实行的是"以犯罪地为主，被告居住地为辅"的原则来确定地域管辖的。在地域管辖中，如果几个同级人民法院都有权管辖的案件，由最初受理的人民法院审判。在必要时，可以移送主要犯罪地的人民法院审判。

(3) 指定管辖。

上级人民法院可以指定下级人民法院审判管辖不明的案件，也可以指定下级人民法院将案件移送其他人民法院审判。

(4) 专门管辖。

专门管辖是指各种专门法院在审判第一审刑事案件权限上的分工。我国目前建立的专门法院有军事法院、铁路运输法院、海事法院等。

(三) 刑事诉讼强制措施

刑事诉讼强制措施是指公安机关、检察机关和人民法院在刑事诉讼过程中，为了保证诉讼的顺利进行，防止犯罪嫌疑人或被告人逃跑、串供、销毁罪证等妨碍诉讼行为而采取的暂时限制或者剥夺其人身自由的各种强制方法。我国刑事诉讼法规定的强制措施包括拘传、取保候审、监视居住、拘留和逮捕。

1. 拘传

拘传是指人民法院、人民检察院和公安机关对未被羁押的犯罪嫌疑人、被告人经合法传唤无正当理由拒不到案的，强制其到案接受讯问的一种强制方法。一次拘传持续的最长时间不得超过 12 小时，禁止超时拘传或变相超时拘传。

2. 取保候审

取保候审是指人民法院、人民检察院和公安机关对未被羁押的犯罪嫌疑人、被告人，依法责令其提供保证人或交纳保证金，保证不逃跑或不妨碍诉讼活动，随传随到的一种强制方法。取保候审的最长时间不得超过 12 个月。

3. 监视居住

监视居住是指人民法院、人民检察院和公安机关对未被羁押的犯罪嫌疑人、被告人，限定其活动区域或住所，并对其行动进行监视的一种强制方法。监视居住的最长时间不得超过 6 个月。

4. 拘留

刑事拘留是指公安机关在紧急情况下，对现行犯或重大嫌疑分子依法采取的暂时限制其人身自由的一种强制方法。公安机关对现行犯或重大嫌疑分子，有下列情形之一的，可先行拘留：正在预备犯罪、实施犯罪或者在犯罪后即时被发觉的；被害人或在场亲眼看见的人指认他犯罪的；在身边或者住处发现有犯罪证据的；犯罪后企图自杀、逃跑或者在逃的；有毁灭、伪造证据或者串供可能的；不讲真实姓名，住址、身份不明的；有流窜作案、多次作案、结伙作案重大嫌疑的。

5. 逮捕

在刑事诉讼的诸项强制措施中，逮捕是最严厉的一种。法律规定必须同时具备三个条件方可实施：首先，有证据证明有犯罪事实。必须有相应的证据证明要逮捕的犯罪嫌疑人、被告人是该犯罪行为的实施者，犯罪行为已发生，犯罪性质已明确。其次，可能判处徒刑以上的刑罚。对于不可能判处徒刑以上刑罚的，不能逮捕。再次，有逮捕必要。即采取取保候审、监视居住等方法，尚不足以防止发生社会危险性，而有逮捕必要的。

对同时具备以上三个条件的犯罪嫌疑人，如果是在审判阶段，人民法院有权依法决定逮捕；如果是在侦查、起诉阶段，人民检察院有权依法决定或批准逮捕。如果需要逮捕的犯罪嫌疑人、被告人是县级以上人大代表，还必须得到本级人民代表大会主席团或常务委员会的许可。此外，在逮捕犯罪嫌疑人或被告人后，除有碍侦查或无法通知的情形外，应当把逮捕的原因和羁押的处所通知被逮捕人的家属或者其所在单位。公检法机关对被逮捕的人必须在24小时内进行讯问。若发现不应逮捕的，应立即释放。

（四）刑事诉讼程序

刑事诉讼程序可以分为立案、侦查、提起公诉、审判和执行五个具体的诉讼阶段。

1. 立案

立案的程序包括公检法机关对立案材料的接受、审查和处理。公检法机关在对立案材料进行审查后，根据立案的条件，作出立案或不立案的决定。

2. 侦查

侦查居于立案和提起公诉之间，主要任务是为了收集证据、查明犯罪事实，抓获犯罪嫌疑人，为提起公诉做准备。根据刑事诉讼法的规定，侦查机关的侦查行为主要包括讯问犯罪嫌疑人、询问证人、勘验检查、搜查、扣押物证书证、鉴定和通缉。

3. 提起公诉

我国实行公诉为主、自诉为辅的原则。公诉案件的起诉权专属于国家，只能由人民检察院决定，被害人或其他个人无权干涉。因此，如果发生了公诉案件，当事人之间是无法“私了”的。但是，自诉案件的起诉权由自诉人行使，他有权决定是否提起自诉。如果发生了自诉案件，被害人与被告人之间自行和解是符合法律规定的。

4. 审判

（1）第一审程序。

公诉案件的第一审程序主要有两个阶段：一是开庭前的准备，包括确定合议庭的组成人员、送达起诉书、通知开庭的时间地点、送达传票和通知书、公开开庭的有关事项等；二是法庭审判，包括开庭、法庭调查、法庭辩论、被告人最后陈述、合议和宣判。法庭审判是第一审程序的核心。

对下列刑事案件，可以适用简易程序，由审判员一人独任审判：对依法可能判处 3 年以下有期徒刑、拘役、管制、单处罚金的公诉案件，事实清楚、证据充分，人民检察院建议或同意适用简易程序的；告诉才处理的案件；被害人起诉的有证据证明的轻微刑事案件。对适用简易程序的公诉案件，人民检察院可以不派员出席法庭。

被告人、自诉人以及他们的法定代理人不服地方各级人民法院第一审判决或裁定的，有权向上一级人民法院提起上诉。地方各级人民检察院认为本级人民法院第一审判决或裁定确有错误的，应当向上一级人民法院提起抗诉。不服第一审判决的上诉和抗诉期限为 10 日，不服裁定的上诉和抗诉期限为 5 日，从接到判决书、裁定书的第二日起算。

(2) 第二审程序。

第二审人民法院对上诉案件，应组成合议庭进行开庭审理。对事实清楚的，也可以不开庭审理。但对人民检察院抗诉的案件，应当开庭审理。经过审理，按下列情形作出处理：原判认定事实和适用法律正确、量刑适当、审判程序合法的，应当裁定驳回上诉或抗诉，维持原判；原判认定事实没有错误，但适用法律错误或量刑不当的，应当改判；原判事实不清或证据不足的，可以在查清事实后改判，也可以裁定撤销原判，发回原审人民法院重审。

此外，刑事诉讼法规定的程序还有死刑复核程序、审判监督程序、刑事附带民事诉讼和执行程序等。

5. 执行

执行是刑事诉讼的最后程序，执行的对象是生效的刑事判决或裁定。死刑、没收财产和罚金由人民法院执行；判处死缓、无期徒刑、有期徒刑的，交由公安机关送交监狱执行；判处 1 年以下有期徒刑、拘役、管制、剥夺政治权利、有期徒刑缓刑以及拘役缓刑的，由公安机关负责执行。未成年犯应当在未成年人犯管教所执行。

四、行政法律救济

广义的行政法律救济是指通过相应的解决行政争议的行政实体法和行政诉讼法的规定，赋予行政相对人了解行政机关作出行政行为的权利和为自己的合法权益进行陈述、辩解和获得救济的权利。与强调惩罚的刑事法律救济和强调补偿的民事法律救济相比，行政法律救济更注重惩罚与补偿的协调统一。行政法律救济包括的内容很多，既包括行政诉讼，又包括行政复议和行政赔偿，还包括行政申诉。

（一）行政申诉制度

行政申诉制度是指公民在其合法权益受到损害时，向国家机关申诉理由，请求处理或重新处理的制度。它是保障我国宪法赋予公民申诉权利的一项制度。申诉分为诉讼申诉与非诉讼申诉。非诉讼申诉特指公民对行政处分、党纪、政纪处分等不服提出的申诉。如学生对学校的处分不服提出的申诉，属于非诉讼申诉。

1. 学生申诉机制缺失催生新法规

我国的教育法和原有的《普通高等学校学生管理规定》都明确规定了学生享有申诉权。教育法第四十二条规定："受教育者享有对学校给予的处分不服向有关部门提出申诉，对学校、教师侵犯其人身权、财产权等合法权益，提出申诉或者依法提起诉讼的权利。"《普通高等学校学生管理规定》规定："处理结论要同本人见面，允许本人申辩、申诉和保留不同意见。对本人的申诉，学校有责任进行复查。"显然对于学生的申诉权，原有法律只有实体上的规定，程序上的规定并不具体。受处分的学生如何行使申诉权、向谁申诉、申诉的时效、申诉答复的期限，以及对申诉结果仍然不服如何救济等问题，亟待通过制定新的法律法规或修改原有法规来解决。有关立法应当尽快对申诉的机构、时效、受理的期限、不服申诉的救济途径作出明确规定，并进一步确定申诉的基本原则、申诉范围、管辖或申诉期间学生受教育权的保障、申诉处理决定的法律效力及有关机构、人员的法律责任，才能有效调整学生与学校的各类纠纷，切实维护学生的合法权益。

针对学生申诉机制缺失这一全国性的普遍现象，教育部曾印发了《关于加强依法治校工作的若干意见》，要求"学校要健全学籍管理制度，按照有关法律的规定，严格保护学生的受教育权，中小学一般不得开除未成年学生；对学生的处分应做到事实清楚、证据充分、依法合法、符合规定程序；建立校内学生申诉制度，保障学生申诉的法定权利"。教育部的意见为制定新的《普通高等学校学生管理规定》提供了指南。

2. 普通高等学校学生申诉的若干规定

学生申诉问题越来越受到学校的重视。2005 年 2 月 4 日，教育部通过了新的《普通高等学校学生管理规定》，并于同年 9 月 1 日起实施。新规定对大学生的申诉权利加强了保护，明确规定了学校行使处分权的限制，以及学生不服处分的申诉程序。根据新规定，学校行使处分权处分学生时必须符合以下要求：

（1）学校对学生的处分，应当做到程序正当、证据充分、依据明确、定性准确、处分适当。

（2）学校在对学生作出处分前，应当听取学生或者其代理人的陈述和申辩。对学生作出开除处分决定的，应当由校长会议研究决定。

（3）学校对学生作出处分，应当出具处分决定书，送交本人。开除学籍的处分决定书报学校所在地省级教育行政部门备案。处分决定书应当包括处分和处分事实、理由及根据，并告知学生可以提出申诉及申诉的期限。

新的管理规定要求学校成立学生申诉处理委员会，受理学生对取消入学资格、退学处理或者违规、违纪处分的申诉。学生申诉处理委员会应当由学校负责人、职能部门负责人、教师代表、学生代表组成。学生对学校的处分不服可以向申诉处理委员会申诉。具体程序是：

(1) 学生对处分决定有异议的，在接到学校处分决定书之日起 5 个工作日内，可以向学校学生申诉处理委员会提出书面申请。学生申诉处理委员会在接到书面申诉之日起 15 个工作日内作出复查结论并告之申诉人。

(2) 学生对复查决定有异议的，在接到学校复查决定书之日起 15 个工作日内，可以向学校所在地省级教育行政部门提出书面申诉。省级教育行政部门在接到学生书面申诉之日起 30 个工作日内处理并答复。

(3) 从处分决定或者复查决定送交之日起，学生在申诉期内未提出申诉的，学校或省级行政部门不再受理学生的申诉。

《普通高等学校学生管理规定》对申诉主体、范围、时限、管辖、程序等方面也作出明确规定，使高校学生申诉制度具有很大的进步性和实际可操作性。但作为学生合法权益的重要权利救济机制，高校学生申诉制度仍处于初级阶段，存在着诸多缺陷，有待于进一步的完善。

（二）行政复议制度

1. 行政复议的概念和原则

行政复议是指行政机关在行使行政管理职能中，与作为被管理对象的行政相对人（公民、法人和社会组织）发生争议，行政相对人不服行政机关的具体行政行为而提起申诉后，由上一级行政机关或法律、法规规定的其他机关对该具体行政行为依照法定程序进行审查并作出裁决的活动。

行政复议是解决行政执法争议的一项重要的法律制度，应当遵循合法、及时、准确、便民的原则。大多数情况下，复议决定对于执法争议不具有终局效力，当事人不服的，仍可依法向人民法院提起行政诉讼，但是法律规定终局的复议除外。

2. 行政复议范围

我国行政复议法规定的申请复议的范围比行政诉讼的范围广泛。凡是可以提请行政诉讼的事项都可以提起行政复议，不能提起行政诉讼的事项，部分仍可提起行政复议。具体而言，主要包括如下事项：对拘留、罚款、吊销许可证和执照、责令停产停业、没收财物等行政处罚不服的；对限制人身自由或对财产的查封、扣押、冻结等行政强制措施不服的；认为行政机关侵犯法律、法规规定的经营自主权的；认为符合法定条件申请行政机关颁发许可证和执照，行政机关拒绝颁发或不予答复的；申请行政机关履行保护人身权、财产权的法定职责，行政机关拒绝履行或不予答复的；认为行政机关没有依法发给抚恤金的。

根据行政复议法的规定，结合现行的教育法规，教师、学生认为学校和其他教育机构侵犯其合法权益或作出对其不利的处理决定不服的，可以就此向教育行政部门申请行政复议，通过行政申诉解决。

3. 行政复议机关

行政复议机关是指受理行政复议申请，依法对具体行政行为进行合法性、适当性审查并作出裁决的行政机关。我国并未特设行政复议机关，一般是作出具体行政行为的行政机关的上一级行政机关为行政复议机关，但是法律、法规另有规定的，从其规定。根据法律、法规的规定，国务院、乡级人民政府和不设立派出机构的县级人民政府所属工作部门不承担复议职责，不能成为行政复议机关。

对县级以上人民政府教育行政部门的具体行政行为不服申请复议，由本级人民政府或上一级教育行政部门作为复议机关。对国务院教育行政部门的具体行政行为不服申请复议，作出具体行政行为的国务院教育行政部门作为复议机关；对省级人民政府的具体行政行为不服申请复议，作出具体行政行为的省级人民政府为复议机关。

（三）行政赔偿制度

行政赔偿制度是指行政机关作为赔偿义务机关对本机关及其工作人员因违法行使职权对公民、法人和其他组织的合法权益造成损害予以赔偿的制度。当公民的人身权和财产权受到违法行政行为侵害时，可以通过行政赔偿制度使自己被损害的权利得到适当的补救。

1. 行政赔偿的构成要件

（1）有损害事实发生。

确立行政赔偿的目的是对受害者进行赔偿。因此，损害的发生是行政赔偿的前提条件。我国国家赔偿法将可以赔偿的损害范围确定为人身权和财产权的损害。仍须说明的是，我国不赔偿精神损害，而且损害只指直接损害，属间接损失的，国家不予赔偿。

（2）损害必须是行政机关及其工作人员的行为造成的。

法律、法规授权的组织或行政机关委托的组织违法行使职权造成损害的，国家也必须承担赔偿责任。

（3）引起行政赔偿的损害必须是行政机关及其工作人员行使职权时造成的，即职务行为造成的。

这里的职务行为是指行政机关及其工作人员行使职务上的权力进行的活动。行政机关及其工作人员在与本职工作无关的行为过程中给他人造成损害的，不适用行政赔偿，可以请求民事赔偿。

⑷ 损害必须是违法行为造成的。

违法行为是指违反法律规定、违背法律原则的行为。它包括行政机关及其工作人员确认事实的主要证据不足、适用法律或法规错误、违反法定程序、超越职权、滥用职权、违法不作为等。

⑸ 违法行为与损害结果之间有因果关系。

因果关系是连接责任主体与损害的纽带，是责任主体对损害承担赔偿责任的基础，法律要求行为与结果之间必须具有逻辑上直接的关系。如学校没有提供符合国家安全标准的教学设施致使大学生的生命健康权受到损害，学校的行为与大学生权益的损害即具有直接的因果关系。

2. 行政赔偿的范围

我国国家赔偿法将赔偿范围仅限于人身权和财产权的损害上。侵犯人身权的行政赔偿引起人身损害赔偿的行为具体包括：

⑴ 违法拘留或者违法采取限制公民人身自由的行政强制措施。行政机关违反法律规定的权限、程序，或在证据不足、事实不清等情况下拘留或者违法采取限制公民人身自由，属于违法行政行为。

⑵ 非法拘禁或以其他方法非法剥夺公民人身自由的行为。这类行为是指行政机关及其工作人员在执行职务过程中，在不具有行政拘留或限制人身自由行政强制措施权限，或虽具有上述权限但尚未依法作出上述决定的情况下，非法地对被害人的身体实行强制拘禁，以及以殴打等暴力行为或唆使他人以殴打等暴力行为造成公民身体伤害或死亡的违法行为。

⑶ 违法使用武器、枪械造成公民身体伤害或死亡的违法行为。此类行为是指行政机关工作人员在行使职权时违反国家有关武器、枪械使用规定而使用枪支、警棍、手铐、警绳、催泪弹等致他人伤亡的行为。

侵犯财产权的行政赔偿引起财产损害赔偿的行为具体包括：

⑴ 违法实施罚款、吊销许可证和执照、责令停产停业、没收财物等行政处罚行为。根据国家赔偿法的要求，上述行政处罚必须符合以下两个条件，国家才予以赔偿：一是行政处罚确实违法；二是行政处罚措施已经事实上执行并造成侵害行政相对人财产损害的结果。

⑵ 违法对财产采取查封、扣押、冻结等行政强制措施的行为。这里的强制措施属于限制财产权的强制措施，对于行政相对人财产权的行使予以一定限制和剥夺。法律一般对行使上述强制措施都规定了严格的条件和程序，行政机关须依法实施上述行为，如果违反规定导致损害的，受害者有权要求国家赔偿。

⑶ 违反国家规定征收财物、摊派费用的行为。行政机关在没有法律依据的情况下，凭借职权要求相对人履行某种义务。这种行为与行政合法原则明显背离，也

侵害了公民、法人或其他组织的财产权，所以，在财物、金钱已被行政机关强行征收的情况下，受害者有权要求国家赔偿。

(4) 违法侵害财产权的其他情形。行政机关及其工作人员实施的与行使职权无关的个人行为以及损害是完全由受害人自己故意造成的，如被拘留的人自杀，不予行政赔偿。

3. 行政赔偿的义务机关

(1) 实施侵害行为的行政机关为赔偿义务机关。行政机关工作人员违法行使行政职权造成损害的，该工作人员所在行政机关为行政赔偿义务机关。在赔偿之后，行政机关可以追究该工作人员的个人责任。

(2) 两个以上行政机关共同行使职权实施违法行为造成损害的，应由该两个以上行政机关为共同赔偿义务机关，承担连带责任。共同行使职权，是指两个以上行政机关分别以各自名义就同一对象作出共同行政行为，或两个以上行政机关以共同名义作出行政行为，如不同行政机关联合执法。

(3) 法律、法规授予行政权的组织在行使被授予的行政职权时违法致害的，该法律、法规授权的组织为赔偿义务机关。

(4) 受委托的组织行使受委托职权时侵犯公民、法人和其他组织的合法权益造成损害的，委托的行政机关为赔偿义务机关。即使受委托的组织超越了委托权限，违法滥用该委托权力，委托的机关仍然应当承担因此引起的法律责任。

(5) 经复议的案件，由最初作出具体行政行为的行政机关为赔偿义务机关。但是，复议机关的复议决定加重损害的，复议机关对加重的部分承担赔偿责任。

(6) 上述赔偿义务机关实施侵权行为给他人造成损害后又被撤销的，继续行使其职权的行政机关为赔偿义务机关。没有继续行使职权的机关的，撤销该赔偿义务机关的行政机关为赔偿义务机关。

（四）行政诉讼制度

当公民的合法权益受到行政机关及其工作人员的违法侵害，穷尽其他途径还不足以维权时，即可向人民法院提起行政诉讼。《中华人民共和国行政诉讼法》集中规定了行政诉讼法律救济制度的基本内容。

1. 行政诉讼的基本原则

(1) 对具体行政行为的合法性审查原则。

该原则的内容包括在行政诉讼中，人民法院只审查具体行政行为，而不审查抽象行政行为，以防止司法权代替立法权；只审查具体行政行为的合法性，而一般不审查行政行为的合理性，以防止司法权代替行政权。

(2) 被告负举证责任原则。

该原则是指作为行政诉讼被告的行政机关负有提供使其作出被诉具体行政行为

的事实证据以及法律依据的责任。作为被诉具体行政行为的作出者，被告最了解自己作出的具体行政行为的证据，有较强的举证能力。如被告不能提供证据，则要承担败诉的法律后果。

(3) 不适用调解原则。

人民法院审理行政案件不得采用调解作为结案方式，而只能以判决或裁定的方式结案。行政机关在实体法上享有的行政职权与负有的行政职责，属公共权力范畴，如允其让步处分，无异于违法失职。

(4) 被诉具体行政行为不停止执行原则。

除法律另有规定外，当事人争议的具体行政行为不因原告提起诉讼而停止执行，这是由国家行政管理的连续性和效率性要求决定的。如果具体行政行为一旦被诉即停止执行，势必破坏行政管理的连续性和效率性，使法律秩序处于不稳定甚至是无序状态，危害社会公共利益。

2. 行政诉讼的受案范围

行政诉讼的受案范围是指人民法院依法受理行政诉讼案件的权限。具体的受案范围包括公民、法人或其他组织对下列具体行政行为不服提起的诉讼：对拘留、罚款、吊销许可证和执照、责令停产停业、没收财物等行政处罚不服的；对限制人身自由或对财产的查封、扣押、冻结等行政强制措施不服的；认为行政机关侵犯法律规定的经营自主权的；认为行政机关对符合法定条件申请颁发许可证或执照予以拒绝或不予答复的；申请行政机关履行保护人身权或财产权的法定职责而行政机关拒绝履行或不予答复的；认为行政机关没有依法发放抚恤金的；认为行政机关违法要求履行义务的；认为行政机关侵犯其他人身权、财产权的；法律、行政法规规定可以起诉的其他行政案件。

下列案件不属于人民法院的受案范围：国防、外交等国家行为；抽象行政行为；行政机关对行政机关工作人员作出奖惩、任免等决定的内部行为；法律规定由行政机关最终裁决的具体行政行为。

3. 行政诉讼的管辖

(1) 级别管辖，是关于上下级人民法院受理第一审行政案件的权限分工。具体内容是：基层人民法院受理第一审行政案件，但中级、高级和最高人民法院管辖的第一审行政案件除外。中级人民法院管辖的行政案件有三类：一是确认发明专利权案件和海关处理案件；二是对国务院各部门或者省、自治区、直辖市人民政府所作的具体行政行为提起诉讼的案件；三是本辖区内重大、复杂的案件。高级人民法院管辖本辖区内重大、复杂的第一审行政案件；最高人民法院管辖全国范围内重大、复杂的第一审行政案件。

(2) 地域管辖，是关于同级人民法院之间受理第一审行政案件的权限分工，可分为一般地域管辖和特殊地域管辖。

一般地域管辖是对地域管辖的原则规定。原则上由最初作出具体行政行为的行政机关所在地的人民法院管辖，这里的“最初”，是针对经过行政复议的案件，一般由作出原具体行政行为的行政机关所在地的人民法院管辖。

特殊地域管辖有三项内容：对复议机关改变原具体行政行为的，原具体行政行为的行政机关所在地或复议机关所在地的人民法院都有管辖权；对限制人身自由的行政强制措施不服提起的诉讼，被告所在地或原告所在地人民法院都有管辖权，原告所在地包括原告的住所地、经常居住地和被羁押地；因不动产提起的行政诉讼，只有不动产所在地的人民法院有管辖权。

4. 行政诉讼的当事人

行政诉讼的当事人，是指因具体行政行为发生争议，以自己的名义参加诉讼，并受人民法院管辖约束的人，包括原告、被告和第三人。

(1) 原告。

作为原告，必须是因不服行政机关的具体行政行为，而以行政机关为被告向人民法院提起诉讼的公民、法人或其他组织。成为原告的条件是认为被行政行为侵害的人，包括具体行政行为直接针对的行政相对人，如果被违法行为侵害的人不服行政机关对违法行为人的处罚，也可以作为原告向人民法院提起行政诉讼。

(2) 被告。

作为被告，应当是由原告指控其具体行政行为侵犯了原告的合法权益，并经人民法院通知应诉的行政机关。被告具体指：未经复议而直接起诉的，作出具体行政行为的行政机关为被告；经过复议的案件，复议决定维持原具体行政行为的，作出原具体行政行为的行政机关为被告，而复议决定改变原具体行政行为的，复议机关为被告；两个以上的行政机关作出同一具体行政行为的，共同作出具体行政行为的行政机关是共同被告；由法律、法规授权的组织作出具体行政行为的，该组织为被告；由行政机关授权的组织作出具体行政行为的，委托的行政机关为被告；由派出机构作出具体行政行为的，由该派出机构所在的行政机关为被告。但如果有法律、法规的授权，派出机构为被告；行政机关和非行政机关共同作出的处理决定，以行政机关为被告；行政机关被撤销的，以继续行使其职权的行政机关为被告。

(3) 第三人。

行政诉讼的第三人，是指同被诉的具体行政行为有利害关系，而申请或者由人民法院通知参加到诉讼中的公民、法人和其他组织。第三人是独立的诉讼主体，与本诉的原告和被告之间不存在连带关系，他有权提出与案件有关的独立的诉讼请求，对一审判决不服，可依法提起上诉。

5. 行政诉讼的程序

(1) 起诉和受理。

起诉必须符合法定的起诉条件，这些条件包括：原告是认为行政机关的具体行政行为侵犯了其合法权益的公民、法人和其他组织；有明确的被告；有具体的诉讼请求和事实依据；属于人民法院受案范围和受诉人民法院管辖。对于当事人的起诉，人民法院经审查，应当在接到起诉状之日起7日内立案或裁定不予受理，当事人对不予受理的裁定不服，可以提起上诉。

（2）审理和判决。

我国行政诉讼实行两审终审，二审作出的判决和裁定为终审的判决裁定，案件到此为最后审结，如果发现确有错误，可以再经审判监督程序予以纠正。在审理依据上，根据行政诉讼法的规定，人民法院审理行政案件，依据法律和行政法规、地方性法规，参照行政规章。所谓“参照”，是指有条件地适用规章。人民法院在审理行政案件时，首先要对行政规章的合法性加以确定，合法的予以适用，不合法的不予以适用。但对不予适用的规章，人民法院无权撤销。人民法院如果认为部委之间的规章或地方规章与部委规章有不一致的，由最高人民法院报请国务院作出解释或裁决。

人民法院对行政案件作出审理后，根据不同情况作出不同判决：

（1）维持判决。

对具体行政行为证据确凿，适用法律、法规正确，符合法定程序的，人民法院作出维持具体行政行为的判决。

（2）撤销判决。

撤销判决即判决撤销或部分撤销被告的具体行政行为，并可以判决被告作出新的具体行政行为。适用的前提条件是：具体行政行为主要证据不足，适用法律、法规错误，违反法定程序，超越职权，滥用职权。

（3）履行职责判决。

对于被告不履行或拖延履行法定职责的，人民法院可以判决其在一定期限内履行职责。

（4）变更判决。

人民法院经审查，认为被告作出的行政处罚行为显失公正，可以直接加以变更。

五、常见诉讼文书格式

民事起诉状

原告：姓名、性别、年龄、民族、籍贯、职业、工作单位、住址、联系方式

委托代理人：姓名、性别、年龄、工作单位、职务、住址、联系方式（如委托律师的，只写律师姓名及律师事务所名称）

被告：姓名、性别、年龄、民族、籍贯、职业、工作单位、住址

被告：(要求同上，列完为止)

诉讼请求：____

事实和理由：____。

此致

××人民法院

原告人：×××（章）

××××年×月×日

附：1. 起诉状副本_____份

2. 物证_____件

3. 书证_____件

民事答辩状

答辩人：林××，男，35岁，汉族，××公司技术员，现住××市××区××街××号，邮编：××××××，电话：××××××××。

被答辩人：王××，女，32岁，无业，住址同上。

答辩请求：答辩人认为被答辩人所诉离婚理由纯属捏造之词，答辩人不能同意被答辩人的离婚要求。

答辩事实和理由：被答辩人诉答辩人对家务事不管不问，经常在外赌博至深夜才归家，并列举××年×月答辩人共有×天晚归，致使被答辩人感情痛苦，生活困难，连买衣服都得向别人借钱等情况，确系捏造。事实是：答辩人一年来担任公司某一技术攻关项目负责人，常加班至深夜，被答辩人在诉状中所列举的答辩人在××年×月共有×天晚归，并据此认为答辩人系在外赌博，有答辩人公司的《技术攻关项目书》(见附件1) 与《加班考勤登记表》(见附件2) 为证，可证明答辩人系加班才晚归，根本无赌博之事。

答辩人将每月的工资收入交被答辩人支配，至被答辩人起诉时，被答辩人存折上有近2万元的余额，有《××银行活期一本通》为证（见附件3)，答辩人诉称的“连买衣服都得向别人借钱”纯属为离婚虚构之理由。

答辩人上述所列举的事实均有证据支持，足以证明被答辩人所诉的事实和理由是不成立的，请求人民法院对合法婚姻予以保护，对被答辩人离婚的无理要求给予驳回，作出公正判决。

此致

××区人民法院

答辩人：林××

××××年×月×日

附：1.《××公司技术攻关项目书》

2.《××公司加班考勤登记表》

3.《××银行活期一本通》

刑事自诉状

自诉人：×××，男，30 岁，汉族，××厂职工，住址：×××，邮编：××××××。

被告人：×××，男，53 岁，汉族，住址：×××，邮编：××××××。

案由和诉讼请求：暴力干涉婚姻自由，请依法追究刑事责任。

事实和理由：____。

根据刑法的规定，被告人的行为已构成暴力干涉婚姻自由罪。自诉人依照刑事诉讼法的规定提起自诉，请求人民法院依法惩处。

此致

××人民法院

自诉人：×××（章）

××××年×月×日

附：1. 本状副本 1 份

2. ××居委会证明 1 份

3. 邻居×××，×××证明 2 份

刑事上诉状

上诉人：张××，男，36 岁，汉族，××县人，农民，住址：×××。

上诉人因交通肇事一案，不服××区人民法院 20××年×月×日（20××）×刑字第×号刑事判决，现提出上诉。

上诉请求：请求撤销原判，改判无罪。

上诉理由：____。

为此，特提出上诉，请求上级人民法院依法撤销一审判决，改判上诉人无罪。

此致

××市中级人民法院

上诉人：张××（章）

××××年×月×日

附：本上诉状副本 1 份

行政起诉状

原告（基本情况）：

被告：××区工商局，住所：××××，法定代表人：×××。

诉讼请求：

事实和理由：____

____。

此致

××人民法院

原告人：×××

××××年×月×日

附：1. 起诉状副本 1 份

2. 证据：

(1)

(2)

共计____份

思考题：

1. 权利救济应当遵循哪些基本原则？
2. 如何完善大学生的申诉制度？

第十章　社会法律服务

一、办理公证

（一）公证概述

公证是指国家公证机构根据自然人、法人或者其他组织的申请，依法证明法律行为、有法律意义的文书和事实的真实性、合法性，以保护公共财产，保护公民身份上、财产上的权利和合法利益的制度。

1. 公证的效力

公证的效力是指公证证明在一定的时间、一定的范围对一定的人具有法律约束力。公证活动的法律后果表现是公证书，所以，公证的效力又称为“公证书的效力”。公证书具有三种效力：

(1) 证据效力。

证据效力是指公证文书在法律上具有能够直接证明所确认的法律行为、法律事件和有法律意义的文书是真实的合法的效力。根据我国法律的规定，公证书的证据效力有以下三个特点：第一，公证书一经公证机关依法制作即产生法律效力，这种效力对全社会都有约束力；第二，诉讼中公证书应作为人民法院认定事实的根据予以直接采证，有相反的证据足以推翻公证证明的除外；第三，公证书比其他文书具有更强的证明力。这种证明力不仅在国内，而且得到国际社会的公认，在空间延伸至全世界范围。

(2) 法律行为成立要件效力。

法律行为成立要件效力是指公证是该项法律行为成立的必要条件之一，有些法律行为、有法律意义的文书和事实，必须经过公证证明，才能得以合法确认，如不履行公证程序，该项法律行为就不生效。法律行为非经公证不发生法律效力有以下三种情况：第一，法律、法规规定某些法律行为需要公证，不办理公证手续，该法律行为不发生法律效力；第二，由当事人之间约定某种法律行为必须办理公证；第三，按照国际惯例、国际条约或双边协定，某些事项必须办理公证。

(3) 强制执行效力。

强制执行效力是指对于追偿债款、物品的债权文书经过公证证明，债务人逾期不清偿债务，债权人可持该公证书直接申请人民法院予以强制执行，而无须经过诉讼程序。公证的强制执行效力是法律赋予公证机构的特殊职能，是法律强制性在公证活动中的体现。国家法律作出这样的规定，可以迅速强制债务人履行义务，保护债权人的合法权益，还可以避免因诉讼带来的时间、人力和物力的浪费，从而有利于维护社会主义经济秩序。

2. 公证的地域管辖

公证管辖中最主要和最基本的管辖是地域管辖，根据公证法的规定，公证的地域管辖有七种：申请人申请的公证事务由设在其住所地的公证处管辖；申请人申请公证的法律行为或事实由该法律行为或事实发生地的公证处管辖；涉及财产转移（主要是财产的买卖、分割和赠与行为）的公证事项，由申请人住所地或者主要财产所在地的公证处管辖；涉及不动产转让的公证事项，由不动产所在地的公证处管辖；凡申办遗嘱、委托、赠与、声明公证，涉及不动产转移内容的，可由法律行为发生地的公证处管辖；收养公证由收养人或被收养人住所地的公证处管辖；涉外及涉港澳台地区的收养公证由被收养人住所地的公证处管辖。

（二）公证的普通程序

1. 申请与受理

公证申请是指申请人向公证处提出办理公证事项的行为。申请公证的申请人必须具备三个条件：第一，应具有民事权利能力和行为能力；第二，与申请公证的事项必须有法律上的利害关系；第三，必须能够承担因公证而发生的义务和责任，如举证、缴纳公证费等。申请人通过填写公证申请表来提出公证申请，并且要提交必要的证明材料，如身份证明、需要公证的文书、与公证事项有关的财产所有权证明等。

受理是指公证处接受申请人的公证事项申请并同意给予办理的行为。受理公证要符合以下条件：第一，申请人同申请的事项有法律实体权利上的利害关系；第二，申请公证的当事人、利害关系人之间对申请公证的事项无争议；第三，申请公证的事项属于公证处的业务范围；第四，申请公证的事项属于该公证处管辖。对不符合上述条件的申请，公证处将作出不予受理的决定，并告知申请人在接到不予受理的决定之日起 10 日内有权向该公证处的本级司法行政机关申请复议。

2. 审查

审查是对申请公证的当事人的资格，申请公证的民事关系、民事行为和其他事实材料的真实性、合法性的审定、核实过程。公证审查的内容有：当事人的人数、身份、资格和民事行为能力；当事人的意思表示和相应的权利；需要公证的行为、事实或文书是否真实合法；需要公证的文书内容；审查当事人提供的证明材料是否真实充分。如果公证处对当事人提供的证明认为不完备或有疑义时，有权通知当事人作必要的补充或者向有关单位、个人调查，有关单位必须给予协助。

3. 出证

出证是指公证处对当事人申办的公证事项，经过审查后，认为符合条件的，依法制作并出具公证书的活动。对于不同的公证事项，公证处出证的条件要求不同。

(1) 法律行为公证的出证条件：①当事人具有相应的民事行为能力；②意思表示真实；③行为的内容和形式不违反法律、法规、规章或者社会公共利益。

(2) 有法律意义的事实或文书公证的出证条件：①有法律意义的事实或文书对公证当事人具有法律上的利害关系；②事实或文书真实无误；③事实或文书的内容不违反法律、法规和规章。

(3) 赋予债权文书强制执行效力公证的出证条件：①债权文书已经过公证证明；②债权文书以给付一定货币、物品或有价证券为内容；③债券文书中载明债务人不履行义务时应受强制执行的意思表示。

制作的公证书上要有承办公证员的签名或盖章、公证处印章和钢印。公证书以公证处主任、副主任审核批准的日期为生效日期。

对于一般的公证事项，应从受理之日起 1 个月内办理完毕。但对于重大复杂的事项、当事人举证不足的事项或者需要委托调查的事项，经公证处主任或副主任批准，可适当延长，但最长不得超过 6 个月，并应将延期的原因及时告知当事人。

公证事项有下列情形之一的，公证处可拒绝公证：①提出公证的行为、事实和文书不真实、不合法；②当事人身份不属实，不具有相应的行为能力；③代理人无代理资格；④当事人妨害公证查证工作正常进行。公证处拒绝公证的，应将拒绝公证的决定以书面形式通知当事人，并告知当事人对拒绝公证不服的，有权在接到决定之日起 10 日内向该公证处的本级司法行政机关申请复议。受理复议的司法行政机关应当在收到申请书之日起 2 个月内作出决定。

(三) 公证机构的业务范围

公证机构的业务范围是指公证机构根据国家的授权，按照有关法律、法规的规定所办理的公证法律事务。我国公证法规定了我国公证机构的 16 项基本业务。但随着社会的发展，我国公证机构的业务范围也在不断地拓展。归纳起来，我国公证机构的业务范围可分为以下几个部分：

1. 证明法律行为

证明法律行为是公证机构最基本、最主要的一项业务。常见的法律行为主要有以下几种：各种经济合同；各种民事协议，如赠与、财产分割、婚前财产约定、赔偿、民间借款、赡养、遗赠、抚养等协议；收养和认领亲子；继承；各种单方法律行为，如遗嘱、委托、赠与、声明、承诺等；包括招标投标、拍卖、抽签、摇奖等特定和不特定的多数人参加的现场活动。

2. 证明有法律意义的事实

公证机构所证明的有法律意义的事实主要有：法律事件，如出生、死亡、不可抗力、自然灾害、意外事件；其他法律事实，如亲属关系、婚姻状况、学历、经历、职称、身份等。

3. 证明有法律意义的文书

通常，公证机关办理具有法律意义的文书的公证，分不同情况采用以下四种方式：

（1）证明文书上的签名、印鉴属实。

（2）证明当事人在公证员面前，在文书上的签名、盖章属实。

（3）证明文件的副本、节本、译本、影印本与原本相符。

（4）证明用不同民族的文字或者不同国家写出的同一文书是相符的。

4. 赋予债权文书以强制执行效力

按照有关规定，公证机构可对经过公证的，以给付一定货币、物品或有价证券为内容的，并有债务人不履行义务时应受强制执行意思表示的，无疑义的债权文书，证明其有强制执行效力。当债务人不履行债务文书中所规定的义务时，债权人可以根据民事诉讼法第二百一十八条的规定，直接向有管辖权的人民法院申请强制执行。

5. 辅助性业务

公证机关办理的与公证事务有关的辅助性业务，主要包括以下几个方面：

（1）保全证据。这是公证机关根据当事人的申请，对于可能灭失或者以后难以取得的证据，依法采取措施，对证据先行收集和固定，以保持其客观真实性和证明力的一种活动。

（2）保管遗嘱或其他文件。公证机构根据当事人的申请，对其所立具的遗嘱，或者其他有法律意义的文书，如产权证书、合同书、结婚证书等，可以给予代为保管，以防止当事人所立遗嘱和有关文件遗失或泄密而引起纠纷，从而维护当事人的合法权益。

（3）技术性服务事项。如代当事人起草申请公证的文书等。

（四）公证当事人的权利、义务

公证当事人是指以自己的名义向公证处提出公证申请，并与所申办的公证事项有直接利害关系，在公证活动中享受权利、承担义务的公民、法人或其他非法人组织。

1. 公证当事人在公证活动中的权利

（1）公证申请权。

任何公民、法人或其他非法人组织，根据自己的需要或依照有关的法律规定，均可向公证机构提出公证申请，要求公证机构为其申办的公证事项进行公证。

（2）委托权。

在当事人不能亲自申办公证的情况下，除法律禁止委托的情形外，当事人均可委托其他人或机构代为办理。

(3) 请求有关公证人员回避的权利。

如当事人发现有关公证人员（包括鉴定、翻译等人员）与其申办的公证事项有利害关系，属于应回避的范围之内，有权要求有关的公证人员回避。

(4) 请求保密的权利。

当事人有权要求公证处及公证人员对其所申办的公证事项予以保密，但如果公证事项中涉及违法行为或侵害他人利益的情形除外。

(5) 请求发给公证书或公证书副本、译本的权利。

(6) 提出申诉或要求复议的权利。

当事人对公证机构的任何决定或出具的公证书有异议时，均有权根据有关规定向公证机构或司法行政机关提出申诉或要求进行复议。

2. 公证当事人在公证活动中的义务

(1) 举证的义务。

按照有关规定，当事人必须就其所申办的公证事项如实陈述相关的事实，并提供相关的文件、证明和材料。

(2) 不得作伪证的义务。

当事人在公证活动中，不得弄虚作假，不得提供伪证。

(3) 严格遵守有关法律规定和程序的义务。

在公证活动中，当事人必须严格遵守有关的法律规定，按照公证机构的要求办理，同时应遵循公证机构的办证程序，不得无理取闹，干扰公证的正常工作程序。

(4) 正确保管、使用公证书的义务。

公证书是国家司法文书的一种，具有一定的法律效力，因此，当事人应当正确保管、使用公证书，不得随意涂改、变更或损毁。

(5) 按照有关规定交纳公证费的义务。

（五）必须办理公证的事项

按照目前的法律规定和一般做法，下列法律事务是必须办理公证的：

1. 出国留学、定居、探亲、工作

公民出国留学、定居、探亲、工作等所需要的有关出生、学历、经历、婚姻状况、国籍、是否受过刑事处分、亲属关系等需要按照有关国家或地区的要求办理公证。

2. 到其他国家或地区继承财产、接受赠与、索取赔偿

我国公民到其他国家或地区继承财产、接受赠与、索取赔偿等所需要的有关文件和材料或行为须按照有关国家或地区的要求办理公证。

3. 法人或其他组织到其他国家或地区进行经济活动

我国的法人或其他组织到其他国家或地区设立分支机构、进行贸易、注册商

标、申请专利、输出劳务、投标以及参加诉讼或仲裁活动、索赔等所需要的有关文件、材料或行为须按照有关国家或地区的要求办理公证。

4. 法律、法规规定必须办理公证的法律行为或事务

我国法律、法规规定了必须办理公证的法律行为或事务。这些法律行为或事务主要包括：涉外收养、贷款抵押、招标投标、拍卖、商品房的对外销售和租赁、城市房屋拆迁中的补偿安置协议等。

5. 按照惯例需要办理公证的某些法律行为

按照在实践当中形成的惯例，某些法律行为一般需要办理公证，如继承、赠与、委托、提存、诉讼之前的证据保全等。

6. 某些重大的或易引起纠纷的协议或事务

从保护自己的合法权益和避免纠纷出发，某些重大的或易引起纠纷的协议或事务应该办理公证，如各种财产或产权转让协议、各种合作和联建协议、财产分割协议、各种声明承诺等。为了使某些重大的行为更加规范、合法，采取公证的形式一般是政府或当事人应该提倡或选择的，如股份公司创立大会、股东大会、董事会决议等。

（六）几种公证事项的办理规定

1. 学历公证

当事人申办学历公证，主要适用于出国留学、谋职、对外提供劳务和技术服务或向一些国家申请领取子女补助费等。当事人申请办理学历公证，应向有管辖权的公证机构提出申请并提供以下材料：申请人的身份证、户口簿；申请人在国外的，需提供护照复印件；申请人的学历（学位）证书原件；委托代理人代为申请的，须提供授权委托书和居民身份证。公证机构受理当事人的申请后，重点在于审查当事人提交的证件是否真实，必要时应当通过查阅原学校的档案资料进行核实，然后出具公证书。

2. 婚前财产协议公证

办理夫妻婚前财产协议公证主要是为了预防和减少婚姻纠纷以及由此而引起的财产纠纷，对老年人丧偶或离异后再婚更为有意义。婚前财产协议公证必须由双方当事人亲自到有管辖权的公证机构申请并向其提交下列材料：双方申请人的身份证、户口簿等身份证明；申请人经协商一致达成的协议书；相关的产权证明，如房屋产权证、存折、股票等；申请人的未婚证明，证明由申请人单位人事部门或户籍所在地街道办事处出具。公证机构经过审查，对于既真实又合法的婚前财产协议应依法出具公证证明。

3. 遗嘱（遗赠）公证

办理遗嘱（遗赠）公证，当事人必须亲自到有管辖权的公证机构（如果到公证

机构有困难的，公证人员可以上门服务）提出申请，并应提供下列材料：

(1) 立遗嘱（遗赠）人及遗嘱（遗赠）受益人的身份证明。例如，居民身份证、户口簿、护照等。如果是遗赠，而遗赠受益人是法人的，则应提供法人营业执照。

(2) 遗嘱（遗赠）所处分的财产的所有权证明。如房屋所有权证、存折、股票等。

(3) 草拟的遗嘱。遗嘱必须由立遗嘱人亲笔书写，如本人不会书写或书写有困难的，可由公证员代书，立遗嘱人在上面签名、盖章。

(4) 亲属关系证明。立遗嘱人需提供亲属关系证明，证明应记载立遗嘱人的婚姻状况及生育子女状况等。

二、聘请律师

（一）律师概述

1. 律师的工作性质

律师是依法取得律师职业证书，为社会提供法律服务的职业人员。律师执业必须取得律师资格和执业资格证书方能执业。

(1) 律师资格的取得。

取得律师资格应当经过国家统一的司法考试。具有高等院校法律专业专科以上学历，或者高等院校其他专业本科以上学历具有法律专业知识的人员，经国家司法考试合格的，可取得资格。具有高等院校法学本科以上学历，从事法律研究、教学等专业工作并具有高级职称或者具有同等专业水平的人员，申请律师执业的，经国务院司法行政部门按照规定的条件考核批准，可授予律师资格。

(2) 律师执业证书的取得。

申请领取律师执业证书必须具备以下条件：具有律师资格；在律师事务所实习满一年；品行良好。有下列情形之一的，不予颁发律师执业证书：无民事行为能力或者限制民事行为能力的；受过刑事处罚的（过失犯罪的除外）；被开除公职或者被吊销律师执业证书的。申请领取律师执业证书的，应当提交下列文件：申请书；律师资格证明；申请人所在律师事务所出具的实习鉴定材料；申请人身份证明的复印件。经国家司法行政部门审核合格后，颁发给律师执业证书。律师取得执业证书后，应当在一个律师事务所执业，不得同时在两个以上律师事务所执业。

2. 律师所从事的业务

(1) 接受公民、法人和其他组织的聘请，担任法律顾问。律师担任法律顾问的，应当为聘请人就有关法律问题提供意见，草拟、审查法律文书，代理参加诉讼、调解或者仲裁活动，办理聘请人委托的其他法律事务，维护聘请人的合法权益。

(2) 接受民事案件、行政案件当事人的委托，担任代理人参加诉讼或代理申诉。律师担任诉讼法律事务代理人或者非诉讼法律事务代理人的，应当在受委托的权限内维护委托人的合法权益。

(3) 接受刑事案件犯罪嫌疑人的聘请，为其提供法律咨询，代理申诉、控告，申请取保候审，接受犯罪嫌疑人、被告人的委托或者人民法院的指定，担任辩护人，接受自诉案件自诉人、公诉案件被害人或者其近亲属的委托，担任代理人，参加诉讼。律师担任刑事辩护人的，应当根据事实和法律，提出证明犯罪嫌疑人、被告人无罪、罪轻或者减轻、免除其刑事责任的材料和意见，维护犯罪嫌疑人、被告人的合法权益。律师接受委托后，无正当理由的，不得拒绝辩护或者代理，但委托事项违法，委托人利用律师提供的服务从事违法活动或者委托人隐瞒事实的，律师有权拒绝辩护或者代理。

(4) 接受非诉讼法律事务当事人的委托，提供法律服务，解答有关法律的询问、代写诉讼文书和有关法律事务的其他文书，参加调解、仲裁活动。

律师承办业务，由律师事务所统一接受委托，与委托人签订书面委托合同，按照国家规定向当事人统一收取费用并如实入账。

（二）聘请律师

1. 什么情况下需要聘请律师

什么情况下需要聘请律师，完全由事主自己决定。但从事件的重要性出发来考虑，一般在两种情况下应当聘请律师：

(1) 公民个人、法人组织与其他个人或组织产生纠纷，在相互间协商不成、难以自行解决的情况下，最好委托律师代为处理。有经验的律师接受委托后，视案件具体情况，决定是否到法院诉讼或者进行仲裁。这种情况下聘请的律师称为代理律师。

(2) 公民个人或法人涉嫌刑事案件，成为嫌疑人或者被告人，一般情况下应当聘请律师参与处理。担任刑事案件被告人的律师被称为辩护律师。

如果从经济角度考虑，某些情况下可以不委托律师：第一，事实清楚、证据充分或争议不大的民事案件；第二，事实清楚、证据确凿，被告人（嫌疑人）供认不讳的一般刑事案件。

2. 聘请律师的注意事项

(1) 要审查资格。

律师应持有由省级司法厅（局）签发的律师执业证并有当年的年审记录。律师所在的律师事务所也应有各级司法厅（局）颁发的执业许可证并有当年的年审记录。无证或有证但无当年年审记录的都不得以律师的名义执业。

(2) 要了解律师和其所在的律师事务所。

律师的业务能力和职业道德对当事人来说非常重要。首先，在与律师的面谈过程中，律师若能详细地了解案情，能分析出案情的关键所在及潜在的问题，指出解决问题的粗略方案，这样的律师就可聘用。其次，法律服务体现社会正义和法律公平，有其自身的特性，所以，律师的职业道德非常重要。负责的、有敬业精神的律师，通常会仔细询问、了解案情，也会认真向委托人解释有关签订聘用律师合同的情况及收费状况并给当事人充分的时间考虑、选择。再次，一个运转有序、管理严格的律师事务所对委托人的案件会有充分的后备保障。在律师与其所在的律师事务所两者中，委托人首先应当考虑的还是律师即案件的具体承办人的情况，对承办律师的选择才是最重要的。当然，委托人可以要求律师事务所指派自己指定的律师代理自己打官司。

(3) 不要轻信拍胸打包票的律师。拍胸打包票不同于对案件的结果预测，对于这种行为委托人要慎重对待。

3. 委托律师的过程

(1) 提出委托意向。

律师接待询问有关案情，对有关材料进行初步审阅，并审查是否属于律师业务范围，决定是否受理。

(2) 签订委托书。

双方同意办理聘请手续的，律师事务所会与委托人签订一份委托协议（合同）。该协议（合同）明确了双方的权利义务，由律师事务所和委托人签名、盖章，一式三份，一份由承办律师保存，一份存律师事务所，另一份交当事人。然后，由委托人签署委托书一式三份。委托书的授权应明确。

(3) 缴纳委托费。

委托人向律师事务所缴付在上述协议（合同）中约定的聘请律师费用，律师事务所应向当事人出具盖有当地地方税务局监制章的正式发票。聘请律师的手续办理完毕后，律师代理即告成立，律师便可以根据聘请合同的约定从事该案件的法律活动。

（三）律师服务费的收取

1. 律师服务收费依据和方式

律师服务费是律师事务所接受委托办理法律事务，向委托人收取的服务报酬，其性质属于中介服务收费。

(1) 律师费用的收费依据。

根据 1997 年 3 月 1 日由原国家计委、司法部公布实施的《律师服务收费管理暂行办法》规定，律师收费应考虑下列因素：律师事务所日常经营活动的成本支出；办理法律事务所需要律师的人数；办理法律事务所需的工作时间；办理法律事务的复杂程度；办理法律事务可能承担的风险和责任；所在地社会经济发展状况和委托人的承受能力。由上述六个因素来决定律师服务费的多少。

(2) 收费方式。

律师服务费用的收取方式通常有三种，具体采用哪一种形式由律师事务所与委托人依照有关部门的规定协商确定。

第一种，计时收费。计时收费是指律师事务所根据其提供法律服务所耗费的有效工作时间，在规定的标准范围内，按确定的每小时收费标准向委托人收取律师服务费的计价方式。计时收费适用于全部法律服务活动。

第二种，计件收费。计件收费是指以每一委托事项为基本单位，按规定的数额或在规定的范围、幅度、限额内具体商定收取律师服务费的计价方式。计件收费适用于律师事务所办理各类诉讼、仲裁及案件执行法律事务。对于涉及财产关系的民商案件，应委托人的要求，可以采取风险收费的计价方式。风险收费是指律师事务所在接受委托时，只收取基础费用，其余服务的报酬由律师事务所与委托人就委托事项应实现的目标、效果和支付律师服务费的时间、比例、条件等先行约定，达到约定条件的，按约定支付费用；不能实现约定的，不再支付任何费用。采取风险收费方式，律师事务所必须与委托人达成书面协议。需要强调的是，刑事诉讼案件不适用风险收费。

第三种，协商收费。协商收费是指由律师事务所与委托人双方依据办理法律事务的难易程度自愿协商确定收费标准的计价方式。协商收费适用于各类非诉讼法律事务，如解答法律咨询、代拟或审查修改各种法律文书、参加项目谈判、公司的并购、重组和破产清算、出具法律意见（建议）书、办理见证、提供知识产权证券金融类法律服务、担任常年或专项法律顾问等。

此外，为委托人提供法律服务过程中发生的鉴定费、公证费、异地（省外）办案所需差旅费、律师事务所代委托人支付的其他费用，由委托人另行支付，但在风险收费中双方另有约定的除外。

2. 律师收费的有关具体规定

律师服务收费标准由各省、自治区、直辖市制定。按照广东省律师服务收费管理实施办法（暂行），广东省律师服务收费实行政府指导价与市场调节价分类并行管理，律师事务所应在规定的基准价及浮动幅度内与委托人协商确定具体收费标准。广东省律师服务收费规定的基准价标准及浮动幅度如下：

（1）计时收费的基准价标准及浮动幅度。收费标准：200~3 000 元/小时。上下浮动幅度：20%。

（2）计件收费的基准价标准及浮动幅度。刑事案件：①侦查阶段，2 000~5 000 元；②审查起诉阶段，5 000~15 000 元；③审判阶段，6 000~30 000元。

对疑难重大复杂案件、集团犯罪案件可在不高于上列标准的1.5倍的范围内协商确定收费。刑事自诉、担任被害人代理人的按上列标准执行。民事、商事、行政诉讼案件：①不涉及财产案件，3 000~20 000元；②涉及财产，在收取基础费用1 000~8 000元的基础上再按其争议标的额分段按比例累加计算收取：5万元（含5万元）以下，免加收；5万~10万元（含10万元），加收6%；10万~50万元（含50万元），加收5%；50万~100万元（含100万元），加收4%；100万~500万元（含500万元），加收3%；500万~1 000万元（含1 000万元），加收2%；1 000万~5 000万元（含5 000万元），加收1%；5 000万元以上，加收0.5%。上下浮动幅度：20%。上列各项收费标准和比例是办理诉讼案件一个审级或仲裁案件的收费标准。未办一审而办二审的，按一审标准收费；承办一审再办二审的，或承办一审或二审再办发回重审、再审申请或确定再审案件的，按一审标准减半收费；涉及仲裁的案件，承代理仲裁的，诉讼一审或二审阶段按仲裁标准减半收费。刑事附带民事，其民事部分按一审标准减半收取。办理涉及财产关系的民事案件亦可采取风险收费，风险收费的最高收费标准或总额，不得超过争议利益的30%。

(3) 协商收费。收费标准由律师事务所与委托人协商决定。

三、法律援助

(一) 法律援助概述

法律援助有广义和狭义之分，广义上的法律援助是为经济困难的或者特殊案件的当事人（社会上的弱势群体）提供减免或者完全免费的法律帮助的一种制度。服务的形式，可以是法律咨询，代拟法律文书，提供刑事诉讼，民事、行政诉讼代理，非诉讼法律事务代理和公证。狭义上的法律援助是为符合资格的申请人，在民事、行政、刑事诉讼代理中提供代表律师（法律援助工作者）的服务，目的是确保任何具备充分理由提出诉讼或答辩的人不会因缺乏经济能力或出于弱势地位而无法打官司，保护自己的合法权益。

全国大多数县一级以上地区设立有法律援助机构。向符合法律规定资格的申请人提供法律援助，除法律援助机构的专职人员提供一定量的法律援助服务外，各地的律师、公证员、基层法律服务工作者以及一些社会团体、法学院校的法律援助志愿者，都可在各级法律援助机构的组织和指导下参与具体的法律援助工作，为低收入阶层和弱势群体提供法律援助。

法律援助需要一定的经费开支，其经费来源渠道主要有三种：同级财政预算拨款，专款专用；相关的社会团体和其他组织为其组织实施法律援助提供必要的经费；社会组织及个人向法律援助机构、法律援助组织捐赠财产。

（二）法律援助的对象和范围

1. 法律援助的对象

法律援助的对象是指具备法定条件可以获得法律援助的人。一般认为法律援助对象需要满足两个条件：第一，有充分理由证明为保障自己合法权益需要帮助；第二，确因经济困难，无能力或无完全能力支付法律服务费用（公民经济困难标准由各地参照当地政府部门的规定执行）。此外，盲、聋、哑和未成年人是被告人或犯罪嫌疑人，没有委托辩护律师的，应当获得法律援助；可能被判处死刑的刑事被告人没有委托辩护律师的，应当获得法律援助；刑事案件中外国籍被告人没有委托辩护人，人民法院指定律师辩护的，可以获得法律援助。

2. 法律援助的范围

国务院 2003 年 7 月 21 日颁布的《法律援助条例》明确规定公民有下列事项，没有委托代理人的，可以申请法律援助：依法请求国家赔偿的；请求给予社会保险待遇或者最低生活保障待遇的；请求发给抚恤金、救济金的；请求给付赡养费、抚养费、扶养费的；请求支付劳动报酬的；维护因见义勇为行为产生的民事权益的；犯罪嫌疑人在被侦查机关第一次讯问后或者采取强制措施之日起，因经济困难没有聘请律师的；公诉案件中的被害人及其法定代理人或者近亲属，自案件移送审查起诉之日起，因经济困难没有委托诉讼代理人的；自诉案件的自诉人及其法定代理人，自案件被人民法院受理之日起，因经济困难没有委托诉讼代理人的；公诉人出庭公诉的案件，被告人因经济困难或者其他原因没有委托辩护人，人民法院为被告人指定辩护时，法律援助机构应当提供法律援助；被告人是盲、聋、哑人或者未成年人而没有委托辩护人的，或者被告人可能被判处死刑而没有委托辩护人的，人民法院为被告人指定辩护时，法律援助机构应当提供法律援助，无须对被告人进行经济状况的审查。

（三）法律援助的申请与审查

1. 申请

按照《法律援助条例》的规定，公民申请法律援助，应当按照下列规定提出：

（1）请求国家赔偿的，向赔偿义务机关所在地的法律援助机构提出申请。

（2）请求给予社会保险待遇、最低生活保障待遇或者请求发给抚恤金、救济金的，向提供社会保险待遇、最低生活保障待遇或者发给抚恤金、救济金的义务机关所在地的法律援助机构提出申请。

（3）请求给付赡养费、抚养费、扶养费的，向给付赡养费、抚养费、扶养费义务人住所地的法律援助机构提出申请。

(4) 请求支付劳动报酬的，向支付劳动报酬义务人住所地的法律援助机构提出申请。

(5) 主张因见义勇为行为产生的民事权益的，向被请求人住所地的法律援助机构提出申请。

(6) 刑事诉讼中有关人员申请法律援助的，应当向审理案件人民法院所在地的法律援助机构提出申请。被羁押的犯罪嫌疑人的申请由看守所在24小时内转交法律援助机构，申请法律援助所需提交的有关证件、证明材料由看守所通知申请人的法定代理人或者近亲属协助提供。

(7) 申请人为无民事行为能力人或者限制民事行为能力人的，由其法定代理人代为提出申请。无民事行为能力人或者限制民事行为能力人与其法定代理人之间发生诉讼或者因其他利益纠纷需要法律援助的，由与该争议事项无利害关系的其他法定代理人代为提出申请。

(8) 公民申请代理、刑事辩护的法律援助应当提交下列证件、证明材料：身份证或者其他有效的身份证明，代理申请人还应当提交有代理权的证明；经济困难的证明；与所申请法律援助事项有关的案件材料。

申请应当采用书面形式，填写申请表；以书面形式提出申请确有困难的，可以口头申请，由法律援助机构工作人员或者代为转交申请的有关机构工作人员作书面记录。

2. 审查

法律援助机构收到法律援助申请后，应当进行审查。认为申请人提交的证件、证明材料不齐全的，可以要求申请人作出必要的补充或者说明，申请人未按要求作出补充或者说明的，视为撤销申请；认为申请人提交的证件、证明材料需要查证的，由法律援助机构向有关机关、单位查证。对符合法律援助条件的，法律援助机构应当及时决定提供法律援助；对不符合法律援助条件的，应当书面告知申请人理由。

申请人对法律援助机构作出的不符合法律援助条件的通知有异议的，可以向确定该法律援助机构的司法行政部门提出，司法行政部门应当在收到异议之日起5个工作日内进行审查，经审查认为申请人符合法律援助条件的，应当以书面形式责令法律援助机构及时对该申请人提供法律援助。

思考题

1. 申请公证应当注意哪些事项？
2. 委托律师应当注意哪些事项？

案例点评篇

案例 1　迟到的录取通知书

就读于湖北省随州市曾都区第四中学的秦春梅经过紧张的高考之后，热切地期望着尽快实现自己的大学梦。然而直到 2000 年 8 月下旬，在考上的同学们都陆续收到了高校的录取通知书时，她却一直没有得到音讯。2001 年 6 月 18 日，秦春梅同班同学的母亲拿着一张《随州日报》来到秦家，对秦春梅的父母说："还是你家的闺女有出息，考上了大学，不像我家孩子成天只知道玩。"秦父听了同学母亲的话后，感到莫名其妙："我家的闺女也没考上大学，她现在到广东打工去了。""不会吧！报纸上都登了，你还跟我开这种玩笑。"秦春梅同学的母亲一边笑着说，一边把报纸给秦家父母看。千真万确，报纸上果真有秦春梅的名字。秦家父母在高兴之余，想到一定是录取通知书出了问题。他们当即赶到学校，却没找到有关负责人。

直到 2001 年 6 月 23 日，秦春梅的父母才领到了"普通高校录取通知书"。录取通知书上要求秦春梅于 2000 年 9 月 15 日上午到武汉第二师范学校报到。但此时已过了快一年了，曾都区第四中学为秦春梅出具了介绍信，请求武汉市第二师范学校给予补救办法，让秦继续到校学习。可是学校没有批准。

秦春梅得知实情后非常气愤，2001 年 8 月，她以侵犯受教育权为由，将母校告上法庭，请求法院责令曾都区第四中学赔偿精神损害抚慰金 5 万元。

曾都区人民法院受理了此案，并依法向曾都区第四中学下达了传票。曾都区第四中学辩称，对于寄到曾都区第四中学的高校录取通知书，学校采取两种方式通知学生：一是收到通知书的当天挂小黑板公示，写明"今日大学录取通知"和被录取人姓名；二是输入微机并开辟专栏张榜公布。学生看到通知后，应主动到保管者那里领取。秦春梅的录取通知书到达学校后，学校也采取了上述方法通知其本人。可是其通知书来后，秦一次也没到学校询问，也没有打 168 电话查询，致使录取通知书在学校放了近一年时间，耽搁了报到，其责任完全在秦本人，学校并无任何过错。

秦春梅的父亲秦洪亮却陈述了自己的理由：2000 年 9 月 3 日，他曾再次到曾都区第四中学，找到秦春梅的班主任询问通知书是否来了，其班主任答复未收到。秦洪亮给班主任留下了两个联络方式，并告诉班主任如果通知书到了可让他人转交。当录取通知书到了学校后，班主任拨打了秦洪亮留下的一个电话号码，但没有人接听。从此，班主任再也没有拨打电话通知秦家来人领取通知书，也没有按其他方式联系秦家。

曾都区人民法院审理后认为，秦春梅的父亲秦洪亮曾请求班主任在秦春梅的录取通知书寄到后，通知其有关亲戚转告，并留下了相关的地址和联系电话，班主任老师对此给予了承诺。班主任老师收到秦春梅的录取通知书后，在拨打一次电话没有接听后，便再也没有进行联系。秦春梅及其家人基于对班主任老师的信任，也没有再到学校查询录取情况。因此，虽然按惯例曾都区第四中学只需挂小黑板和输入微机张榜公布，而不必与每个学生联系，由学生自己到学校查看录取情况，但秦春梅在高等院校招生办公室录取专用信封上填写的收件人地址是“湖北省随州市第四中学高三（1）班”，曾都四中对此未提出异议，表明其同意代收秦春梅的录取通知书。按照诚实信用的原则，作为代收人的曾都四中有义务将代收信件设法交给收件人。

在本案中，秦春梅的班主任老师对秦春梅的父亲作出个别特别的承诺后，就应按照承诺履行通知的义务。由于秦春梅的班主任老师怠于履行承诺，致使秦春梅失去了上大学接受高等教育的机会，构成了对秦春梅受教育权的侵害。

秦春梅被高校录取后，因曾都区第四中学的原因使秦春梅错失受高等教育的机会，使秦春梅精神上受到了一定的伤害。秦春梅要求四中给予精神损害赔偿的理由正当，法院给予支持。

法院还认为秦春梅的班主任老师系曾都区第四中学的教师，其收取保管秦春梅的高校录取通知书是履行职务行为，其怠于履行职务对秦春梅造成的损害应由其所在单位即曾都区第四中学承担民事责任。

2002年9月1日，曾都区人民法院依照《中华人民共和国民法通则》的有关条款作出一审判决，判处曾都区第四中学赔偿秦春梅精神损害抚慰金2万元。

【点评】

本案是一起“落榜生”状告母校侵犯其受教育权的诉讼。受案法院是根据最高人民法院的司法解释（简称“8·13”批复）中确立的原则处理的。该原则规定：受教育权作为公民所享有的权利如果受到侵犯可以获得相应的民事赔偿。意即受教育权纠纷既有公法性质，又有私法性质，可以借助民事救济对受侵害人提供保护。因此，法院在查明录取通知书迟到的主要责任在于受害人的班主任老师怠于履行承诺，未及时转达给受害人，存在过错；而班主任老师又是曾都区第四中学的教师，属于职务行为的事实后，作出了要求曾都区第四中学赔偿原告秦春梅精神损害抚慰金人民币2万元整的一审判决。

依据我国现行的招生制度，考生一旦被某一高校录取后，其报考档案即被调入该校，考生再无选择其他学校的可能。为此，校方在决定录取某一考生并调取档案后，即有将录取通知书送达给该考生的义务。这种送达义务不仅要求校方将通知书投递到邮局或考生所在学校，而且应保证通知书确实地送达到该考生之手。只有通知书确实地送达给本人，才视为校方的送达义务完成。邮局不过是校方聘请代为履行通知义务的“第三人”。按照一般法理，代为履行人不能履行义务的，应当由本人即校方承担应尽的法律责任。当然，本案的情况有些特殊。如果再从可行性角度看，入学报到期满后，是否有考生未准时入学，校方最清楚。在通讯事业极为发达的今天，校方可以轻而易举地核实考生何以未按时报到，从而有效避免这一问题。可见，无论从法理上，还是从实际可行性角度，高考通知书延误送达的遗憾，招考学校都难辞其咎。愿所有大学均以本案为戒。（点评人：谢玉萍）

【法规链接】

宪法第四十六条：中华人民共和国公民享有受教育的权利和义务。

《关于以侵犯姓名权的手段侵犯宪法保护的公民受教育的基本权利是否应承担民事责任的批复》的司法解释（2001 年 6 月 28 日最高人民法院审判委员会第 1183 次会议通过）：

经研究，我们认为，根据本案事实，陈晓琪等以侵犯姓名权的手段，侵犯了齐玉苓依据宪法规定所享有的受教育的基本权利，并造成了具体的损害后果，应承担相应的民事责任。

案例 2　“博士生”的辛酸官司

1995 年 3 月，经武汉大学研究同意，28 岁的黄渊虎获准报考武大哲学系博士研究生，而此时距他从该校硕士研究生毕业已整整 5 年。3 月 10 日黄渊虎拿到准考证，5 月初，他参加了英语和其他四项考试，6 月 7 日考试成绩下来了，黄渊虎成绩优异，总分 478 分，以此成绩进武大读博是不成问题的。但结果却让他大失所望：不予录取。理由是他在读硕士时曾因“恋爱错误”受到过勒令退学的处分，根据有关规定政审不合格。

武大为什么要处分黄渊虎呢？原来，早在 1987 年，黄渊虎即以在职教师的身份考入武大哲学系读硕士。毕业前夕，他意外地见到了从中学到大学的同学阿美，两人有了亲密接触之后阿美就说自己是有夫之妇，但夫妻感情不和，想同丈夫离婚嫁给黄渊虎。阿美在遭拒绝后便纠缠不休，甚至威胁说，如果不答应就告他“强奸”。他没答应，阿美便报了案。经保卫部门调查认定黄无罪但有错，而且是“严重的错误”。于是武大勒令他退学。他拼命申辩，但学校未采纳，他向学校申请将户口、粮油关系和人事档案由自己带回家乡，学校也不同意，承诺会将这些资料寄回他原单位。

但直到 1991 年 6 月武大才将黄渊虎的户口寄到黄渊虎原来所在单位——湖南邵阳煤矿机械厂。此时该厂经济效益不景气，不予接受，将档案等退回了武大。同年 9 月，武大再次将户口等档案寄给黄的原籍——湖南省武岗市邓家镇，该镇政府以黄的户口早已迁出为由，又退还给武汉大学。黄的户口等档案材料至今仍保留在武大。没有户口档案，在当时社会中就是“黑户”，曾有两家单位要聘用他，他都因户口问题而没能应聘。

为解决户口问题，黄渊虎想到了继续读博。1994年底他报考中南财经大学，但再次因户口问题遭到拒绝。无奈黄渊虎只好回到武大，他向校长提出解决问题的三个方案：颁发学位证书和硕士研究生毕业证书；和95级硕士研究生读1年书再毕业；允许他报考95级博士生。武大答应了第三条。于是便出现了开头的一幕。

黄渊虎考博士取得了优异成绩，却因政审不合格落榜。他开始了漫长的申诉历程。他要求学校解决户口、粮油关系和博士研究生学籍问题。他的导师一再为其奔走呼告，才引起老教授们的纷纷关注，最终受到了湖北省一位副省长的重视。在这位副省长的关心下，经校党委讨论，黄渊虎终于被获准进入武大随98级博士生上课。黄渊虎一面读书，一面继续与武大交涉户口、学籍问题，直到2000年9月仍未有着落，于是他再次向学校申诉，而武大的答复是，黄属于“跟读”，“跟读”没有学籍。黄渊虎这才如梦初醒，苦读3年还是解决不了学籍、户口问题。此时黄渊虎对武大彻底失望了，2000年12月28日，黄渊虎将武汉大学推上了被告席，他请求法院判令被告给他补办博士研究生注册手续；要求为他落实户口和粮油关系并赔偿物质及精神损失费20余万元。

2001年5月10日，武昌区法院一审判决认为，黄渊虎未被录取为博士研究生是武大坚持择优录取原则的行政行为，具有合法性；对黄渊虎的户口、粮油关系，武大履行了法定职责，因此判黄渊虎败诉。黄渊虎不服，向武汉市中级人民法院提起上诉。

2001年6月20日，武汉市中级人民法院公开审理了此上诉案。法院在审理后认为，上诉人黄渊虎1995年参加了武汉大学博士研究生考试初试且成绩合格，同年9月，黄渊虎已经知道未被武汉大学录取。2000年12月提起诉讼，其诉讼时效已过；1990年11月，黄渊虎被勒令退学，武汉大学依据有关规定将其户口和粮油关系等先后退回其原工作单位和原籍落户，遭到拒绝，造成户口和粮油关系至今未落户，被上诉人已经履行了法定职责。为此法院作出终审判决：驳回上诉，维持原判。

人生十年，弹指一挥，黄渊虎如今已过而立之年，面对两审败诉的判决书，他心酸，他不甘心，他决心申诉到底。（案例来源：《法制日报》2001年10月18日）

【点评】

黄渊虎告母校侵权案不仅引起了人们对法院判决的质疑，敲响了“高校在管理过程中应当不断强化程序观念和证据意识”的警钟，其更深层的意义还在于引起了人们对其中一系列问题的反思：比如大学考研“择优录取”的具体标准是什么，成绩优秀与品德优秀的关系由谁界定，一个人受过处分后还有没有报考更高学历的权利等问题。案发后，这些问题逐步引起重视。

本案例告诉我们：黄渊虎为自己的过错付出代价是必然的，因为德才兼备始终是国家对高等人才的要求。但我们对“德”的观念和标准必须与时俱进而不能墨守成规。值得欣慰的是，新修订的《普通高等学校学生管理规定》已经使用法律用语取代容易引起歧义的道德评价，如取消“道德败坏，品质恶劣”等用语，加入“违反法律规定的……”等字眼。这对于避免争议，加强对大学生权利的保护显然是有利的。

本案的另一个启示是：诉讼有时效，维权要及时！（点评人：谢玉萍）

【法规链接】

民法通则第一百三十五条：向人民法院请求保护民事权利的诉讼时效期间为两年，法律另有规定的除外。

《普通高等学校学生管理规定》第五条：学生在校期间依法享有下列权利：……（四）在思想品德、学业成绩等方面获得公正评价，完成学校规定学业后获得相应的学历证书、学位证书。

案例 3　MBA 学业不能完成的苦恼

某私立学院的招生简章宣称：大专学历可以读 MBA，学制三年，第一年为英语强化和部分大学专业基础课的学习，英语合格者进入第二年补习大学本科的课程，成绩合格者方可进入第三年的 MBA 课程的学习。看到这么诱人的学习前景，田某等四名学生在向招生人员及院领导详细咨询获得确证后，报名进入该私立学院就学。

然而当他们结束了第一年语言课的时候，第二年学校却以学生没有工商管理的本科学历为由让学生补课，根本没有开设 MBA 专业课。学生当中有几个人是本科生，同样要参加补课，这几个人都退了学，最后仅剩 6 个学生，其中只有一个有资格开课。但没多久，因为该生和英语教研室主任有过一次争执，学校竟把他开除了。

三年的学制，两年即将结束，学校未遵守承诺开设 MBA 课程，也不给任何说法，引起了学生的强烈不满，学校只好委派一名新院长来负责处理该事。新院长除了向学生道歉外就是劝学生出国留学或转到其他学校去念 MBA 课程。学生不甘心就此离开学校，向学院提出了退回学费，并对耽搁的两年时间进行经济补偿的要求。

校方辩称，按照学院的课程安排，首届 MBA 班的学生第一年是英语强化期，第二年进入工商管理大学本科课程补习阶段，成绩合格者（GPA3.0 以上）方可进入第三年的 MBA 课程学习。对上述教学安排，学生在入学时是清楚的。目前学期未结束，还没有算出全部的成绩，但根据期中考试以前的成绩，几位同学很难达到学校预期的成绩。如果成绩达不到，院方不可能不负责任地让这些学生进入 MBA 课程阶段的学习。作为私立学校，他们必须为自己的声誉着想。某些家长和学生认为到私立学院转一圈就可以拿到学位，这完全是一种误解。田某等四名学生提出的要求学院是不会答应的。

MBA 学业不能完成谁负责？双方如不能协议解决，便只有诉诸法律了。

【点评】

根据教育部的有关规定，学校开办 MBA 课程必须由教育部学位办批准，即必须有国家授权，学校方能开设。就本案来看，假设该学院经国家授权，享有开办 MBA 课程的资格。院方也应赔偿学生的经济损失。理由如下：

招生简章、院领导及招生人员都作出承诺，大专学历可以读 MBA，学制为三年。第一年学语言，后两年开设 MBA 的专业课程，根据民法通则的有关规定，院方与学生之间的民事法律行为是附期限的民事法律行为，学生达到一年的学习期限，根据《最高人民法院关于贯彻执行〈民法通则〉若干问题的意见》第七十六条的规定，视为条件成熟，因此学院应该在学生入学后的第二年开设 MBA 课程，否则学院违约。

学院称按照课程安排第一年是英语强化期，如果学生的英文成绩达到学院要求的标准，那么就能进入 MBA 课程。由此可以看出，此时可以进入 MBA 课程的条件变为英文成绩达到学院要求的标准而非第一年学语言后两年进入 MBA 课程，即双方的法律行为已由附期限的民事法律行为变为附条件的民事法律行为。对如此重要的标准，院方未尽到告知义务。因此，当时无论是招生简章、院方及招生人员的承诺均表明一个事实：该学院招收的学生要求的学历起点低而毕业时学生已达到高学历的程度。因此院方故意隐瞒真实情况，院方的行为可以认定为欺诈行为。由于院方原因导致学院和学生的相应的经济损失，作为学生方面可以根据《中华人民共和国合同法》第五十四条第二款和第五十八条之规定向人民法院提起诉讼，请求撤销双方合同，并由学院承担损失。（点评人：谢玉萍）

【法规链接】

民法通则第六十二条：一方当事人故意告知对方虚假情况，或者故意隐瞒真实情况，诱使对方当事人作出错误意思表示的，可以认定为欺诈行为。

合同法第五十四条第二款：一方以欺诈、胁迫的手段或者乘人之危，使对方在违背真实意思的情况下订立的合同，受损害方有权请求人民法院或者仲裁机构变更或者撤销。

《最高人民法院关于贯彻执行〈民法通则〉若干问题的意见》第七十六条：附期限的民事法律行为，在所附期限到来时生效或者解除。

案例4 “淘汰制”：你的依据在哪里？

南方某省A高校为激励学生学习，扭转不良学风，调动学生自觉学习的积极性，也为完善学校的学籍管理，出台并实施了孕育多年的“淘汰制”。该措施初期对学生的主动学习曾起到一定的约束作用，后来却使相当多的学生产生不满情绪或逆反心理，并引起一定的争议。

A校是实行学年学分制的学校，其制定的“淘汰制”规定，无论学生学习课程成绩的绩点高低或所修课程成绩是否合格，每班学习成绩绩点排列在最后5%之内的学生被列为“预淘汰”对象，列入“预淘汰”的学生交一定的费用（学费）后可以继续跟班学习。如果这些学生在下年度仍居最后的5%，则对其实行“淘汰”——勒令退学。在实施“淘汰制”之后，学生感到有很大的压力，特别是学习成绩较差的学生，只好用心读书，希望自己不被列入“预淘汰”。已被列入“预淘汰”的学生在下一年度也会努力学习，期望摆脱倒数5%的境地。但是被列入“预淘汰”的学生，虽然经过努力后该年度所修课程均取得了合格成绩，却因为分数不高、绩点偏低，仍被列在最后的5%，按规定同样要被列入“淘汰”对象，被勒令退学。学生议论纷纷，认为这种做法不合理，应当修改或废除。被勒令退学的学生质问校方凭什么要让他们退学，得到的回答是，管理者（或部门）认为其学习成绩排列在班级中最后的5%，是属学校规定的“淘汰”对象，应该退学。A校执行这一制度以来，虽真正被“淘汰”的学生不多，但也已产生较大的影响，对此，学生、教师甚至管理者都有异议。

【点评】

学生是学校管理的主要对象，能否对学生实行有效的管理将直接影响到学校的教学质量和人才的培养。学生的学籍管理也是教育管理的重要内容之一，是建立学校正常教学秩序的保证，也是学校对学生管理的重要依据，应加强和规范，而且应该依法完善。A校所采取的措施或管理办法也可说是用心良苦，但为什么受到争议，甚至引起学生的反感和不满，值得反思。问题主要集中于三个方面：一是量化指标界定不准，存在片面性和不公平性；二是涉及面广，不利于学生的全面发展；三是合法性问题。

这一规定，最根本的缺陷在于与我国的高等教育法相违背。教育法第五十八条明确规定了高等学校学生取得毕业资格所要达到的基本条件：即思想品德合格；在规定的修业年限内学完规定的课程；成绩合格或修满相应的学分。A校的“淘汰制”未注重思想品德合格的基本条件，只注重学生的学业成绩是否排列在班级最后的5%，而没有正视所修课程成绩是否合格或是否获得实际学分。按常规，学生学习的课程在考试（或考查）中获得60分或合格以上的成绩，就应该属于成绩合格，应该取得该门课程的学分，按规定就可认为该门课程已经通过。既然已取得成绩合格或学分，就不应该因为学习不好而被列为“预淘汰”或“淘汰”对象，更不应该采取勒令退学的做法剥夺学生在校学习的权利。（点评人：蒋达勇）

【法规链接】

高等教育法第五十八条：高等学校的学生思想品德合格，在规定的修业年限内学完规定的课程，成绩合格或者修满相应的学分，准予毕业。

案例5　悲剧本不该发生

孩子考上大学，父母理应高兴，然而，晓云的父亲唐某却与孩子发生了争执，争执中，晓云向父亲投掷了石块，父亲则向他举起了水果刀……

晓云是怎么激怒了父亲的？父亲为什么会用水果刀刺伤儿子？是什么原因让他们如此冲动？记者采访了知情人后才解开了这所有的迷惑。

晓云很小时父母就离了婚，他一直跟着父亲过。当他即将高中毕业参加高考时，父亲下岗了。去年，他考入云南省广播电视大学，可是因为交不起学费不得不放弃。想到去外地求学花费大，今年高考，他就把志愿填成了当地某师专。8月中旬，他终于接到了该师专计算机系的录取通知，通知上说，每学期学费要交3 800多元，可眼下家里却拿不出钱。得知8月26日要报到，父亲很早就开始忙着为他借学费了。21日这天，唐某整整在外面转了一天，只借到100元。下午4点多，唐喝了几口酒，闷闷地回到家里，借不到钱，唐没好气地开始数落儿子，晓云见父亲不但没有借到钱，而且又喝了酒，十分不悦，他当着父亲的面赌气地说了一句：“借不到钱，这书就不读了！”说着，就撕了那张入学通知书。于是，父子之间的争执就开始了。争执不久，晓云听不惯父亲的唠叨，起身出屋，情急之下，他顺势捡起一块小石头朝屋里掷去。唐某见状，心里冒火，便冲出屋来，直扑向儿子，并举起了水果刀，直刺晓云的肩部和肋部，晓云倒在血泊中。出事后的晓云被邻居送到医院抢救。经一番紧急治疗后，晓云虽然脱离了生命危险，但肋部由于伤势较重，有大量淤血渗入胸腔，需要引流。

一人有难，大家帮助。当得知晓云被父亲刺伤的消息后，晓云父亲唐某所在的市医药公司的领导和职工表示了极大的同情和关注，在公司面临改制、职工连生活费发放都非常困难的情况下，他们还能够伸出双手救人于危难，公司领导和职工共捐款2 315元给晓云治疗。医院也为他减免了一些医疗费用，尽力为他提供好的治疗条件。除此之外，在晓云住院的这几天里，他所报考的师专的领导和计算机系主任、班主任等多次到医院看望他，他的同学和朋友也一直在守护着他。

见公司的叔叔阿姨们和学校的老师同学们都来看望他，晓云眼眶里溢出了感激的泪水。当记者问起他事发那天的情况时，他断断续续地说："那天的事，我也没有想到!"当记者又问他恨不恨他的父亲时，他先是苦笑了一下，然后说："父亲把我从5岁带到了20岁，他也不容易，我能够理解他那天的心情，我不会恨他的！我现在只想早点出院，我还要读书啊!"（案例来源：《中国教育报》2003年11月7日）

【点评】

俗话说：虎毒不食子！晓云却几乎被父亲夺去性命，从案情来看，导致悲剧的原因主要是晓云考上了大学却交不起学费。其实，没有钱同样可以上大学。由于党中央、国务院、各级人民政府、教育行政部门一直十分重视、关心对高校经济困难学生的资助工作，教育部、财政部会同有关部门相继研究制定了一系列资助高校经济困难学生的政策和措施，在我国高等学校中建立起了以奖学金、学生贷款、勤工助学基金、特别困难学生补助和学费减免（简称"奖、贷、助、补、减"）为主体的多元化资助经济困难学生的政策体系，从1999年起实施国家助学贷款利息的50%由财政予以补贴的政策。在出台一系列资助政策的同时，国家和各地区、各部门还拨出专项经费用于资助高校经济困难学生，以确保每一个学生不因经济困难而辍学。

许多大学都能够认真执行国家对贫困大学生的资助政策，纷纷设置助学基金、优秀学生奖学金，为大学生办理低保等，并采取假期开展勤工俭学、做家教等活动，使大学生靠自己的劳动养活自己，不因为贫困而辍学。"大学生入学绿色通道"就是专为任何一名交不起学费的公办大学生设立的。因此，假如晓云能够了解这一切，假如我们的助学贷款、奖学金、勤工俭学、大学生低保制度等政策和制度宣传得能再到位一些、彻底一些，做到家喻户晓，人人皆知，也许晓云的悲剧就不会再发生了。（点评人：谢玉萍）

【法规链接】

《普通高等学校学生管理规定》第五条：学生在校期间依法享有下列权利：……（三）申请奖学金、助学金及助学贷款。

案例6　受教育拒绝附加条件

北京女孩蒋南在一次意外摔倒后落下了腿部残疾，导致两腿不一样长，不能长时间行走，这给她的人生带来无限的痛苦。然而身残志坚的她在付出了比常人更多的汗水和努力之后，在高考中以高出本科分数线12分的成绩被北京机械工业学院录取。正当她陶醉在自己的大学梦快要实现的喜悦中时，校方对她提出了一个很特别的条件："上学期间身体出问题，学校不负责"，"不给毕业证书，只能给结业证书”。这不仅让蒋南感到不解，而且还令她感到十分委屈：“清华大学可以录取桑兰，北方交通大学可以录取杨晓霞，都没听说不让她们毕业，为什么对我却要附加这样的条件，这对我太不公平了。”（案例来源：《北京青年报》2001 年 8 月 30 日）

【点评】

受教育也要附加条件，这是找不到法律依据的，但蒋南的遭遇却说明这种现象在现实中确实存在。在本案中，校方对蒋南提出这种要求，既出人意料，又在意料之中。学校录取残疾考生的确有这样那样的困难，但残疾考生一旦被录取后，只要学业合格，学校就没有不发毕业证的道理的。至于校方提出的军训、体育之类的事，如果明知考生“不能通过”，又为什么要录取蒋南呢？往轻里说，是受教育有附加条件；往重处说，是教育歧视，是对公民受教育权的严重侵犯。至于哪些考生高校不能录取，教育部也有文可考，出于特殊情况录取的（或学校自主录取的）同样享有与别人同等的受教育权利，不发给毕业证书是不正确的做法。

就普通高校现有条件看，大面积接收残疾学生是不现实的。但录取蒋南，学校绝不应该有附加条件，况且学校也不敢保证每一个正常的考生在校期间“身体没问题”啊。教育部的确有“以身体残疾为由退档要符合体检标准”之规定，但遗憾的是，如何保障残疾人的受教育权真的“无法可依”。受教育是每个公民的神圣不可侵犯的权利。不应“因人而异”，更不能提出各种附加条件，任何附加条件都是一种对受教育人的歧视和对教育法的粗暴践踏。只有拒绝教育的附加条件，才能真正保障公民的受教育权利成为可行的现实。（点评人：谢玉萍）

【法规链接】

教育法第三十六条：受教育者在入学、升学、就业等方面依法享有平等的权利。

高等教育法第九条第三款：高等教育必须招收符合国家规定的录取标准的学生入学，不得因其残疾而拒绝招收。

案例 7　不满学校处分学生申诉难

广东农工商职业技术学院增城分教点英语系 2000 级学生郑文滔因肚子疼而在宿舍用电饭煲煮中药，恰巧被检查宿舍用电的老师遇到，老师以他违反了《学生宿舍安全管理规定》为由收缴了电饭煲。双方发生争执，致使老师右手背和左肘部外伤。事发后不久，增城分教点以“追打老师”为由作出《关于给予学生郑文滔勒令退学处分的决定》。这个决定令郑文滔感到“心都碎了”。郑文滔说，上学 3 年来，他从未犯过错误，这次违规使用电饭煲，也是因生病煲药，而且他并没有“追打老师”。但该学院的符院长却认为：“像郑文滔这样追打老师的学生，学校是要坚决勒令退学的。要不怎么向被追打的老师交代？学校是教育人的地方，像郑文滔这样的人是不能让他背着我校学生的名义流向社会的。”出于维护自己权益的本能，郑文滔开始找校领导反映此事。他先后找到增城分教点的李院长和广州总校学生处的吴处长，但都没有得到任何答复。李院长甚至通过郑文滔原来的班主任转告他，他已不再是本校学生，如果再来学校“捣乱”，会通知当地派出所抓他。后来，郑文滔又到广东省教育厅上访了6次，但得到的答复是“这是学校的内部事务，我们不能干涉”。“即使是犯罪嫌疑人，也有为自己辩护和申诉的权利。而我被学校开除了，却连申诉的机会都没有。”申诉无门的郑文滔只好向广州市天河区法院提交了行政诉讼状。法院受理了他的申请，经审理认为郑文滔的行为不属于“打架斗殴闹事”的范畴，判决撤销该学院以增城分教点名义对其作出的勒令退学的处分。然而，法院判决郑文滔胜诉后，广东农工商职业技术学院又以总校的名义重新对他发出了勒令退学通知书。符院长对此的解释是：“我们已经执行了法院的判决，撤销了增城分教点的处分，但我们有权对他勒令退学。”面对重新作出的处分，郑文滔感到很无奈。他说：“不打算上诉了。第一场官司就花了5 000元，再打官司，我一个农村孩子怎么能负担得起？况且，即使赢了又如何？学校总是有学校的办法。”（案例来源：《南方周末》2003年12月18日）

【点评】

只因违反了学校的内部规定，并与老师有过争执，就被勒令退学，失去了继续接受高等教育的机会。难怪涉事学生郑文滔感到如此委屈。最令他难过的是有冤无处申，令他无奈的是学校主管人员对法院判决的变相执行。我们不知道事实的真相究竟如何，但透过媒体对案情的报道和法院的判决结果完全可以断言：理亏的多半是学校一方，毕竟学生处于弱势地位。

本案例带给我们无尽的思考，它再次向法律界和教育界提出了一系列亟待解决的问题：高校应该怎样管理学生？高校对学生实施处分的规则由谁来设定？高校有无自设处分规则的权力？高校实施处分权的方式和程序如何规范？受处分的学生如何申诉和申请法律救济？可喜的是，这一系列的问题从新颁布的《普通高等学校学生管理规定》中可以找到一些答案了。对本案，我更想说的是：大学生正当权利的有效维护，还有赖于各类学校的管理者克服“长官意志”、“家长意志”的传统观念，尽快树立起依法治校，以学生为中心的思想观念和作风。（点评人：谢玉萍）

【法规链接】

教育法第四十二条：受教育者享有对学校给予的处分不服向有关部门提出申诉，对学校、教师侵犯其人身权、财产权等合法权益，提出申诉或者依法提起诉讼的权利。

《普通高等学校学生管理规定》第六十条：学校应当成立学生申诉处理委员会受理学生的申诉，学生申诉处理委员会应当由学校负责人、职能部门负责人、教师代表和学生代表组成。

案例8 教室里亲热被开除

21岁的柳斌（化名）和19岁的陈芳（化名）都是成都某大学2003级外国语学院的本科班学生，同时也是一对情侣。回想起2004年5月9日晚的那一幕，他们欲哭无泪。他们至今仍不理解，为什么一次拥吻居然就会改变他们的人生。

那天晚上6点多钟，柳、陈二人一同到教室去上晚自习。由于是“五一”长假后的第一天，教室里没有其他学生在上晚自习，两人于是将一间教室的前后门都关上，享受着只有他们两个人的清静。大约8时左右，各自看了一阵书后两人渐渐抱在一起接吻，然后顺势躺到了地上。他们没想到的是，这一切都被学校的监控录像设备录了下来。十几分钟后，几名保安敲门走进教室，并问他们干了些什么，哪个班的，叫什么名字。随后，保安把柳斌带到一楼的监控室询问情况。3天之后，二人被叫到院领导办公室接受教育，还上交了检讨书。5月20日，校方根据该校《大学生违纪处分规定》第十三条第三款“发生非法性行为者，给予开除学籍处分”的规定，对两人作出了勒令退学的处分决定。得知被勒令退学，他们想不通，“拥抱、接吻，咋就是非法性行为呢?”他们请求学校重新裁定。然而，沟通和努力似乎没有任何效果。

在这种情况下，陈芳无奈选择了通过做处女膜检查方式来证明自己的“清白”。在母亲的陪同下她到成都某医院进行了妇科检查，检查的结果是：处女膜完好无损。母女俩人拿到诊断结果后忍不住失声痛哭。有了这份证据后，陈芳随即请律师写了一份要求学校撤销处分决定的申请书，并附上了处女膜检查结果。校方随后回函说，处分决定中所称的“非法性行为”是指违反学校规章，在极不合适的场所，男女双方基于性的需求，身体密切接触的行为。因此，学校认为对两学生的处理是正确的。校方拒绝送达处分决定书并不送省教育厅备案。无奈之下，他们将学校起诉到武侯区法院，要求校方撤销对两人的处分决定，安排两人参加上学期期末考试的补考，并准予两人新学期注册。

柳斌和陈芳起诉学校的理由是：校方的行为侵犯了他们的三项权利：①在事实不清、证据不足情况下作出这样的处分决定，侵犯了他们的受教育权；②作出决定后拒不送达处分决定又不报省教育厅备案，致使他们无法申诉，侵犯了他们的申诉权；③将他们的拥抱、亲吻行为录像供多人观看，并印发多份定性为非法性行为的处分决定，这一行为侵犯了他们的隐私权。

武侯区法院受理此案后经过审查作出裁定：中止审理。后来考虑到这起案件难以在短时间内作出裁判，学校的行为是否合法又处在待定状态，在这种情况下，勒令退学决定的执行很可能会给学生造成难以弥补的损失，因此在停止执行处分决定并不损害社会公共利益的前提下，法院又作出一份裁定：暂停执行成都某高校对两学生所作的勒令退学处分决定，并向该校送达了行政裁定书。

2004 年 12 月 6 日，成都武侯区法院开庭，原告被告双方律师就法院是否应当受理此案展开了激烈争辩。法官随后称，法院将对此案是否属于受理范围进行研究，并宣布择日再审。2005 年 1 月 4 日，成都市武侯区法院向原告送达裁定书，驳回原告起诉，诉讼费共 200 元由原告负担。（案例来源：《华西都市报》2004 年 10 月 21 日）

【点评】

这起罕见的开除情侣案引发了激烈争议。争议焦点主要集中在以下三个方面：学生可否告学校？学校有无侵犯隐私权？该校规合不合时宜？

对于学生可否告学校的问题，反对者的理由有两个：一是认为受教育者对学校给予的处分不服，只能向有关部门提出申诉而不能向法院提起诉讼，只有学校、教师实施了侵犯学生人身权、财产权等合法权益的行为时才能向法院起诉；二是认为学校对学生的管理行为属于内部行政管理行为，依据行政诉讼法法院不应受理。赞成者则认为，我国近年来行政诉讼案件的受案范围在不断拓宽，根据相关法律及司法解释的精神，法院受理这类案件是可以的，而且我国已有法院受理过这样的案件。再者，高校是根据高等教育法的授权，代表教育行政部门对学生进行管理的，因此学校的管理行为应当属于行政管理行为，学生不服学校的处分决定，是可以提起行政诉讼的。本案一审的结果表明，法院采纳了反对者的意见。

本案原告在诉讼中称，学校在教室安装监控录像拍摄他们拥抱、亲吻的行为并供多人观看，还印发多份定性为非法性行为的处分决定，这一行为侵犯了他们的隐私权。其实，隐私权争议已不属行政诉讼的范围，应另行起诉。隐私权是指公民的私人信息、私人活动、私人空间受法律保护，禁止他人非法窥视、窃听、刺探、披露的权利。本案中学校通过监控录像拍摄了学生在教室里的拥吻行为是否构成侵犯隐私权取决于两个因素：一个是学校安装监控录像有没有明确的法律依据，即是否已经教育主管部门及公安机关批准；另一个是教室是不是私人空间。据此可作出判断。

对于学校处分学生时依据的校规合不合时宜的问题，则是一个比较复杂的问题。校规不能够超越法律是一条原则。在与法律不相冲突的前提下，校规如何更明确、清晰地表达校方与学生之间的权利义务关系，学校自治权的范围在哪里等问题恰恰是当前教育法治建设的热点。（点评人：谢玉萍）

【法规链接】

教育法第四十二条：受教育者享有对学校给予的处分不服向有关部门提出申诉，对学校、教师侵犯其人身权、财产权等合法权益，提出申诉或者依法提起诉讼的权利。

《普通高等学校学生管理规定》第五十五条：学校对学生的处分，应当做到程序正当、证据充分、依据明确、定性准确、处分适当。

案例 9　作弊告学校，法院不受理

北京某大学经管学院会计系 98 级女生严某在参加学期末的资产评估课程考试中，被监考老师发现她在试卷下面放有写着公式的纸条，并予没收。据此学校认为严某考试作弊，态度恶劣。此外，学校还认为严某有过打架行为，于是对其作出勒令退学的处分决定。严某对处分决定不服，向校方提出申诉，但校方未给予任何书面答复。严某认为，学校对其作出的勒令退学的处分既没有法律依据，也没有在作出处分决定过程中履行规定的处分程序，侵害了她对行政处分应有的知情权、申诉权和申辩权。因此向法院提起行政诉讼，请求法院判决撤销北京某大学对她的处分决定，并责令其重新审核事实，作出与事实相当的处理决定。北京朝阳区法院经审查后认为，严某因对北京某大学作出勒令其退学的处分决定不服所产生的纠纷，不属于人民法院直接受理行政案件的范围。根据《中华人民共和国教育法》第四十二条第（四）项的规定，对学校给予的处分不服，应向有关教育行政主管部门提出申诉。因此，法院裁定不予受理严某的起诉。（案例来源：新华网）

【点评】

由于当时没有明确的法律规定，不同的法院对“作弊纠纷”可能有不同的判决结果。学校对学生作弊处理多是开除学籍、劝其退学、记过等，这在行政诉讼法和教育法中都没有被明确纳入。因此，法院对此类纠纷就出现了两种情况：有的法院依行政处罚受理，有的法院不受理，认为这是内部处分，应该由上级主管机关解决。本案法院裁定不予受理即属于后一种情形。对于学校内部的“作弊官司”法院要不要受理其实应该视情况而定：对开除学籍、劝其退学等可能影响学生受教育权的处罚，法院是应该受理的，由法院通过审理作出最后判决更有利于保护学生的合法权益；而对记过、警告等较轻的处理，应该通过学校内部解决。当然，对于类似本案的“作弊官司”，即使法院同意受理，使考生有幸在诉讼中赢了官司，也不是什么光荣的事。大学生不应以此为荣，除非自己确实没有作弊。（点评人：谢玉萍）

【法规链接】

《普通高等学校学生管理规定》第五十四条：学生有下列情形之一的，学校可以给予开除学籍的处分：……（四）由他人代替考试、替他人参加考试、组织作弊、使用通讯设备作弊及其他作弊行为严重的。

《教育行政处罚暂行实施办法》第十四条：参加国家教育考试的考生，有“夹带、传递、抄袭、换卷代考等考场舞弊行为”的，由主管教育行政部门宣布考试无效，已经被录取或取得学籍的，责令退学；对参加高等教育自学考试考生给予警告或停考一至三年的处罚。

案例 10　作弊学生告倒学校

广州某大学医学院临床医学系学生武某在参加医用物理学考试时夹带资料，被认定为作弊。根据学校有关规定，除该科成绩以零分计外，取消其学业结束时授予学位的资格，同时给予记过处分。

第二学年，武某重修医用物理学，考试成绩为 79 分。武某向该校提交了降低处分申请书。学校受理后，将其记过处分降为严重警告处分。但毕业时武某只取得该大学毕业证书，未取得学士学位。武某要求学校授予学士学位未果，于 2002 年 3 月向天河区法院提起诉讼。学校表示，该校学生若在考试中作弊将不能获得学位证书是校规明文规定的，而校规已组织同学们学习过，同学们应该知道，学校是按校规办事。该校校规明确规定：有夹带资料等情况之一者，即属于考试作弊行为，视情节和认识错误态度，分别给予严重警告或记过等处分。凡有作弊行为的学生，不能评为优秀学生，不能评奖学金，不能申请贷学金。作弊学生如属本科生，则取消其学业结束时授予学士学位资格。

天河区法院很快受理了该案。经过审理法院认为，虽然学校曾将武某的记过处分降为严重警告处分，但并未撤销原处分即“关于武某同学考试作弊的处分决定”中对武某“取消其学业结束时授予学士学位资格”的决定，而该决定在未被予以撤销或者改变之前，仍应具有法律效力。武某以自己已符合授予学士学位的条件为由，要求学校向其颁发学士学位证书，其理由不能成立，法院不予支持。为此，天河区法院作出如下判决：驳回原告武某的诉讼请求。

武某不服一审判决，向广州市中级人民法院上诉称：①根据《中华人民共和国学位条例》第四条规定，本人符合学士学位的授予条件；②本人是在一审庭审中才知道学校对自己作出的两次处分决定的具体内容，学校不予颁发学士学位证书是依据上述两份处分决定作出的，而一审法院却未对处分决定的合法性进行审查，也即法院应当对该校的校规的合法性作出审查，看是否有与《中华人民共和国学位条例》相抵触；③由于学校拒绝颁发学士学位证书，本人四处奔波，学校应赔偿本人交通差旅等费用。武某请求撤销一审判决，判令学校给自己颁发学士学位证书并赔偿交通差旅等费用 1 万元。

广州市中级人民法院于 2003 年 8 月作出终审判决：该校规中对于“考试作弊”的处分明显重于《普通高等学校学生管理规定》等规章的规定，应属无效，武某可以被授予学士学位，撤销天河区人民法院的行政判决；该校在本判决生效之日起 60 日内召集本校的学位评定委员会对上诉人武某的学士学位资格重新进行审核。

【点评】

这是法院受理学生对学校处分不服状告学校的特殊行政诉讼。法院受理后进行了两级的实质性审理。一审并未支持武某的诉讼请求，法院认定学校依自定的校规对作弊的学生作出的处分是有效的，从而驳回了原告武某的诉讼请求。二审则对学校据以处分武某的校规进行了合法性审查后，认为该校规中对于“考试作弊”的处分明显重于《普通高等学校学生管理规定》等规章的规定，应属无效，武某可以被授予学士学位，撤销一审法院的判决。判决该校对上诉人武某的学士学位资格重新进行审核。二审判决是生效判决。

二审法院判决武某胜诉的理由是该高校制定的关于处理考试作弊的规定的校规与原有的《普通高等学校学生管理规定》（1990 年发布）对作弊的规定发生了冲突。遵照校规要合法的原则，校规是无效的。本案关键的两个问题是：考试时夹带资料是否属于作弊；对作弊如何处分。对于前者，过去的法律法规是不明确的，但现行的《国家教育考试违规处理办法》已经明确规定属于作弊了。这说明，对作弊的认定更严格。对于后者，新颁布的《普通高等学校学生管理规定》（2005 年 9 月 1 日实施）区分了作弊的情节。情节轻的，依第十六条处分，情节严重的，按第五十四条给予开除学籍的处分。而对作弊是否不授予学位资格，并无涉及。

作弊是违背诚信的行为，考试作弊说明该生道德品行不合格。《学位条例》假定了申请者已遵循《普通高校学生管理规定》，是德智体全面合格的学生，校方是依据《学位条例》在德智体全面合格的学生中选择优异者授予学士学位的。对一个考试作弊、诚信缺失、品行存在严重瑕疵的学生，校方为何不能立规取消其学位呢？这是本案留给人们的深思。（点评人：谢玉萍）

【法规链接】

《国家教育考试违规处理办法》第六条第一款：考生违背考试公平、公正原则，以不正当手段获得或者试图获得试题答案、考试成绩，有下列行为之一的，应当认定为考试作弊：（一）携带与考试内容相关的文字材料或者存储有与考试内容相关资料的电子设备参加考试的。

《学位条例》第四条：高等学校本科毕业生，成绩优良，达到下述学术水平者，授予学士学位：（一）较好地掌握本门学科的基础理论、专门知识和基本技能；（二）具有从事科学研究工作或担负专门技术工作的初步能力。

案例 11　违纪行为遭遇越权校规

一署名“霓裳羽嫣”的网友在青岛新闻网挂出了青岛滨海学院处罚学生的通报，通报中写道，学校查处了 11 起男女生交往的不文明行为，这些学生分别因为在操场搂抱、在公寓楼前搂抱、在长廊中互相依偎、在行政楼前坐得很近、女生坐在男生腿上等身体接触“问题”被处罚，学院作出了 7 人开除学籍、8 人留校察看、6 人记过处分的决定。

青岛滨海学院相关部门负责人看过帖子后证实，帖子上的内容是学校上学期发出的通报，受处罚的学生都是上一学年中，男女交往行为过分的学生。该校院长办公室的一位老师介绍说，从严治校是校方的一贯做法，每年都会有开除学生的事情发生。“学校的规定明确写进了招生简章，无论是开除还是记过处分，都是严格按照规定作出的。学校之所以如此严格管理，是因为一部分学生的举动的确太过分，会影响到更多的学生。如果处罚一个学生，可以换回学校的正常秩序，那么校方必须这么做。”（案例来源：《法制日报》2007 年 10 月 16 日）

【点评】

看似为了学校的管理和学生们好，其实这涉及校规与法律的博弈。国有国法，校也有校规，但任何校规都应纳入法律的框架之内。

2005 年，教育部发布了《普通高等学校学生管理规定》，规定七种情形符合开除学籍的处分，显然滨海学院的开除决定超出了教育部规章规定的范围，属擅自设立的权力，这种超出法律规定的越权行为，在行政诉讼中应为无效行为。虽然校方在招生简章中有明确规定，但这种单方的约定因超出部委规章也应无效。

现实生活中，校规大于法规的现象可以说是屡见不鲜。有的学校对学生的发型、衣着、住宿、生活、男女生交往，作了各式各样的规定，有的规定非常离奇，甚至超出法规。以青岛滨海学院的做法为例，学生因在操场、楼前等场所搂抱牵手而被开除，实在有些过分。教育部对在校大学生结婚都放开了绿灯，对恋爱中的学生间的亲昵行为，应当是教育引导，提倡举止文明。学生们虽进入成年，但也正处于青春期，作出一些亲昵行为，也符合人之本性。相反，以违犯校规开除，既不合法，也违背人性化的管理。大学是学生成长迈入社会的重要阶段，动辄给予开除，是放弃教育培养责任，对学生和社会不负责任的体现。

随着社会法制意识越来越强，学校管理要求更加法制化，在制定校园规则的时候，应小心地界定校规与法律冲突的问题。作为学生，要遵守法规校规，但遇到违法的校规时，也应通过向教育行政管理部门申诉或通过司法途径来维护自己的合法权益。（点评人：吴志华）

【法规链接】

《普通高等学校学生管理规定》第五十四条：学生有下列情形之一，学校可以给予开除学籍处分：

（一）违反宪法，反对四项基本原则、破坏安定团结、扰乱社会秩序的。

（二）触犯国家法律，构成刑事犯罪的。

（三）违反治安管理规定受到处罚，性质恶劣的。

（四）由他人代替考试、替他人参加考试、组织作弊、使用通讯设备作弊及其他作弊行为严重的。

（五）剽窃、抄袭他人研究成果，情节严重的。

（六）违反学校规定，严重影响学校教育教学秩序、生活秩序以及公共场所管理秩序，侵害其他个人、组织合法权益，造成严重后果的。

（七）屡次违反学校规定受到纪律处分，经教育不改的。

教育法第四十二条：受教育者享有对学校给予的处分不服向有关部门提出申诉，对学校、教师侵犯其人身权、财产权等合法权益，提出申诉或者依法提起诉讼的权利。

案例 12　请“枪手”替考被开除学籍

2007 年 6 月 24 日，辽宁科技大学高等职业技术学院建筑工程技术系学生佟某因在高等学校英语应用能力 B 级考试中请同学替考，被监考老师发现而被学校开除了学籍。佟某不服，于 2008 年 1 月 22 日向法院递交行政起诉书，将母校告上法庭。

鞍山市铁东区法院受理后，决定将此案“搬到”大学课堂上公开审理，以便让更多大学生直面真实的庭审过程，普及法律知识。作为被告的辽宁科技大学一方派出的代理人，由该校在职教师曹强和大三学生许珍珍共同担任。据了解，由在读大学生作为案件代理人参与开庭在全国实属罕见。

2008 年 4 月 21 日下午，辽宁省鞍山市铁东区法院一审宣判，维持该高校对佟某作出的开除学籍处分决定。

法院一审认为，依据教育法的规定，学校有对受教育者进行学籍管理、实施奖励和处分的职权。佟某由他人代替考试属于作弊，且行为严重，违反了《普通高等学校学生管理规定》第五十四条第四项和该校《学生考试违纪处理细则（试行)》相关规定，学校依职权对佟某作出的处罚，事实清楚，证据充分，适用法律正确，程序合法、适当，应予支持，故判决维持佟某所在高校作出的学生纪律处分决定书。（案例来源：《检察日报》2008 年 4 月 19 日）

【点评】

本案情节并不复杂，事实清楚，适用法律条文也不难。

尽管佟某的委托代理人认为，校方的做法在事实认定和程序上存在错误，应当撤销处分决定，恢复佟某的学籍，并当庭提供了佟某考试当天的医院病志，证明佟某当天有病，认为校方处分过重。但医院病志并不能否定请人替考的事实符合《普通高等学校学生管理规定》第五十四条第四项规定的开除学籍的情形。

本案审理的过程和做法更值得我们赞赏和借鉴：

(1) 不管这场官司佟某能不能赢，学生知道用法律来维护自己权利的意识就值得大家学习。法院审查学校一方的行为是否合法，是否违反程序，是否显失公平。学校在教育学生的同时也要遵纪守法，依法来对学生进行管理、处罚和奖励。

(2) 法院将此案"搬到"大学课堂上公开审理，以便让更多大学生直面真实的庭审过程，普及法律知识，这一做法值得赞赏。

(3) 校方没有委托律师，而是由一名教师和一名在读大学生以普通公民的身份代理此案，这是教育所有学生树立诚信的理念和遵纪守法的有效方法。（点评人：吴志华）

【法规链接】

民事诉讼法第五十八条：当事人、法定代理人可以委托一至二人作为诉讼代理人。

律师、当事人的近亲属、有关的社会团体或者所在单位推荐的人、经人民法院许可的其他公民，都可以被委托为诉讼代理人。

《普通高等学校学生管理规定》第五十四条：学生有下列情形之一，学校可以给予开除学籍处分：……（四）由他人代替考试、替他人参加考试、组织作弊、使用通讯设备作弊及其他作弊行为严重的。

案例 13　考试作弊被开除起诉案败诉

2007 年 5 月 27 日，黑龙江某大学四年级学生李某在考试过程中携带一些与考试相关的资料被监考老师发现，监考老师认为其携带资料是考试作弊行为，将他带到考务办公室，当即对他作出处理。事后李某不服，到教室找监考老师，要求拿回试卷，撤销作弊处罚。在遭到拒绝后，李某动手打了监考老师。

大庆市公安局开发区分局于 2007 年 6 月 4 日作出行政处罚决定书，决定对李某拘留 3 日。黑龙江某大学于 2007 年 6 月 14 日，根据学校制定的《大学生违纪处分实施细则》中的相关规定，作出校教发〔2007〕270 号处分决定，决定给予李某同学开除学籍处分。李某不服处分决定提出申诉，校方于 7 月 10 日召开了学生申诉处理委员会会议，15 人参加投票表决，13 人认为处分决定正确，作出维持原处分决定。李某又向黑龙江省教育厅提出申诉，省教育厅于 2007 年 9 月 17 日维持了原处分决定。李某不服，向大庆高新技术产业开发区人民法院提起诉讼。

法院经两次开庭审理认为，依照《中华人民共和国行政诉讼法》第五十四条第一项之规定，大庆高新技术产业开发区人民法院判决维持黑龙江某大学 2007 年 6 月 14 日作出的校教发〔2007〕270 号《关于对李某同学的处分决定》。案件受理费 50 元由李某负担。（案例来源：中国法院网）

【点评】

学校与学生之间因管理行为而发生争议是行政诉讼。

《普通高等学校学生管理规定》规定学校有权制定或修改学校的学生管理规定，在不与法律法规抵触的情况下，可以制定本校的管理规定。被告黑龙江某大学制定的《大学生违纪处分实施细则》中的相关规定与《普通高等学校学生管理规定》的规定相一致。

本案中，李某携带与考试相关的资料，违反考场纪律，监考老师发现后作出处理，李某与监考老师发生争执，并殴打了监考老师，显然李某殴打监考教师的行为违反了《中华人民共和国治安管理处罚法》第四十三条的规定，且殴打老师的行为性质恶劣。公安机关作出拘留3日的决定是正确的。《普通高等学校学生管理规定》第五十四条第三项规定，学生违反治安管理规定受到处罚，性质恶劣的，学校可以给予开除学籍的纪律处分。

李某殴打老师的行为违反了治安管理规定，性质恶劣，应受到处罚。被告黑龙江某大学作出开除学籍的处分认定事实清楚、证据充分、程序合法、适用法律正确，应当予以维持。（点评人：吴志华）

【法规链接】

治安管理处罚法第四十三条：殴打他人的，或者故意伤害他人身体的，处5日以上10日以下拘留，并处200元以上500元以下罚款；情节较轻的，处5日以下拘留或者500元以下罚款。

《普通高等学校学生管理规定》第五十四条：学生有下列情形之一，学校可以给予开除学籍处分：……（三）违反治安管理规定受到处罚，性质恶劣的。

案例14　被开除学籍告学校达成“协调和解”

从小生活在单亲家庭的小李，2004年被母亲从西安送到广州某职业技术学院就读。到广州后因生活习惯、处事方式等的不同，她与同学隔阂颇多。2005年12月3日，小李再次与同寝室一同学发生矛盾，“积怨”彻底爆发。除了拳打脚踢，她甚至把那位同学“圈禁”在冲凉房里，剪掉她的头发，并往其身上泼冷水，前后持续了3个多小时。那位被打同学吓呆了，不敢哭，也不敢叫。等到老师和同学们赶到时，她已经鼻青脸肿了。

稍后，小李被警方带走并拘留15天，而学校则对其作出了开除学籍的处分。小李的母亲闻讯从西安赶来，接受不了这个事实，几度轻生。后来，为了女儿的前途，她找了一名律师，状告小李所在的学校，诉请法院判决撤销该校开除学籍的处分。

广州市白云区法院行政庭梁庭长接手了这个案件。梁在行政审判中尝试运用

“协调和解”结案，拿出了这样一个方案：小李的行为很严重，不能不处分，但处分能否换个方式，即给她一个改过自新的机会，如果在学校就读期间她不再犯别的错误，到毕业的时候就撤销处分，否则的话该处分随时生效；让小李直接住回学校会引起不好的反响，可以将其班级进行调整，让其先去读书，等到此事“冷却”得差不多了，再让她重新住回学校去。

这个方案被双方接受了。小李通过申请回到学校重新住校，对于这来之不易的重新学习的机会，她非常珍惜。（案例来源：《羊城晚报》）

【点评】

对本案中小李的思想道德素质、法制观念淡薄暂不作过多评论，主要探讨行政审判中“协调和解”的尝试。

小李违反了《中华人民共和国治安管理处罚法》的规定，行为性质恶劣，公安机关作出拘留15日的决定是正确的。《普通高等学校学生管理规定》第五十四条第三项规定，学生违反治安管理规定受到处罚，性质恶劣的，学校可以给予开除学籍的纪律处分。法院立即判决维持学校的决定也是无可厚非的。因为我国行政诉讼法的目的是对行政行为的合法性进行审查，并有“不得调解”的规定。

但法院大胆对行政诉讼协调和解制度进行了尝试，对推进我国法制化进程、最大限度保护行政相对人权益是非常有益的。行政审判中的协调和解，克服了刚性的行政裁判解决纠纷不直接、不彻底、不能全面考虑合理性、容易造成矛盾激化等诸多不足，能够将保护行政相对人的合法权益与维护和监督行政机关依法行使职权两者结合起来。

该机制体现出了诸多好处：高效、彻底地解决行政争议，真正实现定纷止争，案结事了；以协调和解方式结案，能最大限度保护行政相对人权益，保护困难群体利益；较之判决，同样能起到监督行政机关依法行政、提高行政效率及公共服务水平；对于妥善解决涉及民生问题的群体性行政纠纷，行政协调和解较之简单的判决，更利于官民和谐、社会和谐，其积极作用十分明显。（点评人：吴志华）

【法规链接】

《普通高等学校学生管理规定》第五十四条：学生有下列情形之一，学校可以给予开除学籍处分：……（三）违反治安管理规定受到处罚，性质恶劣的。

行政诉讼法第五十条：人民法院审理行政案件，不适用调解。

案例15　国外学位未予认证起诉被驳回

因自己的国外学位证书未被教育部予以认证，江先生将教育部留学服务中心诉至法院。

2008年6月26日，原告向被告申请国外学历学位认证，被告作出未予认证通知单。原告认为，留学服务中心的行为侵害了其合法权益，请求法院依法判决撤销留学服务中心作出的未予认证通知单，对原告的申请重新认证。

被告留学服务中心认为，其作为教育部的直属事业单位，不属于国家行政机关，不具备行政主体资格。另外，该中心所从事的认证行为也不属于行政行为，其不应作为行政诉讼的被告。

北京市海淀区人民法院受理并审结了此案。法院认为，本案被诉的国外学历学位认证行为，不是具体行政行为，不属于人民法院行政诉讼受案范围，裁定驳回了原告的起诉。（案例来源：中国法院网）

【点评】

当事人提起行政诉讼，应当符合法定起诉条件。依据《中华人民共和国行政诉讼法》第二条的规定，公民、法人或者其他组织认为行政机关和行政机关工作人员的具体行政行为侵犯其合法权益，有权提起诉讼。在这里明确指出，行政诉讼审查的对象是具体行政行为。

在本案中，要对被诉的国外学位证书（高等教育文凭）未予认证通知进行审查，就必须要明确国外学历学位认证行为的性质。

首先，就主体而言，教育部留学服务中心系教育部下属的具有独立法人资格的事业单位，而且，在目前相关的行政法律、法规中，并没有明确授权其从事国外学历学位认证工作，其不具备行政主体资格。

其次，教育部留学服务中心从事的该认证行为不是依行政职权作出的行政行为。在相关教育行政法律、法规中对何种主体有权从事国外学历学位认证工作未明确规定，对该行为是否应依行政职权作出亦未规定。从国务院学位委员会、教育部学位〔2000〕2号《关于同意“教育部留学服务中心”和“全国学位与研究生教育发展中心”开展外国学位证书认证咨询工作的通知》的内容来看，也不存在行政机关委托其从事该行为的事项。

第三，该行为对申请人的权利义务不产生实际影响。教育部留学服务中心从事的国外学历学位认证行为，是以其在教育领域所具有的专业知识和权威性，依有关单位的要求或学位获得者的申请，对国外学历学位的合法性、真实性，以及与我国相应学历学位对应关系作出的技术性认定和证明。该行为只是对已经形成的权利义务加以某种形式的认可，对已经客观存在的事实向他人作出相对权威性的陈述，以增强该项事实的可信度，并不直接对其创设新的权利义务。

综上所述，本案被诉的国外学历学位认证行为，不是具体行政行为，不属于人民法院行政诉讼的受案范围。最后，法院裁定驳回了原告的起诉。（点评人：吴志华）

【法规链接】

行政诉讼法第二条：公民、法人或者其他组织认为行政机关和行政机关工作人员的具体行政行为侵犯其合法权益，有权依照本法向人民法院提起诉讼。

行政诉讼法第五条：人民法院审理行政案件，对具体行政行为是否合法进行审查。

案例16　见死不救如何承责?

寇愉乐（男）与宋亚丽（女）系某县卫校学生，两人确立恋爱关系后多次发生性关系。不久，寇愉乐因遇见初中同学张某，见异思迁，产生同张某谈恋爱的想法，向宋亚丽提出分手，宋亚丽不同意，两人为此发生争吵。当晚12时许宋亚丽找到寇愉乐并与寇愉乐一起来到该县洛北大渠边的一石桌处，宋亚丽苦苦哀求寇愉乐继续与其保持恋爱关系，寇愉乐不同意。凌晨1时许，宋亚丽感到与寇愉乐保持关系无望，便翻越栏杆欲跳大渠，寇愉乐进行阻拦，二人又相谈半小时，仍无结果，寇愉乐转身离去，走出10余米听见落水声和宋亚丽的呼救声，寇愉乐因心中害怕而离去，宋亚丽溺水死亡。

该县公安局经过调查后认为，由于寇愉乐自身的过错，导致宋亚丽产生自杀的念头。在夜深人静无人在场的情况下，他却置在水中的宋亚丽于不顾，最终导致宋亚丽溺水身亡。他的行为已经涉嫌故意杀人罪，公安局依法向检察院提请了批准逮捕书。这个案子按照法律程序向人民检察院移送，该县人民检察院对此案进行审查后认为事实不清，证据不足没有批准逮捕。

但是，这起见死不救的案件在小县城里引起了不小的轰动，人们都纷纷谴责寇愉乐的行为，说他见死不救。寇愉乐的父母也觉得良心上过不去，拿了一些钱给宋亚丽的父母。但是，这几千元的补偿弥补不了宋亚丽父母心灵上的创伤。他们一纸诉状把寇愉乐和学校推上了被告席，要求两被告赔偿5万元的精神损失费。

法庭上寇愉乐辩称，他和宋亚丽的死亡没有因果关系，在这件事中他没有过错责任，不同意原告的诉讼请求。而校方也辩称，学校在前一学期就已经因为宋亚丽表现不好而劝其退学并通知了家长，她已经不属于本校学生了，所以她的死跟学校没有关系。再说，她暑假后即使还想继续上学，但没有到学校注册报到，已按自动退学论处了。

该县人民法院经过审理后作出了判决，基于寇愉乐与宋亚丽之间具有恋爱这种特殊身份关系，在当时特殊的环境和特殊的时间条件下，寇愉乐具有施救和呼救的义务。但是，寇愉乐听到宋亚丽跳渠之后，既没有救助也没有呼救，放任宋亚丽死亡这种结果的发生，其行为有过错。法院还认为，宋亚丽虽然当时未满18周岁，属于未成年人，但是应当具有正确判断跳河后果的能力，因此宋亚丽应该对自己的死亡承担主要责任。同时法院还认为，该案学校不应负责任。最后，法院只判决被告寇愉乐赔偿原告1万元。一审判决后，双方都没有提出上诉。但是，原告依然认为寇愉乐的行为应该负刑事责任。

【点评】

本案的核心问题是对寇愉乐行为的定性，寇愉乐的行为是非常典型的见死不救行为。见死不救如何承责呢？这涉及不作为犯罪问题。不作为犯罪按法律规定就是必须有特定义务，本案犯罪嫌疑人寇愉乐的先行行为是否具有法律上所要求的应该救助的义务，是一个争议颇多的问题，最终检察院没有批捕寇愉乐，显然是认为寇的行为不涉嫌犯罪。死者的亲属向法院提起了民事诉讼，要求寇愉乐和学校两被告赔偿5万元的精神损失费。结果法院支持了原告的部分诉求，要求寇愉乐承担一定的民事责任。

法院为何只追究他的民事责任未追究刑事责任呢？因为民事法律和刑事法律不同，刑事法律义务范围要窄一些，民事法律义务范围更宽一些。民事法律一个很重要的目的，就是维护善良的风俗。即使在法律没有规定的情况下，法官也要根据良好的社会风俗作出公平的裁决，确定当事人到底有没有义务。本案法官针对案情，认定寇愉乐对宋亚丽的自杀有救助义务。但不可否认宋亚丽本人的心理承受力和恋爱观对其选择自杀起了很大的作用。法院的判决正是据此而作出。

任何一个人的生命都是属于自己的，每个人都应很好地珍惜自己的生命，既要对自己负责，也要对家人负责，对社会负责。自杀是非常错误的选择，是对生命的漠视。宋亚丽因失恋选择自杀，对家人、对自己和对社会都是极不负责任的。（点评人：谢玉萍）

【法规链接】

民法通则第一百零六条：公民、法人违反合同或者不履行其他义务的，应当承担民事责任。

公民、法人由于过错侵害国家的、集体的财产，侵害他人财产、人身的，应当承担民事责任。

案例17　播放学生接吻录像侵权吗？

上海某大学生把自己的中学母校告上了法庭，原因是校方把其在中学时在教室接吻的镜头在全校播放，引得其他班级的学生前来寻找指认，由此认为校方此举侵犯了其合法权益。

在这次大学生状告母校之前，媒体对校方在全校播放学生接吻录像的举动就曾有过报道，社会对校方此举也有过不同的看法，如今又由于该大学生将母校告上了法庭，再次引起了社会各界的关注与争论。那到底该怎么看此案，也就是说，校方在全校播放学生在教室的接吻录像是否属于侵权？人们仍然存在不同看法。（案例

来源：红网）

【点评】

该大学生的状告行为有一定的合理因素，校方此举确有过错，原因就在于以下观点：

第一，也许有人认为校方此举未侵权的理由在于该学生是在教室接吻，而教室是公开场合，所以校方即使播放也未侵犯学生的隐私权。其实这种观点是片面的。因为众所周知，隐私权是有关个人生活，且是自己不愿公开、不愿让人知道的个人私生活，而即使学生在教室公开接吻，表明其自愿公开，但并不等于校方就此就可以推断出学生愿意在全校公开自己的接吻行为。因为隐私权的处理，只有其本人才能决定，也就是说，对自己隐私的公开，在多大程度的范围内公开，只有当事人自己才能说了算，而校方在没法律依据，也没本人明确授权的条件下，将此学生的接吻行为在更大的范围内公开，显然是有过失的。

第二，尽管中学生在教室公开接吻显属不当，但考虑其当时的年龄，中学生的许多方面，包括自身行为及心理毕竟还不能与成人相比，所以，在教育上也应采取与其心理成熟程度相适应的方法，否则，就可能会伤害其本就不太成熟的身心。这也恰恰是违背学校，特别是中学教育宗旨的。

所以，无论从法理上看，还是从中学教育该有的方法上看，或从学校教育要有利于学生的身心健康的角度看，某中学当初公开此学生接吻录像的行为，都有不当之处。（点评人：吴志华）

【法规链接】

宪法第三十八条：中华人民共和国公民的人格尊严不受侵犯。禁止用任何方法对公民进行侮辱、诽谤和诬告陷害。

民法通则第一百零一条：公民、法人享有名誉权，公民的人格尊严受法律保护，禁止用侮辱、诽谤等方式损害公民、法人的名誉。

教师法第八条：教师应当履行以下义务：……（四）关心爱护全体学生，尊重学生人格，促进学生在品德、智力、体质等方面全面发展。

案例 18　状告超市非法搜身获赔 1 万元

女大学生钱缘到超市购物，正当她走出超市时，店门口的警报器响了，因而被怀疑身上藏有该超市的商品，被留店两个小时并被逼脱裤检查。事后钱缘以其在该店遭到搜身，被两次脱裤，使自己的心理受到极大伤害为由要求该公司赔礼道歉，赔偿精神损失费 50 万元。一审的判决是：该公司向钱缘赔礼道歉，赔偿精神损失费 25 万元。该公司不服提起上诉，二审的最终判决是：该公司向钱缘赔礼道歉，赔偿精神损失费1万元。

【点评】

钱缘作为一名在校女大学生，当自身的合法权利受到侵害时，不再是自认倒霉或消极地躲避，而是勇敢地拿起法律的武器保护自己的人格尊严，这是当代大学生法律意识、权利意识增强的生动体现。

从本案诉讼过程来看，钱缘状告超市侵权，法院受理是具有充分的事实依据和法律依据的。超市怀疑钱缘偷超市的东西而限制她的人身自由达两个小时，并要她脱裤子进行搜身，使她的品德、声望、信用等方面的社会评价自然下降。商家的行为极大地伤害了钱缘的身心，造成了她精神上的极大痛苦。这是法院作出商家赔偿的事实根据。根据我国的相关法律规定，超市是无权对公民进行非法拘禁（限制人身自由）和搜身的，行使这一职权的只有法律规定或授权的部门及其工作人员。如果超市认为自身的合法利益受到了侵害，只能通过报警等合法的途径和手段进行保护。

本案二审的判决为终审判决，与一审判决有很大的差异（受害人要求50万元的赔偿，最后得到1万元），这说明法律是公平的，不可能偏袒任何一方。作为受害方要求法律的保护时不能漫天要价，对受到侵害要求赔偿的数额应该做到合法、合理，这样才能使自己的合法权益得到真正的保护。（点评人：谢玉萍）

【法规链接】

宪法第三十七条：中华人民共和国公民的人身自由不受侵犯。

任何公民，非经人民检察院批准或者决定或者人民法院决定，并由公安机关执行，不受逮捕。禁止非法拘禁和以其他方法非法剥夺或者限制公民的人身自由，禁止非法搜查公民的身体。

宪法第三十八条：中华人民共和国公民的人格尊严不受侵犯。禁止用任何方法对公民进行侮辱、诽谤和诬告陷害。

民法通则第一百零一条：公民、法人享有名誉权，公民的人格尊严受法律保护，禁止用侮辱、诽谤等方式损害公民、法人的名誉。

民法通则第一百二十条：公民的姓名权、肖像权、名誉权、荣誉权受到侵害的，有权要求停止侵害，恢复名誉，消除影响，赔礼道歉，并可以要求赔偿损失。

消费者权益保护法第十四条：消费者在购买、使用商品和接受服务时，享有其人格尊严、民族风俗习惯得到尊重的权利。

案例19　张某人身损害告学校获判赔

女学生张某家住国家级贫困县榆社县农村，出身于残疾特困家庭。高中毕业时，张某以高分被临汾职业技术学院录取，在县委帮助下贷助学款缴了学费。入学不久，张某所在的102宿舍一女生丢了20元，由于来自贫穷家庭，张某被作为盗窃对象受到无端怀疑。宿舍同学羞辱、殴打她，班主任不制止还卡她的脖子，致使她入校40天即患上精神分裂症。后来在家人的支持下，张某状告学校人身损害，把该学院告上法庭。山西省临汾市尧都区人民法院作出了一审判决：被告临汾职业技术学院赔偿该校女学生张某因人身损害造成的经济损失费11 171元，精神损失费3 000元，退还原告张某学杂费5 750元，案件受理费、诉讼费由被告临汾职业技术学院承担。

【点评】

这是一起校园人身伤害案，受害人是高职院校的大学生。大学生的人身权利受法律保护，受我国的民法、教育法、教师法、高等教育法和高等学校学生管理规定的调整，大学生与学校之间既存在特定的行政管理关系，也存在民事法律关系。大学生对学校、教职员工侵犯其人身权、财产权等合法权益，有提出申诉或者依法提起诉讼的权利。张某在学校遭到同学的殴打，班主任老师不但不制止还参与卡她的脖子，严重侵害了她的身心健康。被告学校的学生和班主任的违法侵权行为给张某造成损害，是导致她患病的主要原因。因此，张某起诉学校的请求获得了法院的支持，法院判决学校承担了相应的法律责任。

张某因为家穷而被怀疑是偷钱者，反映了一种歧视心理。因为贫穷而受到同学老师的歧视，这表明该校师生平等意识淡薄，尊重生命、尊重他人权利的意识淡薄。贫穷不是学生的过错，因贫穷而受歧视并引发人身伤害，则表明学校存在过错。本案维护学生生命健康人格权益不受非法侵害的判决，对学校的教育管理是一个严重的警示。（点评人：谢玉萍）

【法规链接】

民法通则第一百一十九条：侵害公民身体造成伤害的，应当赔偿医疗费、因误工减少的收入、残废者生活补助费等费用；造成死亡的，并应当支付丧葬费、死者生前扶养的人必要的生活费等费用。

教师法第八条：教师应当履行以下义务：……（四）关心爱护全体学生，尊重学生人格，促进学生在品德、智力、体质等方面全面发展。

教育法第二十九条：学校及其他教育机构应当履行下列义务：（一）遵守法律、法规……（三）维护受教育者、教师及其他职工的合法权益。

高等教育法第六十八条：本法所称高等学校是指大学、独立设置的学院和高等专科学校，其中包括高等职业学校和成人高等学校。

《普通高等学校学生管理规定》第五条：学生在校期间依法享有下列权利：……（五）对学校给予的处分或者处理有异议，向学校、教育行政部门提出申诉；对学校、教职员工侵犯其人身权、财产权等合法权益，提出申诉或者依法提起诉讼。

案例 20　网上骂人被判赔偿五千元

北京某大学二年级学生吴雪、白山和单某是同班同学。2002 年 1 月，白山与单某开始交朋友，9 月份的时候，单某认为二人感情不和，就提出与白山分手。吴雪与单某是密友，白山就误认为是吴雪在中间挑拨他们之间的关系，于是在 10 月 19 日，白山在搜狐网的校友录上公开发表大量侮辱吴雪人格的留言，语言龌龊，不堪入目。吴雪认为“白山的行为不仅严重损害了自己的名誉权，而且对自己的人身造成巨大的恐吓和威胁，严重影响了自己的正常学习和生活，以及自己和单某及其他同学间的友谊”，她收集了校友录留言的拷贝文件以及录音磁带等证据，将白山告到法院，要求被告在搜狐网校友录上及全班同学面前郑重公开道歉，并赔偿精神损失费 5 000 元。

2002 年 11 月 19 日，北京市宣武区人民法院依法受理并公开审理了吴雪诉同班同学白山侵犯自己名誉权一案。被告白山辩称：“我承认录音的真实性，留言是我一时冲动写下的，可吴雪在 10 月 21 日找我问这件事时，她当众打了我一耳光，这也是违法的。你打我要赔多少钱呢？作为男子汉，这种精神损失并不比 5 000 块钱少。”鉴于事件简单、事实清楚，吴雪不同意调解。审判长宣布休庭半小时后宣判：白山的校友录留言侵犯了吴雪的名誉权，判令被告 3 日内在搜狐网校友录上及全班同学面前公开道歉，并赔偿精神损失费 5 000 元；原告打人，质询被告方式不当，但被告未就此提出反诉，本院不予追究。此时，白山面有悔意的脸变得凝重起来，他可能真正意识到了自己一时冲动犯下的错误不小。（案例来源：中国法院网）

【点评】

公民有言论自由权，此权利的行使以不伤害他人为前提。我国民法通则明确规定保护公民的名誉权。依据民法通则、《民法通则司法解释》和《最高人民法院关于执行〈民法通则〉的若干意见》等法律、法规的规定，以书面、口头等形式宣扬他人的隐私，或者捏造事实公然丑化他人人格，以及用侮辱、诽谤等方式损害他人名誉，造成一定影响的，应当认定为侵害公民名誉权的行为。公民的姓名权、肖像权、名誉权、荣誉权受到侵害，公民要求赔偿损失的，人民法院可以根据侵权人的过错程度、侵权行为的具体情节、后果和影响确定其赔偿责任。

这起并不复杂的案例给了我们一个信号：一方面，我们高兴地看到当代大学生的法律意识不断增强，更懂得拿起法律武器保护自己的合法权益，他们相信法律比学校、家长和我们自己处理得更公正、更理智；另一方面，仍然有部分大学生，处理事情缺乏理智，采用了法律禁止的方式，惹上官司。在当今科技信息化的社会中，我们要正确使用网络，避免被这把双刃剑所伤。本案中造成的伤害和损失通过法律的途径是得到了一定的补偿，但我们也看到，解决纠纷的途径有很多，如协商、调解等，不一定非要通过诉讼途径解决，就本案而言，不上法院照样也可以息事宁人。（点评人：林冬妹）

【法规链接】

民法通则第一百零一条：公民、法人享有名誉权，公民的人格尊严受法律保护，禁止用侮辱、诽谤等方式损害公民、法人的名誉。

《最高人民法院关于确定民事侵权精神损害赔偿责任若干问题的解释》第一条：自然人因下列人格权利遭受非法侵害，向人民法院起诉请求赔偿精神损害的，人民法院应当依法予以受理：（一）生命权、健康权、身体权；（二）姓名权、肖像权、名誉权、荣誉权；（三）人格尊严权、人身自由权。违反社会公共利益、社会公德侵害他人隐私或者其他人格利益，受害人以侵权为由向人民法院起诉请求赔偿精神损害的，人民法院应当依法予以受理。

案例 21　考生荣誉权受侵，告市教委获胜

锦州中学的高考生贾跃参加高考时发挥失常，仅以两分之差未能进入重点大学。但贾跃在高中期间一向品学兼优，年年被评为校三好学生，并荣获锦州市优秀学生干部称号。按当年高考政策的有关规定，获市级优秀学生干部荣誉的考生可享受降分提档的奖励，而锦州市教委在整理审核学生档案时，把贾跃的优秀学生干部改成三好学生，使贾跃与重点大学失之交臂。不得已进入普通大学的贾跃身心遭到重创，影响了生活和学习。学生家长多次找到市教委及有关部门希望给予解决，均遭拒绝。无奈之下，家长一纸诉状将锦州市教委告上法庭，锦州市凌河区人民法院判决：锦州市教委赔偿原告 8 万余元，并赔礼道歉。市教委对此判决不服，上诉到市中院。

【点评】

荣誉权是指民事主体对自己的荣誉享有利益并排除他人非法侵害的权利。荣誉权的特点在于：它是基于国家或社会团体授予公民或法人某种荣誉称号的基础上产生的，与其特定的身份相适应的一种权利。法律给予这种权利的保护，目的在于张扬先进，并给予民事主体一种显现的社会评价。

学生贾跃在高中阶段荣获了市“优秀学生干部”的荣誉称号，依有关国家政策的规定，她在高考时可以享受降分提档的奖励。但该市教委利用自身的职权擅自把贾跃的“优秀学生干部”改成“三好学生”，使她没能享受降分提档的奖励，失去了上重点大学的机会，给她的精神造成重大打击。

锦州市教委的行为严重地侵害了贾跃的荣誉权，这种侵害主要使得民事主体失去了应得的利益（包括精神上、物质上的待遇）。贾跃及其家长拿起了法律武器，通过诉讼的途径维护了贾跃的荣誉权。法院根据民法的规定判决锦州市教委赔偿贾跃8万元，并赔礼道歉。

本案给我们的启示是：过去大多认为荣誉权属于形式的东西，它更多地体现为对民事主体精神上的满足，从本案中可以看到荣誉权也涉及物质上的利益，因此，荣誉权的侵权会造成受害人精神上和物质上的损害。（点评人：谢玉萍）

【法规链接】

民法通则第一百零二条：公民、法人享有荣誉权，禁止非法剥夺公民、法人的荣誉称号。

民法通则第一百二十条：公民的姓名权、肖像权、名誉权、荣誉权受到侵害的，有权要求停止侵害，恢复名誉，消除影响，赔礼道歉，并可以要求赔偿损失。

案例22　学生考试交白卷学校来承责

在大连外事专修学院英语自考大专班学习的35名学生，遇到了选错教材的尴尬。语文课上，他们使用了华东师范大学出版社出版的《大学语文》（专科）的教材。上半学期，有的学生看见其他学校使用的《大学语文》教材和自己所用的不同，部分学生向校方提出是否用错了教材，但被告知“不太可能”。等到考试在考场上拿起试卷仔细阅读时，试卷上的内容令他们大吃一惊：考题涉及内容十分陌生，大多数内容教材上根本没有，数十分的文言文考题，教材上连个影子都找不着。同考场的考生均望着试卷目瞪口呆，不知所措。当时，学生们的直觉是搞错了，但是他们还是向监考人员咨询：试卷是否发错了？监考人员马上将情况反映到巡考人员，经确认，试卷完全没有出错，而是教材选错了。半个小时之后，35名学生几乎都交了“白卷”。原来，学生的确用错了教材，他们应该用的是同一出版社的《大学语文》（本科）教材。这两套教材相差在哪里？学生们逐一对照，发现按照《大学语文》（公共课，本科，6学分）考试大纲所要求的32篇课文，其所学的《大学语文》（公共课，专科，4学分）中只有一篇。

事后，学生们和校方进行了交涉。校方也采取了以下行动：①承认工作有错误；②补发课本；③承诺免收明年的考务费。但是，学生们认为如果重新开课，将占用事先安排好的其他课程，还要等到明年4月份参加考试。学生们表示：这是校方的责任，学校应该给予一定的经济赔偿。由于双方没有最终达成一致，有关问题没有得到解决，学生们于是联合找律师代理，请求法庭判令退回学杂费和部分学

费，给予赔偿。（案例来源：中华千龙网）

【点评】

本案属于教育合同纠纷。当学生的合法权益在学校受到侵害时，通过何种途径进行维权，是广大学生关心的问题。维权很重要的一点是要清楚受侵害权利的性质，再确定解决的方法。就本案而言，高等自考教育不属于义务教育，学生们入学基于与校方所签的协议书，学生与学校是平等主体之间的民事关系，具体说学生与校方的关系是教育合同法律关系，校方选错教材，致使学生们使用的教材不符合考试大纲，是合同违约，双方由此引发的纠纷属于民事纠纷。解决该民事纠纷的途径通常是先寻求协商和解，和解不成，也可向人民法院起诉。（点评人：黄宏灯）

【法规链接】

民法通则第一百一十条第一款：当事人一方不履行合同义务或者履行合同义务不符合约定条件的，另一方有权要求履行或采取补救措施，并有权要求赔偿损失。

合同法第一百三十条：当事人一方不履行合同义务或者履行合同义务不符合约定，给对方造成损失的，赔偿损失额应当相当于因违约造成的损失。

案例 23　一起自救行为引发的赔偿案

20 岁出头的女大学生小黎在 2003 年 7 月的一天早晨 6 时许骑着摩托车去上学。车到空旷之处，一直尾随小黎车后的男青年夏某骑摩托车突然加速与她并行，并开始用不堪入耳的言语挑逗、调戏小黎。小黎毫不畏惧，严词痛责，夏某见调戏不成，恼羞成怒，伸手摸向小黎的胸部，然后驾车加速逃离。遭到羞辱的小黎没有忍气吞声，而是勇敢地驾车追赶夏某，在即将追上的瞬间，小黎不慎连人带车摔倒，当日就被送往当地医院住院治疗，诊断为面部外伤、舌体撕裂伤、上下唇撕裂伤等，住院治疗 17 天，先后花费医疗费 1 万余元。事发后，因小黎及群众举报，公安机关对夏某进行了行政拘留，夏某慑于法律的威严，主动赔偿小黎 8 000 元。

小黎出院后，俏丽的脸庞上已是疤痕累累，精神上受到巨大打击。一怒之下，小黎将夏某告上法庭，要求夏某赔偿医疗费、误工费、护理费、营养费、交通费、今后医疗费及精神损害赔偿费等。经法庭调解，被告夏某自愿赔偿原告黎某医疗费、误工费、护理费、营养费、交通费、今后医疗费及精神损害赔偿费共计 28 097 元（含已给付部分），并承担各项诉讼费用 1 403 元。

【点评】

由于法院的支持，夏某因他的行为付出了近 3 万元的赔款代价。法院为何会判决夏某作出上述赔偿呢？原告的跌伤虽与被告夏某伸手抚摸行为没有直接的因果关系，但是法庭审理后认为，原告小黎在受到性骚扰后实施的追赶侵权人夏某的行为，属于自救行为；被告夏某应对原告小黎自救中的受伤承担损害赔偿责任；同时，被告夏某还应对性骚扰行为和原告小黎脸部受伤后留下的疤痕承担精神损害赔偿责任，遂依照《中华人民共和国民法通则》和《最高人民法院关于确定民事侵权精神损害赔偿责任若干问题的解释》的有关规定，调解双方达成了前述赔偿。

自救行为又称自助行为，是指权利人为保护自身的权利，在情况紧急而又不能及时请求国家机关救助的条件下，依靠自身力量对他人的财产或自由施加扣押、毁损或拘束等强力影响，而为法律或社会公德所认可的行为。自救行为的构成要件有四个：自助行为必须是为保护自身权利的行为；自助行为必须是针对已经发生的不法侵害行为；自助行为必须是在紧急情况下保护权利的行为；自助行为方法手段性必须具有正当性。自助行为在我国刑法当中并无明确规定，但却具有法理依据。

本案中，原告小黎作为一名女性，享有妇女不可侵犯的性权利。这种权利不仅受到宪法和民法的保护，还受妇女权益保护法的保护，女性受害时有权对此寻求救济。这是构成自助行为的第一个要件。本案中，发生了被告夏某调戏并伸手抚摸原告胸部的性骚扰行为，对原告的人格尊严和性权利构成非法侵害，是构成自助行为的第二个条件。第三和第四个条件显然也是符合的。正是针对本案的上述情况，法院支持了原告小黎的诉讼请求，从而维护了小黎的正当权益，体现了法律的公正性。

本案中女大学生的行为很令人钦佩，在遭受侵权人的性骚扰侵害时，能勇敢地自救。但在自救时未能确保自身的安全，这是十分遗憾的。（点评人：谢玉萍）

【法规链接】

民法通则第一百零一条：公民、法人享有名誉权，公民的人格尊严受法律保护，禁止用侮辱、诽谤等方式损害公民、法人的名誉。

民法通则第一百二十条：公民的姓名权、肖像权、名誉权、荣誉权受到侵害的，有权要求停止侵害，恢复名誉，消除影响，赔礼道歉，并可以要求赔偿损失。

妇女权益保障法第三十九条：妇女的名誉权和人格尊严受法律保护。禁止用侮辱、诽谤、宣扬隐私等方式损害妇女的名誉和人格。

妇女权益保障法第五十二条：侵害妇女的合法权益，造成财产损失或者其他损害的，应当依法赔偿或者承担其他民事责任。

案例 24　女大学生纵欲无度惹官司

一个大学二年级的女生，网上聊天演绎激情，网下放纵无度染上性病，她与真爱情郎相爱时，又把性病传给了他，于是引发了“帅哥”告“美眉”的“浪漫官司”。

艾娜，是安徽省某知名大学的大二女生，父亲是中学校长，对独生女艾娜的教育一向十分正统。进入大学后，离开了父母，艾娜一下子感到轻松了许多。

在大学女生宿舍，许多女生都时常出没于校园周围的网吧，她们基本上都是去上网聊天的。这些女生从网吧聊天回到宿舍后，都要大肆宣扬网上聊天可以自由自在地谈情说爱，可以放纵情感，在艾娜的内心深处，产生了一种跃跃欲试、欲罢不能的冲动：她也要上网聊天，到网上去找爱！她期望在这片虚拟的空间里，好好释放一下自己压抑已久的心情。从那以后，艾娜每晚都在网上大胆纵情。

后来她认识了一个网友，经那个网友一再相邀，终于答应约会。艾娜利用双休日，只身赶到外地与网友相会，两个年轻人发生了性关系。艾娜几乎没什么心思读书了，她整天想着上网，想着网上结交的那些心目中的“白马王子”，想着语言及肉体刺激给自己带来的快感。

和南京的网友发生性关系后，艾娜不幸染上了性病。由于经济不宽裕，没钱治疗，艾娜病情没有明显的好转。一天夜晚，艾娜在床上辗转难眠，几乎是在一瞬间，一个荒唐而罪恶的念头在她头脑中形成：我被可恶的男人害了，我也要去报复男人！让男人们尝尝被害的滋味！

22 岁的柳江，是南京一家公司的职员。他 1.83 米的个头，尽显英俊洒脱。柳江热衷于上网，在网上认识了艾娜，他们很快坠入了情网。柳江与艾娜相爱并同居了，他做梦也不会想到，与艾娜相处，会给自己带来终身的不幸！

与艾娜恋爱后不久，柳江发现自己染上了性病。得知这个诊断结果，柳江差点儿瘫倒在地。艾娜见无法遮掩，终于道出了实情，她想求得柳江的谅解，因为她太爱他了。经过一段时间的治疗，柳江的病基本治愈了，他也基本原谅了艾娜。他原本以为他和艾娜从此会爱得更深更真诚，然而现实再次使他绝望了。他的性病再次复发，病情比第一次明显加重，医生告知柳江：此病目前无法彻底根治，复发率较高且有一定的致癌性，对今后生育有直接影响。痛苦不堪的柳江正式向艾娜提出分手。在艾娜的内心深处，其实割舍不下柳江，但她又收不了自己放纵的情感，走到这一步，对艾娜来说实在是可悲的。同样可悲的是，由于痴迷于网络聊天纵情，艾娜的学业几乎荒废，无论是平时测验还是期末考试，她多门学科不及格，面临着退学的危险！

出乎柳江及其家人意料的是，随后不久，艾娜称柳江的性病不是自己传染的。气愤及无奈之下，柳江决意不再保持沉默，为了自己今后的生活，也为了讨个能慰藉自己的说法，前不久他将艾娜告上南京市鼓楼区人民法院。

法院审理中，双方达成调解：被告艾娜一次性赔偿原告柳江医药费、精神损失费共计 2.5 万元。案件诉讼费 2 310 元由原、被告各承担一半。

【点评】

一个既美丽原本学习成绩也优异的女大学生，走到这一步，既可惜又可悲。这里有着多种原因，家庭父母在其青春期里过于严格的管束而疏于引导，造成她的情感压抑，人进入青春期后，都有着本能的性冲动和性渴望，禁锢越严厉，越是期望释放。脱离父母后，失去了家庭管束，加之学校管理引导不力，艾娜就选择到虚拟的网络世界去放纵情感，认为网上自由，不会出什么大事。事实正相反，网络的无限开放性及虚拟性使得男女到了网上无所顾忌地发表关于性的言论，这种语言的挑逗、刺激使他们轻易地就要去尝试，这种尝试带来的快乐和刺激难以控制，放纵乱性就不可避免。

时下一些年轻人的性观念很开放，把与异性发生性关系看得很随便，只追求一时的快乐，不顾后果，许多性病、艾滋病也正是由此而引发。现在很多女生因网络而堕落，这是值得全社会关注的事情。艾娜与柳江的悲剧为我们敲响了警钟：青年人尤其是女孩子，一定要洁身自好，要学会自尊自爱，懂得性保护的重要性，要以学业、事业为重，树立正确的人生观、恋爱观，努力提高自身的道德素质和法律素质。放纵情感很容易葬送自己的美好人生。

还需提醒的是，我国法律对故意传播性病的行为还进行了刑事立法，本案侵害人由于没有出现刑法第三百六十条规定的卖淫、嫖娼行为，而且侵害人与受害人之间曾经有过恋爱关系，因此其行为尚未构成刑法规定的“传播性病罪”，双方之间的纠纷属于一般侵权损害纠纷，以过错为归责原则，承担相应的法律责任。（点评人：谢玉萍）

【法规链接】

民法通则第九十八条：公民享有生命健康权。

民法通则第一百零六条第二款：公民、法人由于过错侵害国家的、集体的财产，侵害他人财产、人身的，应当承担民事责任。

刑法第三百六十条第一款：明知自己患有梅毒、淋病等严重性病卖淫、嫖娼的，处五年以下有期徒刑、拘役或者管制，并处罚金。

案例 25　网上“人肉搜索”要慎易侵权

2007 年 12 月 29 日晚，女白领姜岩从自己居住楼房的 24 层跳楼自杀身亡。姜岩生前在网络上注册了名为“北飞的候鸟”的个人博客（后她的朋友张乐奕将“北飞的候鸟”注册为网站），并进行写作。姜岩在博客中以日记形式记载了自杀前两个月的心路历程，将丈夫王菲与案外女性陈某的合影照片贴在博客中，认为二人有不正当的两性关系，自己的婚姻很失败。在日记中，姜岩详细记录了丈夫王菲的姓名、工作单位、地址等信息。

姜岩自杀前，将自己博客的密码告诉一名网友，并委托该网友在 12 小时后打开博客。姜岩跳楼自杀死亡后，姜岩的网友将博客密码告诉了姜岩的姐姐姜红，姜红将姜岩的博客打开。

姜岩的博文在互联网上引起轩然大波，主人公王菲遭遇“人肉搜索”，个人信息被逐渐披露，网民的宣泄也逐步从网络世界中的谩骂演化为一场现实生活中的暴力。有部分网民在王家门口墙壁上刷写、张贴“无良王家”、“逼死贤妻”、“血债血偿”等标语。王菲工作的单位也因此事决定让王菲和陈某暂时停止工作。

王菲认为3家网站没有对相关情况进行核实就发表了文章，给他及家人的工作和生活造成了极为恶劣的影响，于是将网站告上法院，法院受理后经审理，判决“北飞的候鸟”网站和大旗网构成对王菲隐私权和名誉权的侵犯，天涯网及时删除文章，履行了监管义务被判免责。两被告必须删除北飞的候鸟和大旗网两网站上的相关文章及照片，在网站首页刊登道歉函，并分别赔偿王菲精神损害抚慰金5 000元和3 000元，加上公证费，王菲总计获赔9 367元。（案例来源：搜狐网）

【点评】

言论自由作为公民的一项基本权利，是神圣而不可侵犯的。其行使过程应当在法律许可的范围内，以不影响和伤害他人的表达自由和人身权利为前提。但是，以“人肉搜索”、网络谩骂、网络“恶搞”为代表的“网络暴力”却在虚拟世界愈演愈烈。它常以正义为名，实行“道德审判”和言语制裁，已经多次侵害了其他网民的表达权、名誉权或隐私权等基本权利，在不经意间也伤害了公共利益。

如果用于参政议政、监督政府、维护公共利益，既很难算作是侵权，又能发挥重大作用。比如，厦门PX事件、华南虎事件、深圳海事局官员事件和“最牛房产局长”周久耕事件等。但是，从“虐猫事件”、“铜须门事件”到“很黄很暴力”事件，再到上述的“姜岩事件”，人肉搜索等却是以侵犯公民基本权利而不断向法律提出挑战。在集体无意识心理的驱使下，人肉搜索故技重演，多次将其他网民的个人隐私公示于众，用一种狂热的、几近偏执的方式，使当事人承受的精神压力从虚拟的网络社区转移到现实社会中，在利益表达中上演了“多数的暴政”，造成了比较严重的后果。

尽管如何界定网络暴力，“人肉搜索”、“网络恶搞”能否入罪还没有一个明确的答案，但是，从法律的角度来讲，这并不代表现行有关法律不能制约网上的违法行为。造谣诽谤、毁坏他人名誉，造成严重后果的要承担刑事责任；侵犯他人隐私权要承担相应的民事责任；而且刑法修正案已将个人信息作为保护内容，同时个人信息也有望通过专门立法获得保护。并且，虽然我国法律中尚没有公众人物概念，但毋庸置疑的是，针对普通公众的“人肉搜索”、“网络谩骂”、“网络恶搞”等必须承担相应的法律责任。（点评人：吴志华）

【法规链接】

宪法第五十一条：公民在行使自由和权利的时候，不能损害国家的、社会的、集体的利益和其他公民的自由和权利。

民法通则第一百零一条：公民、法人享有名誉权，公民的人格尊严受法律保护，禁止用侮辱、诽谤等方式损害公民、法人的名誉。

《维护互联网安全的决定》第四条：为了保护个人、法人和其他组织的人身、财产等合法权利，对有下列行为之一，构成犯罪的，依照刑法有关规定追究刑事责任：（一）利用互联网侮辱他人或者捏造事实诽谤他人；（二）非法截获、篡改、删除他人电子邮件或者其他数据资料，侵犯公民通信自由和通信秘密。

案例 26　学生在校园被撞如何理赔？

全国保险代理从业人员基本资格考试由三门峡电大统一组织，寿险三门峡分公司的有关人员也将参加这次考试。考试的前一天，该公司的一名司机驾驶本单位汽车运送试卷。运送试卷的车返回三门峡职业技术学院时，学校东大门未关，驾车司机开车直接从该门驶入校园，将下晚自习走在路上的刘某和胡某两人撞倒，胡某经医院诊断为肝挫伤、闭合性颅脑轻度损伤，刘某伤情严重，先后在三家医院治疗，后经鉴定为一级伤残，需终身康复治疗。在刘住院治疗期间，寿险公司及职业技术学院为其支付了医疗费。由于索赔协商未果，两学生将寿险公司告上法院，审理中，根据保险公司的申请，法院依法追加三门峡电大、三门峡职业技术学院为共同被告，刘某要求赔偿 3 179 600 元，胡某要求赔偿 16 676.2 元。

法院经审理后认为，寿险公司的司机在驾驶本单位车辆执行职务时，未尽到司机的注意义务，且采取措施不力，致使其驾驶的面包车将两学生撞伤，首先由公司对学生的伤残应承担主要责任。三门峡电大对由其组织的此次考试负有管理职责，但其未对由其安排的寿险公司车辆运送试卷这一环节负相应管理义务，因此，因对原告的伤残承担相应的责任。刘某、胡某系被告三门峡职业技术学院在校大学生，三门峡职业技术学院疏于管理，没有在校园内设立限速牌等明显标志，同时事发当晚学校东大门没有关闭，使事发车辆直接进入校园内，故其也应对原告的伤残承担相应的责任。

最终法院判决，原告刘某治疗花费和残疾慰抚金等各项费用共计 635 203.13 元，由寿险公司承担 508 162.51 元，三门峡电大承担 635 203.13 元，三门峡职业技术学院承担 63 520.31 元；原告胡某治疗花费及精神慰抚金 7 656.2 元，由寿险公司承担 6 124.96 元，三门峡电大承担 765.62 元，三门峡职业技术学院承担 765.62 元。

【点评】

本案不属于道路交通事故，而是一起校园人身伤害事故，以过错归责，即是否对造成的损害承担赔偿责任主要看当事人有无过错。

从本案情况来看，寿险三门峡分公司的司机在驾驶本单位车辆执行职务时，开车直接从东大门驶入校园，未尽到司机的注意义务，具有重大过失，且采取措施不力，致使其驾驶的面包车将两学生撞伤。司机是在履行职务时造成他人损害的，因此应当首先由其所在的单位三门峡分公司对学生的伤残承担主要责任，司机个人的责任由单位内部处理。三门峡电大对由其组织的此次考试负有管理职责，但其未对由其安排的寿险三门峡分公司车辆运送试卷这一环节负相应管理义务，也有一定的过错，因此，应对原告的伤残承担相应的责任。刘某、胡某系被告三门峡职业技术学院在校大学生，三门峡职业技术学院疏于管理，没有在校园内设立限速牌等明显标志，同时事发当晚学校东大门没有关闭，使事发车辆直接进入校园内，故其也应对原告的伤残承担相应的责任。（点评人：蒋达勇）

【法规链接】

民法通则第一百零六条第二款：公民、法人由于过错侵害国家的、集体的财产，侵害他人财产、人身的应当承担民事责任。

案例 27　签订协议后就不能读研了吗?

李红利、兰正贵、江国业、谷小红、都明宇都是某石油学院应届毕业生，临毕业前，5 名学生填报了研究生报考志愿表。一个多月后，在中石化毕业生就业双选会上，学校代学生与镇海炼化股份有限公司（以下简称镇海炼化）签订了就业协议，用人单位在用人单位意见栏中有三条意见：①成绩合格，取得学位；②报到前体检合格；③不能考研。

李红利等 5 名学生很幸运，全部都顺利考地上了研究生。但好事多磨，当学校其他几十名学生都拿到了录取通知书时，他们却没有。到学校一问，校方答复他们已与用人单位协议在先，协议中明确规定不能考研，而他们不仅考了，而且还考上了，必须与用人单位把这个事解决了，才能发录取通知书。用人单位不同意解除协议。就业协议书中规定：若有一方提出变更协议，须征得另两方同意，并由违约方向另两方交纳违约金（这三方指学生、学校和用人单位）。5 个学生开始与镇海炼化人事处电话联系，请求解除协议，镇海炼化没同意。几个学生又找校方，校方与镇海炼化沟通无果，事情僵持起来。

据了解，镇海炼化是家效益比较好的企业，校方的态度是：一定要得到镇海炼化的同意才能发通知书，不然搞僵了，会直接影响学校与镇海炼化的关系，以后的毕业生再去那儿就业就难了。无奈，5 名学生只得向望花区法院递交了行政案件起诉状，要求被告（某石油学院）给付研究生入学通知书，以实现其受教育权。

【点评】

好不容易才考取研究生，录取通知书却被学校扣押，难怪学生要上公堂讨说法。学生能否告赢学校，讨回录取通知书，关键要看学生是否违约。因为学校扣押通知书的理由是学生不遵守与用人单位签订的就业协议中不能考研的规定。

那么学生是否违约呢？首先，从案情来看，学生早在就业协议签订之前就报名考研了，当时学生考研是要经过学校同意的。其次，在学校与镇海炼化签订的就业协议中，作为协议的一方——5名学生并未亲自签订合同，而是由学校代替5名学生与镇海炼化签订的。我们可以认为，如果这一合同的签订，是5名学生委托学校代为签订，是属于学生自主意愿表示的行为，则这份就业协议是生效的，也是受法律保护的，那么5名学生应当遵守合同的约定。如果5名学生坚持要读研究生，就是违约，应当承担相应的违约责任。如果这份就业合同是未经5名学生的授权和同意，由学校单方面代替5名学生与镇海炼化签订的，则这份合同就属于无效合同，5名学生没有履行这一协议的义务，不存在违约问题。

退一步来说，即使学校是受5名学生的委托而代替学生与镇海炼化签订了就业协议，但作为协议的一方，5名学生有签订的权利，也有违约的权利。只要学生承担协议中规定的违约责任就可以了，学校不能因为学生签订了就业协议而一定要求学生就业。可见，学校完全无权扣押学生的录取通知书，否则，就构成侵犯学生的受教育权。（点评人：蒋达勇）

【法规链接】

合同法第八条：依法成立的合同，对当事人具有法律约束力。当事人应当按照约定履行自己的义务，不得擅自变更或者解除合同。

合同法第一百零七条：当事人一方不履行合同义务或者履行合同义务不符合约定的，应当承担继续履行、采取补救措施或者赔偿损失等违约责任。

案例28 家教协议纠纷：是谁违约？

学业成绩优异的王晶晶（化名）经人介绍接受了一份家教工作，辅导正在上高三的任某英语学习。王晶晶第一次来到任某家，任某的父亲便与王晶晶签订了协议，内容如下：①王晶晶从2004年12月起到高考时止，每周两次自费到任某家为任某辅导英语。一次是周三晚上，一次是周日上午，每次辅导的时间不少于2小时；②通过辅导保证任某高考英语成绩不低于90分（满分为150分）；③辅导费到高考成绩出来后一次性支付；如果任某高考英语成绩达到90分以上的，由任某父亲支付王晶晶2 500元；如果任某高考英语成绩达不到90分，则由任某父亲支付王晶晶500元。协议书签字后，双方各执一份。

协议书生效后，王晶晶准时到任家给任某辅导，连春节期间都没有间断。每次辅导，王晶晶都仔细耐心地给任某讲解，每个知识点都讲得非常清楚。到春节后任某的英语明显有了起色。任某的父亲也感到非常高兴。

由于非典疫情的出现，学校为了学生的安全和教学秩序的稳定，要求学生不要离开学校外出。王晶晶将学校要求学生不要外出的情况告诉了任某的父亲，并提出对任某的辅导暂时中断一段时间，等非典疫情过了再辅导，或者每周改为一次，每次时间延长为 4 小时，问任某父亲是否同意。任某父亲马上明确表示王晶晶提出的两个方案都不行，认为非典什么时间过去还是个未知数，而高考即将来临了，任某的英语辅导不能间断；改成每周一次辅导 4 个小时也不行，因为一次给任某辅导 4 个小时，他一下子消化不了，而且一周的学习中随时会遇到不懂的问题，王晶晶不及时辅导就不能及时解决问题，不利于任某的学习。任某父亲坚决不同意改变协议书中的约定，看到任某的父亲不同意，王晶晶便默默地离开任家回学校去了。

一周后的辅导时间，王晶晶请假离开学校准时来到任家。当王晶晶敲开任家家门时，任某父亲一改以往对待王晶晶的友善态度，非常蛮横地说任家已经为任某另请了英语辅导老师，不要王晶晶辅导了。王晶晶再三请求继续为任某辅导，任某父亲都坚决不同意。王晶晶便向任某父亲要求支付辅导费，任某父亲认为是王晶晶毁约在先，而且高考时间未到，任某现阶段根本达不到英语高考 90 分的成绩，所以拒绝向王晶晶支付任何报酬。

无奈之下，王晶晶找来给她上过法律课的陈老师咨询：他的行为是否违反协议，能否向任某父亲请求支付报酬？

【点评】

这个案例涉及的是有关合同的履行、变更或者解除以及违约的认定与违约责任的承担等问题。

合同是平等主体之间订立的涉及民事权利义务关系的协议。订立合同应当遵循自愿、平等、等价有偿、诚实信用等原则。本案中，王晶晶与任某的父亲为任某的英语学习所订立的“家教协议书”，是一份典型的合同，双方订立合同时也遵循了合同的基本原则，所以，这份“家教协议书”是合法有效的，双方应当共同遵守。事实上，双方在订立协议书后，也都开始在按协议书规定的内容执行。

一般情况下，合同订立后，不得擅自变更或者解除。但当事人协商一致的情况例外。必须注意的是，在变更或者解除前，原合同仍然有效，双方仍应按合同约定履行。本案中，协议书履行到中期时，由于非典的原因，王晶晶提出了变更合同的要求，但没有得到任某的父亲的同意，意味着双方没有协商一致，合同没有得到变更，所以原合同仍然有效，双方仍应按协议书的约定履行。后来，任某的父亲另请辅导教师，不要王晶晶再辅导任某的英语，可以理解为是任某的父亲要解除合同，这也必须经过双方的协商一致，即也应该获得王晶晶的同意，王晶晶不同意，任某

的父亲不让王晶晶再辅导，是任某的父亲单方解除合同，构成违约。王晶晶可以追究任某父亲的违约责任。（点评人：蒋达勇）

【法规链接】

合同法第七条第一款：当事人协商一致，可以变更合同。

合同法第九十三条：当事人协商一致，可以解除合同。

案例29　学生经商的是与非

清华大学紫荆社区志愿者服务队为学生们购进了100袋低价水果，就在服务队将水果送到紫荆社区时，水果被清华大学物业综合治理处的人给扣下了。此举引起很多清华学子的不满，在清华大学BBS的声讨下，学校物业综合治理处退回了被扣的水果，并向学生承诺将监督校内商店的水果价格情况。

据记者调查，学生宿舍区内唯一的水果商店所售水果的价格明显偏高，如同一种橙子，紫荆水果屋每千克的价格比附近社区高出1.6元。有的水果每千克要比其他地方高出1元到4元，甚至还把最普通的苹果卖到6.6元/千克。对于大学生经商的问题，各方面发表了不同意见。

多数学生认为学生经商合理。清华大学大二的钱同学说："我认为学校不能剥夺学生经商的权利，这个规定不合理。我就有同学代理销售水果、洗发水什么的，一方面补充经济来源，另一方面还可以锻炼自己社交、经商等各方面的能力。"大一的孔同学说："学校的规定并不是国家法律，学生有权经商，学校不该剥夺。"

校方明文禁止学生经商。清华大学新闻中心的张小姐表示，学生卖水果的行为是有赢利的经商行为，不符合《普通高等学校学生管理规定》的要求。

工商部门则认为，学生经商也须办执照。羊坊店工商所综合稽查一组的组长说："如果没有办理营业执照，属于无照经营，将受到有关处罚。"

【点评】

大学生是否可以在学校内贩卖商品？学生作为个体以其本人的身份出现是不能从事营利性的商业活动的。这在民法通则和教育部的有关文件中都有明确的规定。但是否说在校园以营利为目的经营就绝对不行呢？不是的。这涉及一个经营主体的问题。根据《中华人民共和国民法通则》的规定，如果学生在校园里的经营是以非学生主体的身份来实施经营行为，且已取得校园内的经营场所，获取营业执照，则其经营行为是合法的、允许的。具体地说，学生可采取的方式有很多，如学生两人以上设立公司，再由公司来经营；或学生个人申请成为个体工商户，以其名义进行经营行为；再由具有经营能力的企业在校园内设立经营部，由学生经营管理该经营部也可以。只要学生从事经营的主体合法，则其经营行为应当允许。（点评人：

蒋达勇）

【法规链接】

民法通则第二十六条：公民在法律允许的范围内，依法经核准登记，从事工商业经营的，为个体工商户。个体工商户可以起字号。

案例30 一位大学生的创业告白

一、打工打下技术基础

穷人的孩子早当家，从考上大学的那天起，陈国华就开始为勤工俭学做准备了。他认为，勤工俭学不但可以赚点零花钱，减轻父母的负担，而且可以提高自己各方面的能力，为将来的就业打下良好的基础。

陈国华勤工俭学的目标很明确，一要结合自己的专业，二要结合自己的兴趣。他学的是计算机应用专业，每逢节假日，他便跑到武汉的电子科技一条街，挨个儿店铺地转，在别人装机的时候，就在一旁悄悄地看，回到学校再买些电脑方面的报刊对照着学。3个月后，他在电脑城找到了一份做硬件装配的工作。打工期间，有家电脑公司要做培训业务，他觉得是个机会，当天就跑去应聘，居然一试就中。当时，这个培训主要定位是高校市场，因为学生在大学学到的大多是理论知识，他们都有提高自己动手能力的强烈愿望。另外，社会上也有一些人需要做电脑方面的培训。在做培训的过程中，陈国华看到了其中蕴含的巨大商机。

1998年初，武汉测绘科技大学也办了个电脑培训班，陈国华应聘做了培训教师，带硬件组装和网络维护工程两个班。培训班利用的是学校的软硬件，因为带有高校概念，很是吸引人。参加这个班的人来自社会的各个阶层，在这一年半时间中，陈国华在教他们电脑的同时，也从他们身上学到了不少知识，专业功底更加深厚，并且获得了相当多的社会资源。

二、成功模式奠定创业坦途

陈国华是个有心人。在搞培训的过程中，他就琢磨开了：别人来培训，目的是什么？最后还不是要用电脑？其实，他们就是电脑的一个潜在消费群体。陈国华想，如果将电脑培训和电脑销售这两块有机结合起来，形成一种互补和互动——譬如在培训的时候，把实习基地设在电脑公司里面，电脑的组装工作可以由学员来完成；做电脑业务的公司，也可以在做培训的学员当中发现一些潜在购买者。这样一来，不但解决了培训过程中过多占用硬件设施的问题，而且能节约销售过程中的人工成本，提高教学质量。另外，培训业务培养出的电脑消费群体，带动了电脑销售，电脑销售又将带动培训业务。这样一来，便形成了一个非常良性的循环。

1999年6月，陈国华即将毕业。他揣着自己的商业计划书，壮着胆子找到了校办企业的法人代表——学校的一名主要领导，向他谈了自己的想法。这位领导非常赞赏，希望他能留下来一起干，陈国华很受感动，双方一拍即合，约定由学校提供软硬件、提供资金，由这位领导任法人代表，陈国华负责经营管理，并达成了口头协议，赢利后双方各按50%分成。

三、管理失控，惨遭“架空”

陈国华接手校办企业后，在电脑城租了一个铺位，并注册了一家有关电脑培训的网络工程公司。于是，电脑培训和电脑销售两个业务就同时做了起来。事实证明，陈国华的这种商业模式是完全正确的，短短3个月时间，公司的盈利就达到了10多万元。更为可喜的是，公司在行业中建立了很好的口碑，前来培训、购买电脑的顾客络绎不绝。这时，陈国华在培训过程中形成的人脉也帮了他的大忙。一位同济医科大学的老教授是陈国华的忘年交，他的得意门生——湖北某公司老总的企业要做局域网，老教授就极力地推荐陈国华。这个单子让陈国华赚了四五万元。另外，还有很多学员，参加完培训就上公司买电脑，连机子都是自己装的。

但是，暂时的成功并不能掩盖公司在制度方面，以及陈国华作为一名创业者在素质方面的欠缺。培训班作为校办企业，组织不健全、构架不合理的问题原本就非常突出，陈国华在和校方达成协议前，也没有对公司的组织结构进行重新规划，公司责、权、利不明确，陈国华享有经营管理权，但在财务上并没有相应的权利。业务增长后，公司实现了赢利，原本说好不插手公司经营管理的法人代表便开始插手公司的具体事务，并开始安排他的亲戚进公司做事。这些人大多被安排在人事、财务等核心部门，既搞坏了管理，又搞乱了人心。同时，公司账目不清，现金管理不善的问题也非常突出。更为严重的是，作为合伙人的学校领导并没有平等地对待陈国华，财务人员只唯他的命令是从，陈国华失去了对资金的调度权。

3个月后，整日为公司业务东奔西走的陈国华被累倒了，请假回老家休养了半个月。他万万没有想到，等他返回公司时，公司从财务、人事到日常管理已经面目全非，公司已由法人代表全权打理。陈国华感到自己再也没有办法参与进去了，就主动地退了出来。离开学校后，他以最快的速度来到了深圳，他说，人们把深圳称作“创业者的天堂”，他希望通过几年的学习后，再一次踏上创业的征程。（案例来源：网易部落2005年5月11日 http：//bbs.sh.163.com/–01Fz.html）

【点评】

大学生创业，往往激情有余，经验不足。可是，如果没有足够的经营和管理经验，再多的激情也撞不开成功的大门。从陈国华的创业经历来看，缺乏必要的经营管理知识是陈国华失败的第一个原因；选择合作伙伴不当是他失败的第二个原因。此外陈国华还败在缺乏法律意识、不懂依法经营上。他和校方达成的口头协议实际上是很不明确的，究竟是合伙还是联营？抑或是承包？对于复杂的经济活动，口头协议是靠不住的，一定要通过签订书面协议的形式，才能避免引发纠纷。由于缺乏相关的法律意识和知识，陈国华玩命似的搞培训、跑销售，辛辛苦苦挣到的10多万元的利润莫名其妙就人间蒸发了，这当然会令他痛心不已。不过，失败其实也是一笔财富，不仅是陈国华本人的财富，而且也是无数充满创业激情的大学生们的前车之鉴。（点评人：谢玉萍）

【法规链接】

民法通则第三十一条：合伙人应当对出资数额，盈余分配、债务承担、入伙、退伙、合伙终止等事项，订立书面协议。

民法通则第三十二条：合伙人投入的财产，由合伙人统一管理和使用。

案例 31　公司及股东滥用有限责任怎么办？

某有限责任公司 A（以下简称 A 公司）在经营过程中欠 B 一大笔债务。为逃避债务，股东会决定由 A 公司出资设立甲、乙两个全资子公司，将 A 公司主要财产分散到两个子公司。债权人 B 向法院提起诉讼，要求 A 公司股东及甲、乙两公司对 A 公司的债务负责。理由是：甲、乙虽是 A 公司的全资子公司，但从人员构成、营业活动上看，A 公司和甲、乙两公司已完全一体化；从法律形式上看，甲、乙两公司虽然有独立的法人人格，但实际上不过是 A 公司的一个部门而已。现 A 公司财产不足以清偿债务，请求法院判决 A 公司的股东和甲、乙两公司对 A 公司的债务承担责任。

【点评】

我国公司法规定，公司是企业法人，承担有限责任。有限责任公司的股东以其认缴的出资额为限对公司承担责任，公司以其全部资产对公司债务承担责任。公司责任的有限性是公司区别于个人独资企业与合伙企业的重要特征之一。股东的投资风险要比承担无限责任的个人独资企业的投资人和承担无限连带责任的普通合伙企业的合伙人的投资风险小得多。但是，如果公司股东滥用公司法人独立地位和股东有限责任来逃避债务，必然损害公司债权人的权益，是法律所不允许的。因此，多数国家的公司法都确立了公司法人人格否认制度。当公司股东滥用公司法人独立地位和股东有限责任，逃避债务，损害公司债权人利益时，要求股东对公司债务承担连带责任。本案中，A 公司的股东正是滥用公司法人独立地位和股东有限责任而逃避债务，损害债权人债权的典型例子。公司的债权人请求法院判决 A 公司的股东和甲、乙两公司对 A 公司的债务承担连带责任，有充分的法律依据。（点评人：黄宏灯）

【法规链接】

《中华人民共和国公司法》第二十条：公司股东……不得滥用公司法人独立地位和股东有限责任损害公司债权人的利益……公司股东滥用公司法人独立地位和

股东有限责任，逃避债务，严重损害公司债权人利益的，应当对公司债务承担连带责任。

《中华人民共和国公司法》第六十四条：一人有限责任公司的股东不能证明公司财产独立于股东自己财产的，应当对公司债务承担连带责任。

案例32 “华硕事件”是维权还是敲诈勒索？

2006年2月9日，首都某高校21岁的大三女生黄静（化名龙思思）购买了一台价值20 900元的华硕笔记本电脑，后发现电脑有问题，几次送往华硕维修部维修。在一次维修过程中，华硕维修部工程师将电脑中的原装2.0G CPU更换成2.13G CPU，但问题仍然没有得到解决。黄静请来电脑高手周某对电脑进行检测。结果，检测出CPU被换成工程样品处理器。工程样品处理器是CPU生产厂商英特尔免费提供给电脑厂商的，只能用于电脑生产前期的测试和开发，严禁出售给用户。在此两个月前，曾闹出过一场工程样品处理器违规出售给用户的“新蓝事件”。当时CPU生产厂商英特尔就宣布，如果再出现类似的错误，将会给违规的电脑厂商予以重罚，很可能会中止对电脑厂商继续提供工程样品处理器，这对电脑厂商来说将会是一个致命的打击。

黄静请周某为代理人，开始了与华硕的谈判。谈判过程中，向华硕索赔500万美金，并提出，如果和解失败，将会把此事向媒体曝光。双方几次谈判都没有达成和解，而在3月7日的谈判中，华硕报警，黄静和周某当场被警察带走，罪名是涉嫌敲诈勒索。

在被关押10个月后，黄静被取保候审。随后北京市海淀区人民检察院认为此案事实不清，证据不足，作出了不起诉的决定，黄静被无罪释放。2008年9月，海淀区人民检察院出示的刑事赔偿确认书中认定，黄静的行为是维权过度，不属于敲诈勒索犯罪。

【点评】

本案的焦点是：黄静的行为是正当维权还是维权过度？还是敲诈勒索犯罪？此前，消费者因经营者产品质量问题提出“天价”赔偿，经营者报警，消费者几乎无一例外地被定性为敲诈勒索犯罪并追究刑事责任。本案虽存争议，但北京市海淀区人民检察院作出了消费者无罪认定，对消费者来说，无疑是个好开端。不少人寄望本案的定性对类似案件具有里程碑意义。

但本案的认定也存在不少疑惑。其一，检察院认定本案“事实不清、证据不足”，令人费解。事实上，本案华硕欺诈消费者，消费者提出高额索赔等基本事实清楚，证据充分；其二，检察院认定消费者“维权过度”，更令消费者无所适从。

何谓“维权过度”？什么样的“度”才不“过度”？什么样的“度”才是“适度”？“维权过度”与敲诈勒索犯罪的界限又该如何界定？消费者不得而知。

消费者因经营者产品质量问题提出高额索偿，如达不成和解协议将向媒体曝光，并不构成犯罪，至少有以下理由：一、产品出现质量问题是事实而非消费者凭空捏造；二、消费者与经营者协商基于平等自愿，对消费者提出的赔偿数额，哪怕是“天价”的，经营者完全可以拒绝；三、消费者对消费过程中存在的质量问题尤其是经营者的欺诈行为向媒体曝光，是消费者的权利；四、行为的社会危害性是犯罪的本质特征，本案中消费者的行为没有社会危害性，何罪之有？（点评人：黄宏灯）

【法规链接】

消费者权益保护法第四十九条：经营者提供商品或者服务有欺诈行为的，应当按照消费者的要求增加赔偿其受到的损失，增加赔偿的金额为消费者购买商品的价款或者接受服务的费用的 1 倍。

消费者权益保护法第十五条：消费者享有对商品和服务以及保护消费者权益工作进行监督的权利。

《中华人民共和国刑法》第二百七十四条：敲诈勒索公私财物，数额较大的，处 3 年以下有期徒刑、拘役或者管制；数额巨大或者有其他严重情节的，处 3 年以上 10 年以下有期徒刑。

案例 33　就餐时被盗能向餐厅索赔吗？

李梅下课后和其他几个同学一起去校园餐厅吃晚饭，走进餐厅后，他们习惯地把包放在座位上后去买饭。然而，等他们买完饭回来，李梅就发现她的包不见了，包里有一只粉红色的 1 400 多元的摩托罗拉手机、300 多元的文曲星以及一些书籍。

大家没顾上吃饭，立刻在整个餐厅寻找，但找遍餐厅每个角落也没有找到。李梅立刻用其他同学的手机拨打自己的手机，发现卡已被抽出，她更加肯定包是被偷了。于是立刻向学校保卫科报警，李梅和其中的一个同学还写了具体情况，另外两个同学随之后到的警车在校园里转了一圈，没有发现可疑人物。

在他们认为拿回包无望的情况下，尝试着给李梅的手机拨打电话和发短信，拨打电话时发现某一次是没人接，接下来的一次是忙音，于是他们推断那个偷包的人在用李梅的手机卡。他们再发短信告诉他，让他把李梅从图书馆借来的书还回来。小偷在当天晚上回了短信，说会在二楼餐厅放回包。第二天早上，他们在二楼的餐厅发现了李梅的包，但里面已经没有了手机和文曲星。

李梅的手机和文曲星是在校园餐厅就餐时丢失的，她可否向校园餐厅索赔呢？

【点评】

李梅和同学是去餐厅就餐形成了消费者和经营者的关系，根据消费者权益保护法，消费者在购买、使用商品和接受服务时享有人身、财产安全不受损害的权利；消费者因购买、使用商品或者接受服务受到人身、财产损害的，享有依法获得赔偿的权利。但问题是，在餐厅丢失了包，造成手机和文曲星被盗，能否认为是在接受餐饮服务时财产受到了损害呢？从立法本意来讲，这里的对人身、财产安全造成损害应该是指餐饮服务本身造成的，如因为经营场地、服务设施、店堂装潢或食物等不符合保障人身、财产安全的要求导致消费者的人身、财产受到损害，并不包括第三人在该营业场所对消费者人身、财产的损害。按照我国民法原理，损害赔偿必须符合四个条件：①存在侵权行为；②造成损害结果；③侵权行为人违法；④侵权行为与损害结果之间存在因果关系。以上条件必须同时具备才构成合法索赔。由于损害本身不是餐厅造成的，而且像盗窃、抢劫等突发性的违法犯罪案件是餐厅无法预见和防止的，故餐厅不应负赔偿责任。否则，对于一个没有尽到注意保管义务的消费者因为第三人的违法犯罪行为造成的损失都要没有过错的餐厅来赔偿，对餐厅缺乏公平，也不利于引导每个公民对自己行为负责意识的养成。

依据我国现有法律，餐厅提供的服务中一般不包括对顾客物品看管的义务，在没有交餐厅专门保管形成保管合同关系时，餐厅对顾客物品的丢失不承担责任。但是，从合同法来看，由于消费者与经营者之间形成了消费合同关系，餐厅作为合同的另一方，对消费者一方负有一定的附随义务，即根据合同的性质、目的和交易习惯履行通知、协助、保密等义务。经营者除应该全面履行合同约定的义务外，还应当履行通知、协助、提醒以及保护消费者人身、财产不受非法侵害的附随义务。就此而言，把握经营者赔与不赔的尺度，就在于经营者是否尽到提醒、协助的义务。我们有时也能看到一些学校的食堂、餐厅门口有类似的告示："最近本食堂（餐厅）经常发生拎包事件，请各位就餐者提高警惕，保管好自己的物品。"这实际上就是经营者在尽提醒义务；我们有时在外面的饭店就餐，也看到饭店的保安或主管人员在帮助失窃的消费者报案，这实际上就是经营者在尽协助义务。因此，从合同法的角度来看，经营者是否应该向受损失的消费者赔偿，关键要看经营者是否履行了合同义务，是否尽到了附随义务。在餐厅这样的经营场所，经营者主要负责保护就餐者不受一般伤害，而像这种突发性的刑事犯罪案件，只要尽到了合同义务和附随义务，就不应承担责任。

其实，即使李梅可以向餐厅索赔，举证对她也是十分不利的。因为她首先要能够举证确实是在这家餐厅被盗且该餐厅的服务存在缺陷，其次要证明被盗物品的实际价值，这样才能使索赔的具体诉讼请求最后得到法院的支持，而后者的举证难度是相当大的。所以，应该吸取教训，增强自我保护意识，自己尽到保管物品的义务。（点评人：谢玉萍）

【法规链接】

消费者权益保护法第七条：消费者在购买、使用商品和接受服务时享有人身、财产安全不受损害的权利。

消费者权益保护法第十一条：消费者因购买、使用商品或者接受服务受到人身、财产损害的，享有依法获得赔偿的权利。

合同法第六十条第一款：当事人应当按照约定全面履行自己的义务。

合同法第六十条第二款：当事人应当遵循诚实信用原则，根据合同的性质、目的和交易习惯履行通知、协助、保密等义务。

案例 34　导师，你为什么要这样?

某大学一位硕士研究生徐某撰写了一篇 2 万余字的经济学论文，请其导师张某给予指导。张某阅后，就论文的标题、论文结构、各节顺序以及个别文字及措辞提出了一些修改意见。徐某在按要求修改了论文后，再次将论文交给张某，问能否发表。张某表示他可以转交给某杂志社。此后，论文的事就杳无音信了。

几个月后，徐某在图书馆查阅资料时，无意中发现自己去年撰写的那篇论文已经发表于某杂志上，不过作者已改为其导师张某，标题也被张某换了。该杂志在“编者按”中，对该论文给予较高的评价，认为文章见解独到，令人信服。考虑到张某是自己的导师，徐某没有向张某提及此事。

后来，张某与徐某在徐某毕业分配问题上发生了严重矛盾，师生关系恶化。徐某将论文一事抖出，要求张某道歉并给予赔偿。徐的这一要求被张某拒绝。徐某于是诉至法院，请求判令张某道歉并给予赔偿，同时还向法院提交了写作论文的原稿、所查阅的资料、张某的修改意见等证据。张某则辩称：作品是以自己的名义发表的，但徐某的论文根本就没有发表，何谈有著作权？并且，张某认为，自己是徐某的导师，对论文提供了大量有益的指导，论文中至少也有他的创造性劳动，所以，将论文以他的名义发表也是不违法的。

【点评】

本案涉及的主要是著作权方面的法律问题。问题主要在于两个方面：一是论文是以导师张某的名义发表的，作为论文的原始作者徐某是否享有著作权？二是作为徐某的导师张某对论文提供了有益的指导，张某是否对论文拥有著作权？同时，徐某还是否拥有著作权？

根据我国著作权法，中国公民、法人或者其他组织的作品，不论是否发表，均享有著作权。徐某自这篇经济学论文完成，就自动享有该论文的著作权，受法律保护，而不论该论文发表与否。徐某的导师张某以论文是以张某的名义发表为理由，认为徐某不具有该文的著作权的观点是不成立的。

在著作权的归属问题上，我国著作权法也有明确规定，即著作权属于作者，创作作品的公民是作者；两人以上合作创作的作品，著作权由合作作者共同享有。合作作品可以分割使用的，作者对各自创作的部分可以单独享有著作权，但行使著作权时不得侵犯合作作品整体的著作权。本案中，该论文最初由学生徐某独立创作完成，徐某即享有该论文的著作权。之后，徐某将该论文交由导师张某，张某就论文的标题、论文的结构、各节顺序以及个别文字提出了修改意见。此时，这一论文因为凝聚了徐、张二人的共同智慧，应属于共同创作，徐、张二人共同享有论文著作权。该论文如果需要发表，一是需要徐、张二人共同同意，二是必须共同署名（并应根据作者对论文的贡献，在论文署名上明确谁是第一作者）。案情中，徐某将修改后的论文交由导师张某，问能否发表，即表明徐某已经同意作品发表，但导师张某在发表时，却只署上了自己的名字则明显侵害了徐某的著作权。（点评人：蒋达勇）

【法规链接】

著作权法第二条：中国公民、法人或者其他组织的作品，不论是否发表，依照本法享有著作权。

著作权法第十条：著作权包括发表权和署名权，即决定作品是否公之于众以及表明作者身份，在作品上署名的权利。

著作权法第十二条：两人以上合作创作的作品，著作权由合作作者共同享有。没有参加创作的人，不能成为合作作者。合作作品可以分割使用的，作者对各自创作的部分可以单独享有著作权，但行使著作权时不得侵犯合作作品整体的著作权。

案例 35　小说侵权的是与非

江南大学研究生詹某写的中篇小说《我的大学》公开发表于《江南》杂志双月刊。小说以第一人称“我”的形式讲述了大学本科四年的课余生活。通过“我”与“芳”和“梅”的感情纠葛，反映出社会大环境下当代大学生对青春的惶惑、无奈。整篇文章侧重校园生活灰色的一面。

《我的大学》尽管是以小说的形式发表，但内容基本上是作者对于自己大学生活的回忆。但在小说中作者点出母校一位曾为其上过课的古汉语专业博士生导师黄某的姓名，同时将他上课老抽鼻子和喜欢点名的习惯也“诉诸小说之中”。同时，又在文中称其大学本科时班主任“李”为“猪脑袋、猪八戒、混饭吃”。

小说发表后近两个月，黄老师经别人告知得悉此事。他联合有关人员发表了《致有关领导的公开信》。公开信称：“纪实小说《我的大学》……明目张胆地对曾批评过他的任课教师（博导）具列姓名、专业、职务，进行人身攻击；对另一位所憎恶的班主任教师，进行不点名谩骂、污蔑，已构成严重的人身侵权行为。由于指名道姓攻击了中文系一位博导，全文已构成对整个江南大学的歪曲、污蔑，社会影响更为恶劣……”此外，公开信中还要求学校对学生作出严肃处理，同时也希望省有关部门对该杂志进行调查处理。

不久，一家省级报刊又刊登出了曾经是黄的学生，现任职该报的记者张某采写的《这个作者太出格》一文。文章将此事定性为“在校研究生以小说形式侮辱老师，丑化母校，这在全国还是首例”。迫于舆论的压力，詹某写了道歉信，并刊登在发表《这个作者太出格》一文的报刊上。但事与愿违，公开的道歉信不但不能平息黄教授的怒意，反而将事情影响扩大。黄向杭州市西湖区法院递交了起诉状。

【点评】

小说作为文学形式，取材于现实生活，又超越现实生活。将小说中的人物和现实中的人物对号入座是很不明智的。

小说侵权必须具备四个基本特点：一是侵权的主观过错（包括故意和过失）须有确定性。这一方面看动机和目的，另一方面看事实。所谓看事实就是看小说是否在客观上造成了侵权的后果。二是看小说中塑造的人物是否具有排他性，也就是说小说中所塑造的人物确实指现实生活中的特定的人，排除描写他人的可能性。三是小说内容须有违法性。这就是指作者创作的小说中确实有侮辱、诽谤或者宣告原告生活隐私的违法内容。四是损害事实的无形性，即小说侵权往往具有对原告造成无形的精神性人格损害等。基于以上四个基本特点，本案中詹某小说主观过错并不具有侵权性，因为其主观动机并不指向黄某和其班主任，而是通过小说来反映大学生活灰暗的一面；二是小说中对于黄老师的描述，具列姓名、专业，具备第二个特征；三是在小说中，詹某对黄某的描写仅局限于喜欢抽鼻子和点名等习惯的描述，并不存在明显的污蔑、诽谤。

詹某在其小说中具名列写了其老师黄某的一些不良习惯，虽不具备构成侵权的全部法律要件，但在现实生活中也对黄造成了一些不必要的麻烦与不良影响，因此，从道德层面来看，詹某具有一定的责任。另外，对于小说中“李某”这一老师的描述，虽更不具备构成侵权的全部法律要件，但也可能对其大学班主任造成不良影响，詹某负有一定的责任。（点评人：蒋达勇）

【法规链接】

民法通则第一百零一条：公民、法人享有名誉权，公民的人格尊严受法律保护，禁止用侮辱、诽谤等方式损害公民、法人的名誉。

民法通则第一百零二条：公民的姓名权、肖像权、名誉权、荣誉权受到侵害的，有权要求停止侵害，恢复名誉，消除影响，赔礼道歉，并可以要求赔偿损失。

《最高人民法院关于审理名誉权案件若干问题的解答》：撰写、发表文学作品，不是以生活中特写的人为描写对象，仅是作品的情节与生活中某人的情况相似，不应认定为侵害他人名誉权。

案例 36 女大学生受困“恋爱合同”

学习刻苦的殷小兰考取了浙江大学，然而，看着大学录取通知书上每年近 4 000 元的学杂费，家人却怎么也乐不起来。得知殷小兰的窘境后，从泥瓦匠变成建筑公司老板的鲁阿东表示愿意帮助她。但鲁阿东帮助她的条件是殷小兰必须和他建立恋爱关系。为了使自己的金钱付出能得到如意的回报，鲁阿东拟定了一份协议书并让殷小兰在上面签字。

协议书是这样写的：“经鲁阿东、殷小兰双方同意，达成如下协议：1. 鲁阿东支付殷小兰在浙江大学上学期间的学杂费和生活费，每年 8 000 元，分 4 年付清，每年开学前付清当年费用；2. 自本协议签订之日起，双方建立恋爱关系，殷小兰在大学毕业前，不得以任何理由同他人谈恋爱；3. 殷小兰在上学期间不得拒绝鲁阿东的约会，并且要积极主动地和鲁阿东培养感情；4. 殷小兰大学毕业后，根据双方的感情状况决定是否同鲁阿东结婚，倘在 1 年内不同鲁阿东结婚，必须退还鲁阿东代其支付的各种费用，并按银行定期存款利率付息。”

看完这份协议，殷小兰哭笑不得。可她没有别的选择，她想上学圆自己的大学梦。经过一番痛苦的抉择后，殷小兰终于在协议上签下了自己的名字，泪水也流到了腮边。她转过身对鲁阿东说：“你在第三条‘约会’两个字后面添上‘每月约会次数不能多于一次’这几个字，学校有学校的纪律。”鲁阿东很痛快地照办了。殷小兰终于走进了她梦寐以求的大学校园。

从殷小兰入学后的第三个月起鲁阿东就不断给殷小兰寄信。遵照协议的约定，殷小兰在收到信后也会给鲁阿东回信。这样通了两个月的信后，鲁阿东在信中对殷小兰的称呼，由开始的“殷小兰”改为“小兰”，最后又改成“亲爱的兰”，而且信中肉麻的话也越来越多。殷小兰曾写信要求鲁阿东，感情要慢慢培养，操之过急只会适得其反，但鲁阿东依然我行我素。殷小兰感到十分茫然。按说，鲁阿东聪明、有上进心，人长得也不赖，真要嫁给他，也不算委屈，何况他一片痴情。可不知为什么，殷小兰读着鲁阿东写来的一封又一封“烫人”的情书，就是找不到一点爱的感觉。她总觉得，鲁阿东这个人精明得有些离谱。

大学的第一个寒假过去了，鲁阿东决定去杭州找殷小兰，以行使协议中赋予他的“约会权”。在一个风和日丽的下午，鲁阿东在浙江大学见到了殷小兰。短短半年多的时间，殷小兰比以前更清丽脱俗，更加坚定了鲁阿东要娶殷小兰为妻的念头。可感情上的事，毕竟勉强不得，在殷小兰陪他逛街时，他几次提出要挽殷小兰的胳膊走路，但殷小兰就是不同意。鲁阿东十分恼火，征服欲急剧膨胀，他打算豁出时间和精力，一定要把殷小兰弄到手。

自打第一次约会后，鲁阿东每个月都要到杭州来一次，而且一来就要呆好几天。开始时他还能顾及殷小兰的面子，打电话约殷小兰出来会面，后来干脆直接上学生宿舍甚至到教室里找她，弄得殷小兰在同学和老师面前十分尴尬。殷小兰对鲁阿东的纠缠越来越不耐烦，虽然她心里很感激鲁阿东对她的帮助，甚至也想努力让自己爱上鲁阿东，但她做不到！

当鲁阿东第 19 次到学校来找殷小兰时，她终于向对方作出明示说："你对我的恩情我一辈子也忘不了，你对我的情意我也铭记在心，但我们不是一条船上的人，分手对你对我或许都有好处，你借给我的钱我会设法还给你，明年的学费我自己来筹，这两年的寒暑假我也挣了一点钱……""好哇，你现在出息了，想过河拆桥是不是？告诉你，没门。"一向在殷小兰面前不轻易发火的鲁阿东，这次再也无法保持"君子风度"，怒气冲冲地朝殷小兰吼道："我有协议在手，你要是敢反悔，我上法院告你。"

殷小兰想对簿公堂对鲁阿东有些不公平，好歹鲁阿东有恩于她，更重要的是作为一个女大学生，和一个三十岁出头的私人老板，为这种说不清道不明的事打官司，就是她长一百张嘴，恐怕也难以向公众舆论作一个交代。基于这种考虑，殷小兰想和鲁阿东"和平解决"。但气极了的鲁阿东根本不容殷小兰和他深谈，他一口气数落了殷小兰的种种不是，并且一味责怪殷小兰不积极主动与他培养感情，最后他用不容商量的口气对殷小兰说："你要想甩掉我，也得等大学毕业后，大学毕业前，你必须按协议的规定和我约会。"

自从这次没有结果的谈话后，鲁阿东对殷小兰的纠缠变得越来越放肆了，每次约会，他都要详细盘问殷小兰在他来之前同哪些人逛过街、看过电影、上过舞厅，还强迫殷小兰承认与男同学有过超出友谊的交往。最让殷小兰不能忍受的是，鲁阿东在她面前开始"不老实"起来，经常对她动手动脚。面对鲁阿东失去理智的胡搅蛮缠，殷小兰采取了十分克制的态度，她不和他争辩，也不和他吵闹，对于鲁阿东的诘难，她总是以沉默来回答。但她的忍让和妥协，不仅没有使鲁阿东翻然悔悟，反而使他更加肆无忌惮。到殷小兰上大四时，鲁阿东公然以"男朋友"的身份到殷小兰的寝室找她，并在寝室里大声喧哗，他甚至当着同学的面欲强行同殷小兰接吻，在遭到抗拒后，他竟要在殷小兰的寝室里召开"新闻发布会"，公布他和殷小兰的恋爱史，还无中生有地说殷小兰早已不是处女，装什么正经。

面对发疯般的鲁阿东，殷小兰只好能忍就忍，能躲则躲。她想，等熬到大学毕业就远走高飞，鲁阿东找不到自己就会死心。可她小看了鲁阿东，殷小兰毕业后在杭州亚博计算机服务中心上班的第 11 天，鲁阿东就找到了殷小兰所在的公司。这次他已不屑于再冒充殷小兰的男友，干脆以"殷小兰丈夫"的身份自居。他毫不客气地拉一把椅子在殷小兰对面坐下，在众目睽睽之下装着十分亲热的样子对殷小兰问寒问暖，俨然殷小兰就是和他相濡以沫的妻子。他还特意加重语气说“孩子已经会喊爸爸妈妈了，长得很像你”之类不着边际的话，仿佛她不仅是他的妻子，还和他生过孩子。当然，这话他是故意说给殷小兰同事听的。殷小兰真恨不得有一个地洞让她钻进去，气得浑身发抖，结结巴巴地想分辩几句，却不知道从何说起，羞怒交加之下，她一下子晕倒在地上。

殷小兰醒来后感到已被鲁阿东逼得再也没有退路了。于是她不再犹豫，勇敢地上法院起诉了鲁阿东。法院经过一个月的调查取证，终于作出判决：鲁阿东因故意污辱、诽谤他人，被判处有期徒刑 1 年，并赔偿受害人殷小兰精神损失费 4 000 元，写出悔过书寄往殷小兰单位；鲁阿东代殷小兰交付的 2.4 万元学杂、生活费，应视作私人借款，殷小兰须在半年内还清。

法院的一纸判决书使 23 岁的殷小兰重新获得了恋爱自由。拿到判决书后，殷小兰喜极而泣。整整四年噩梦般的生活总算结束了，是法律帮她解开了身上的绳索，挽救了她出卖“爱情”的过失。4 个月后，殷小兰在同事的帮助下，归还了所欠鲁阿东的 2 万元钱（另外 4 000 元冲抵精神赔偿费）。

【点评】

本案中鲁阿东拟订的恋爱协议，虽然有殷小兰的亲笔签名，双方意思表示真实，没有欺诈胁迫和乘人之危的情形发生，但该协议违反了有关的法律，即宪法、婚姻法中关于人身自由、恋爱自由受保护，不得任意限制和强迫的规定，属于民法通则中规定的无效的民事行为，协议自始无任何法律效力。相反，鲁阿东对殷小兰胡搅蛮缠，捏造事实恶意中伤，造成殷小兰羞怒晕厥的行为，不仅违反了民法通则关于公民的名誉权受保护，禁止他人污辱、诽谤的规定，而且也符合刑法第二百四十六条的规定，构成诽谤罪。

殷小兰不仅依法追究了鲁阿东侵权的民事责任，而且还向法院提起了刑事自诉，要求人民法院追究鲁阿东的刑事责任，以保护自己的人身自由和人格尊严。可见她是懂法的。但她为什么还做出如此荒谬的行为来呢？显然殷小兰有错误的一面，她最大的错误就在于拿自己的爱情与对方的金钱做交易。为了上大学，她决定冒险利用自己的爱情资源换得鲁阿东金钱上的帮助，而且还用合同方式确立了下来，交易的性质是非常明显的。事实上，爱情是不能作为交易的对象，不能作为赌注的。因为爱情没有等式，不能用 1=1 来衡量，而金钱的数目则是确定的。殷小兰的爱情付出难以量化，她不可能知道感情上付出多少才与鲁阿东的金钱付出等值。由于殷小兰并不爱鲁阿东，她对爱情资源的得失考虑就必然会出现上述情形，感情和理性都不能让她在爱的问题上完全按合同办事。因而，在履行双方签字认可的“恋爱合同”时所显现出的两个人在理解上的差异和在交往中的矛盾，最终导致悲剧的发生都是必然的。（点评人：谢玉萍）

【法规链接】

宪法第三十七条：中华人民共和国公民的人身自由不受侵犯。

宪法第三十八条：中华人民共和国公民的人格尊严不受侵犯。禁止用任何方法对公民进行侮辱、诽谤和诬告陷害。

婚姻法第三条：结婚必须男女双方完全自愿，不许任何一方对他方加以强迫或任何第三者加以干涉。

案例 37　一份真实的“包养协议”

郭芳是广州某大学计算机专业三年级学生。两年前，还在读大一的郭芳在网上聊天室认识了陈铭，他们在网上相处得很好。郭芳倾慕陈铭的事业有成，陈铭觉得她是个善解人意的女生，是自己很好的倾诉对象。郭芳的父亲几年前因病去世，留下母亲与她和两个弟弟相依为命。她上大学的钱还是亲戚给的。在没被包养前，她有两份家教工作，但还是觉得生活艰难。陈铭提出要帮助她的生活，在接受过多次帮助以后，郭芳就与他发生了关系。陈铭提出，每个月给她 1 万元钱，但郭芳不放心，于是提出签一个包养协议，她认为这样的话即使她被抛弃了，也有协议保障，因为她身边有人就是这样做的。

私家侦探郑凡受陈铭妻子之托调查陈铭婚外情时，查到了郭芳的真实身份，当他告诉郭芳不要再跟陈铭在一起，否则陈铭妻子将到她的学校大闹时，郭芳“突然主动从她的钱包里小心翼翼拿出两张整洁的信纸”——她与陈铭签订的“包养协议”，签名日期至今刚好两年。

协议中，除了规定甲方陈铭每月支付 1 万元生活费的内容外，其他条款都是郭芳自己草拟的，包括每周双方发生关系的时间、双方权利义务等，郭芳承诺协议期间不找男朋友、不与他人上床等。郭芳亲笔草拟、写下了整份协议，并誊写一份，双方签字，各自保留一份。

在被包养这件事情上，郭芳从不觉得羞耻，她认为自己对陈铭只是在履行一份协议，彼此承担权利和义务。郭芳不知道这个协议其实是没有法律效力的，她还以为协议是自己的保障。但当郑凡告诉郭芳事情的性质之后，郭芳承诺与陈铭断绝关系，并履行了诺言。陈铭把自己手中的协议当着妻子的面撕毁了。郭芳手中的协议目前由郑凡保存。分手时陈铭要补偿郭芳 5 万元，陈铭妻子也提出可以给予她一些帮助，郭芳都拒绝了。现在，她重新回到了自己的生活轨道中。

【点评】

这是一起荒唐的“包养协议”，但发生在作为社会未来精英的大学生身上，确实让芸芸众生百思不得其解。

我国民法的基本原则规定，一切协议都必须符合公序良俗原则，这样一个以婚外性关系为内容的“协议”正是典型的破坏公序良俗的无效行为，该协议的内容是违法的，不受法律保护。

公序良俗原则被公认为是现代民法一项重要的法律原则，是指一切民事活动应当遵守公共秩序及善良风俗。在现代市场经济社会，公序良俗原则有维护国家社会一般利益及一般道德观念的重要功能。我国民法通则第七条规定：民事活动应当尊重社会公德，不得损害社会公共利益，破坏国家经济计划，扰乱社会经济秩序。

良俗，即善良风俗，系指为社会、国家的存在和发展所必要的一般道德，是特定社会所尊重的起码的伦理要求。不难看出，善良风俗是以道德要求为核心的。人民法院在司法审判实践中，遇到立法当时未能预见到的一些扰乱社会秩序、有违社会公德的行为，而又缺乏相应的禁止性规定时，可直接适用公序良俗原则认定该行为无效。

可悲的是，这位自以为可以通过白纸黑字的协议保障自己“被包养权利”的女大学生，却不知道她所持有的只不过是一纸无效的荒唐谎言。

这个包养协议，也让我们看到了部分女大学生贪图享乐、不思进取、爱慕虚荣、追求糜烂生活方式的心态。而这种赤裸裸的金钱与性的交易，又与娼门卖笑有何区别?

女大学生被包养甚至直接投身色情服务业的新闻不断出现，很有必要让我们对社会进行冷静的审视。而我们的教育，也是时候应该进行一下深入的解剖和反思了。（点评人：林冬妹）

【法规链接】

民法通则第七条：民事活动应当尊重社会公德，不得损害社会公共利益，破坏国家经济计划，扰乱社会经济秩序。

民法通则第五十五条：民事法律行为应当具备下列条件：

（一）行为人具有相应的民事行为能力。

（二）意思表示真实。

（三）不违反法律或者社会公共利益。

案例 38　大学生起诉父亲索要抚养费被驳回

被告王宝系原告王强的生父，原告的母亲与被告于 1991 年协议离婚，协议约定原告随父亲生活，但到原告读小学时，原告就回到母亲身边生活，被告也承担了部分抚养费到原告高中毕业。2007 年 9 月，原告进入广西职业技术学院就读，但被告认为原告已经年满 18 周岁，而且原告在对待被告的态度上有所欠缺。被告组成新家庭，每月仅有 1 160 元的工资收入，还需抚养一个 13 岁的儿子，其经济能力已经不能负担原告继续学业，所以，被告不再支付原告在广西职业技术学院就读期间的生活、教育费用。原告因此起诉至法院要求被告支付每年 3 000 元的费用。

2008 年 7 月 24 日，广西宾阳县人民法院对原告王强诉其父亲王宝抚养费纠纷案作出一审判决，鉴于王强年满 18 周岁已完成高中学历，且并未因丧失劳动能力而无法维持生活，依法驳回原告诉讼请求。（案例来源：中国法院网 2008 年 7 月 28 日）

【点评】

在读大学生状告父母支付大学抚养教育费用的案例时有发生，而且多为父母离异，被告往往是不直接抚养子女的一方。

我国婚姻法规定：父母对子女有抚养教育的权利和义务。抚养，是指父母从物质上对子女的养育和照料。教育，是指父母在思想上、品德上对子女的关怀和帮助。父母不履行义务时，未成年的或不能独立生活的子女，有要求父母付给抚养费的权利。

父母对未成年子女的抚养是无条件的，任何时候都不能免除，除因某种原因不能独立者外，从出生到子女独立生活为止。

对成年子女的抚养是有条件的。如果子女有如下情形之一的，父母仍须对成年子女负担必要的抚养费：

（一）子女丧失或未完全丧失劳动能力，无法维持正常生活的。

（二）尚在校读书的。在校读书的不能独立生活的成年子女，仅指接受高中以下学历教育的成年子女，不包括高中以上学历的成年子女［最高人民法院 2001 年婚姻法解释（一）第二十条］。

（三）子女确无独立生活能力和条件的。

（四）父母有负担能力的。

在本案中，王宝已另组成新家庭，还需抚养一个 13 岁的儿子，王强要求王宝每年支付 3 000 元，王宝确实难以负担。王强已满 18 周岁并已完成高中学业，且并未因丧失劳动能力而无法维持生活，此时王强就无权要求父亲王宝再支付教育费和生活费。

当然，被告如果是有负担能力，原告（大学生）筹措大学学习费用确实有困难，法院判决被告适当支付一定费用的案例也是有的。（点评人：吴志华）

【法规链接】

最高人民法院关于适用《中华人民共和国婚姻法》若干问题的解释（一）第二十条：婚姻法第二十一条规定的“不能独立生活的子女”，是指尚在校接受高中及其以下学历教育，或者丧失或未完全丧失劳动能力等非因主观原因而无法维持正常生活的成年子女。

案例 39 网恋诞下双胞胎谁承责

大二时，爱心在网上认识了江西男孩许鑫（化名），他刚刚考取了青岛某大学。同样的青春，同样的激情，两人渐渐熟悉起来。渴望有人关心被人爱的爱心被他吸引住了，通过视频，爱心看见的是一张 baby-face（娃娃脸），两人后来发展到电话交流。

2005 年 6 月 19 日他们确定恋爱关系。中秋节前夕，爱心对父母说，想在毕业前独自出去旅游一次，于是她拿着父母给的 2 000 多元钱去了青岛。9 月 22 日夜，爱心把自己完全交给了男网友。没想到，一年未到，珠胎暗结。

知道爱心怀孕后，这个大三男网友说自己还没毕业，根本无力抚养孩子，强烈要求爱心将孩子打掉。听到男网友这样绝情的话，爱心对爱情的美好憧憬都消失了。伤心的她决定独自将孩子生下来，那时她的心里还存有最后一丝幻想："哪有不要自己骨肉的父亲呢?"她不相信男网友真的会那么绝情。

但残酷的现实击碎了爱心的所有幻想。从此，男网友从她的生活里消失了，他们相恋的网络联系方式被男友删除了，手机也停机了，爱心根本无从得知他的任何消息。江西大三男友绝情弃子并消失了踪迹。

2006 年 5 月 16 日爱心诞下双胞胎女儿，暂委托亲戚抚养。6 月 10 日，她将回到学校去进行论文答辩。（案例来源：金羊网 2006 年 5 月 27 日）

【点评】

按照婚姻法、《普通高等学校学生管理规定》的法律规定，在校大学生只要达到法定婚龄，就可以结婚。大学生满 18 周岁以后，有完全民事行为能力。个别有婚前性行为致使怀孕生下子女，其子女虽属非婚生，但从根本上说，他们与婚生子女在法定权利方面并无任何不同，他们的权利同样受到法律的保护，任何人不得加以危害和歧视。

但在现实层面上，非婚生子女的权益问题主要体现在抚养费难以得到保障和孩子难入户口两个方面。为此，婚姻法还特别规定了非婚生子女的生父应负担子女必需的生活费或教育费的一部分或全部，直至子女能独立生活为止。针对实际情况中未婚生孩子的生父总是企图逃避责任，而一些孩子的生母对此往往束手无策的问题，未婚生子的女性应通过法律手段为孩子争取应有的权益，如生父拒不承认自己作为孩子的生父身份，当事人可要求做亲子鉴定并向法院提起诉讼。

当然，在校的大学生没有任何收入，连学费都是由家庭支付，根本无法履行其法律义务，难以负起应尽的抚养责任，那么，非婚父母的双方家庭就应该代为承担相应的监护抚养义务。

在读大学生应从本案中吸取教训，一要认识到网恋的不可靠性，容易导致在感情、心理或生理上受到伤害；二是对未婚生子要非常慎重，三思而行，孩子一旦出世，就意味着要承担父母抚养教育的责任，这是一个非常现实的问题，无可逃避；三是要善于利用法律来维护自身的权益，如果生父（包括生母）不对其子女履行抚育的义务，非婚子女享有要求生父母给付抚育费的权利，这个权利受国家法律保护。（点评人：吴志华）

【法规链接】

婚姻法第二十五条：非婚生子女享有与婚生子女同等的权利，任何人不得加以危害和歧视。不直接抚养非婚生子女的生父或生母，应当负担子女的生活费和教育费，直至子女能独立生活为止。

案例 40　不愿签订劳动合同的潇洒一族

小刘就读于某外国语大学，毕业后从事广告创意工作，已经有 6 年工作经验了。在广告圈里，中英文都拿得出手的复合型人才奇缺，所以小刘也是许多猎头公司的目标。在业内也算小有名气的他加入一间颇有名气的大型广告公司。出人意料的是，小刘并没有和他现在所服务的企业签订劳动合同，公司几次试图说服他签订，都在小刘的执意拒绝下，以失败告终。小刘是广告公司的顶梁柱，所以，老板也只好维持现在的状况。在没有劳动合同的情况下，双方口头约定有关工作性质、薪水待遇等方面的事宜。小刘不愿意签订劳动合同的原因，就在于要走就走，不受劳动合同的约束；小刘离开上一个广告公司的时候，付了高额违约金，用小刘的话来说就是花钱买自由。但令他吃亏的事情还真的不少，如为了替公司做一个国际品牌的形象策划案，“五一”长假小刘天天加班，不过到最后，一分钱加班工资都没有。由于小刘没有劳动合同，也没有地方可以申诉，为了自己有更好的职业空间，就只能忍气吞声了。他笑称，自己是吃小亏赚大便宜。但令他吃大亏的事还是发生了：在前往某客户公司讨论创意方案的时候小刘遭遇车祸，他要求广告公司确认工伤，公司以并没有跟小刘签订劳动合同为由拒绝了。

【点评】

像小刘这样不愿签订劳动合同的潇洒一族，为数不少。跟很多入城打工的农民工因为不知道而不懂得用法律维护自己的合法权益不同，这些潇洒一族自认为知道权利的得到要付出义务的代价，因而自愿放弃自己的权利。事实上，这些“聪明人”很多时候会反被“聪明”误，付出不该付出的代价。像小刘不签订劳动合同付出的代价有时只是没法要到加班费，虽然以小刘的工资计算这加班费也是不小的一笔，但这代价相对而言并不大，所以小刘还是很潇洒，称“权利诚可贵，义务价太高，若为自由故，二者皆可抛”。后来遭遇重大意外，希望得到工作单位相应救助的时候，却因为没有劳动合同的保护自觉理亏了。小刘的教训不可谓不深刻。但这里，应该提醒的是小刘虽与用人单位没有签订书面合同，但有口头劳动合同，它像书面劳动合同一样具有法律约束力。但口头合同很容易被否认而不能成为证明相应的权利义务关系的证据。另外，即便出现小刘的公司拒绝承认与小刘有口头协议的情况，小刘可以主张并证明自己与广告公司成立了事实劳动关系。事实劳动关系，是指劳动者与用人单位未按劳动法的规定建立劳动关系，但在双方之间却存在具有劳动关系内容且未产生劳动法律关系的一种社会劳动关系。这种事实劳动关系也受劳动法的调整。要用劳动法保护事实劳动关系时，必须跨越两个障碍：一是要有证据证明双方劳动关系的存在，二是要有证据证明双方对争议事项有了事先的约定。(点评人：张海华)

【法规链接】

《最高人民法院关于审理劳动争议案件适用法律若干问题的解释》第一条：劳动者与用人单位之间发生的下列纠纷，属于劳动法第二条规定的劳动争议，当事人不服劳动争议仲裁委员会作出的裁决，依法向人民法院起诉的，人民法院应当受理：…… (二) 劳动者与用人单位之间没有订立书面劳动合同，但已形成劳动关系后发生的纠纷。

案例 41　血型决定录用?!

某公司在媒体刊登招聘广告，重金聘请销售总监。在对招聘对象的要求中，除了常见的学历和工作经验之外，还有“血型是 O 型或 B 型”的规定。小董参加了招聘考试，用人单位对小董各方面都挺满意的，但小董的血型是 A 型，公司最后录用了另一个血型为 O 型的求职者。小董心有不甘，追问该公司人力资源部的负责人，为什么这么大型的公司在员工录用上会如此迷信血型，让血型来决定员工的录用？结果公司人力资源部的负责人耐心地解释说，他们根据心理学的研究成果，认为“血型决定性格”，性格对事业的成功有重要的作用。他们根据相关研究，认为血型为 O 型或 B 型的人最适合从事销售工作。小董很迷惑，用人单位这么做，有法律依据吗?

【点评】

在劳动力市场中，劳动者和用人单位均具有市场主体资格，劳动者和用人单位是双向选择的关系。劳动者有选择职业权，用人单位有用人自主权。企业有权自主确定本单位的录用条件，根据生产经营需要和工作岗位特点，按照面向社会、公开招用、公平竞争、择优录取的原则选用劳动者。由此看来，似乎招用不招用特定血型的求职者，是企业用人自主权范围内的事情，不少企业管理者会想当然地这么认为。

事实上，正如世界上从来没有绝对的自由，在招聘工作中，用人单位招聘劳动者也不能绝对“自主”。除了劳动者和用人单位的双向选择，用人单位还应该遵守国家法律的规定，遵循保障劳动者就业机会平等的原则。

就业机会平等原则，就是指一切有劳动能力和就业愿望的人，不分种族、民族、出身、婚否、血型、身高、财产状况等自身状况，在寻找职业时都能机会均等地按照自己的兴趣、爱好和专业技能，自由地选择职业。这种为劳动者提供平等就业机会、保障劳动者行使平等就业权的法律原则，是社会公平原则在劳动就业问题上的体现，也是社会文明程度的体现。

我国劳动法中规定：劳动者就业，不因民族、种族、性别、宗教信仰不同而受歧视。可见，国家是禁止用人单位在招聘中有就业歧视行为的。一个人的血型、出身、性别、民族、种族、肤色等是自己无法选择的，就业中劳动者不应因这些因素不同而受到区别对待。但令人遗憾的是，现实中就业问题上存在歧视并非个别现象。因此，建议劳动行政部门制定和出台规范性文件，限制和约束用人单位在招聘中对劳动者的就业歧视行为，以利于劳动者公平地进入劳动力市场。（点评人：张海华）

【法规链接】

劳动法第三条：劳动者享有平等就业和选择职业的权利、取得劳动报酬的权利、休息休假的权利、获得劳动安全卫生保护的权利、接受职业技能培训的权利、享受社会保险和福利的权利、提请劳动争议处理的权利以及法律规定的其他劳动权利。

案例 42　“条件苛刻”的劳动合同有效吗？

某师范大学的毕业生李蕊到启蒙教育中心应聘，试讲了两个星期的课，受到了充分的肯定。她本人对工作环境和工作内容也都非常满意，对对方给出的薪金和福利待遇也很满足，当双方要签订劳动合同的时候，李蕊却犹豫了。因为她觉得对方的聘用合同不合理的地方太多了。比如，合同中有一条规定：响应国家晚育号召，乙方（此处特指女性）自愿承诺在合同期内不怀孕生育。如有违反并影响工作，视为违约，一次性赔偿甲方违约金 3 000 元，甲方视具体情形可以解除合同。合同又有一条规定：乙方未经批准，不得参加其他学习，否则承担违约金 3 000 元。合同还有一条规定：如甲方辞退乙方，应提前 10 日通知对方。乙方解约，应提前 30 日提出，并在甲方批准后方可离岗。如突然提出，或扔下工作不管，除按 3 000 元的违约赔偿外，还应附加赔偿甲方 2 000 元。李蕊想，作为女性到了适婚适育年龄结婚生子再正常不过，但要这份工作就不能生育，真不合理；在这个终身学习的社会里，边工作边接受再培训再教育充电也是再正常不过，但却被限制；还有要辞职的话比被解雇要难得多。李蕊说服自己，因为对方的条件好应聘者众所以要求高一点并不奇怪，自己是否应该将就一下签下合同呢？

【点评】

对于李蕊来说，应聘的单位相当不错，她不愿失去这个工作机会，那么她将就之下签订的劳动合同是否具有约束力呢？事实上，合同的内容只要符合法律的规定，它就具有约束力。问题在于合同上不符合法律规定的内容就不具有约束力，可以不执行。

(1) 关于限制生育。宪法、婚姻法和妇女权益保护法都有规定，在符合计划生育的前提下，生育是每一个妇女的合法权益。此合同条款限制妇女生育的权益属于无效条款，合同从它订立时起就是无效的，所以，李蕊在工作期间如果怀孕生育，也无须赔偿；即使李蕊怀孕生育了，对方也无权解雇李蕊。因为法律对女职工的权益具有专门的保护规定。

(2) 关于限制进修。此条款严重违反了宪法和劳动法的有关规定，也属无效条款。首先宪法明确规定每个中华人民共和国公民有受教育的权利。而且，劳动法第3条也规定劳动者享有接受职业技能培训的权利。这里所指的职业技能培训，既包括单位也包括社会上组织的技能培训学习。事实上，国家的政策也一直是鼓励个人通过学习和培训去不断提高自己的素质和能力。

(3) 合同解除条件的不对等。劳动法第二十六条规定："用人单位可以解除劳动合同，但应当提前30日以书面形式通知劳动者本人。"启蒙教育中心在合同中规定提前10天通知不符合法律的规定。劳动法对"30日"的规定是一种强制性规定，既然劳动法有规定，那么就必须严格遵守。劳动法第31条的有关规定："劳动者解除劳动合同，应当提前30日以书面形式通知用人单位。"劳动者提出解除劳动合同，只要符合此条规定，是没有任何其他条件限制的。之所以这么规定，是因为劳动者有充分的择业权。如果李蕊提前30天通知而单位不同意，李蕊"扔下工作不管"也不需承担额外的违约赔偿责任。如果李蕊"突然提出"辞职，是不是一定违约？不一定。因为用人单位未按合同约定支付报酬的和用人单位以暴力、威胁或者非法限制人身自由的手段强迫工作的，在这两种情形下劳动者可以立即解除劳动合同。（点评人：张海华）

【法规链接】

劳动法第二十九条：女职工在孕期、产期、哺乳期内的，用人单位不得解除劳动合同。

案例 43　虚构学历签订的劳动合同无效

某食品加工企业向社会招聘一名销售主管，王某前往应聘。双方面谈中，王某滔滔不绝的陈述赢得了企业的青睐，王某向企业提交了研究生学历文凭及以往在多个企业担任过销售主管的书面说明。对既有理论基础又有实践经验的王某，企业求贤若渴，于是双方当即协商签订了为期 3 年的劳动合同。合同约定：企业聘用王某为销售主管，试用期 3 个月，月工资 3 000 元；王某全权负责企业销售业务。劳动合同签订后，企业即要求王某上班工作。两个月后，企业发现王某的销售业绩平平，即要求王某制订销售计划，加大销售力度。又过了两个月，企业发现王某的销售业绩仍无起色，遂对王某的学历和工作经历产生了怀疑。于是，通过调查发现，王某提供的学历及在多个企业担任过销售主管纯属虚构。为了避免王某继续工作可能产生的问题，企业当即作出了解除合同的决定，并且第四个月的工资只发给王某 1 000 元。王某对企业解除劳动合同的决定不服，认为企业解除合同无凭无据，于是向劳动仲裁委员会申请仲裁，请求裁决企业支付 2 000 元工资及解除劳动合同的经济补偿金。劳动仲裁委员会裁决企业支付王某工资 2 000 元及经济补偿金 3 000 元。企业不服裁决，向法院提起诉讼，要求法院认定王某与企业签订的劳动合同无效。法院认定王某与企业签订的劳动合同无效，判决企业支付王某工资 2 000 元，对王某要求企业支付经济补偿金不予支持。

【点评】

在事件发展中，王某始终对自己持假文凭及虚构经历的做法不以为然，王某认为：自己进企业是经过考核录用的，自己的能力远在一些博士和博士后之上，不能在短时间内表现与销售工作的特殊性有关，与学历及以往工作经历并无关系，自己之所以要做假也因为很多用人单位只认文凭不看能力。他还说根据劳动法的规定，企业不能随便解除劳动合同。对于王某的说法这里暂不作评，他对法律规定断章取义的做法甚为可笑。劳动法第十八条明确规定：采取欺诈、威胁等手段订立的劳动合同是无效的劳动合同，从订立的时候起，就没有法律约束力。对于企业而言，员工的学历及以往工作经历是企业录用员工的参考条件，企业因相信王某以往在多个企业担任过销售主管的经历且有较高学历而决定聘用，签订劳动合同是因为受欺诈，所作的意思表示是不真实的，因此，双方所签订的劳动合同是无效的。法院审理后认为，本案中，王某为了达到与企业签订劳动合同的目的，隐瞒了真实情况，持虚假学历并虚构了以往在多个企业担任过销售主管的工作经历，骗取了企业的信任，致使企业在急需销售主管的时候与其签订了劳动合同，王某的这种做法属欺诈行为，影响了企业的正常生产工作秩序。因此，王某与企业订立的劳动合同自订立时起就没有法律约束力，属无效劳动合同。劳动法规定，无效的劳动合同，从订立时起，就没有法律约束力。王某要求按照解除有效劳动合同的有关规定支付经济补偿金没有依据。

劳动者与用人单位之间的双向选择，应遵守法律法规和规章，按照公开、公平、公正的原则进行，不得侵犯各方的利益。用人单位与劳动者互相选择时，应当如实向对方介绍自己的基本情况和要求，并提供证明文件材料。诚实信用是对每一个公民的道德要求，王某的道德水平亟待提高。虽然王某采用欺骗手段取得职位，但在企业查明王某弄虚作假后单方面降低王某的工资，未经双方的协商取得一致意见，因此，企业的做法不当，所以，法院仍判企业支付少付的工资 2 000 元。（点评人：张海华）

【法规链接】

劳动法第十八条：下列劳动合同无效：（一）违反法律、行政法规的劳动合同；（二）采取欺诈、威胁等手段订立的劳动合同。无效的劳动合同，从订立的时候起，就没有法律约束力。

案例 44　“跳槽”违约引起连带赔偿

小张在读大学时，同学们都知道他是一个我行我素颇有性格的人。毕业后小张在 A 公司任职，双方经协商，签订了为期两年的劳动合同，并就劳动合同在履行中双方出现的违约行为所应承担的违约责任作出了约定。在其后的一年中，小张业绩骄人，他突然向公司提出辞职要求，公司方不同意，而后小张便离开公司不知去向。不久，公司发现小张已在 B 公司工作，当即要求小张按照劳动合同的约定，支付违约金，并赔偿公司因小张擅自离职而造成的经济损失。因为公司认为双方签订的劳动合同，是经过协商一致的，是双方真实意思的表达，是合法有效的；而小张无任何理由，擅自离开公司，违背了双方在劳动合同中的约定，给公司造成了一定的经济损失。小张称自己在 A 公司工作非常不开心，而自己是从来都不会难为自己的，B 公司愿意聘请自己，自己也在 B 公司工作得很开心。至于违约金及经济赔偿，小张称自己在 A 公司工作时对公司也作出了很大的贡献，已经非常对得起 A 公司了，另谋高就也好另谋低就也好，反正离开 A 公司心中无愧，拒付违约赔偿。A 公司只好把小张告到劳动争议仲裁委员会，要求小张支付违约金及赔偿经济损失，并且认为小张在未与原公司解除劳动合同的情况下，又被 B 公司聘用，要求 B 公司承担连带赔偿责任。最后，劳动仲裁委员会裁决小张向 A 公司支付违约金 1.2 万元，经济损失 8.5 万元，B 公司承担连带赔偿责任。

【点评】

劳动者与用人单位依法在平等自愿、协商一致的情况下签订的劳动合同有效。合法有效的劳动合同对当事人双方同样具有约束力。小张和A公司签订的劳动合同是合法有效的合同，该劳动合同中的各项条款均对双方产生法律约束力，如有一方违反，就应承担相应的责任。小张在劳动合同尚未解除的情况下，前往B公司工作，显属违约行为，应该承担违约责任。本案中劳动仲裁委员会为何裁决B公司负连带责任呢？所谓连带责任，是指两个或两个以上的义务人，依据法律规定或约定，以清偿同一标的为内容的一种责任形式。B公司辩称对小张来应聘前曾与A公司签订过劳动合同且尚未解除之事并不知情，因此不应当承担责任。这是没有法律根据的。其实劳动部有这样的规定：在劳动者终止、解除劳动合同时，应由用人单位出具终止、解除劳动合同证明书，作为该劳动者求职的凭证。劳动法则规定：用人单位招用尚未解除劳动合同的劳动者，对原用人单位造成经济损失的，该用人单位应当依法承担连带赔偿责任。在未见到小张出示解除劳动合同证明书的情况下，B公司既不调查也不核实劳动者的真实身份便聘用了他，存在过失，故应按法律规定承担连带赔偿责任。

在提倡张扬个性的时代，小张个性张扬没什么不好，但我行我素也要有个前提，那就是遵守相关的法律、法规。本案中小张与A公司签订了劳动合同，应该讲信用，必须严格履行，如果劳动合同未到期却执意一定要离开原单位，那么一定要向原单位办理相关离职手续并勇于承担违约责任，支付相应的违约金。小张擅自离职，一方面是不负责任的表现，缺乏诚信，另一方面也是违法的，要承担相应的赔偿责任。（点评人：张海华）

【法规链接】

劳动法第十七条：劳动合同依法订立即具有约束力，当事人必须履行劳动合同规定的义务。

劳动法第九十九条：用人单位招用尚未解除劳动合同的劳动者，对原用人单位造成经济损失的，该用人单位应当依法承担连带赔偿责任。

案例45　女扮男装只为求职

某公司经营状况良好，为了进一步扩大市场，登报招聘业务代表，并表示采取公平、公正、公开考评的方式招聘。报上具体细列了招聘要求，李小妮仔细了解，觉得自己完全有资格去应聘此职，但正当她踌躇满志地要前往报名的时候，却留意到报上广告的大字是招聘男性业务代表。李小妮性格执著，她觉得此公司的招聘有性别歧视之嫌，为证明自己的确有实力应聘此职，她女扮男装前往应聘，结果在各项考试考核中成绩优秀，最后入围三甲，在进行面试的时候，李小妮同样表现出色，被公司确定为招聘对象。这时，李小妮坦白了自己的女性身份。公司招聘人员愕然，要求李小妮回去等通知。后来李小妮得知该公司拒绝录用自己。李小妮于是申诉到劳动争议仲裁委员会，要求劳动争议仲裁委员会裁决公司聘用自己。

【点评】

我国宪法规定，妇女享有与男子平等的就业权利。平等的就业权利，是指劳动者的就业地位、就业机会和就业条件平等。妇女享有同男子平等的就业权利包括：妇女同男子一样有参加劳动的权利；妇女同男子一样享有相同的就业机会的权利；妇女同男子一样享有自主选择职业和专业的权利。所以，劳动法、妇女权益保障法、女职工劳动保护规定等法律、法规都对妇女享有与男子平等的就业权利作出了具体规定。特别是劳动法第十三条，强调就业权利男女平等原则，是通过劳动基本法的形式，对中国妇女劳动就业权进一步明确化。用人单位在招工时不得歧视妇女，凡适合妇女从事劳动的工作，不得以性别为由拒绝招收妇女或提高妇女的就业标准，任何歧视妇女就业的做法都是违法的。

但令人遗憾的是，现实当中对妇女就业歧视的现象屡见不鲜，表现在大学生就业问题上就是女大学生求职要比男大学生来得艰难。已经接受高等教育的女性，同样感受到用人单位或明或暗的性别歧视，倍感就业的压力巨大。除了加强相关法律、法规的宣传教育外，更多的女性应该像李小妮那样，勇敢地拿起法律武器争取作为女性也应该享有的合法权益。（点评人：张海华）

【法规链接】

劳动法第十三条：妇女享有与男子平等的就业权利。在录用职工时，除国家规定的不适合妇女的工种或者岗位外，不得以性别为由拒绝录用妇女或者提高对妇女的录用标准。

案例 46 “另谋高就”的权利和违约赔偿

小李是某软件开发公司的高级工程师，他的才华得到公司老总的赏识，被安排在软件开发部任职。小李和公司签订了为期 3 年的劳动合同，双方约定如果违约解除劳动合同，则需要赔偿 2 万元。在规模颇大的公司里谋到一个好职位，本来是很多青年人所期盼的。但小李却有自己的想法，他接触到一家正处于创业阶段的 B 公司，觉得去那里更能发挥自己的才智和特长，而且 B 公司经理诚意拳拳，并且承诺给予他很好的待遇，同时承诺负担小李因违约赔偿给现在就职公司的 2 万元。小李经过一番思想斗争后决定“另谋高就”，遂向公司递交了辞呈，表示愿意承担提前解除劳动合同的违约责任。但公司认为小李掌握着公司软件开发过程中许多关键性的技术和机密，拒绝为其办理辞职手续。小李执意离开，公司决意不允，双方为此发生争执。小李的辞职主张得到了劳动争议仲裁委员会的支持，仲裁委员会裁定小李与公司解除劳动合同，并依合同约定支付违约金 2 万元。

公司不服起诉到法院，请求撤销劳动仲裁委员会的裁定，判令小李继续履行劳动合同，并赔偿由此给公司造成的经济损失。理由是小李掌握着公司的商业秘密，他跳槽后，很可能使第三者知道并利用这些技术，使公司利益受损。况且，双方签订的劳动合同尚未到期，应当继续履行。被告小李则要求维持劳动仲裁委员会的裁决。人民法院经过审理，维持了劳动仲裁委员会的裁决：小李与软件开发公司解除劳动合同，小李向公司支付违约金 2 万元。对于软件公司要求小李赔偿因提前离开公司而给公司造成的经济损失的请求，不予支持。（案例来源：《泽人东方》）

【点评】

本案双方当事人争议的焦点是被告小李是否享有辞职权。选择职业的权利是劳动者的一项基本权利，它既包括待业人员的择业，也包括已经就业人员的另择他业。根据我国劳动法的规定，已经在业的劳动者要另择他业，要与用人单位协商一致解除劳动合同，与用人单位无法协商一致的情况下，劳动者有权提出解除未到期的劳动合同。劳动者单方解除劳动合同，除了必须以书面形式提前 30 日通知用人单位外，对劳动者行使辞职权不附加任何条件。小李提前 30 日书面通知公司解除劳动合同，履行了劳动者的义务，公司应当应允；双方关于“劳动者提前解除合同，需向用人单位支付违约金 2 万元”的约定符合劳动法，小李应当依约支付违约金。劳动仲裁委员会的裁决是对的，因此法院维持了这一裁决。

公司认为小李掌握着公司的商业秘密，他跳槽后，很可能使第三者知道并利用这些技术，使公司利益受损，因此要求小李赔偿相应的经济损失，因无事实依据，不予支持。劳动法规定，劳动者单方面解除劳动合同，对用人单位造成经济损失的，应当依法承担赔偿责任。但法律同时规定，原用人单位因为劳动者解除劳动合同而要求劳动者赔偿的经济损失，必须是劳动者对生产、经营和工作造成的直接经济损失，并非可能的经济损失。因此，法院对于软件公司要求小李赔偿因提前离开公司而给公司造成的经济损失的请求，不予支持。（点评人：张海华）

【法规链接】

劳动法第三十一条：劳动者解除劳动合同，应当提前 30 日以书面形式通知用人单位。

案例 47　劳动条件变化后劳动合同可变更

小芳大学毕业后与一家软件销售公司签订了为期 3 年的劳动合同。月工资 1 500

元，虽然工资不高，但小芳的工作内容就是在公司的营业厅给对公司软件感兴趣的顾客展示公司的成品软件，算是轻松自在。由于市场竞争日趋激烈，公司老板早有扩展业务范围的打算。时过不久，他终于与一家台商洽谈成功，双方合作销售某种化学用品，原来职员继续留用。小芳在新岗位工作了一两个星期后，觉得新工作跟原来的工作不一样，销售岗位环境四周空气里有一股刺激性的气体，时间一长头晕胸闷，工作强度也加大了，顾客需要的货物需要销售人员到仓库提取，身体不适再加上体力消耗，小芳有点吃不消了。小芳也知道现在要找个好工作并不容易，于是并不想放弃现在的工作，但她又拿不准能否在中途变更合同，对劳动保护、工作时间以及工作报酬等问题重新协商拟定，为此她深感烦恼。

【点评】

在劳动合同履行过程中，因订立合同时所依据的客观情况发生重大变化，致使原合同无法履行时，应当变更原劳动合同中的工作内容、岗位以及劳动保护、劳动条件、工资报酬等有关条款。变更劳动合同时，根据有关劳动法律法规的规定，要注意几点：(1) 应在劳动合同有效期内变更；(2) 应该遵循平等自愿、协商一致的原则，不得违反法律、行政法规的规定，双方只能在法律允许的范畴内提出自己的条件；(3) 要依照法定程序进行；(4) 劳动合同变更后，变更后的新条款即取代原条款，原条款失去法律效力，但是变更合同时未予变更的旧条款依然有效。

小芳拿不准她能不能在劳动合同执行过程中变更合同，为此而烦恼没有必要。小芳可以首先细阅自己的劳动合同中关于劳动内容的规定，如果订明了是销售软件，那就完全有权依法变更合同。小芳与用人单位签订的劳动合同尚未到期，但是劳动内容已经发生重大改变，工作环境与劳动强度与原来签订合同时双方所依据的客观情况已经大有不同。在此情况下，小芳提出变更劳动合同内容是合情合理的，也是有法可依的。小芳可依法向用人单位提出变更劳动合同的建议，说明要修改的条款和变更理由，并给对方一个合理的答复时间。对方在一定限期内予以答复并表示同意变更的，双方当事人即可就有关变更内容协商一致后，订立书面协议，双方签字盖章，变更协议即生效。

如果双方经过协商最后仍然无法就变更劳动合同达成协议的，依法小芳可要求解除合同，按照劳动法的规定，小芳应当提前30日以书面形式通知用人单位。(点评人：张海华)

【法规链接】

劳动法第十七条：订立和变更劳动合同，应当遵循平等自愿、协商一致的原则，不得违反法律、行政法规的规定。

案例48　北大女生依法讨回劳务费

杜梅是北京大学在校学生，大三时开始勤工俭学，她和北京某商务咨询公司签订了劳务合同，被聘为该公司的秘书，合同约定试用期为3个月，每月工资1 500元，每日餐费补助10元。双方还约定，试用期内双方可以随时决定解除约定。杜梅工作了19天后因故向单位提出辞职。然而，当杜梅向公司提出计结工作19天的工资1 330元，以及饭补180元（共计1 510元）时，却被公司以会计不在为由拒付。后来，经多次协商均无结果。无奈之下，杜梅将公司告上法院，要求讨回自己的1 510元劳动报酬。法院很快受理并审理了此案。在审理过程中，该商务咨询公司经法院多次合法传唤未到庭应诉。法院认为，该商务咨询公司无正当理由拒不到庭应诉，视为其放弃了答辩和质证的权利。法院根据已查明的事实判决认为，本案系因雇佣关系引起的追索劳务报酬的纠纷。杜梅和该商务咨询公司依法签订劳务合同，杜梅向咨询公司提供了劳务，咨询公司理应按约定支付劳动报酬。

【点评】

根据法律规定，在校大学生利用业余时间勤工俭学不视为就业，未建立劳动关系可以不签订劳动合同，所以杜梅跟某商务咨询公司签订的是劳务合同。劳务合同中约定了双方的权利和义务，对双方都有约束力。杜梅上班19天，因个人原因提出解约，她付出了劳动，理应获得报酬。在杜梅合法权益受损时，她直接向人民法院提起诉讼是对的，因为劳务合同纠纷跟劳动合同纠纷解决途径是不一样的。

劳动合同与劳务合同是不同的，它们分别是关于劳动关系和劳务关系的协议。劳动关系和劳务关系都是当事人一方提供劳动力给他方使用，由他方给付劳动报酬。劳动关系和劳务关系表现出四方面的不同：一是双方当事人及其关系不同。劳动关系当事人一方是劳动者，一方是用人单位，劳动者必须加入用人单位，与用人单位存在着领导与被领导的关系；劳务关系当事人是自然人、法人或其他组织，劳务提供者无须加入另一方，双方法律地位是平等的。二是劳动风险责任承担不同。用人单位组织劳动，享有劳动支配权，因而有义务承担劳动风险责任；劳动者作为劳务关系的劳务提供者自行安排劳动，自己承担劳动风险责任。三是劳动报酬的性质和支付方式不同。基于劳动关系的劳动报酬是工资，支付方式特定化为一种持续的、定期的支付；基于劳务关系的劳动报酬是劳务费，具有劳务市场价格属性，其支付方式为一次性劳务费支付。四是适用法律不同。劳动关系由劳动法律调整；劳务关系则由民法调整。基于劳动关系和劳务关系不同而签订的劳动合同与劳务合同也各不相同。杜梅课余兼职秘书，是勤工俭学性质，与用人单位签订的合同是劳务合同，所以杜梅无须先向地方劳动仲裁委员会申请裁决，而是直接向人民法院起诉。法院根据已查明的事实确认本案系属雇佣关系引起的追索劳务报酬的纠纷。杜梅跟某商务咨询公司依法签订劳务合同，向咨询公司提供了劳务，咨询公司理应按约定支付劳动报酬。所以判决支持了杜梅的请求，让杜梅一段时间以来的讨债日子终告结束。这个案件中，杜梅跟对方签订的书面合同在维权中起到重要的作用。（点评人：张海华）

【法规链接】

劳动法第十六条：劳动合同是劳动者与用人单位确立劳动关系，明确双方权利和义务的协议。

建立劳动关系应当签订劳动合同。

案例 49　通过职介求职受骗，责任在谁？

自学成才的小李到某职业介绍所登记，希望找到一份工作。职业介绍所的人热情有加，许诺 1 个月之内一定帮小李落实，否则中介费分文不收。这个职业介绍所收取了小李 100 元中介费后，要小李回去等通知。小李在几天后得知某商务咨询公司急需一名文员，让小李去面试，在一简陋办公室里小李面试后被公司录用，并被告知公司业务繁忙要拓展新办公地点，待搬迁就绪后业务马上要迅速开展。小李与公司签订劳动合同，公司要求小李交培训费、制服费等 500 元。小李心想自己是通过正式的职业介绍所介绍，应该不会有什么问题，于是交纳了费用，拿到了交费收据。但几天后当小李按规定时间上班时，却找不到公司踪影了。小李惊讶之余马上找到职业介绍所，职业介绍所说自己也是受害者。小李费尽口舌，职业介绍所才答应将中介费退还，而其他费用则由小李自行承担。

【点评】

案例反映的事件常常发生，使许多求职者雪上加霜，蒙受经济损失，求职者怀疑职业介绍机构的诚信，甚至怀疑是否职介在跟“用人单位”唱“双簧”，欺骗自己，但苦于无凭无据，真是有苦难言。求职者希望通过职业介绍机构获得工作机会，因此，对职业介绍机构的相关法律、规定应有一定了解，以便更好地维护自己的合法权益。

职介所对求职者的受骗是否有责任？按相关规定，职业介绍机构对用工单位负有审查责任，不仅要审查用人单位的合法性，还要审查用人单位招工信息的真实性。如果职业介绍机构提供虚假信息，应受到相应处罚。对当事人造成损害的，应承担赔偿责任。

求职者向职业介绍机构支付中介费后，便与其形成了委托合同关系，求职者与职业介绍机构间构成了相应的权利与义务。职介负有“注意”义务，包括核准用工单位营业执照等合法证件、提供符合求职者要求的信息等。否则会受到劳动行政部门的处罚。

可见，求职者如果被用工单位骗了，不仅可以向职介所要回中介费，还可以向职介所提请赔偿。这包括两种情况：一是如果职介所的确不知道用工单位或其信息是虚假的，职介所需要负直接责任，应偿还求职者在这一过程中支付的所有费用。二是如果职介所明知用工单位或其信息是虚假的，仍提供用工信息，这就是欺诈，职介所除应接受行政处罚、偿还求职者所支付的所有费用外，还应赔偿求职者的其他损失，如误工费等。（点评人：张海华）

【法规链接】

《劳动力市场管理规定》第二十一条：禁止职业介绍机构有下列行为：……（2）提供虚假信息……（6）以暴力、胁迫、欺诈等方式进行职业介绍活动。违者由劳动保障行政部门责令改正，并可处以1万元以下罚款；有违法所得的，可处以不超过违法所得3倍的罚款，但最高不得超过3万元；情节严重的，提请工商部门吊销其营业执照，或提请原登记管理机关办理撤销登记；对当事人造成损害的，应承担赔偿责任。

案例50　试用期辞职要赔钱吗？

王某是广州市某大学的应届本科毕业生。毕业前曾报名参加过本省组织的公务员招录考试，然而由于竞争激烈，王某未能如愿以偿。毕业时，王某与广州市某科技有限公司和学校三方签订就业协议书 。协议书生效后，王某到该公司上班，负责软件开发。双方约定王某试用期月薪2 000元，试用期3个月。但王某刚工作了1个月，就提出辞职。该公司没有发给王某工资。双方为此产生纠纷，该公司向天河区法院起诉王某。天河区法院受理了此案。

该公司认为，公司虽未和王某签订正式的劳动合同，但就业协议书已就工作条件和劳动保护、劳动报酬、福利待遇及三方的违约责任做了详细的约定，应当认为双方签订了书面的劳动合同，并共同受该协议书有关条款的约束。王某在试用期内解除了劳动合同，此举给公司造成的损失理应由王某给予赔偿，此外，他还应支付约定的违约金。

王某说，在试用期间，他曾与公司负责人提出签订劳动合同，但公司却以试用期内不跟员工签订劳动合同为由拒绝了，使他觉得在该公司工作的合法权益得不到保障。在该公司工作1个月后，他发觉自己不适合在该公司工作，这才提出辞职。

法院认为：就业协议并非劳动合同，该协议中约定的违约金是就业协议的违约金。王某已到该公司上班，因此，不存在违反就业协议的情况。至于原告索赔的加班费，因其仅提供了发放员工加班费的工资单，不足以证明是被告辞职造成的损失。所以，这两项请求法院均不予支持。最后，法院判决该公司在30日内为王某办理解除劳动关系手续并支付2 000元工资。

【点评】

本案原被告双方争议的问题有两个，即协议书是不是劳动合同和试用期劳动者与用人单位双方各自有什么权利。

大学毕业生就业协议与劳动合同都是用人单位录用毕业生时所订立的书面协议，但两者是有区别的。大学毕业生就业协议是由教育部或各省、市、自治区就业主管部门统一印制的，明确毕业生、用人单位和高等学校三方在毕业生就业工作中权利和义务的书面表现形式。劳动合同则是用人单位与劳动者为确立劳动关系、明确彼此权利义务、支付和取得劳动报酬所达成的书面协议。一般情况下，就业协议与劳动合同在内容和签订时间及发生争议时所适用的法律都有区别。两个协议应当分开来签。公司将就业协议书等同于劳动合同是一种误解。

本案中王某与公司签订了就业协议书，且王某已到该公司上班，并不存在违反就业协议的情况。王某在试用期辞职问题只能由劳动合同法调整。但本案中公司作为用人单位拒绝与王某签订劳动合同，在这种情况下，公司必须承担未签订劳动合同的法律责任。根据劳动合同法，用人单位自用工之日起超过1个月不满1年未与劳动者订立书面劳动合同的，应当向劳动者每月支付两倍的工资。

假设公司与王某签订了劳动合同，那么，双方约定的试用期不能超过6个月，劳动者在试用期内可以随时解除劳动合同，无须任何理由。如果用人单位在试用期内违反劳动法和劳动合同的规定，劳动者不仅可以随时解除劳动合同，而且有权要求用人单位赔偿损失，并支付经济补偿金。当然，如果劳动者在试用期违反规定或劳动合同的约定解除劳动合同，对用人单位造成损失的，劳动者应赔偿用人单位的损失。

本案表明，将就业协议与劳动合同合二为一的做法是不规范的，易引发纠纷，因而是不可取和应当避免的。尤其是劳动合同法出台后，劳动者和用人单位都务必遵守，只有这样，才能有效保护双方的利益。（点评人：谢玉萍）

【法规链接】

劳动法第三十二条：有下列情形之一的，劳动者可以随时通知用人单位解除劳动合同：（一）在试用期内的。

《违反〈劳动法〉有关劳动合同规定的赔偿办法》第四条：劳动者违反规定或劳动合同的约定解除劳动合同，对用人单位造成损失的，劳动者应赔偿用人单位下列损失：（一）用人单位招收录用其所支付的费用。

劳动合同法第八十二条：用人单位自用工之日起超过1个月不满1年未与劳动者订立书面劳动合同的，应当向劳动者每月支付两倍的工资。

劳动合同法第二十条：劳动者在试用期的工资不得低于本单位相同岗位最低档工资或者劳动合同约定工资的80%，并不得低于用人单位所在地的最低工资标准。

案例51　应届大学生试用期被辞退如何维权？

汪某毕业于上海某重点高校信息技术应用专业，获工学和英语专业双学士学位。在校期间，他还通过了英语六级考试，并获上海市紧缺人才培训工程英语高级口译岗位资格证书。

汪某毕业时，上海某信息技术有限公司通过上海西南片区五校“名校名企优才”联合招聘会进行招聘，公布了招聘条件，经过面试和笔试等程序确定录用汪某，并向其发出录用信，明确具体职位为翻译。报到当天，公司和汪某签订了由学校见证的三方就业协议，明确汪某的年收入为6万元，双方同时签订了为期3年的劳动合同，约定试用期为4个月。

但汪某刚刚工作了一个多月后，就被公司辞退。公司在出具的辞退员工通知书中写明了辞退汪某的理由：“由于在试用期内不能胜任工作，同时部门内及项目组对其的整体反应均较差，团队合作精神缺乏，因此公司认为汪某不符合录用条件，决定即日起解除劳动关系。”汪某认为公司系违法解除合同，委托律师向劳动争议仲裁委员会提起仲裁，要求公司撤销解除劳动关系的决定，恢复劳动关系，并支付非法解除劳动合同期间的工资报酬。

仲裁委受理此案后，经过开庭审理，最终支持了汪某的全部请求事项。（案例来源：《劳动报》）

【点评】

这是一起典型的用人单位与大学应届毕业生解除劳动合同的争议案件。该争议涉及录用条件、试用期考核、试用期解除等几个法律关系。

(1) 招聘条件不能替代录用条件，用人单位不得以不符合招聘条件为由解除劳动合同。

招聘条件是用人单位在招聘时选择劳动者基本的资格要求，甚至是进行第一次简历筛选的基本门槛，是针对不特定的应聘人员设定的，属于要约邀请，只是招聘期间考察和筛选应聘者的依据。录用条件则是用人单位确定所要聘用的劳动者的最终条件，属于要约，一旦与劳动者达成一致，则成为试用期内进行考核的依据。招聘条件和录用条件是有明确区别的，两者有重合的部分，但并不是一回事。

劳动合同法规定，劳动者在试用期内被证明不符合录用条件的，用人单位可以解除劳动合同。本案中，公司只有招聘条件，并没有提供有录用条件的证据。没有录用条件，则不存在不符合录用条件之说。因此，公司不得以招聘条件替代录用条件而解除与汪某的劳动合同。

(2) 以不能胜任工作为由解除试用期员工劳动合同，于法无据。

试用期是用人单位和劳动者相互了解、相互考察的期限。汪某处于试用期内，用人单位应当对照录用条件进行考核是否符合条件，而不是认定是否胜任工作。公司在辞退员工通知书中以试用期内不胜任工作为由解除劳动合同，不符合劳动合同法第四十条的规定，是没有法律依据的。即使是试用期满的员工，如果用人单位要以不能胜任工作为由解除劳动合同，还需要经过调岗或培训后仍不能胜任工作等层层举证，并履行提前通知或额外支付代通金的义务。

(3) 用人单位违法解除劳动合同，劳动者可以要求恢复劳动关系或者主张赔偿金。

用人单位违反本法规定解除或终止劳动合同，劳动者要求继续履行劳动合同的，用人单位应当继续履行；劳动者不要求继续履行劳动合同或者劳动合同已经不能继续履行的，用人单位应当支付赔偿金。公司违法解除与汪某的劳动合同，汪某有权选择要求恢复劳动关系或主张赔偿金。因此，汪某主张恢复劳动关系，要求公司支付劳动关系恢复期间的工资的申诉请求是符合法律规定的，也正因如此，劳动争议仲裁委员会支持了汪某的全部申诉请求。

对于用人单位来说，应高度重视规范用工，依法行使解除权，否则单位的违法用工成本将居高不下。抛却法律问题，我们再来看看本案中用人单位的不足。汪某系大学毕业参加工作的职场新人，就其在校期间获得双学位，并担任世界夏季特殊奥林匹克运动会志愿者的学习经历和实践来看，应该说他是一名成绩优异的毕业生。大学毕业生踏入社会、走上工作岗位，角色转化需要一个过渡期和适应期。公司应当对其录用的社会新人进行上岗前必要的培训，给予团队协作、责任心、心理素质等教育，特别是在试用期内应从爱护和关心青年人才成长的角度出发，在工作上多加关心和指导，帮助其尽早适应工作环境和工作要求，渡过角色转换期。本案中，汪某在工作1个月后即被公司辞退，显然公司并没有履行帮助指导义务。因此公司“部门内及项目组对其的整体反应均较差，团队合作精神缺乏”的说法难以被仲裁委员会所支持。（点评人：吴志华）

【法规链接】

劳动合同法第三十九条：劳动者有下列情形之一的，用人单位可以解除劳动合同：（一）在试用期间被证明不符合录用条件的。

劳动合同法第四十八条：用人单位违反本法规定解除或者终止劳动合同，劳动者要求继续履行劳动合同的，用人单位应当继续履行；劳动者不要求继续履行劳动合同或者劳动合同已经不能继续履行的，用人单位应当依照本法第八十七条规定支付赔偿金。

劳动合同法第八十七条：用人单位违反本法规定解除或者终止劳动合同的，应当依照本法第四十七条规定的经济补偿标准的二倍向劳动者支付赔偿金。

案例52 “劳务派遣”纠纷案

王丽等7名女大学生经过面试合格后均与A公司签订了劳动合同。签约后她们都被安排到从事生物医药批发业务的G公司上班。她们所填写的“个人求职登记表”上同时列有A公司和G公司的名字。按照G公司的口头承诺，她们进公司时的薪资水平是3个月试用期内，每月工资为1 500元，试用期满后每月2 000~2 500元，各人因职位和业绩的差异而有所不同。然而好景不长，从2008年8月起，公司就开始拖欠7名女孩的工资，先是迟发一个月，后来是两个月、三个月，但工资总额还是能补齐。到领工资的时候，令她们想不到的是，原来2 000多元的薪水一下子变成了七八百元，有2人还只领到每月400多元的“生活费”。在和公司交涉无果后，她们递交了辞职报告，并向劳动仲裁委员会提出补发应得劳动报酬和赔偿解约损失等请求。

对于7名女生的请求，A公司称，自2008年3月开始，这7名女生被借调到G公司，因业绩考核不合格，所以G公司只给她们这么多工资。而7名女生在未得到公司批准的情况下擅自离职，应该每人赔偿公司违约金7 200元。而7位女生则表示，自签约后一直在G公司上班，其间工作内容、地点没有任何变动，自己什么时候被毫不知情地中途“借调”过一次？而对于辞职，她们有工作交接的清单证明，当时是得到过公司批准并办理了离职手续的。

【点评】

这是一起典型的“劳务派遣”纠纷。劳务派遣是一种新的就业模式，一些媒体在报道中也称“人才租赁”。即劳动者和某人才派遣机构签订劳动合同，而后被该机构安排到另一家公司工作。实行劳务派遣后，实际用人单位与劳务派遣组织签订劳务派遣合同，劳务派遣组织与劳务人员签订劳动合同，实际用人单位与劳务人员签订劳务协议，双方之间只有使用关系，没有聘用合同关系。

为了更好地维护劳务派遣人员的合法权益，劳动合同法对劳务派遣进行了较详尽的规范，不仅规定了劳务派遣单位的资质条件，还规定劳务派遣单位务必与被派遣劳动者订立不少于两年固定期限的劳动合同，并按月支付不低于当地最低工资标准的报酬。同时要求劳务派遣单位与以劳务派遣形式用工的单位订立劳务派遣协议。劳务派遣协议应当约定派遣岗位和人员数量、派遣期限、劳动报酬和社会保险费的数额与支付方式以及违反协议的责任。

上述规定，较好地规范了劳务派遣与实际用人单位和劳动者三方的权利义务，本案出现的A公司与G公司互相勾结或踢皮球，损害7名女大学生合法权益的现象再也不至于无法可依了。大学生们只要能够证明两家公司存在违反劳动合同法规

定的情形，不论是提请劳动仲裁亦或是劳动司法诉讼，其合法权益都有望获得切实的保障。（点评人：黄宏灯）

【法规链接】

劳动合同法第五十八条：劳务派遣单位是本法所称用人单位，应当履行用人单位对劳动者的义务。劳务派遣单位与被派遣劳动者订立的劳动合同，除应当载明本法第十七条规定的事项外，还应当载明被派遣劳动者的用工单位以及派遣期限、工作岗位等情况。

劳务派遣单位应当与被派遣劳动者订立两年以上的固定期限劳动合同，按月支付劳动报酬；被派遣劳动者在无工作期间，劳务派遣单位应当按照所在地人民政府规定的最低工资标准，向其按月支付报酬。

劳动合同法第五十九条：劳务派遣单位派遣劳动者应当与接受以劳务派遣形式用工的单位（以下称用工单位）订立劳务派遣协议。劳务派遣协议应当约定派遣岗位和人员数量、派遣期限、劳动报酬和社会保险费的数额与支付方式以及违反协议的责任。

案例53　勤工助学的烦恼

某高校大学生小甄来自相对贫困的农村，家庭经济比较困难，每年寒暑假她都利用假期打工赚取学费。这年的暑假，她被一家广告咨询公司雇用，双方约定以月为单位领取工资。小甄辛苦工作1个月后，向该公司经理提出领取工资，经理让她第二天向财务领取。而第二天小甄来到公司找财务的时候，财务又告诉她要先请经理签字，同时她被告知经理出差去了。接下来的时间小甄为了追索那一个月的工资几乎跑断了腿，却总是被这样那样的借口打发。小甄在课堂上了解到劳动争议纠纷要通过仲裁途径解决，于是她向有关部门提出了仲裁申请。而让小甄意外的是，劳动争议仲裁部门有关工作人员告诉她，她的情况不属于劳动争议的范畴，她并不是劳动者。小甄认为，自己明明付出了1个月的辛勤劳动，怎么不是劳动者呢？

【点评】

根据原劳动和社会保障部1995年印发的《劳动法问题的意见》第12条明确规定：“在校学生利用业余时间勤工助学，不视为就业，未建立劳动关系，可以不签订劳动合同。”因此，大学生们形式多样的勤工助学行为不属于劳动关系调整的范畴，并不受劳动法的保护。也就是说，大学生并不是劳动法保护的劳动者，由于大学生特殊的身份，他们在假期打工与有关单位之间形成的是劳务关系，而不是劳动关系。

劳动关系是指劳动者与用人单位在劳动过程中发生的劳动力与生产资料相结合

的社会关系。劳务关系是指当事人依据民事法律规范而形成的关于一方向另一方提供劳务的权利义务关系。劳动关系和劳务关系在法律依据、主体、隶属关系、承担义务、管理及报酬计算等方面都存在区别。劳务关系产生的纠纷不适用劳动法，而适用民法通则及合同法进行规范和调整。大学生在勤工俭学中遭遇与用人单位的纠纷，不能申请劳动仲裁，只能双方协商解决或向人民法院起诉。在双方协商成僵局的情况下，由于缺乏证据等较难选择司法程序。

目前，针对大学生的勤工俭学，尤其是走出大学校园的勤工俭学，还没有形成一套规范的管理体制。广大大学生应该掌握更多的保护自己的方法，如尽量依靠可靠的职业介绍公司、尽量详细地用书面形式约定双方的权利义务等。（点评人：张海华）

【法规链接】

劳动法第二条：在中华人民共和国境内的企业、个体经济组织（以下统称用人单位）和与之形成劳动关系的劳动者，适用本法。

国家机关、事业组织、社会团体和与之建立劳动合同关系的劳动者，依照本法执行。

民法通则第一百零六条：公民、法人违反合同或者不履行其他义务的，应当承担民事责任。

案例 54　见习期、试用期与学徒期有何区别?

大学应届毕业生小王已经初步联系好了工作单位，正在谈签订劳动合同的问题。小王已经了解了关于劳动合同签订的基本知识，但在具体应用的时候，还是感到对很多概念很模糊，如在合同条文中提到见习期和试用期的规定，合同中规定合同期为 5 年，其中，试用期 6 个月，见习期 1 年。他并不明白这两个期限到底是怎么回事，自己在见习期里是不是可以随时提出解除合同？见习期解除合同构成违约吗？要不要交纳违约金？他发现他的同学在与单位签订的合同中还有学徒期的约定，他觉得糊涂了，想弄清楚见习期、试用期、学徒期三者有什么区别。

【点评】

见习期制度是我国针对应届毕业生进行业务适应及考核的一种制度，适用于用人单位招收毕业生。根据相关规定，用人单位招收毕业生后，原则上都要安排见习期，期限为 1 年。对入学前已从事 1 年以上有关专业实际工作的，经所在单位批准，可免去见习期。见习期满如考核合格，则对该职工办理转正手续，为其评定专业职称、聘任相应职务、确定工作岗位。如见习期达不到要求，可延长见习期半年到一年，或降低工资标准，表现特别不好的，可予以辞退。在见习期内可以约定不超过半年的试用期。

试用期是用人单位与劳动者建立劳动关系后为相互了解、选择而约定的不超过6个月的考察期，适用于初次就业或再次就业时改变劳动岗位或工种的劳动者。试用期内劳动者可以与用人单位随时解除劳动合同，用人单位也可以在证明劳动者不符合录用条件的情况下解除与劳动者的合同。

学徒期是对进入某些工作岗位的新招职员熟悉业务、提高工作技能的一种培训方式，在实行劳动合同制度后，根据劳动部门的相关规定，这一培训方式仍应继续采用，并按技术登记标准规定的期限执行。试用期和学徒期可以同时约定，但试用期最长不得超过半年，见习期和试用期也可以同时约定。无论是见习期还是学徒期，在不超过试用期的期限内可以随时提出解除劳动合同，但已超过试用期提出辞职，是否构成违约、是否要交违约金以及数额的多少，需要根据和单位签订的劳动合同的具体约定而确定。（点评人：张海华）

【法规链接】

劳动法第二十一条：劳动合同可以约定试用期。试用期最长不得超过六个月。

劳动合同法第十九条：劳动合同期限3个月以上不满一年的，试用期不得超过一个月；劳动合同期限1年以上不满3年的，试用期不得超过2个月；3年以上固定期限和无固定期限的劳动合同，试用期不得超过6个月。

同一用人单位与同一劳动者只能约定一次试用期。

以完成一定工作任务为期限的劳动合同或者劳动合同期限不满三个月的，不得约定试用期。

试用期包含在劳动合同期限内。劳动合同仅约定试用期的，试用期不成立，该期限为劳动合同期限。

劳动合同法第二十条：劳动者在试用期的工资不得低于本单位相同岗位最低档工资或者劳动合同约定工资的80%，并不得低于用人单位所在地的最低工资标准。

案例55　辞职读研要交违约金吗?

小刘在2005年大学毕业后进入一家企业工作，双方签订为期5年的劳动合同。在工作过程中，小刘强烈感受到再充电的必要，在2007年向单位总经理递交申请报告，要求公司批准自己报考自费研究生。总经理也是通情达理的人，通知单位人事部门开具介绍信，同意其报考。经过艰苦备考，小刘在2008年7月收到了某大学的录取通知书。当小刘递交辞职申请的时候，却遭到新上任的总经理的反对，新总经理认为小刘是不可多得的业务骨干，他离开去读研对企业不利，他提出小刘如果执意要辞职读研的话，因为双方劳动合同没有到期，那么小刘要承担违约责任。小刘读研心切，但又烦恼于数额不小的合同违约金。小刘究竟要不要承担违约责任呢？

【点评】

现今社会正在发展为一个终身学习的社会，每个劳动者都希望不断学习，提升自己的质素。进入高等院校学习而解除原有的劳动合同，这也是法律赋予劳动者的一项权利。但解除劳动合同是否构成违约呢？不能一概而论。已经签订劳动合同的劳动者在合同期届满前报考高等院校，必须事先与用人单位协商，经过用人单位的同意。如果劳动者的进修申请得到批准，用人单位是同意劳动者报考的，劳动者考取后解除劳动合同则不构成违约，若未经过用人单位同意，劳动者擅自报名，则用人单位有权追究违约责任。

在本案例中，用人单位同意小刘报考研究生，在法律上属于附条件的解除劳动合同的法律行为，所附条件一经成熟，解除劳动合同即应生效，小刘的单位应该与小刘解除劳动合同，如果不同意则是用人单位构成违约。因此，小刘的辞职应该是与用人单位协商的结果，虽然劳动合同期限未到，也不构成违约，无须赔付违约金。还应注意的是，小刘与用人单位解除劳动合同，用人单位还应按照国家有关规定给予小刘经济补偿金。劳动法第二十八条规定，用人单位应当依照国家有关规定给予劳动者经济补偿。按有关规定，小刘可以获得 4 个月工资的经济补偿金。（点评人：张海华）

【法规链接】

劳动法第六十六条：国家通过各种途径，采取各种措施，发展职业培训事业，开发劳动者的职业技能，提高劳动者素质，增强劳动者的就业能力和工作能力。

劳动法第六十七条：各级人民政府应当把发展职业培训纳入社会经济发展的规划，鼓励和支持有条件的企业、事业组织、社会团体和个人进行各种形式的职业培训。

劳动合同法第八十九条：用人单位违反本法规定未向劳动者出具解除或者终止劳动合同的书面证明，由劳动行政部门责令改正；给劳动者造成损害的，应当承担赔偿责任。

案例 56　大学毕业未找到工作可否领取失业保险金？

小田是数百万应届毕业生中的一个，虽然一直在积极努力地找工作，但工作却一直没能真正落实下来，小田是个心理素质相当过硬的学生，他相信不懈的努力终会有结果。一群毕业生聚在一起互相交流分享经验的时候，小田听到小张说慢慢找吧，实在找不到我们还可以去领失业保险金。虽然作为心高气傲的大学生很少会愿意落到领取失业保险金的地步，但小田认为对相关资讯的了解还是有必要的。小田上网查找相关的信息，发现有媒体报道说广东大学生毕业半年未找到工作可领取失业保险金。这信息是否准确？失业保险金的领取有些什么规定呢？

【点评】

失业保险是指劳动者因法定原因暂时失去职业时，国家和社会对其提供物质帮助的社会保险项目。失业保险在劳动者失业时起作用，同时失业保险享受期限根据失业者缴纳保险费年限的长短而定，不同失业者享受期限不同的领取保险金待遇。劳动者在就业年龄中没有失业的，不享受失业保险金，缴纳的失业保险费也不返还。

由于诸多因素，我国大学生在就业问题上出现了暂时的困难，党和政府想尽各种办法帮助大学生解决就业问题，对于暂未能找到工作的大学生，也出台了不少帮扶措施，但大学生毕业半年内未找到工作可领失业保险金的说法是不准确的。根据《失业保险条例》第十四条规定，具备下列条件的失业人员可领取失业保险金和享受其他失业保险待遇：(1) 按照规定参加失业保险，所在单位和本人已按照规定履行缴费义务满 1 年的；(2) 非因本人意愿中断就业的；(3) 已办理失业登记，并有求职要求的。

大学生半年内没就业的可登记为失业，享受政府一系列服务，但并非是“领取失业保险金”，而是符合条件者可领失业救济。失业保险是面对投保人的，大学生还未投保，因此不能马上享受失业保险金。如果他们毕业后没找到工作，生活困难可以享受政府的失业救济。失业救济只需申请即可，无须缴费。2006 年，考虑到一些大学生存在“毕业即失业”的问题，根据国家有关要求，比较有条件的地方如广东等地陆续建立了大学生失业救济制度：只要在法定劳动年龄内、有劳动能力且有就业愿望，大学毕业生毕业半年内没找到工作，家庭困难的，进行失业登记后，社保部门将会提供一系列服务，帮助其找到工作，如组织其参加免费职业技能培训、提供职业介绍等，也可申请失业救济。(点评人：张海华)

【法规链接】

《失业保险条例》第十四条：具备下列条件的失业人员，可以领取失业保险金：

(一) 按照规定参加失业保险，所在单位和本人已按照规定履行缴费义务满 1 年的。

(二) 非因本人意愿中断就业的。

(三) 已办理失业登记，并有求职要求的。

失业人员在领取失业保险金期间，按照规定同时享受其他失业保险待遇。

《失业保险条例》第十五条：失业人员在领取失业保险金期间有下列情形之一的，停止领取失业保险金，并同时停止享受其他失业保险待遇。

(一) 重新就业的。

(二) 应征服兵役的。

(三) 移居境外的。

(四) 享受基本养老保险待遇的。

（五）被判刑收监执行或者被劳动教养的。

（六）无正当理由，拒不接受当地人民政府指定的部门或者机构介绍的工作的。

（七）有法律、行政法规规定的其他情形的。

案例 57　大学毕业生由“黄网”坠入“法网”

方伟，男，24 岁，大学毕业后在一家私有公司打工，终日感到怀才不遇、前途迷惘，偶然在上网聊天过程中迷上了黄色信息。出于炫耀、希望他人分享刺激等目的，方伟在 1 个月的时间里，利用自己的电脑多次登录某黄色网站，上传淫秽色情文章，共计 418 篇，被点击数达 28 301 次。方伟如此频繁地登录互联网网站，传播淫秽信息，很快被当地公安局在公共信息网络安全监查工作中发现。公安机关立即对其立案侦查，实行网上跟踪检查记录、远程勘验，随后对其传播的内容进行鉴定，在掌握了大量的证据后，于一天夜间趁方伟再次登录互联网上传淫秽色情文章时，将其当场抓获。

不久，方伟被日照市东港区人民检察院以传播淫秽物品罪提起公诉，随后被法院以该罪名判处拘役 5 个月。（案例来源：正义网 2006 年 9 月 13 日）

【点评】

面对网络或虚拟空间，现实中的人变成“隐形人”，容易导致角色失落，如何自律是我们大学生当前涉及的种种网络道德与法律的问题，如侵犯知识产权、制造病毒、黑客入侵、恶意攻击、虚假信息、色情传播、暴力渲染等违法及不道德行为，网络对高校大学生的行为模式、价值取向、政治态度、心理发展、道德观念等方面的负面影响日益扩大。

传播淫秽物品罪，是指不以牟利为目的，在社会上传播淫秽的书刊、影片、录像带、图片或其他淫秽物品，情节严重的行为。本罪的传播方式包括不以牟利为目的非组织性播放行为、出借行为、运输行为、携带行为、展览行为、发表行为、邮寄行为、利用计算机网络技术的传播行为等。依照《中华人民共和国刑法》第三百六十四条第一款规定处罚。

需要说明的是，有组织地播放淫秽的电影、录像等音像制品的，则构成组织播放淫秽音像制品罪，依照《中华人民共和国刑法》第三百六十四条第二款规定，应处 3 年以下有期徒刑、拘役或者管制，并处罚金；情节严重的，处 3 年以上 10 年以下有期徒刑并处罚金。第三款规定：制作、复制淫秽的电影、录像等音像制品组织播放的，依照第二款的规定从重处罚。以牟利为目的制作、复制、出版、贩卖、传播淫秽物品，则构成制作、复制、出版、贩卖、传播淫秽物品牟利罪，应依照《中华人民共和国刑法》第三百六十三条第一款的规定处罚。

作为大学生应从本案中吸取教训：在虚拟的网络世界里也要遵守法律，不是想干什么就可以干什么，人们在使用过程中也必须遵守法律的规定，并非在虚拟的世界里就可以随心所欲，否则就可能要承担法律责任。（点评人：吴志华）

【法规链接】

刑法第三百六十三条：以牟利为目的，制作、复制、出版、贩卖、传播淫秽物品的，处3年以下有期徒刑、拘役或者管制，并处罚金；情节严重的，处3年以上10年以下有期徒刑，并处罚金；情节特别严重的，处10年以上有期徒刑或者无期徒刑，并处罚金或者没收财产。

刑法第三百六十四条第一款：传播淫秽的书刊、影片、录像带、图片或其他淫秽物品，情节严重的，处两年以下有期徒刑、拘役或者管制。第四款规定：向不满18岁的未成年人传播淫秽物品的，从重处罚。

两院《关于办理利用互联网、移动通讯终端、声讯台制作、复制、出版、贩卖、传播淫秽电子信息刑事案件具体应用法律若干问题的解释》：以牟利为目的，利用互联网制作、复制、出版、贩卖等形式传播色情的：视频文件20个以上的；音频文件100个以上的；电子刊物、图片、文章、短信息等200件以上的；电子信息，实际被点击数达到1万次以上的；注册会员达200人以上的；收取广告费、会员注册费等违法所得1万元以上的；数量为上述标准5倍以上的为“情节严重”，达到25倍以上的为“情节特别严重”。

《维护互联网安全的决定》：三、为了维护社会主义市场经济秩序和社会管理秩序，对有下列行为之一，构成犯罪的，依照刑法有关规定追究刑事责任：……（五）在互联网上建立淫秽网站、网页，提供淫秽站点链接服务，或者传播淫秽书刊、影片、音像、图片。

案例58　使用假文凭亦应定罪

浙江省金华市的沈向阳是一名普通焊工，在1990年到2000年的10年间，沈向阳凭着坚强的毅力，先后考取了法律、行政管理和会计三个大学自考本科文凭，并在1998年取得了律师资格证书。然而，沈向阳的努力却没有得到公正的待遇，使用假文凭的“大学生”占据了原本应该属于他的工作岗位。无奈和愤怒之后，沈向阳义无反顾地走上了一条反假证之路。他到处张贴反假证公益广告，但并没能引起社会的关注。在历经贴反假证公益广告、清除城市牛皮癣等行动后，沈向阳意识到，要彻底清除假证毒瘤，必须通过立法，从源头上进行控制，遂上书全国人大，要求增设“使用假证罪”。这是中国公民首次建议人大立法增设罪名，在我国的立法史上具有重要意义。（案例来源：《法制日报》）

【点评】

据有关部门统计，全国流入人才市场的假文凭、假证件已达百万之巨。在广东人才市场上的求职者所持有的文凭，就有一部分是假的。假大学生的入侵，有可能导致百万莘莘学子在就业竞争中遭受不公正待遇。如果任假文凭泛滥下去，就有可能动摇社会的公平和信用基础，危害我国的教育体制，造成人才市场的无序竞争。

学历作伪属于身份作伪，相对于假冒商标之类的产品作伪，性质更为恶劣。后者无非是“假的物”，前者则属于“假的人”。“连人都是假”的，还有什么不能假？而假文凭的最大受益者，并不是制售假文凭的人，而是持有、使用假文凭的人。他们凭借手中的假文凭，不劳而获，谋得政府和企业的高职高薪，在获取社会机会、分配社会财富方面，得到了比别人更多的机会。把诚实劳动的社会才俊踩在脚下，令社会的基本公平原则陷于泥淖，损害整个社会乃至国家的信誉，假文凭的危害有目共睹。但是，刑法及有关司法解释只规定了对制售假文凭者的制裁措施，却没有规定对持有、使用假文凭者的制裁惩罚措施。只惩罚假文凭的制售者，不惩罚持有、使用者，显然是本末倒置，也显失法律的公平。因此，只有通过刑法中“使用假证罪”的设立，像惩治制售假文凭者那样依法惩治持有、使用假文凭者，让假文凭持有、使用者的风险最终和收益对等起来，这才是社会法律公平原则的体现和遏制假文凭的良方，也才有可能通过打击假文凭的“需求市场”，让制售假文凭的违法犯罪行为从根本上得到治理。（点评人：谢玉萍）

【法规链接】

刑法第二百八十条第二款：伪造公司、企业、事业单位、人民团体印章的，处3年以下有期徒刑、拘役、管制或者剥夺政治权利。

《关于办理伪造、贩卖伪造的高等院校学历、学位证明刑事案件如何适用法律问题的解释》规定：对伪造高等院校印章制作学历、学位证明的行为，以伪造事业单位印章罪定罪处罚；明知是伪造高等院校印章制作的学历、学位证明而贩卖的，以伪造事业单位印章罪共犯论。

案例 59　女生羞辱同学拍其裸照触犯刑律

2008 年 4 月 12 日，昆明某高校一女生宿舍内突然有人发生争吵，女生小唐有件内衣不见了，她怀疑是被舍友小宫偷走，但小宫矢口否认。

4 月 14 日凌晨零时左右，小唐邀约了同学小谭、小周、小李等 9 人，一起来到宿舍，堵着小宫不让走，声称要找她“谈话”。所谓的“谈话”一直持续到凌晨 5 时许，在长达 5 个多小时的过程中，小唐等 10 人持续殴打小宫，向其头上浇水、浇吃剩下的方便面汤，并强迫小宫脱衣服、逼其唱歌，还在其脸上用眉笔写侮辱性文字，更有甚者，还强行将小宫下身衣服脱光，用手机拍摄了多张照片和多段视频资料。后经医院检查，小宫全身大面积软组织挫伤，竟达到 1 338.5 平方厘米。

遭受侮辱后，小宫选择了报警，公安机关迅速立案侦查，抓获了犯罪嫌疑人。随即，公安机关将该案移送昆明五华区人民检察院审查批捕，该院侦查监督科在审查全案后，认为此案情节恶劣，社会影响极大，根据刑事诉讼法的相关规定，于 2008 年 5 月 22 日以强制猥亵、侮辱妇女罪正式批准逮捕了小唐等 10 名在校女大学生。

【点评】

事件涉及的犯罪嫌疑人均为高校在校女大学生，都是如花般的少女，为何却制造出了这起性质恶劣的罕见的悲剧？这个问题很值得我们深思。

学生自身的思想道德素质低下和法制观念淡薄，缺乏法律知识是导致她们走向违法犯罪的内在根源。加强对学生的教育，开展形式多样的法律、法规教育和思想道德教育，可能时请公安、检察机关的同志到学校为学生作法律法规知识讲座，以学生案例教育学生，从根本上提高学生自觉遵纪守法的意识，是高校学生教育中不可缺少的重要一环。

缺乏父母关爱，缺乏自身约束，是导致她们放纵自己的重要原因。这 10 人中多数人的父母都是来昆经商的商人，平时均忙于生意，无暇顾及儿女的教育。

学校应吸取教训，大力加强纪律约束，完善和加强学生宿舍的管理工作，认真做好晚归登记、值班日志、夜间宿舍巡查制度，加强信息掌握工作。平时多与学生开展沟通交流，切实了解学生的思想动态，掌握学生一切不安全思想动态，从源头上杜绝此类事件的发生。

作为大学生，当自身权益遭受不法侵害时，一定要敢于制止，维护权益，及时举报，协助执法部门将违法犯罪人绳之以法。这是大学生公民的权利和义务。（点评人：吴志华）

【法规链接】

刑法第二百三十七条：以暴力、胁迫或者其他方法强制猥亵妇女或者侮辱妇女的，处 5 年以下有期徒刑或者拘役。

聚众或者在公共场所当众犯前款罪的，处 5 年以上有期徒刑。

案例 60　女生失恋用硫酸泼恋人

彭静出生在重庆市涪陵区一个贫寒的单亲家庭，父亲早年因“重男轻女”与母亲离异，母亲体弱多病，靠在郊区荒地种植蔬菜将彭静和妹妹拉扯成人，两个女儿几乎完全依靠“低保”完成自己的学业。2006 年，彭静考上了重庆某大学，学费全靠助学贷款和亲戚接济。在这样环境下长大的彭静，性格内向。高三时，彭静和同班男生张伟背着家长，偷偷谈起了恋爱，两个孩子偷尝了禁果。彭静天真地认为，张伟是自己的一切，是自己的一辈子。“可能受家庭的影响，彭静在恋爱中表现得很偏激，我们性格合不来……”2007 年 10 月，在成都某大学读书的张伟向彭静提出分手，但是彭静坚决不同意。2007 年 12 月 1 日晚，张伟突然接到一个女子的电话，说第二天中午要来看他准备转租出去的房子。张伟没有想到，前来“租房”者却是专程从重庆赶到成都的彭静。两人进屋聊了几句后，张伟正欲离开时，彭静突然端起随身带来的杯子向他脸上泼去。张伟感到自己脸上一阵剧烈疼痛，很快意识到彭静泼的是硫酸，张伟立刻挣扎着往屋外跑去，被保安发现报了警。

“我没有想到自己一时任性，毁了他，也毁了自己，还深深伤害了两个家庭。”2008 年 8 月上午 10 时，站在成都市成华区人民法院的审判庭上，21 岁女孩彭静不断重复着这句话。在人生最美丽的花季，彭静与 20 岁的张伟相识相爱，许下海誓山盟，却最终因性格不合亮起感情“红灯”。因男友执意分手，去年 12 月 2 日，彭静一怒之下将硫酸泼向男友，导致男友面部、颈部、腹部等多处大面积烧伤。

从重庆赶来的双方家属分别坐在法庭两边，相顾无言。坐在第二排的张伟，仰头望着天花板，一句话也不说。张伟眼睛以下的面部和颈部大面积烧伤，留下一大片伤痕。“活泼开朗的儿子，现在对什么都感到麻木，总是沉默不语。”张伟父亲掏出一张印有自己名字的低保证告诉记者，他一直帮人开车跑货运，一个月挣 2 000 多元。为了给儿子治病，全家前后花了 17 万元，早已倾家荡产，“孩子治病还要花很多钱，我们也想原谅彭静，但是我们需要钱”。法庭上，原告向被告方索赔各种费用共计 28.8 万元。

在作最后陈述时，彭静抬头看了一眼坐在原告席上的张伟，其后迅速低下头，低声说：“我不求他能原谅我，因为我自己也不能原谅自己的行为。我很后悔，我愧对我的母亲，我的过错，深深伤害了两个家庭。”庭下，彭静的母亲和姨妈早已泣不成声，去年案发后，她俩劝回已经逃往广州的彭静，将其送到成都圣灯派出所投案自首。

“妈妈，对不起，相信我，我会好好改造的……”当彭静被法警带离法庭时，她的眼泪终于夺眶而出。11 时 30 分，法庭宣布休庭，改日宣判。（案例来源：腾讯网）

【点评】

故意伤害他人身体明显触犯了我国的刑法，涉嫌故意伤害罪。故意伤害罪在主观方面表现为故意，即行为人明知自己的行为会造成损害他人身体健康的结果，而希望或放任这种结果的发生。在一般情况下，行为人事先对于自己的伤害行为能给被害人造成何种程度的伤害，不一定有明确的认识和追求。无论造成何种程度的结果都在其主观犯意之内，所以，一般可按实际造成的伤害量刑定罪。本案彭静的行为完全符合上述故意伤害罪构成要件，应承担相应的法律责任。

本案告诉我们，不能用偏激的方式解决感情问题。大学生对待失恋的正确态度是：失恋不失德——不能因爱生恨；失恋不失态——不能消极颓废；失恋不失学——不能耽误正常的学习生活；失恋不失命——不能出现意外情况。

年纪轻轻的彭静，竟然选择了用如此“赤裸”和“残忍”的手段解决感情问题，用一腔怒火，烧掉男友阳光般的容颜，毁掉自己本来光明的前途，将两个家庭推向了崩溃的边缘。这样的惨剧是大家都不愿意看到的，“硫酸伤人”事件折射出来的大学生心理健康问题值得我们反思。（点评人：林冬妹）

【法规链接】

刑法第二百三十四条：故意伤害他人身体的，处3年以下有期徒刑、拘役或者管制。

犯前款罪，致人重伤的，处3年以上10年以下有期徒刑；致人死亡或者以特别残忍手段致人重伤造成严重残疾的，处10年以上有期徒刑、无期徒刑或者死刑。本法另有规定的，依照规定。

案例61　大学生迷赌球输光生活费频频盗窃

邱天的老家在云南，2003年考入上海某大学读书。大二下学期，一个偶然的机会，邱天接触到了网上赌球，邱天觉得开奖那一瞬间很刺激，且赌博的钱来得很容易，于是，邱天开始相信“玩的就是心跳”，并开始进行赌球活动。然而，邱天很快输光了父母给的学费、生活费。随后，邱天将目光盯在了身边同学的财物上。

2006年3月下旬的一天下午，邱天路过公寓楼某寝室时，瞥见桌子上摆放着两台笔记本电脑，而屋内空无一人，急需用钱的邱天顿时萌生歹念。随后，邱天把桌上的两台笔记本电脑盗走。不久，邱天就到学校附近的二手电子市场，将电脑低价抛售。

几个月后，邱天在公寓楼的走廊里发现某寝室的门上插着一把钥匙，这时他手里的钱已经花光了，于是就迅速将钥匙拔了下来。几天后，邱天看准该寝室无人之时，用钥匙打开房门，盗走了该寝室的一台笔记本电脑及一只移动硬盘。随后一段时间里，邱天又陆续窃得两台笔记本电脑和一只移动硬盘。

数次得手之后，邱天居然打起了自己寝室同学的主意。2007年3月30日上午，趁室友都外出实习之机，邱天盗走刘某的一台笔记本电脑。为不引起怀疑，在离开之前，邱天还用一把水果刀将门框上的小木条撬下来，伪造有人撬门入室盗窃的假象。而盗得的电脑当晚即被邱天拿到二手电子市场低价卖掉。

2007 年 5 月 25 日，距离邱天毕业仅有一个月的时间，但邱天的手又“痒”了。这天上午，学院进行期末考试，邱天趁无人之际，来到某寝室预谋盗窃。在门口，他意外地发现门锁的锁舌是松动的，一用力就将寝室的大门推开了。随后，邱天“拿”了桌上的两部手机和一个打火机。这时恰巧有两名同学回寝室拿书，邱天只好躲进卫生间。其中一名同学发现手机不见了，赶忙用别人的电话拨打自己的号码，结果从卫生间里传来手机铃声，邱天慌忙夺路而逃，两人紧追不舍，在他人的帮助下，最终将作案多起的邱天抓获。（案例来源：中国法院网）

【点评】

依据刑法的规定，盗窃罪是指以非法占有为目的，秘密窃取数额较大的公私财物或者多次秘密窃取公私财物的行为。本案当事人邱天的行为完全符合此罪的构成，必然难逃法网。风华正茂的大学生，一旦染上赌球恶习，同样会像所有赌徒一样，搬起石头砸自己的脚，造成终身遗憾。

近年来，大学校园盗窃案逐年上升，原因之一：学校管理存在漏洞。大学校园作为一个比较特殊的公共场所，不可能对外界完全封闭，很多校外人员可以自由进出教室、宿舍等区域，而学校又缺乏相应的管理措施，因此，犯罪分子频频把盗窃目标锁定在大学校园并屡屡得手。原因之二：一些学生缺乏必要的警惕性和安全防范意识。学生对保管贵重物品的重视程度不够，尽管校园内盗窃案件时有发生，但很多学生不以为然。所以经常是寝室门大开，贵重物品随意摆放，发现被盗也没有及时报案。本案中，邱天之所以屡屡得手，正暴露了高校大学生中这一弱点。因此，我们一方面要完善校园安全防范工作机制，要建立健全校园重点部位的管理和巡查，强化出入门登记制度；要增加安保措施的科技含量。另一方面要增强学生的安全防范意识，要培养学生养成随手关门关窗、妥善保管贵重物品的良好习惯；更要教育学生在失窃后及时报案。（点评人：林冬妹）

【法规链接】

刑法第二百六十四条：盗窃公私财物，数额较大或者多次盗窃的，处 3 年以下有期徒刑、拘役或者管制，并处或者单处罚金；数额巨大或者有其他严重情节的，处 3 年以上 10 年以下有期徒刑，并处罚金；数额特别巨大或者有其他特别严重情节的，处 10 年以上有期徒刑或者无期徒刑，并处罚金或者没收财产；有下列情形之一的，处无期徒刑或者死刑，并处没收财产：（一）盗窃金融机构，数额特别巨大的；（二）盗窃珍贵文物，情节严重的。

《最高人民法院关于审理盗窃案件具体应用法律若干问题的解释》第三条：盗窃公私财物“数额较大”、“数额巨大”、“数额特别巨大”的标准如下：

（一）个人盗窃公私财物价值人民币 500 元至 2 000 元以上的，为“数额较大”。

（二）个人盗窃公私财物价值人民币 5 000 元至 20 000 以上的，为“数额巨大”。

（三）个人盗窃公私财物价值人民币 30 000 元至 100 000 元以上的，为“数额特别巨大”。

各省、自治区、直辖市高级人民法院可根据本地区经济发展状况，并考虑社会治安状况，在前款规定的数额幅度内，分别确定本地区执行的“数额较大”、“数额巨大”、“数额特别巨大”的标准。

《最高人民法院关于审理盗窃案件具体应用法律若干问题的解释》第四条：对于一年内入户盗窃或者在公共场所扒窃3次以上的，应当认定为“多次盗窃”，以盗窃罪定罪处罚。

案例62　女大学生与网友一夜情后被杀死分尸

江苏某大学三年级学生小芳在网上认识了网名为“瘦西湖”的江苏人顾照安，两人很快相约见面。随后，顾照安开车赶到约定地点，看到小芳是一位20多岁，戴着眼镜，长发披肩，体态丰满的女大学生。见面后，顾照安当即被小芳的美色所迷倒，开车载着她直奔自己的家。

两人发生一夜情后，小芳随手拿起桌上的手机翻看。没想到，这一随意举动竟然惹得顾照安大怒，刚才还情意绵绵的一对男女当即翻脸。小芳扬言要找人收拾顾照安，并随手操起一把菜刀相威胁。盛怒之下，顾照安顺手操起一只哑铃，照着小芳的头便砸了下去，小芳哼都没来得及哼一下，便倒地身亡。

行凶后，丧心病狂的顾照安打扫了现场，换下血衣若无其事地到前妻那接儿子上学。

当晚，顾照安重新返回家中，残忍地用剐骨刀将小芳的尸体进行肢解并装进塑料袋，于次日驾车将肢解的尸块运至安徽省天长市境内抛弃。

事后，顾照安被天长和扬州警方抓获。2008年滁州市中级人民法院一审判处顾照安死刑。顾照安不服判决提起上诉。2008年安徽省高院驳回上诉，维持原判。(案例来源：中国法院网)

【点评】

故意杀人罪是指故意非法剥夺他人生命的行为，是一种最严重的侵犯公民人身权利的犯罪。根据刑法第二百三十二条的规定，故意非法剥夺他人生命的，应当立案。故意杀人罪是行为犯，只要行为人实施了故意杀人的行为，就构成故意杀人罪。由于生命权利是公民人身权利中最基本、最重要的权利，因此，不管被害人是否实际被杀，不管杀人行为处于故意犯罪的预备、未遂、中止等哪个阶段，都构成故意杀人罪。

本罪在客观方面表现为非法剥夺他人生命的行为，在实际发生的案件中，非法剥夺他人生命的方法是多种多样的，行为人采用什么方法，不影响本罪的成立。合法剥夺他人生命的，如正当的防卫行为、人民警察依法执行职务的行为、依法对罪犯执行死刑的行为，则不能构成本罪。本罪是故意犯罪，包括直接故意和间接故意。直接故意是有明确的杀人目的，并且希望其行为能致使被害人死亡；间接故意是对自己的行为可能造成被害人死亡的后果采取放任的态度。

本案告诉我们，网络极大地拓展了现代人际交往的空间，在为现代人的生活提供新的可能的同时，也会给人带来一些意想不到的伤害，甚至惹来杀身之祸。从理论上讲，你可以在网上结识到不同地域、不同职业、不同阶层的人。这无疑让网络很容易吊起许多人的胃口，特别是那些不满足于现实生活，渴望奇遇，渴望不一样生活的人们。

特别是近几年，网络聊天的兴起，以及博客、论坛、社区等相关交流方式的发展，网络交流的形式变得丰富多样，也更方便，许多无良的人利用网络实施诈骗和伤害也就更容易了。特别是对于年轻女性，如何做到理智上网，避免被侵害和欺骗，应是一门上网必修课。特别是现在许多年轻人，把约会网友当作一种时尚，毫不设防，很容易受到欺骗和伤害。

从法律角度来说，一夜情并没有违反我国现行的法律，但从道德角度来说，一夜情有悖于正常的性观念，不应该提倡；从妇女维权的角度来说，一夜情对女性造成的伤害远大于男性，女大学生在进行一夜情之前应该意识到这一点。在中国敲响一夜情的警钟，有积极的意义。中山大学哲学系邹伟忠博士指出：一夜情重性轻爱的特点注定了它是一种不正常的性取向，随意的性观念带给年轻人最大的恶果是使他们丧失责任感，如果一个国家的年青一代普遍缺乏责任感，那么这个国家的前途是很危险的。凶手伏法固然大快人心，但本案也警醒我们，女大学生更要洁身自好，学会保护自己。（点评人：林冬妹）

【法规链接】

刑法第二百三十二条：故意杀人的，处死刑、无期徒刑或者10年以上有期徒刑；情节较轻的，处3年以上10年以下有期徒刑。

案例63 助人高考被判非法获取国家秘密罪入刑

2006年5月，北京某大学学生赵佩佐为帮助同乡李晓考上大学，与被告人刘瀚泽、万召勇等预谋后，携带微型秘录设备及耳机到黑龙江省鹤岗市，一边教李晓使用针孔摄像拍摄试卷，一边在鹤岗市育才中学、第三中学附近租用民房，作为接收试题，制作、传播2006年高考试题答案的场所。同时，刘瀚泽又在被告人张永鑫、韩娟的帮助下雇用数名哈尔滨市高校学生负责答题，并由刘瀚泽将答题人员带到鹤岗市做高考试题答案。

2006年6月7日，李晓以考生的身份两次进入高考考场拍摄试题，并于当日下午将部分文科数学试题拍摄后，传输给考场外面的赵佩佐等人。赵佩佐、刘瀚泽组织高校学生将试题答案做出后，随即通过对讲机向事先联系好的考生鹿某、王某等人传输试题答案。

2006年5月，被告人包钢以“考试服务联盟”的网名在多家网站的论坛上发布出售高考试题答案的帖子，并建立fdgfd群，从而达到其与网友各自得到高考试题后资源共享的目的。在2006年高考期间，包钢接到被告人韩娟、李茂传来的部分高考试题答案后，用QQ方式向事先联系好的考生及家长发出了部分高考语文、数学试题答案。至6月7日，包钢共收到5名买题人的汇款人民币3.1万元。

2006年高考期间，被告人张永鑫接到被告人刘瀚泽传出的部分高考数学答案后，将该答案传给被告人韩娟，又将在韩娟处获得的部分高考试题答案传给刘瀚泽。张永鑫将部分考试答案卖给吉林省一网友，获利2 000元。

2006年6月7日，韩娟将从张永鑫处得到的部分高考语文、数学答案，卖给黑河市及吉林省白山市的网友，共获利5 000元。然后，韩娟又将答案上传到包钢设立的fdgfd群中，以达到试题资源共享的目的。

2006年6月7日，被告人李茂收到网友“天成招生”发来的试题答案后，将该答案转发到包钢、韩娟所设立的fdgfd群中，与包钢、韩娟非法获取的高考答案资源共享，并将部分高考答案分别卖给网友“小贝龙”、“孟钒”，获利1.5万元。

案发后，经公安机关侦察，包钢、韩娟、张永鑫、刘瀚泽、赵佩佐、万召勇、李茂被分批捕获，李晓投案自首。

南岗区法院审理后认为，8名被告人采取窃取、收买的手段，非法取得2006年国家高考试题部分答案，其行为侵犯了国家的保密制度，均已构成非法获取国家秘密罪。鉴于8名被告人均系初犯，庭审中认罪态度较好，有悔罪表现，可酌情从轻处罚。故分别判处有期徒刑1年6个月，缓刑2年至拘役3个月，缓刑6个月不等的刑罚。（案件来源：中国法院网）

【点评】

为考上大学，一些学生竟采取秘密窃取、收买等方法，非法取得国家高考试题答案，从而侵犯了国家的保密制度。我国的法律上还没有“考试舞弊罪”的规定，这类考试舞弊行为一般按非法获取国家秘密罪定性。

非法获取国家秘密罪是1997年刑法修订时新增加的一个罪名，非法获取国家秘密罪的客体是国家保密制度，客观方面包括采取窃取、刺探、非法收买三种行为方式非法获取国家秘密的行为，主观方面是故意，但行为人获取国家秘密的目的没有限制。实践中认定非法获取国家秘密罪还应注意其罪与非罪、此罪与彼罪的界限。

该罪在客体要件侵犯的客体是复杂客体：一是国家的安全和发展。当今世界仍存在许多的矛盾和不稳定因素，因此，保证国家秘密的安全，不仅关系到我国的长治久安，而且有可能影响我国在国际事务中的地位。此外，国家秘密还关系着国民经济和社会发展，尤其是在全球“技术战”、“贸易战”日趋激烈的今天，获取他国秘密已成为国际科技竞争、市场竞争的重要手段。二是国家保密制度。我国一系列保密法律、法规均明确规定了保密的范围、事项，非法获取国家秘密行为违反我国的保密法规，应依法追究其刑事责任。本罪的犯罪对象是国家秘密。《中华人民共和国保守国家秘密法》第二条规定，国家秘密是关系到国家的安全和利益，依照法定程序确定，在一定时间内只限一定范围的人员知悉的事项。这些事项主要包括：(1) 国家事务的重大决策中的秘密事项；(2) 国防建设和武装力量活动中的秘密事项；(3) 外交和外事活动中的秘密事项以及对外承担保密义务的事项；(4) 国民经济和社会发展中的秘密事项；(5) 科学技术中的秘密事项；(6) 维护国家安全活动和追查刑事犯罪中的秘密事项；(7) 其他经国家保密工作部门确定应当保守的国家秘密事项。

该罪在客观方面表现为以窃取、刺探、收买方法，非法获取国家秘密的行为。

该罪的主体是一般主体，可以是中国人，也可以是外国人或者无国籍人；可以是国家工作人员，也可以是普通公民，或者是华侨以及港、澳、台人员。

该罪在主观方面表现为故意。行为人明知是国家秘密，却故意以窃取、刺探、收买方法非法获取。非法获取国家秘密主观动机可以是多种多样的，可能是为了金钱，也可能是出于对国家政府某领导人的不满，或者是为了出国。但动机不影响构成此罪。

本案告诉我们，保守国家秘密是中国公民的基本义务之一。国家秘密关系着国家安全和利益，无论是泄露国家秘密还是获取国家秘密都是法律所禁止的。考试秘密属于国家秘密，考试舞弊的行为不容放任。大学生要引以为戒，切莫为一己私利不惜损害国家利益！（点评人：林冬妹）

【法规链接】

宪法第五十三条：中华人民共和国公民必须遵守宪法和法律，保守国家秘密，爱护公共财产，遵守劳动纪律，遵守公共秩序，尊重社会公德。

刑法第二百八十二条：以窃取、刺探、收买方法，非法获取国家秘密的，处 3 年以下有期徒刑、拘役、管制或者剥夺政治权利；情节严重的，处 3 年以上 7 年以下有期徒刑。

非法持有属于国家绝密、机密的文件、资料或者其他物品，拒不说明来源与用途的，处 3 年以下有期徒刑、拘役或者管制。

案例 64 借刀给劫匪使用，“零”抢劫仍获刑

17 岁的戚某是河南某美术中等专业学校学生，2007 年 9 月 5 日下午，戚某因为身上没钱就和朋友孟某（未满 14 周岁）一起来找郭某（戚某同乡，现 18 岁，河南某大学在校生）借钱。因郭某没钱，戚某就让郭某去借把刀使使，并告诉郭某是抢钱用的。郭某在明知戚某要去抢劫的情况下，出于义气，仍将一把砍刀和一把匕首交给二人使用。拿到刀后，戚某、孟某于 9 月 5 日晚对正在打电话的被害人赵某进行抢劫，二人将被害人的手机抢走后逃跑。经郑州市涉案物品价格鉴定中心鉴定，该被抢的手机价值 1 393 元。经郑州市公安局法医鉴定中心鉴定，赵某所受伤为轻微伤。次日，公安民警在案发现场附近将被告人戚某抓获。接着，在河南某工业技师学校将被告人郭某抓获。此案在审理过程中，被告人戚某的家属和郭某的家属分别赔偿被害人赵某经济损失 8 500 元、6 500 元。而郭某被抓时，觉得自己实在冤枉，认为借刀给老乡不是犯罪。

郑州市中原区人民法院经审理后认为，被告人戚某以非法占有为目的，当场使用暴力劫取被害人财物，其行为已构成抢劫罪，被告人郭某在明知被告人戚某向其要刀是去抢劫的情况下，仍为被告人戚某等人提供刀具，应认定是抢劫犯罪的共犯。但在共同犯罪中只起到辅助作用，系从犯。被告人戚某犯罪时已满 16 周岁不满 18 周岁，是未成年人，且归案后认罪态度较好，故对被告人戚某予以从轻处罚，对被告人郭某予以减轻处罚。人民法院依法以抢劫罪判处郭某有期徒刑 8 个月，并处罚金；另一被告人戚某被以抢劫罪判处有期徒刑 3 年，并处罚金。（案例来源：中国法院网）

【点评】

根据刑法第二百六十三条的规定，以暴力、胁迫或者其他方法抢劫公私财物的，应当立案。本案中郭某明知抢劫仍提供作案工具在本案中是间接故意犯罪，虽然被告人郭某没有参与同案被告人对抢劫犯罪的预谋，但其对被告人戚某等人要去抢劫是知晓的，在这种情况下其仍向被告人戚某等人提供了作案工具，属于事前知道且有犯意，属于“放任结果的发生”，没有动手和分赃并不能说明什么。抢劫罪是行为犯，刑法对构成抢劫罪没有规定数额、情节方面的限制。只要行为人当场以暴力、胁迫或者其他方法，实施了抢劫公私财物的行为，无论是否抢到钱财，也不论实际抢到钱财的多少，不论是否参与分赃，不论是否有任何危害后果，都不影响其罪名的成立，郭某的行为完全符合抢劫罪的全部构成要件。

“不去干坏事，我就不犯法。”现实生活中，很多人都会有类似想法。因此，以后碰到类似情况时，大学生的正确做法应是及时阻止他人犯罪，而不是提供工具，供其去作案。（点评人：林冬妹）

【法规链接】

刑法第二百六十二条：以暴力、胁迫或者其他方法抢劫公私财物的，处3年以上10年以下有期徒刑，并处罚金；有下列情形之一的，处10年以上有期徒刑、无期徒刑或者死刑，并处罚金或者没收财产：（一）入户抢劫的；（二）在公共交通工具上抢劫的；（三）抢劫银行或者其他金融机构的；（四）多次抢劫或者抢劫数额巨大的；（五）抢劫致人重伤、死亡的；（六）冒充军警人员抢劫的；（七）持枪抢劫的；（八）抢劫军用物资或者抢险、救灾、救济物资的。

案例65　梁某敲诈网上裸聊美丽少妇被抓

23岁的梁某是哈尔滨市某高校一名即将毕业的学生，由于迷恋网络，梁某的学习成绩不好。梁某喜欢在网上聊天，每个与他聊天的女性，他都要跟对方视频。一次偶然的机会，梁某在网上结识了30岁的少妇李某，李某自称家住辽宁省营口市，闲聊中，梁某得知李某有一定的经济实力，家中开有一个工厂，为了和李某拉近关系，梁某装成成熟男性，谎称自己今年30岁，事业有成。两人每天晚上都在网上约会，如胶似漆，很快成了网上恋人。为了追求刺激，二人将衣服脱光，通过视频进行裸聊。梁某趁机用摄像头偷拍了李某的一些裸照，打算留着欣赏。

毕业在即，梁某因学习成绩不好，没能达到毕业要求，学校要求其延期毕业一年。正为学费发愁的梁某想，李某家中有钱，可以利用拍到的李某的裸照换点钱。于是到了晚上，他跟李某摊牌，让李某出20万元，否则就将照片公开到网上，让李某的丈夫看到。李某万般无奈，只好答应给钱，但因为没有那么多钱，最后李某与梁某商定以4万元钱买回李某的裸照，交易的地点定在哈尔滨市。不想李某来到哈尔滨市后，便向松花江派出所报案。

接到报案后，警方经过研究，决定让李某约见梁某，伺机抓捕，但狡猾的梁某要求李某在营口打电话告知车次和到站时间，并且必须用固定电话。无奈，李某只好又返回营口，然后再到哈尔滨市。在此期间，民警查清了梁某的身份。李某已经和梁某约好在南岗区汉水路上的一个小公园交易，但梁某不让李某见到自己，他让李某把钱放在他指定的一棵树下，然后到指定的另一棵树下取回装有李某裸照的U盘。民警根据情况制订了抓捕方案。到了约定的时间，李某来到约会地点，将钱放在梁某指定的树下，又在另一棵树下拿到了装有自己裸照的U盘，然后离开。当梁某来到树下取钱时，被化装成出租司机的民警当场抓获。经讯问，梁某对自己的犯罪事实供认不讳。（案例来源：《黑龙江生活报》）

【点评】

敲诈勒索罪是指到法定刑事责任年龄且具有刑事责任能力的自然人故意以非法占有为目的，对被害人使用威胁或要挟的方法，强行索要公私财物的行为。该罪侵犯的客体是复杂客体，不仅侵犯公私财物的所有权，还危及他人的人身权利或者其他权益。这是该罪与盗窃罪、诈骗罪不同的显著特点之一。该罪在客观方面表现为行为人采用威胁、要挟、恫吓等手段，迫使被害人交出财物的行为。威胁是指以恶害相通告迫使被害人处分财产，威胁的结果，是使被害人产生恐惧心理，然后为了保护自己更大的利益而处分自己的数额较大的财产，进而行为人取得财产。敲诈勒索的行为只有数额较大时，才构成犯罪。本案中，23岁的梁某故意让李某给他20万元，否则就将事先拍摄的裸照公开到网上，让李某的丈夫看到，从而对李某造成名誉和婚姻不利的后果。不仅具有威胁的情节，而且数额巨大。

根据我国刑法第二百七十四条和相关司法解释，梁某将遭受3年以上的牢狱之灾。这再度应验了“玩火自焚”的规律。对于本案中只是点对点的裸聊行为，我国法律虽然尚未明确禁止，也无具体的处罚规定。但“裸聊”毒害人的心灵，败坏社会风气，还可能成为一些违法犯罪的诱因和手段，具有一定的社会危害性。本案的结局对那些正在参与或准备参与网上裸聊的人们足以引以为戒。（点评人：谢玉萍）

【法规链接】

刑法第二百七十四条：敲诈勒索公私财物，数额较大的，处3年以下有期徒刑、拘役或者管制；数额巨大或者有其他严重情节的，处3年以上10年以下有期徒刑。

《最高人民法院关于敲诈勒索罪数额认定标准问题的规定》法释〔2000〕11号：根据刑法第二百七十四条的规定，现对敲诈勒索罪数额认定标准规定如下：

一、敲诈勒索公私财物“数额较大”，以1 000元至3 000元为起点；

二、敲诈勒索公私财物“数额巨大”，以10 000元至30 000元为起点。

案例66 马加爵连杀四同学被判死刑

2004年2月23日下午1时20分，昆明市公安局接报，云南大学外国语学院鼎新校区学生公寓1栋317房间内发现一具男尸。经公安机关现场勘察，在该宿舍柜子内共发现4具被钝器击打致死的男性尸体。

4名死者均为云南大学2000级生物系学生，他们于2月14日提前返校，为毕业后联系工作做准备。返校不久后，4人与家人和学校失去联系。云南大学2月20日正式开学后，4人未报到。23日，有学生在鼎新校区学生公寓闻到异味，打开1栋317房间，异味更浓，同时发现该宿舍一柜子往外流黄红色液体，学生随即叫来学校保安。保安撬开柜子，发现里面居然装了一具男尸。保安立即向警方报案。刑警赶到现场后，撬开另外3个柜子，发现每个柜子里都装有一具男尸。经查，这4名死者正是云南大学失踪学生。同时同宿舍的学生马加爵也不见了，昆明一家银行的录像资料显示，马曾于2月15日下午持其中两名死者的存折到银行取走了4 000元钱。经公安机关查明，该校学生马加爵有重大犯罪嫌疑。

2004年2月25日，云南省公安厅刑侦总队向全国发出2004年第11号A级通缉令，重金悬赏捉拿“2·23”云南大学凶杀案的犯罪嫌疑人马加爵。3月15日晚大约7点30分，根据一个摩的司机的报案，警方在三亚市河西路将马加爵抓获。

2004年4月7日，昆明市人民检察院以故意杀人罪对马加爵提起公诉，昆明市中级人民法院审理此案。4月22日，昆明中院公开审理了马加爵涉嫌故意杀人，附带民事诉讼原告人李文杨、唐先和、邵渭清、黄燮梅、杨绍权、马存英提起附带民事诉讼一案，并于4月24日作出刑事附带民事判决，认定马加爵犯故意杀人罪，判处死刑，剥夺政治权利终身；判令马加爵赔偿附带民事诉讼原告人李文杨、唐先和人民币2万元，赔偿附带民事诉讼原告人邵渭清、黄燮梅人民币2万元，赔偿附带民事诉讼原告人杨绍权、马存英人民币2万元。宣判后，在法定期限内，马加爵没有提出上诉，昆明中院即依法报送云南省高级法院核准对马加爵的死刑判决。

【点评】

从整个案件来看，马加爵无视国家法律，因不能正确处理人际关系，为琐事与同学积怨，即产生报复杀人的恶念，并经周密策划和准备，先后将4名同学残忍地杀害。马主观上具有非法剥夺他人生命的故意，客观上实施了非法剥夺他人生命的行为，已构成故意杀人罪。在整个犯罪过程中，马加爵杀人犯意坚决，作案手段残忍；杀人后藏匿被害人尸体并畏罪潜逃，犯罪行为社会危害极大，情节特别恶劣，后果特别严重，应依法严惩。虽然马加爵被捕后认罪态度好，有悔罪表现，但马加爵罪行极其严重，对其不能从轻处罚。最后，昆明市中级人民法院以故意杀人罪判处马加爵死刑，剥夺政治权利终身。

中国人民公安大学犯罪心理学教授李玫瑾奔赴云南对此案进行全面调查。她在研究了此案所有相关材料，访问了办案人员，还专门为马加爵设计了心理问卷，做了心理测试后指出，真正决定马加爵犯罪的心理问题，是他强烈、压抑的情绪特点，是他扭曲的人生观，还有“以自我为中心”的性格缺陷。同时，他的犯罪心理、犯罪方式与手段，又与他的智力水平密切相关。马加爵缺乏情感体验，不愿与他人交往。他不懂得，社会生活本身就要求必须与他人协调、与他人合作。他尽管很聪明，但自以为是，唯我独尊，极端自私，不知何为自我约束或遵纪守法；他可能因为一点点小事去算计他人，甚至精心策划谋杀过程，他不仅没有用自己的才华为社会作出贡献，相反，精密的犯罪设计给社会带来了巨大的危害，同时也给他人带来了痛苦。（点评人：谢玉萍）

【法规链接】

刑法第二百三十二条：故意杀人的，处死刑、无期徒刑或者10年以上有期徒刑；情节较轻的，处3年以上10年以下有期徒刑。

案例67　被法院错判关押获国家赔偿5.2万

邓宇和李强（化名）是成都东门某重点大学自动化工程学院2001级同班同学。2004年12月8日晚，邓宇、李强等人到校外聚餐，大家都喝了些酒。当晚9时左右，邓宇和李强发生口角，邓宇将右拳挥向李强，将挡在李强前面的陈明的眼镜打落。随即，李强倒地昏迷，送往医院抢救无效后死亡。

经法医鉴定，李强死于脑基底部血管畸形破裂出血，并发支气管肺炎及心肌炎，和邓宇的纠纷是死亡诱发因素。第二天，邓宇因涉嫌故意伤害罪被刑拘，2005年1月11日被逮捕。

2005年8月8日，成华区法院一审判决认定，根据目击证人的证词，当时邓宇那一拳打在了李强的头部，诱发李强死亡，已构成故意伤害罪，判决邓宇犯故意伤害罪，判处有期徒刑7年。

一审法院宣判后，邓宇不服提出上诉。2005年11月11日，成都市中院二审裁定，维持一审判决。随后，邓宇被送到四川省滨江监狱服刑。邓宇一直不服，继续申诉，申请再审。

2006年5月9日，成都市中院启动审判监督程序，再审此案。再审中，邓的辩护律师指出，邓、李二人是同班同学，邓并没有伤害李的意思，李的死是意外事件。其次，证明邓宇拳打李强头部的证言并不充分，邓并未打中李，李之死和邓无因果关系，邓不构成犯罪。

2006年8月29日，成都市中院作出再审判决。根据目击证人证词和公安机关的侦查实验，案发时，目击证人站在李强背后20多米远处，现场光线昏暗，证人证言存疑。在无其他证据印证的情况下，该证言不能单独作为定案依据。法院最终以证据不足，改判邓宇无罪。邓宇在当天被无罪释放。法院决定：赔偿邓宇5.2万元。

赔偿决定书称，由于此案经成都市中院再审并以认定事实不清，证据不足为由撤销了原来的有罪判决，改判邓宇无罪。“故本案不具备法定免予赔偿的情形，邓宇的赔偿请求成立。”邓宇总共被错关了628天。按照国家赔偿标准，每错关一天，将按全国上年度职工日平均工资给予赔偿，邓宇总计应获得5.2万余元的赔偿款。（案例来源：中国民间举报网）

【点评】

国家赔偿又称国家侵权损害赔偿，是由国家对于行使公权利的侵权行为造成的损害后果承担赔偿责任的活动。依据国家赔偿法第二条规定："国家机关和国家机关工作人员违法行使职权侵犯公民、法人和其他组织的合法权益造成损害的，受害人有依照本法取得国家赔偿的权利。"

该案给我们几方面的启示：(1) 作为大学生，邓宇的法律知识还是比较强的，他懂得用法律来保护自己，以使自己受到相应的保护和补偿。(2) 我国国家法律的实施还不够完善，未能很好地避免冤假错案。当然，要做到完全无误，这是不可能的，所以，我国法律部门在日后的生活中需要加强对法律实施的监督力度。(3) 对于每一个案件，在寻找证人的时候需要保证证据的真实性和确定性，以便更好地帮助案件的审查和定案，也为了更好地避免冤假错案的发生。(4) 邓宇的损失绝对不是5.2万元所能衡量的，国家有关机构不但要从此事件中吸取教训，在以后办理类似案件时加强办案力度，还要不断完善有关的法律、法规。社会舆论与宣传机构在类似案件发生后不应当只重视炒作轰动效应，要切实起到一个良好的社会舆论影响，形成有效的监督机制。这样以后此类的悲剧才能避免。（点评人：林冬妹）

【法规链接】

国家赔偿法第二条：国家机关和国家机关工作人员违法行使职权侵犯公民、法人和其他组织的合法权益造成损害的，受害人有依照本法取得国家赔偿的权利。

国家赔偿由本法规定的赔偿义务机关履行赔偿义务。

国家赔偿法第三条：行政机关及其工作人员在行使行政职权时有下列侵犯人身权情形之一的，受害人有取得赔偿的权利：（一）违法拘留或者违法采取限制公民人身自由的行政强制措施的；（二）非法拘禁或者以其他方法非法剥夺公民人身自由的；（三）以殴打等暴力行为或者唆使他人以殴打等暴力行为造成公民身体伤害或者死亡的；（四）违法使用武器、警械造成公民身体伤害或者死亡的；（五）造成公民身体伤害或者死亡的其他违法行为。

案例探讨篇

案例1 “连坐制”是否侵犯大学生权利?

2006年1月5日，武汉理工大学宣布了在期末考试中实施无人监考的“连坐制”。在期末考试中设立无人监考考场，尝试“诚信考试”，只要班上有一人因考试作弊受处分，该班本学年参与优秀班集体、标兵班集体评选的资格将被取消。这是湖北省继武汉大学出台“一人作弊，全班取消考试成绩”规定后，制订类似方案的高校。在此之前，武汉大学出台过相关规定，允许校内学生按班级申请“无人监考”；但在无人监考的考试中，如有一人被发现有作弊行为，其所在班级所有学生该次考试成绩全部无效。

案例2 大学生有无同居的权利?

出身于教师家庭的蒋静有着秀丽的容貌和不俗的气质。高考中她以高出重点线近100分的成绩考进了北京工商大学，这让在广西偏远家乡的朴实邻居们看来是光耀门楣的事。离开家乡的时候，一向节俭的父母在县里最豪华的饭店里招待前来贺礼的人们。鼓励的、羡慕的话语和眼神，祝贺的、喜悦的气氛，一直把蒋静送到北京。蒋静发誓要走出一条成功的人生之路，为自己，为父母，也为父老乡亲朴实的祝福。

进入大学不久，蒋静就被选为班上的团支书，学习、生活一切都充实而积极。不久，在学生会的一次活动中，蒋静认识了一个优秀的男孩，两人很快相爱了。一年以后，两人在外面租了一套房子，过起了同居生活。花前月下的卿卿我我并没有使蒋静放松对人生的追求，蒋静依然保持着饱满的学习热情。但不久系里收到的一封匿名信粉碎了蒋静所有的梦想。当系里找到蒋静谈话的时候，她觉得好比是晴天霹雳，全身发软，竟连一句辩解的话都说不出来。

一切都在沉默和晦涩的气氛中结束了。蒋静唯一能做的就是不带一点表情地离开学校。对蒋静来说，20岁的年龄，不读书能做什么呢？蒋静说她都记不清那是怎样的日子，感觉是在泪水中度过的。邻居们羡慕的眼神变得怀疑，众说纷纭中，蒋静回到了自己曾经呆过的高中，重新开始新的高考冲刺。熟悉的校园，似曾相识的题目，好像是一个梦的结束和另一个梦的开始。父母明显地老了，尽管依然认真地帮蒋静准备高考，但家里的氛围再不像以前那样和谐，总有一种莫名的沉寂和压抑在里面。

蒋静的经历表明，她为爱情付出了巨大的人生代价。而这种代价的原因，似乎并不是爱情本身。她走了一个圆圈，又回到了起点，伤痕累累。她恨过自己，恨过写匿名信的人，但现在她最怀疑的是，学校真的有理由这么做吗？同居的权利到底是自己的，还是由学校主宰？

案例 3　大学生考研作弊应不应当入刑？

2007 年 1 月 20 日是全国硕士研究生入学考试的第一天。当天下午，陕西省西安市无线电监测站根据事前接到的群众举报，出动移动无线电监测车确定位置后，会同西安市警方一举捣毁了西北政法大学附近一个研考作弊团伙架设的无线电发射台（该发射装置能够突破考场屏蔽器），8 名参与作弊者被当场抓获。事后查实，该作弊团伙的作弊手段和方式是：先由几个人冒充考生进入考场，使用针孔摄像机将原题传出考场，由考场外专门雇用的“高手”负责做题，然后再将答案传给使用隐形耳机的考生，后者向作弊团伙按每科 1 000 元至 2 000 元交纳费用。

由于这是一起与国家级考试紧密相关的重大作弊事件，而且性质非常严重，故马上移交给西安市雁塔公安分局。但是雁塔公安分局却以“治安处罚法和刑法没有明确条文”为由，拒绝受理此案，8 名作弊者被释放。

很多国家均对考试作弊制度深恶痛绝，都对这种行为予以最严厉的处罚。如在日本，对“枪手”替人代考的行为，法院认为构成刑法第一百五十九条所规定的伪造私文书罪，可以判处 3 个月以上 5 年以下的有期徒刑；而在美国，考试作弊会以危害国家安全罪判处 3 年以上有期徒刑，并处罚金。按照美国司法部官员的说法，在托福考试中作弊是对美国国家安全的威胁。

案例 4　窃信大学生应受何种处罚？

19 岁的马蕾蕾（化名）是中国科技大学少年班物理专业的大四学生，她今年申请了包括美国明尼苏达大学在内的数所国外大学的留学资格。当她得知同班女生陈馨（化名）已被明尼苏达大学接收后，抢先从信箱里窃取了陈馨的大学邀请信，并冒名陈馨用 E-mail 与美国校方联系，拒绝了校方的留学邀请，同时推荐了她自己。陈馨因为迟迟没有收到明尼苏达大学的正式邀请，于是发信询问美国校方，才发现已被人冒名拒绝了邀请。经过调查，此事是马蕾蕾所为。事情曝光后，不断有人发帖指证马蕾蕾还窃取了其他人的留学邀请信。一时间中科大人心惶惶，许多学生疑心自己的邀请信被窃取，纷纷与所申请的大学联系，甚至有些接到拒收信而不甘心，又再次与学校确认是否属实。最后，中科大决定对马蕾蕾给予开除学籍处分。校方同时表示，对受害同学希望通过司法途径维护自己的正当权益的做法，将给予尊重和协助，并坦言平时缺乏对学生的思想道德品质教育和引导，对出现此类事件负有不可推卸的责任。

案例 5　学生“猝死”，学校可否免责?

19 岁的郭华是南京林业大学一名刚入学的学生，新生体检时身体正常，但在军训中昏倒了两三分钟，郭华告诉老师没问题，自己只是有点贫血。但到了第三天夜里他却突然出现紧急状态。

当晚 11 时，因宿舍马上熄灯，郭华的辅导员赖老师到六楼的男生宿舍巡查，他走到郭华的宿舍时，正好看见郭华的表情十分痛苦，未等他询问，郭华就从椅子上瘫了下来。他赶紧扶起郭华，并叫来同学帮忙，此时郭华已昏迷不醒，面色发白、呼吸困难，师生们拨打了 120，同时采取抢救措施。11 点半前已将郭送到医院抢救，到凌晨零点 35 分，医生宣告抢救无效。

事情发生后，郭华的家属无法接受这个事实，来到学校讨说法。郭华的父母认为学校应对儿子的死负责，但又不愿进行尸检，也不愿办理火化手续。他们要求学校能照顾一点，再给几千元才愿意将尸体火化。学校也有自己的难处，因学校为此已花了近两万元，包括抢救费、家属来回的车费和住宿费等，但学校领导表示鉴于死者家庭困难，学校将按比例返还郭华上学时交的 5 800 元学费。

案例 6　高校公开“违约者”侵权吗?

上海市某大学 115 名在读大学生没有及时归还助学贷款的利息，校方在全校公布了他们的系别和姓名。没想到这一举动引来学生质疑：又不是违法违纪，学校凭什么公开这些对个人可能带来负面影响的不良信息?

校勤助中心一位负责人说，这笔助学贷款每个大学生总额为 6 000 元，每年须还息近 200 元。今年，在银行规定的截止期 9 月 20 日前，学校 837 名借贷的学生中，仍有 115 人没能及时存钱，已构成违约。校方将在名单公布一周后，打电话给这些大学生，如果他们仍“执迷不悟”，银行方面有权中止协议，收回贷款。

他说，去年和今年开学，中心曾先后两次把通知送到贷款人手中，但仍有115人“忘”了还钱，而这个名单公布仅一周，很多人打电话甚至亲自跑来询问。这位负责人强调，这仅仅是一份通知，公布学生的姓名和系别，主要是想催大学生还款，提醒大学生增强信用意识，对他们今后走向社会、为人处世有好处。

一位上了名单的大四同学质疑：开学至今自己在外实习，一直没回学校，昨天看了通知脸上发烫。现在正值应聘高峰，要是用人单位看到了，还以为自己不诚信，岂不糟糕。学校没问清原因，就能把学生的名字、系别公布出来吗？

案例7　这份助学协议有效吗？

正在上高中的贫困学生杨永华由其所在的中学“做媒”，与某纺织股份有限公司签订了助学协议。协议约定，纺织公司从杨永华高中二年级下学期起开始资助其读书直至大学毕业止。杨永华按照纺织公司需要填报高考志愿，并在大学毕业后到纺织公司工作。双方约定，杨永华不得因为个人原因中途辍学。如果纺织公司违约，杨永华就学期间所支付的费用将不予返还；如果杨永华违约，应付给纺织公司两倍于就学期间支付的培养费。该份协议经市公证处公证。

签订助学协议后，纺织公司每学期资助杨永华就学生活费1 000元，从企业劳资科分月在工资表中做出，直至高中毕业。但高考时，杨永华因为发挥不好，仅考取了哈尔滨工业大学的专科。此后，纺织公司支付了杨永华的学费、生活费、寒暑假差旅费等，共计27 699元。

三年后杨永华大专毕业，但是他没有到纺织公司报到上班，而是参加了专升本考试，并顺利进入哈工大成教学院。当他把这个消息告诉企业时，被纺织公司拒绝。纺织公司认为，杨永华在未经公司同意的情况下，私自报考了专升本，现继续求学，违反双方签订的助学协议，因此要求杨永华立即回企业上班，并不再资助他本科就学的费用。

在杨永华不同意暂回企业工作，又追索违约金未果的情况下，纺织公司向人民法院提起诉讼。法院两次公开审理了此案，经合法传唤杨永华未能到庭。同时作为被告的杨永华父母在法庭上说，感谢纺织公司资助孩子读书，但助学协议第一条写的资助时间是从“高二至大学”，现在杨永华还未毕业，没改变专业，也没有不想回到企业的想法。本科也是大学，是真正的大学，因此没有违约，不应返还培养费。

法院认定，助学协议有效，具有法律效力。杨永华考入哈尔滨工业大学专科后，是就读大学范围之内，应以本次考入大学为准，专科毕业后，杨永华应回厂上班，履行协议，但杨永华专科毕业后又考入本科，已违反协议约定，应承担违约责任。于是，法院判决杨永华及其父母双倍返还纺织公司助学培养费 55 398 元，并负担案件受理费 2 172 元，其他诉讼费 2 172 元。

案例 8　大学生在地铁站台致残可否索赔？

阿兰是北京某高校大二学生。有一天她和同学到北京站乘坐地铁，向检票员询问乘车方向时，检票员未作答复便只好去查看地铁线路图，走动时不慎摔下站台，此时恰好列车进站，致其右下肢轧伤截肢，面部搓裂，上颌骨折。阿兰认为，自己摔伤是因为地铁一方未尽到安全义务，应承担自己人身伤害的全部赔偿责任，故诉至东城区法院要求被告北京地铁运营有限责任公司客运公司赔偿其医疗费、残疾用具费、残疾者生活补助费、精神损害赔偿金、伤残鉴定费等合计 603 830 元。

庭审中，被告辩称，原告阿兰在地铁北京站候车时，不慎掉下站台，被进站的地铁列车轧伤的情况，经公安机关现场勘查所作出的结论为意外事件；且被告有在地铁站台标划安全线，并在站台内悬挂乘客须知告知旅客，以及通过站台广播形式进行宣传等安全措施，在站台候车区域所面对地铁通道的墙壁上，亦挂有“禁止跳下”的警示标志等，是能够保障乘客候车安全的。被告认为原告的要求不符合事实，于法无据，请求法院驳回其诉讼请求。

案例 9　嘉年华游玩受伤瘫痪责任由谁担？

徐莉莉是上海师范大学英语系学生。临毕业前的一天，她和男友去夏季版嘉年华游玩，在“极速大风车”下排队时，天空突降暴雨。当时，游客因急于避雨，相互拥挤、推搡，而嘉年华的工作人员也没有及时疏散人群，经过长时间淋雨后，她当场失去知觉。后经东方医院抢救，被诊断为受外界刺激引致脑血管破裂，医生同时发现，徐莉莉患有先天性脑血管畸形。目前，她已经左半身瘫痪，且智力严重受损，记忆力非常差，经过两次脑部手术，医生切除了她的部分脑组织，衣食住行都要依靠父母帮助。

事发后，徐莉莉一家已将嘉年华的 11 家主办和协办单位一同告上法院，提出 206 万元人民币的经济赔偿。上海市第一中级人民法院受理了此案，庭审中原、被告双方的争议焦点只有一个，就是嘉年华是否有过错，是否要承担相应责任。嘉年华组委会聘请的律师认为，徐莉莉本身就患有脑血管畸形，即使不来嘉年华，也可能因其他原因发病。

徐莉莉的代理律师则指出，天气因素的确无法归咎于嘉年华，但嘉年华没有在天气突变后采取措施维持场内秩序，存在过错。

案例 10 “丑女”入酒吧遭拒是否被侵权?

中华女子学院法律系毕业的高彬三次走进北京敦煌餐饮有限责任公司开办的“TheDen”酒吧时，均被保安人员强行阻挡，不允许其进入，在这里，高彬被认为是“不受欢迎”和“禁止入内”的人。据悉，高彬16岁那年在一次意外中被大火烧伤，经治疗脸上留下了明显的疤痕，且眼角下斜，嘴角上吊。保安正是以高彬“容貌丑陋”为由拒绝其进入酒吧，这使高彬感到了莫大的耻辱。于是高彬一纸诉状将敦煌餐饮有限责任公司起诉至北京市朝阳区人民法院。朝阳区人民法院受理后很快作出了一审判决：要求敦煌公司在判决生效之日起10日内，向高彬书面赔礼道歉，消除影响；赔偿交通费271.5元、复印费112元，咨询费20元，并判令敦煌公司赔偿高彬精神损失费4 000元。

高彬虽对一审判决不太满意，但仍然接受。然而敦煌公司却不服原判，向北京市第二中级人民法院提起上诉。北京市第二中级人民法院经审理作出了关于该案的二审民事判决书。二审判决在维持一审大部分判决内容的同时认为，敦煌公司的侵权行为情节轻微，令敦煌公司赔礼道歉并负担高彬的合理支出足以抚慰对高彬的精神损害，撤销了原审法院判令敦煌公司赔偿高彬精神损失费4 000元一项。

对二审判决，高彬表示不服，她表示要继续申诉，将官司打下去。但高彬周围的人却不理解，有的人说她太天真，申诉肯定不会有好结果；有的人说她在玩炒作，搞小题大做；还有的人怀疑她别有用心。这使她感到压力很大，她不明白为什么在遭受歧视之后，却得不到同情和关怀。

案例 11 网站登载他人文章是否构成侵权?

北京大学三年级学生杨某以“海浪”为笔名，在某网站发表了题为“演艺圈同性恋知多少”的文章，并声称不得转载。但过后有几十家网站都登载了这篇文章。北京千龙新闻网是其中一家。千龙网在自己网站“网友评说”栏目登载了署名“知情人”发表的“透视演艺圈同性恋现象”一文，该文章只是将杨某文章的标题做了改动，文章的内容没有改动，杨某认为千龙网的行为侵犯了其著作权，遂将千龙网诉至北京市第二中级人民法院。杨某这一诉讼请求是否能够获得法院的支持？

案例 12　恋爱互赠财物可否要回？

张强与王蓉在同一所大学读书，大二时因共同参与一项志愿者活动，他们成了一对恋人。相恋一年后双方于大四那年在亲友们的参与下举行了订婚仪式。看到未来的儿媳妇水灵聪颖，张家父母乐得合不拢嘴，张母亲自把一条黄灿灿的金项链挂在王蓉的脖子上，张父则把一个精巧的新款手机交到王蓉手里。还有张强的姨妈也送给她一个真皮时尚提包。除此之外，王蓉父母还收到了一个内装 9 000 元的红包。这些价值不菲的礼物和现金显然是张家按照传统习俗给王家下的彩礼。然而好事并非只是多磨，由于毕业之后两人异地而居，感情出现裂缝，王蓉移情别恋，张强知道强拧的瓜不甜，便决定放弃。但为了挽回一些经济损失，他请王父退回 9 000 元礼金。王父辩称礼金已为女儿购买手提电脑之用，又是赠与物，可以不退。张强无可奈何，便一纸诉状将王家告上法庭，要求解除婚约，要回礼金及其父母和姨妈赠送的礼物折价款共计 1.5 万元。法院受理后在查明事实和证据的基础上，认为原告基于婚约的基础上，向被告赠送礼金和礼品，是一种附条件的赠与，当婚约解除后，赠与条件和目的也随之消失，原告可以要求被告返还财物，被告应予返还，故判决被告适当返还礼金人民币 8 500 元。

案例 13　司机李某是否应当返还酬金？

张华是清华大学软件学院的研究生。有一天，张华乘坐出租车时，不慎将笔记本电脑等重要物品遗忘在了车内，电脑里面还有他与人合作开发了近一年的数据资料。更糟糕的是，张华当时没有要出租发票，也记不住是哪家出租公司。无奈之下，张华在报纸上发布声明，称如拾得归还者将付酬金 5 000 元。不久就有一位叫李同的出租车司机主动与张华联系，说他是电脑的拾得者。当李同将拾得的遗失物电脑返还给张华时，张华如约支付给李同 5 000 元酬金。装有重要资料的电脑失而复得，张华高兴了一阵子，但很快就后悔了，他向李同所在的出租车公司举报事件的过程，指责李同未主动交还拾得物，致使自己损失了 5 000 元。出租车公司接到举报后，责令李同将其酬金返还。

公司认为，拾金不昧是公司的规定，李同违反了规定，因此要无条件返回给失主。李同则认为：自己不但对顾客落在车上的物品进行了保管，而且还开车送了过去，对方也是履行自己的承诺才给酬金的，凭什么返还酬金？

案例 14　梁继峰烧自家屋是犯罪吗？

梁继峰是梁品生夫妇的独生子。一天傍晚，梁品生夫妇拖着疲惫的身体回到家后，儿子梁继峰喊饿了，让他们快做饭。梁品生说了儿子几句，没想到儿子竟操起一根棒子打过来。梁品生气愤至极，和妻子一起出门准备找人评理。没想到刚走了不久，就听到自己家的方向有人喊："着火了，快救火呀！"他撒腿就往回跑。赶到家门口时，只见 3 间南屋火光冲天，邻居们正忙进忙出地提水救火，可儿子梁继峰却站在旁边一动不动。梁老汉让他救火，没想到他竟不耐烦地说："喊啥呢，是我放的火。"

据梁继峰交代，当晚 7 时许，父母出去后，他便想到放把火烧屋子，让父母看见了快回来做饭。他走到南屋墙根下，把堆在墙角的玉米秆点燃了。邻居们奋力灭火时，他一直站在一边看热闹。对自己的行为，梁继峰竟说是父母做得过分，自己只错在放火。记者采访时，他甚至这样问："我啥时候能出去？我又没犯罪，烧的是自家屋！"

梁继峰的母亲说起儿子时一脸心酸，"他在家从来不干活，我们一家人都辛辛苦苦地挣钱供他上大学。他上学 3 年，家里花了五六万，临毕业前他提出要学开车，家里又想尽办法凑钱。做这些都是盼着娃多学些本事，以后能顺心。"可是，老人们的一番心血却白费了。据村民们讲，梁继峰 2000 年从西安一所民办大学毕业后，曾在县里一家修理厂打过工，后来就常在家里呆着。他还嫌父母对他不够好，不给他娶媳妇，村里人出面调解过多次，可都不见效。

案例 15　这个判决合法吗？

一位即将毕业的女大学生，因应聘时留下的身份证复印件被他人利用虚假注册成立公司而成为公司"股东"。公司因为他人提供担保而被告上法庭，法院追加了这位女大学生为共同被告并且判决其承担赔偿责任。

案例 16　对大学生可以"法外开恩"吗？

大学生盗窃 1 万元以下的犯罪行为被终结在检察阶段，据《河南商报》报道，南京市栖霞区公安和检察机关的这项制度已经在争议中执行了4年。

根据最高人民法院的司法解释，盗窃构成犯罪的起点数额确定在1 000元至3 000元之间，各省可以根据最高人民法院司法解释的规定确定本地区构成盗窃犯罪的起点数额。也就是说，各省无论怎么规定，对盗窃构成犯罪的起点数额都应在1 000元至3 000元之间进行确定。

南京市栖霞区公安和检察机关并没有执行这样的司法解释，而是另辟蹊径，对大学生盗窃构成犯罪的起点数额“法外开恩”，把标准提高到1万元以上。这是把大学生作为法律照顾的特殊人群，而宪法规定，公民在适用法律上一律平等。

事实上，大学生接受的教育多，更应该带头遵纪守法。至于南京市栖霞区检察院某检察官说的“南京市仙林大学城因盗窃被处理的大学生逐年减少，2006年一个也没有”，实际上是因为人为提高构成盗窃犯罪标准而造成的，并不代表大学生盗窃犯罪行为真正在减少。

从实际效果上来讲，将大学生盗窃构成犯罪的起点数额划定在1万元以上的做法，好像是在爱护大学生，实际上是在怂恿大学生犯罪。因为一些有盗窃行为的大学生可以掌握分寸，只要不达到1万元，就可以不提交审判。